PICTURA

SECRETE ȘI DEZVĂLUIRI

PICTURA

SECRETE ȘI DEZVĂLUIRI

Nadeije
LANEYRIE-DAGEN

enciclopedia rao

Lire la peinture

Editor coordonator
Dominique Wahiche

Editor
Nathalie Jovanovic-Floricourt

Didier Pemerle

Concepție și realizare grafică
Dominique Chapon, Emma Drieu

Cercetare iconografică
Nathalie Lasserre

Indice
Agnès Combe

COLECȚIA DE ARTĂ
Pictura – secrete și dezvăluiri

Grupul Editorial RAO
C.P. 2-124
Str. Turda 117–119, bl. 6, parter,
sector 1, București
e-mail: office@raobooks.com
website: www.raobooks.com

Traducere din limba franceză
Denia Mateescu, istoric de artă

ISBN 973-7932-23-4

Cuprins

Prefață

Pictura – secrete și dezvăluiri: o carte născută din ambiția de a conserva intactă emoția încercată de vizitator într-o expoziție sau într-un muzeu, dar și de a-i permite acestuia să depășească simpla încântare, oferindu-i posibilitatea de a descoperi căile prin care artistul a creat o operă capabilă să producă emoție și plăcere.

Pictura, ca și literatura și muzica, este un limbaj. Ea utilizează mijloace pe care le disimulează pentru a nu da impresia de artificial și de efort. Necunoscătorul se poate înșela pe drept, lăsându-se cucerit de ușurința cu care i se pare că liniile și culorile se asociază pentru a reproduce forme existente sau a crea forme noi. Așa cum citești cu aviditate un poem, un roman, așa cum resimți la sfârșitul lecturii, dacă este cazul, o delectare imediată, tot așa pictura cheamă privirea și determină în cel care o contemplă senzații în care rațiunea nu deține rolul primordial. Satisfacția este produsul noii descoperiri; ar putea fi suficientă. Marile emoții nu trebuie explicate întotdeauna.

Se întâmplă totuși ca o operă să reziste sau ca o persoană să dorească să înțeleagă de ce rezistă o operă, de ce este preferat un anume tablou și nu altul. Această lucrare își propune să ajute la mai buna observare a operelor, să-i permită spectatorului să se apropie de pictor, să intre în atelierul acestuia și să-i urmărească metodic drumul nu ușor al creației. Sperăm că astfel cititorul, fie el un profan în istoria artei, fie un estet obișnuit cu albume frumoase, să poată să pătrundă mai adânc în intimitatea tablourilor și să cunoască motivele prin care un artist poate atinge miracolul: să creeze o operă al cărei impact durează vreme îndelungată și influențează oameni care-i sunt străini, în timp ce multe alte imagini, văzute cu un prilej oarecare, sunt imediat uitate și nu comunică nimic în afara locului și a contextului în care au fost produse.

Această carte nu face paradă de erudiție. Intenția ei este de a oferi câteva chei, nu pentru a epuiza misterul unei picturi – acesta se păstrează întotdeauna, ceea ce este foarte bine – ci pentru a descoperi motivele care disting o capodoperă de o producție mediocră și care, în orice tablou înzestrat cu o oarecare valoare, dovedesc coerența unei creații. Sperăm și credem că încântarea spectatorului va fi mai mare după această lectură.

Introducere

Percepția pe care o avem despre o operă este aleatorie. Ea depinde mai mult de epoca în care o privim și de ceea ce așteptăm de la ea decât de perioada în care a fost executată. Prima grijă pe care trebuie să o avem cu privire la o pictură este aceea de a nu o închide într-o rețea de semnificații, care ar putea fi străine de cultura care a produs-o. Un exemplu remarcabil al acestor sensuri eronate este furnizat de un panou, sau fragment de panou, păstrat din secolul al XIX-lea la Museo Correr din Veneția, cunoscut mult timp sub titlul *Curtezanele*. El înfățișează două doamne așezate pe o terasă, în atitudini plictisite, cu privirea absentă, cu brațele atârnând fără vlagă sau jucându-se neglijent cu câinii. Admirat de esteții veacului al XIX-lea, mai cu seamă de britanicul John Ruskin, care vedea acolo „cea mai minunată pictură executată vreodată în lume" (1877), tabloul a ajuns celebru la începutul secolului XX când istoricii au descoperit – vituperând „moliciunea" și „senzualitatea pictată în privirea lor" – că cele două femei sunt prostituate, odihnindu-se în așteptarea unui client. Ipoteza este romanescă; ea convine unei epoci în care imaginarul caselor cu circuit închis îi inspiră pe scriitori și pe artiști – așa cum Toulouse-Lautrec, Proust și D'Annunzio aveau să procedeze cu încântare.

Vittore Carpaccio, *Așteptarea:* reconstituit din *Vânătoare de rațe în lagună* și *Două venețiene*, cca 1495, ulei și tempera pe lemn, 78 x 63 cm și, respectiv, 94 x 63,5 cm, Malibu, J. Paul Getty Museum și Veneția, Museo Correr.

Or, Curtezanele de la Museo Correr nu sunt decât un fragment dintr-o pictură mai vastă care, într-un anume moment, a fost secționată. În 1963, specialiștii (Ragghianti și Robertson) au făcut legătura dintre panou și o piesă păstrată în Statele Unite ale Americii, la J. Paul Getty Museum din Malibu (Los Angeles). Această piesă, a cărei lățime este aceeași cu a picturii de la Correr, reprezintă un peisaj din lagună, în care, în bărci cu fundul plat, câtiva bărbați vânează rațe. Asigurând precis legătura între cele două fragmente, tija unui crin din panoul de jos se continuă prin floare în cel superior. Pe versoul picturii din Malibu, o imagine în *trompe l'œil* înfățișează un bilet prins de o ușă: se disting urmele decolorate ale unor cuvinte, nume de familie (Mozenigo) și calificative de apreciere (*honorando*). Destule informații care permit excluderea ipotezei că femeile pictate ar fi fost hetaire și care ne conduc să vedem în tabloul dezmembrat un omagiu adus vieții de familie a patricienilor din Veneția, inclusiv nevino-

ALBRECHT DÜRER, *Melancolia I*, 1514,
gravură pe aramă, 23,9 x 16,8 cm.

vaţelor distracţii: vânătoarea pentru bărbaţi, odihna, chiar dacă uşor încremenită de plictis, în aerul proaspăt al unei terase, pentru femei.
A interpreta o pictură din punct de vedere iconologic, nu pe baza unei vagi intuiţii, ca în cazul pretinselor *Curtezane*, ci pe solide argumente, este o cerinţă indispensabilă, un mijloc de a ne convinge că tabloul vehiculează un mesaj, că reprezintă o gândire exprimată prin imagini aşa cum un text este o gândire transmisă în cuvinte. Specialistul în Evul Mediu şi în Renaşterea europeană care a fost istoricul şi teoreticianul de artă Erwin Panofsky (1892–1968), în Germania înainte de 1933, apoi în Statele Unite ale Americii, a demonstrat în cărţi de mare referinţă că operele erau încărcate cu o semnificaţie filozofică şi morală. *Melancolia* lui Dürer (MELANCOLIA I), o gravură din 1514, a devenit datorită lui o operă legendară, simbolul atât al depresiei morbide care-l atinge uneori pe om, cât şi al angoasei proprii creatorului, conştientizându-şi incapacitatea de a capta frumuseţea. Or, interpretarea lui Panofsky nu şi-ar fi dovedit meritul dacă autorul nu ar fi cercetat cu mare atenţie cele câteva elemente care compun imaginea respectivă, adică mai multe zeci de centimetri pătraţi: instrumentele de măsură şi de numărat (balanţa, clepsidra, careul magic...); formele şi aranjamentul sau, mai degrabă,

pentru a-l cita pe Panofsky însuși, „deranjamentul" obiectelor stereometrice (sfera, romboidul, poliedrul...); animalele (câinele dormind, șoarecele); temele astronomice (cometa) și optice (curcubeul); peisajul – un golf parțial invadat de apă; întruchiparea unei femei (aripile, accesoriile pe care le poartă, coroana vegetală de pe cap), atitudinea ei de abandon codificat: așezată și ghemuită în ea însăși, cu obrazul sprijinit pe brațul îndoit.
Împingând prea departe cercetarea exclusivă a intențiilor intelectuale ale artistului putem fi uneori conduși, dacă nu la sensuri contrare, măcar spre o înțelegere parțială și până la urmă decepționantă a operelor.
Într-o carte intitulată *Tizian. Probleme de iconologie*, același Panofsky decriptează semnificația unei pânze celebre a pictorului venețian, păstrată la Galeria Borghese din Roma, AMORUL SACRU ȘI AMORUL PROFAN : un titlu „modern", apărut în 1693. Elaborând o demonstrație savantă, Panofsky se arată preocupat de simbolica născută din opoziția celor două femei. Una, somptuos îmbrăcată în alb, evocă dragostea pământeană, bucuriile ei onorabile aproape sanctificate de actul căsătoriei, dar trecătoare. Cealaltă, dezbrăcată, purtând un vas ritual, încarnează dragostea celestă, care-și caută fericirea în Dumnezeu. Peisajul este organizat în așa fel încât să susțină simbolistica: în spatele lui Venus terestră, privirea este condusă către o fortăreață (palatul nevestei); dincolo de cealaltă Venus, cea a dragostei cerești, se zărește clopotnița unei biserici.
Sarcofagul pe care sunt așezate cele două femei este decorat cu un relief. Primul lucru pe care îl observăm este silueta unui armăsar fără hamuri: Panofsky ne deslușește că reprezintă emblema dragostei animalice, o confirmare a scenei care se desfășoară în spatele calului, în care un bărbat târăște de par o femeie, fără îndoială pentru a o viola. Aceasta lectură pentru *Amorul sacru și Amorul profan* este impecabilă. Ea elucidează și explică detaliile, până la relevarea unor elemente inedite – artificii ingenioase pe care

TIZIAN, *Amorul sacru și Amorul profan*, 1515–1516, ulei pe pânză, 118 x 270 cm, Roma, Galleria Borghese

riscăm să le judecăm ca triviale. Astfel, în spatele femeii îmbrăcate, se zăresc doi iepuri zbenguindu-se, în timp ce dincolo de Venus celestă, călăreți și câini vânează un alt iepure: acesta nu se va mai deda niciodată la desfrâu... Nu este sigur că tabloul are de câștigat din această ultimă descoperire, dar cu certitudine am reușit să-l urmăm pe istoric în încercarea de interpretare a motivului. Împinsă atât de departe, demontarea construcției temei deturnează atenția de la ceea ce, tot atât cât simbolurile, dă valoarea maximă a acestei picturi: forma și stilul ei.
Or, un tablou este în primul rând, cum n-au încetat să o repete toți, de la teoreticianul Alberti din veacul al XV-lea la pictorul Maurice Denis din secolul XX, un joc de combinații de linii și de culori. Ele produc efecte fizice luate în calcul de artist: acesta le alege, le dispune, pentru a încânta privirea, pentru „a o liniști și înviora (...) la fel cu un deget care atinge gheața", sau pentru „a o excita" asemenea unei „farfurii de condimente pentru cerul gurii", scrie artistul Wassily Kandinsky. Combinația de linii și culori în forme care aparțin picturii constituie un limbaj: trebuie să-i examinăm regulile și procedeele, așa cum sunt analizate rimele și cuvintele într-un poem, sau notele și ritmurile în muzică.
La fel ca examinarea motivelor, atenția noastră pentru culori și forme presupune că am învățat să privim opera sistematic, cu interesul de a sesiza fiecare element. Pentru aceasta, avem nevoie de timp. A ne lua acest răgaz, a învăța că un tablou se descoperă cu încetul, se apreciază pe măsură ce este supus unei lente cercetări exploratorii, iată ținta vizată de cartea noastră.

Cartea de identitate

Orice pictură este mai întâi de toate un obiect făcut de o persoană, uneori de un grup; care se caracterizează printr-o tehnică revelatoare pentru epoca și, câteodată, pentru preferințele singulare ale unui artist; un obiect, în fine, care are o istorie cu atât mai îndelungată și mai complexă cu cât opera are o vechime mai mare. Trebuie deci să abordăm pictura în primul rând ca pe un obiect: altfel spus, trebuie să dăm informații referitoare la autorul ei (atribuirea), la maniera în care este făcută (tehnica) și la trecutul său (istoria și circulația operei).

ATRIBUIREA ȘI DATAREA

Operele de artă sunt astăzi semnate. Valorizarea persoanei cu începere din secolul al XIV-lea, ideea că o capodoperă este rezultatul concepției singulare a unui individ genial au contribuit la generalizarea, dacă nu chiar la impunerea practicii semnăturii. Piața de artă intrând și ea în joc, o operă care nu este autentificată de un nume, și dacă este posibil de un nume de seamă, pierde considerabil din valoare. Recentele dezbateri asupra atribuirilor în sânul atelierului unui maestru – de exemplu cel al lui Rembrandt – au arătat cât de mult crește sau se diminuează prețul unui tablou, nu în funcție de propriile sale calități, ci după certitudinea că aparține unui anume maestru, care l-a pictat în întregime, și nu unui asistent. Astfel tablourile, plecând cel puțin de la sfârșitul Evului Mediu, poartă adesea, dar nu întotdeauna, pe fața pe care o privești sau pe revers, semnătura artistului și nu rareori data execuției. Acestea sunt informații cu care trebuie să înceapă o descriere.

Semnături contemporane

Semnătura pictorului trebuie să fie discretă, dacă apare pe fața pictată a tabloului. În orice caz, ea trebuie să se integreze într-atât în compoziție încât să nu deranjeze contemplarea acesteia.
Cel mai adesea, în operele contemporane, semnătura este plasată în josul picturii și, în general, în colțul drept. În gravuri, lucrurile se petrec diferit atunci când desenatorul și gravorul nu sunt una și aceeași persoană. Atunci, numele artistului care a desenat opera figurează în colțul inferior stâng, însoțit în manieră tradițională de formula *delin.* (pentru *delineavit*, care înseamnă „a desenat"), în timp ce gravorul, altfel spus cel care a transpus compoziția pe placa de imprimat, este desemnat la dreapta, simetric, prin formula *sculps.* (pentru *sculpsit*: „a gravat"). Maniera de a semna, în secolul XX, este în același timp sobră și aptă de a identifica cu siguranță opera. Ea se limitează, în general, la nume, câteodată însoțit de prenume și, la modul ideal, ar trebui să rămână identică pentru ca nici o variație să nu arunce vreo umbră de îndoială asupra autenticității. Dar pictorii păstrează rareori aceeași semnătură, unică pe timpul întregii lor cariere. În cel mai bun caz, aspectul semnăturii caracterizează producția anumitor ani și, atunci când data nu este specificată, furnizează un indiciu cronologic. Astfel primele opere ale lui Picasso sunt semnate Pablo Ruiz Picasso, sau P. Ruiz Picasso, sau P.R. Picasso, până în 1900–1901. După această dată, în timpul perioadei albastre și a celei roz, artistul semnează numai Picasso, scriindu-și deseori numele ușor în diagonală și subliniindu-l cu o linie. Câteodată, data îi acompaniază semnătura: este vorba fie despre patru cifre (1907 pe *Domnișoarele din Avignon*), fie, mai curând, de ultimele două. În mod excepțional, un pictor adoptă un sistem original de datare: astfel artistul francez Camille Saint-Jacques notează pe opere nu anul în curs, ci succesiunea anilor și a zilelor în cadrul cronologiei sale personale. Născut în 1957, își datează un tablou din 1991: „ XXXIV, 175".
Mai rar, pictorii se joacă cu cuvintele cu care semnează, utilizându-le ca o provocare sau ca o profesiune de credință. În anii 1980, la capătul unei serii de tablouri pe tema mitologiilor antice, Jean-Michel Alberola semnează „*Acteon fecit*" („Acteon l-a făcut"): un mod de a

evidenția că pictorul, asemenea vânătorului Acteon, care a surprins-o pe Diana îmbăindu-se și a fost pedepsit pentru aceasta cu moartea, este cel care face vizibil ceea ce un om obișnuit nu știe sau nu îndrăznește să vadă. Un alt francez, Louis Cane, face din propria semnătură motivul principal și subiectul tablourilor sale. În anii 1970, în perioada mișcării Supports-Surfaces, el se folosește de un tampon pentru a-și acoperi compozițiile cu cuvintele: „Louis Cane artist pictor", afirmație, în plin avânt al valului maoist, a faptului că pictura este o meserie care nu îl distinge pe artist de meșteșugar sau de muncitor.
Exceptând aceste cazuri particulare, numai în tehnici mai restrânse, ca guașa, acuarela, pastelul, desenul sau chiar stampa – toate executate pe hârtie – se pot citi destul de frecvent și alte indicații decât numele și data, de exemplu o dedicație atunci când lucrarea este oferită cuiva.
Semnătura pusă pe spatele unui tablou are cel mai adesea un caracter mai complet. Se menționează uneori anotimpul, luna, mai rar ziua: se întâlnește astfel „Paris, iarna..." (sau toamna, sau vara...) pe dosul a numeroase desene și picturi de Picasso din perioada cubistă. Aceste mențiuni sunt prețioase pentru a studia evoluția unui stil în decursul unui an. Tot pe spatele tabloului alege artistul să-și noteze titlul pe care intenționează să-l pună: cu pensula înmuiată în negru, pe reversul unei pânze încă nepictate dintr-o serie recentă, pictorul Vincent Bioulès înscrie, de exemplu, „BIOULES, *Interior*, febr. 98". PIERRE SOULAGES dă informații mai complete: pe spatele uneia dintre pânzele sale (în fotografie și la p. 263), figurează o indicație pentru expoziție (o săgeată pe axa verticală a șasiului, cu inscripția

„SUS"), o semnătură (SOULAGES), un titlu („titlu: Pictură 63 cm x 102 cm") și o dată exactă („7-12-1990").

Semnătura... înainte de încetățenirea semnăturii

Modul de a semna, redus la minimum, a început să devină curent pe la începutul sec. al XVII-lea. Artistul medieval își punea semnătura mai rar, dar cu atât mai vizibilă: introducea în onoarea sa o întreagă inscripție sau chiar propriul autoportret. Astfel, în sec. al XVII-lea, pe pagina evangheliarului pe care l-a anluminat, boemianul Hildebert se pictează pe sine însuși cu instrumentele meseriei – pensula și borcanul de culori – și adaugă, deasupra capului, *„H. pictor"*(H[ildebert] pictor) (lucrarea se păstrează la Kungliga Bibliothek din Stockholm).
În secolul al XV-lea, această manieră de a se propune admirației spectatorilor este departe de a fi dispărut. Într-un ciclu decorativ executat la Perugia în 1496, Perugino, maestrul lui Rafael, înscrie deasupra portretului său dintr-un cadru în *trompe l'œil:* „Dacă arta picturii a dispărut/ El a adus-o înapoi/ Dacă n-ar fi fost inventată niciunde/ El ar fi creat-o". Pinturicchio face același lucru, cinci ani mai târziu, în Biserica Santa Maria Maggiore din Spello, dar, deasupra portretului, nu-și mai pune decât numele. Mai des, artistul se pictează în interiorul propriilor opere fără a se desemna în mod special: există deja bănuiala că Giotto s-ar fi

înfățișat printre aleșii din *Judecata de Apoi* de la Padova (Capela Scrovegni sau Arena, cca 1305); chipul tânăr al lui Andrea Mantegna, în secolul următor, se recunoaște în *Înfățișarea la Templu* de la Berlin, apoi, la maturitate, într-o frescă din *Cammera degli Spozi* din palatul de la Mantova; și florentinul Sandro Botticelli, contemporanul său, își introduce silueta în *Adorația magilor*, păstrată la Uffizi, în Florența.
Identificarea acestor autoportrete este un joc amuzant, propus chiar de artist. Câteodată, tradiția îl scutește pe spectator de orice efort: amintirea portretului s-a păstrat, recunoscut și comentat încă din timpul vieții artistului. Acolo unde acest lucru nu s-a întâmplat, particularizarea unui personaj, aflat într-un grup, conduce deseori la intuirea realității: fie trăsăturile fizice sunt redate cu o atenție excepțională, fie poziția adoptată – de exemplu, văzut din trei sferturi, privind către spectator, atunci când ceilalți sunt înfățișați din profil – constituie o indicație suficientă.
Dar semnăturile care, după criteriile noastre, sunt cele mai sobre – patronimicul însoțit sau nu de dată – iau uneori o formă extraordinară în Italia secolului al XV-lea. Pe un panou reprezentând *Apariția Fecioarei în fața Sfântului Gheorghe și a Sfântului Anton* (1445, Londra, National Gallery), Pisanello își pune semnătura PISANUS în josul lucrării: literele gotice flamboaiante care desenează cuvântul au culoarea vegetației și se mlădiază ca firele de iarbă mângâiate de vânt, transformând lectura într-un rebus cu dezlegare complicată. În anii următori, în nordul Italiei, numeroși artiști și-au înscris numele pe un soi de tăbliță sau pe o foaie ce pare adăugată ulterior compoziției: așezat chiar în locul în care autorul alege să-și înscrie patronimicul, obiectul (*cartellina*) este un *trompe l'œil*, rezultat al unui tur de forța iluzionist prin care

JAN VAN EYCK, *Portretul soților Arnolfini*, ulei pe lemn, 82 x 59,5 cm, 1434, Londra, National Gallery, ansamblu și detaliu.

pictorul își manifestă virtuozitatea. Europa de Nord nu rămâne datoare, în secolele al XV-lea și al XVI-lea, în problema inventării semnăturilor care atrag atenția. Unul dintre cele mai cunoscute exemple este inscripția pusă de Jan van Eyck pe micul PORTRET AL SOȚILOR ARNOLFINI. În centrul tabloului, pe peretele din fund al camerei, deasupra mâinilor împreunate ale tinerilor căsătoriți, este așezată o oglindă circulară. În ea se reflectă Giovanni Arnolfini și Giovanna Cenami, din spate, dar și încă două personaje minuscule, văzute din față, unul în albastru, celălalt

ALBRECHT DÜRER,
Martiriul celor zece mii, 1508,
ulei pe pânză maruflată pe lemn, 99 x 87 cm,
Viena, Kunsthistorisches Museum,
ansamblu și detaliu.

în roșu, plasate în ancadramentul unei uși. Două linii caligrafice, deasupra oglinzii, menționează: „*Johannes de Eyck fuit hic. 1434*" („Aici a fost Jan van Eyck" și data). În acest caz, nu avem de a face cu o semnătură propriu-zisă, ci mai mult cu o mărturie, un protocol vizual care face din imagine (portretul mirilor) un act oficial cu valoare de atestat.

În Germania, la începutul secolului următor, gravorul și pictorul ALBRECHT DÜRER are și el o semnătură pregnantă. Pe gravuri și picturi, înscrie o monogramă, mai degrabă o înlănțuire grafică armonioasă a inițialelor prenumelui și numelui (un „D" mai mic în interiorul unui „A" mai mare). Adesea, adaugă și o inscripție cu data execuției tabloului, cu un comentariu al subiectului și al condițiilor de realizare (este cazul *Autoportretului* din 1498, de la Muzeul Național Prado, din Madrid). În sfârșit, în *Martiriul celor zece mii*, se pictează în picioare, în centru, siluetă mândră care ține o pancartă cu inscripția și monograma proprie. În secolele al XVII-lea și al XVIII-lea, obiceiul artistului de a se introduce în compoziție se pierde, fără însă ca semnătura să ajungă la formatul redus adoptat de operele contemporane. Doar numele și data continuă să figureze, de cele mai multe însă disimulate în compoziție. Spectatorul trebuie să facă un mic efort și să caute unde se ascunde semnătura: gravată pe trunchiul unui copac, integrată într-un fragment de arhitectură etc.

TITLUL

Până la înființarea Saloanelor, la sfârșitul secolului al XVII-lea și în cel de al XVIII-lea, pictorii nu acordă titlului sensul pe care îl dăm noi acestui cuvânt. În momentul în care apare piața de artă, expozițiile și cataloagele fac necesară cunoașterea unei compoziții după titlu.

Titlul, o adăugire ulterioară

Numele folosite pentru a desemna opere din trecut sunt moderne. Ele reprezintă fie o definire rapidă a subiectului, fie o descriere succintă a ceea ce se poate vedea într-o pictură.

De exemplu, un tablou religios se pretează cu ușurință la o denominație: o Bunăvestire (momentul în care arhanghelul Gavriil o vestește pe Fecioara Maria că ea Îl va zămisli pe Hristos) se deosebește de o Pietă (Fecioara este așezată pe pământ, cu corpul neînsuflețit al Fiului său în brațe). Printr-o convenție, stabilită de vocabularul elaborat în timp de istoricii de artă, numele scenei se schimbă în funcție de modul de tratare a temei: o Madonă este o Fecioară reprezentată până la jumătatea corpului, singură cu Pruncul; așezată pe un tron, înconjurată de îngeri și sfinți, Fecioara cu Pruncul devine Fecioara în maiestate (sau *Maestà* în Italia); este numită Fecioara umilinței dacă stă pe pământ, cu micul Iisus pe genunchi. Subiectele istorice sau mitologice primesc la rândul lor, cu ușurință, un titlu: *Încoronarea* de Louis David reprezintă ungerea lui Napoleon ca împărat; *Supliciul lui Marsyas* al lui Tizian înfățișează jupuirea satirului care a cutezat să-l provoace pe Apolo la un concurs de flaut. Un peisaj poate fi cunoscut sub titlul *Peisaj*, sau mai cu seamă în funcție de caracteristicile principale pe care le-a arătat pictorul: *Port la asfințit* de Claude Lorraine; *Peisaj cu Orion orb* de Nicolas Poussin.

Pentru picturile mai vechi, înainte de inventarea cataloagelor, denominațiile corespund uneori unei uzanțe transmise pe cale orală, dar având o urmă scrisă, cum ar fi, de exemplu, un vechi inventar: este cazul tabloului *Amorul sacru și Amorul profan* de Tizian. Se mai întâmplă ca titlul să fie primit chiar de la proprietarii lucrărilor: astfel, *Magdalena în pocăință* de Georges de La Tour, astăzi la National Gallery of Art din Washington, a fost numită *Magdalena Fabius* până la exportarea sa din Franța, în 1974. În sfârșit, un *Portret* poate să se mulțumească doar cu acest titlu, fără altă precizare, din discreție sau dacă modelul este obscur. Din contră, numele personajului reprezentat poate fi menționat – obligatoriu, dacă modelul este celebru: *Portretul lui Baldassare Castiglione*, de Rafael, *Portretul lui Ludovic al XIV-lea*, de Hyacinthe Rigaud... Totuși, chiar dacă este cunoscut sau menționat de la primele referințe legate de tablou, numele persoanei portretizate poate sfârși prin a dispărea în beneficiul unor carateristici marcante ale picturii. De pildă, *Portretul doamnei Matisse*, de Henri Matisse (1905), a fost calificat destul de repede ca *Portret de femeie (Dunga verde).* Oricât de utile ar fi, titlurile se dovedesc volatile. Departe de fi pentru totdeauna fixate de pictor, ele apar și se modifică o dată cu trecerea timpului. Or, numirea într-un fel sau într-altul a unei picturi nu este lipsită de semnificații, deoarece cuvintele influențează percepția asupra operei – am văzut cazul *Curtezanelor* lui Carpaccio. Și alte titluri ale tablourilor pun

GIORGIONE, *Furtuna*, cca 1506–1508?, ulei pe pânză, 83 x 73 cm, Veneția, Galleria dell'Accademia.

probleme delicate: *Furtuna* lui Giorgione prezintă o femeie aproape goală alăptând în mijlocul naturii, în timp ce, în primul plan, un tânăr îmbrăcat stă pe malul râpos al unui râu; între cei doi se întinde un peisaj înverzit, cu ruine, un pod, un târguşor. Cerul, greu, este brăzdat de un fulger: acest motiv, inedit la începutul secolului al XVI-lea, a conferit tabloului un titlu convenţional, fără a-i lămuri în vreun fel subiectul sau semnificaţia.

Titlul semnificant

Se întâmplă şi invers, ca titlul să aducă indicaţii preţioase: alegerea cuvintelor răspunde unor consideraţii pe care noi le-am pierdut cu totul din vedere. În Franţa secolelor al XVII-lea şi al XVIII-lea, pictorii care practicau genurile considerate „minore" - peisajul şi natura moartă - erau prea puţin stimaţi. Pentru a fi admis în Academie, pentru a face figură bună la Saloane - expoziţiile oficiale periodice de pictură - şi pentru a primi comenzi, cel care voia să picteze natura sau motive având legătură cu „viaţa tăcută" (natura moartă) a ales uneori să-şi disimuleze subiectul. Reprezentând nu doar marea, ci şi un port, Lorrain înfăţişează arhitecturi (exerciţiu de perspectivă meritoriu) şi oameni (nobila figură umană); plasând micuţi Adam şi Eva în sânul naturii, Poussin face din peisajul său un subiect religios. Titlul folosit, *Primăvara* sau *Adam şi Eva în paradisul terestru* (vezi p. 48), nu trădează de data aceasta opera şi relevă constrângerile care erau exercitate asupra artistului.

Alegerea unui titlu sau refuzul acestuia

În epoca contemporană, artiştii sunt preocupaţi să reprime modul în care le sunt desemnate operele. Numeroşi pictori continuă să accepte sistemul titlului. Ei îl propun în timpul unor referiri la tablou, dându-i un nume sau lăsându-l numit în cataloage, în articole, ori înscriindu-l pe spatele lucrării şi în inventarele propriilor opere pe care le păstrează. Anumiţi artişti sunt mai atenţi în comparaţie cu alţii. Picasso, relativ indiferent la problemă, a inventat titlul marilor sale tablouri politice, *Guernica* sau *Masacrele din Coreea*. Dar *Domnişoarele din Avignon* au fost denumite de prieteni şi de primii privitori ai tabloului: acele siluete înalte, sparte şi contorsionate de experienţa incipientă a tratării cubiste a volumelor, sunt diferit înţelese atunci când auzi titlul fără să ştii nimic din ceea ce semnifică, sau când afli - sugestie în acelaşi timp romanescă şi trivială - că aceste „domnişoare" erau la origine prostituate dintr-un bordel din *Carrer de Avinyo*, la Barcelona.
Alţi artişti folosesc titlul pentru a incita, pentru a trezi surpriza ori pentru a provoca. În 1912, *Nud coborând scara nr. 2* de Marcel Duchamp are în vedere primul dintre aceste efecte: dacă vorbele pun în evidenţă mobilitatea figurii, trăsătură esenţială a tabloului şi a cercetărilor lui Duchamp din epoca respectivă, termenul „nud" evocă un corp tratat într-o factură academică, ceea ce evident nu este ţelul artistului.
În anii următori, Duchamp foloseşte o asociere de litere şi fraze aflate într-un raport ludic şi paradoxal cu imaginea: *L.H.O.O.Q.* (titlu făcut mai mult pentru a fi rostit decât pentru a fi citit) desemnează versiunea mustăcioasă a *Giocondei* (1919, Paris, colecţie particulară); *Mireasa dezbrăcată de cei care nu au luat-o în căsătorie, chiar* (a se observa virgula, pusă în mod intenţionat într-un loc neobişnuit) este titlul operei capitale a anilor 1915–1923, pe care istoricii de artă o desemnează bazându-se pe unicitatea tehnică a piesei şi cu numele *Marea sticlă*.
Dimpotrivă, alţi artişti se dispensează de titlu. Prin aceasta, ei preîntâmpină posibilitatea ca percepţia operelor să fie consecinţa altui tip de contact decât privirea. Astfel, pictorul abstract american Mark Rothko îşi intitula tablourile printr-un număr (*Numărul 10*, 1950, Museum of Modern Art din New York, MOMA), însoţit câteodată de o descriere a culorilor (*Închis peste brun nr. 14*, 1963, Musée National d'Art Moderne din Paris); mai puţin decât titluri propriu-zise, aceste desemnări corespund unor indicaţii tehnice referitoare la un clasament al operelor în producţia unui artist.

Cartea de identitate

Hotărârea de a propune un titlu sau de a se lipsi de el nu este legată, cum s-ar putea crede, de apartenența la un anume tip de pictură figurativă sau abstractă: americanul Jackson Pollock, abstract, își numea marile sale pânze realizate prin procedeul *dripping*, sau stropirea cu culoare, cu un simplu număr (*Unu*, 1950, MOMA), dar, câteodată, și cu un titlu plin de sugestii poetice: *Lavender Mist nr. 1* (*Brumă de lavandă*), 1950 (New York, colecția Ossorio-Dragon); sau *Autumn Rhythm* (New York, Metropolitan Museum) din același an.
Astfel, a accepta sau a refuza titlul depinde de dorința pe care o are artistul de a-și asuma sau nu forța evocatoare a cuvântului.

MARCEL DUCHAMP, *Marea sticlă*, numit și *Mireasa dezbrăcată de cei care nu au luat-o în căsătorie, chiar*, 1923, ulei, fir de plumb, cenușă și verni, placă de sticlă, 272,3 x 175,8 cm, Philadelphia Museum of Art, colecția Louise și Walter Arensberg.

TEHNICA

Descrierea caracteristicilor tehnice ale picturii trebuie să ia în considerare suportul, pe de o parte, și materia care este pusă deasupra, pe de altă parte.
Compoziția poate fi pictată pe un perete (numită, generic, pictură murală); pe lemn (pictură pe panou); pe pânză; sau – în funcție de epoci – pe pergament ori pe hârtie. Există și alte suporturi, în special în secolul XX, dar cele citate sunt cele mai importante. Pigmenții folosiți sunt de origine minerală, vegetală, animală sau artificială (chimică). În afară de cazul particular al culorilor produse de chimia industrială a secolului XX, acestea erau în general sub formă de pulbere uscată: în picturile vechi reprezentând ateliere, se întâlnește destul de des imaginea unui asistent care pisează într-un mojar culoarea pentru a o reduce la pudra cu care lucrează pictorul. Liantul care transformă pudra într-o pastă fluidă este componenta esențială care dă caracteristica tehnicilor.

Suporturile

Pe un zid, pictura nu este zugrăvită la fel ca peretele, ci executată pe o preparație intermediară: o tencuială compusă, în cazul frescei, dintr-un mortar nedrișcuit (*arriccio*), peste care se pune un strat mai subțire de nisip fin și var (*intonaco*). Pigmentul se înglobează în tencuială cu ajutorul, de exemplu, al unui liant încălzit și care se fixează pe măsură ce se răcește: aceasta este pictura în encaustică, adică ceara, utilizată de romani și întâlnită

îndeosebi în picturile de la Pompei. Cu începere din Evul Mediu și, îndeosebi, în sudul Europei, tehnica dominantă este fresca *(buon fresca)*; pigmentul, obligatoriu de origine minerală, este diluat în apă și aplicat pe o tencuială de var încă proaspătă, altfel spus, udă *(fresco)*. Această manieră se deosebește de tehnica *a secco*, care constă în așternerea unui pigment nediluat în apă pe o tencuială la rândul ei uscată, cu un liant ce poate fi ou, clei, rășină (produsă de piersic, cireș, acacia) etc.
Tehnica encausticii se recunoaște după aspectul satinat. Fresca are meritul principal de a păstra strălucirea inițială a culorilor: amestecându-se cu varul ud, din compoziția lui *intonaco*, pigmenții minerali sunt înglobați într-un strat transparent de carbonat de calciu care împiedică alterarea lor. Efectul obținut se caracterizează printr-un aspect mat.
O frescă se recunoaște și după fisurile care delimitează suprafețele lucrate succesiv de pictor, fie că este un singur autor sau mai mulți. Cum pigmentul nu poate fi pus decât pe tencuiala umedă, artiștii delimitează în fiecare zi suprafața de *arriccio* pe care o pot acoperi cu materia picturală; ei întind pe porțiunea care va fi lucrată într-o zi, numită *giornata* (*giornate* la plural în italiană), tencuiala subțire înmuiată (*intonaco*) pe care trebuie așternută pictura. Oricâtă grijă ar avea autorul ca să disimuleze zonele de racord, ele rămân mereu reperabile. În Capela Brancacci de la Santa Maria del Carmine de la Florența, se vede bine ziua de muncă pe care MASACCIO a consacrat-o pictării lui Adam, în timp ce dunga fină de deasupra Evei arată că pictorul florentin a dedicat o altă zi pentru a executa silueta acesteia. Pe aceeași frescă, razele închise la culoare care pleacă din ancadramentul porții erau odinioară acoperite cu aur. Astăzi înnegrite, ele sunt dovada faptului că pictura a fost terminată *a secco*, adică pe suprafața deja colorată și uscată s-a pus un pigment (în cazul de față aurul) înglobat într-un liant de ou, ulei, clei etc. Procedeul s-a dovedit fragil: reluările efectuate *a secco*, precum în acest exemplu, rezistă rareori la trecerea timpului.

MASACCIO, *Adam și Eva alungați din paradisul terestru* (după restaurare), 1426–1428, frescă, 214 x 90 m, Florența, Santa Maria del Carmine, Capela Brancacci.

De la retablu la pala: trei secole de evoluție

figura 1

figura 2

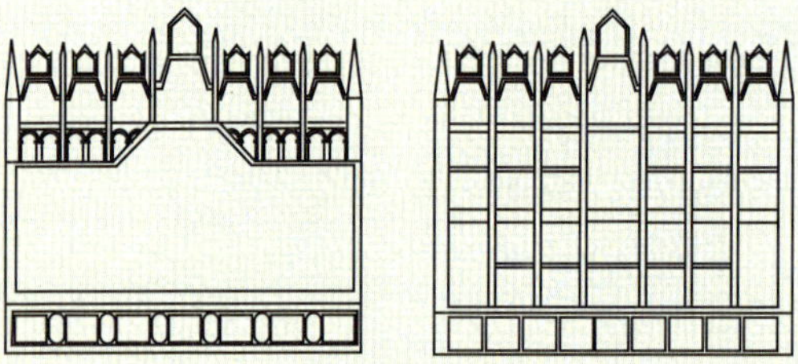

figura 3

figura 4

Retablul romanic

În secolul al XIII-lea, retablul era o piesă compactă, un panou unic și rectangular. El trebuia să distribuie în centru o imagine a sfântului și, vertical de o parte și de alta, dreptunghiuri cu scene din viața acestuia (fig. 1). Uneori, scenele sunt juxtapuse pe orizontală în partea de jos a panoului, constituind eboșa a ceea ce se va numi mai târziu „predela" (fig. 2). Câteodată, retablul este pictat pe ambele fețe (fig. 3); pe una dintre fețe este decorat cu o imagine mare în partea de sus, în cea de jos fiind pictate diferite scene narative, iar pe verso, compartimente dreptunghiulare se repartizează după linii (registre) suprapuse. O *Maestà* (1308–1311) de sienezul Duccio (Siena, Museo dell' Opera del Duomo) aparține acestui tip. Pe fața principală o prezintă pe *Fecioara în maestă înconjurată de sfinți și de îngeri* și, pe revers, *Scene din viața lui Hristos.* La începutul secolului al XIV-lea, aceste retabluri dintr-o bucată se terminau uneori cu un fronton triunghiular numit „arc în formă de mitră". Exemplul este furnizat de *Stigmatizarea Sfântului Francisc* de Giotto (fig. 2).

Retablul gotic

În secolul al XIV-lea în Italia, în Flandra chiar și în secolul al XV-lea, și încă mai târziu prin alte părți, retablul este constituit din mai multe panouri unite într-o construcție dulgherească. Se numește diptic (două panouri), triptic (trei panouri, forma cea mai răspândită în Italia) și, generic, poliptic (fig. 4). Panourile laterale poartă denumirea de voleuri atunci când se pot replia peste panoul central, ceea ce se întâmplă deseori în nordul Europei. Atunci sunt pictate pe ambele fețe.

① Predela: partea de jos a retablului. Este alcătuită din mici panouri juxtapuse, fiecare consacrat unei întâmplări legate de sfântul înfățișat deasupra: dacă sfântul din registrul principal este Ioan Botezătorul, în predela de dedesubt se va întâlni scena Tăierii Capului. Este posibil ca un retablu să aibă nu numai una, ci chiar mai multe predele suprapuse.

② Registrul principal: pictorul înfățișează sfinți importanți, adesea în poziții hieratice. Rareori sunt prezentate subiecte narative, cu excepția

temelor deosebit de venerate: Bunavestire, Nașterea sau Răstignirea. În interiorul registrului principal pot fi suprapuse mai multe „ordine“ sau „etaje“ de pictură.

③ Stâlpii: montanții care separă sau încadrează diferitele panouri sunt ornați cu figuri de îngeri sau de sfinți cuprinși în mici dreptunghiuri verticale sau în „medalioane“, compartimente în formă de cerc sau de treflă (patru foi).

④ Coronament sau (mai rar) simeză: situat deasupra registrului principal, are mici picturi care înfățișează, în general, îngeri și, în situații particulare, bustul îngerului Rafael și cel al Fecioarei Maria formând de o parte și de alta a retablului elementele care compun Bunavestire.

⑤ Pinaclul sau (mai rar) pinionul: element decorativ în formă de piramidă care se termină printr-un fleuron sau un triunghi; formează vârful retablului, putând fi sculptat („uvrajat“) mai mult sau mai puțin dens și fiind, în general, acoperit cu foiță de aur.

figura 5

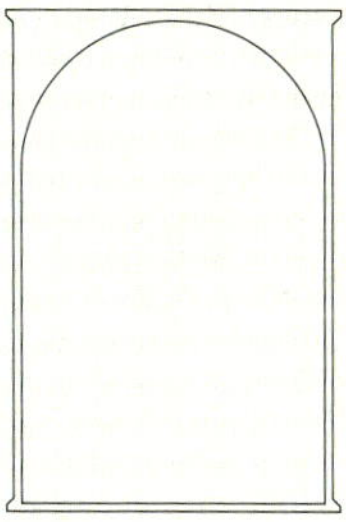

figura 6

Evoluția către panoul de altar

În secolul al XV-lea, în Italia, forma retablului tinde către concentrare. Un panou unic ocupă tot registrul central, cu o singură imagine pictată, și nu cu mai multe, iar predela se reduce uneori, la rândul ei, la un singur compartiment lung. Coronamentul, separat câteodată de registrul principal printr-o cornișă (fig. 5), este înlocuit de un element de formă clasică: semicircular (luneta) sau triunghiular (fronton). Către sfârșitul secolului al XV-lea, predela și coronamentul dispar la fel ca și orice urmă de subdiviziune a ceea ce constituia altădată etajul unic al retablului: *pala*, sau panoul de altar, îi succedă retablului (fig. 6). *Căsătoria Fecioarei* de Rafael (1504) reprezintă forma la care a evoluat retablul (vezi p. 85).

b. Cartea de identitate

Lemnul

Lemnul constituie o altă suprafață de expunere frecventă a picturii, preferată în Evul Mediu, dar și în secolul al XVI-lea și chiar al XVII-lea. În raport cu pânza, lemnul a fost privit mult timp ca un material mai solid și peren. El permitea fabricarea unor obiecte cotidiene, a căror decorație era încredințată artiștilor (lăzi de zestre, mese de naștere), dar și a operelor cu forme complexe, cum sunt crucifixurile pictate în număr mare în secolul al XIII-lea și în primii ani ai celui de al XIV-lea. De asemenea, lemnul era un material indispensabil pentru încadrarea picturilor, considerate nu suficient de impresionante prin ele însele: suprafața pictată era o componentă a unor obiecte grele și voluminoase care comportau și o decorație sculptată; termenul retablu desemnează acest gen de obiecte, cu subiect întotdeauna religios, destinate să fie plasate în biserică.

Picturile executate pe lemn se caracterizează prin aspectul lor perfect neted. Scândurile prinse între ele cu cuie de lemn (artiștii refuzând să folosească metalul supus ruginii) sunt șlefuite, apoi acoperite cu un grund impermeabil la apă *(gesso)*. Peste acest grund se aplică o tempera* cu un liant constituit din clei și rășină sau un alt tip de tempera, cu ou, o emulsie (din ou și ulei) sau un verni. În ambele cazuri, nu se pot suprapune straturi, nici practica împăstări: o pictură pe lemn executată în aceste condiții se caracterizează printr-un strat pictural vizibil subțire și uniform. Suprafața este în general mată, în afară de cazul în care pictorul a utilizat uleiul amestecat cu ou (tempera numită „grasă") sau un verni. Singurele suprafețe cu relief, în afară de cele din tâmplăria retablului, sunt formate de o acumulare de *gesso*, acoperită la fel de fin ca și celelalte părți cu aur (aplicat în foițe) sau cu culoare: așa sunt tratate coroana și aureola regelui prezentat în picioare – ca și alte denivelări acoperite cu foiță de aur – din *Adorația magilor* de Gentile da Fabriano.

* Noțiunea de *tempera* era cu totul alta în trecut și se referea nu la culoarea bază de apă di prezent, ci la u medium, adică aglutinant pen pigmenți, din gălbenuș de ou apă și zeamă lăptoasă de smochin. (n. trad.).

Pânza

Trecerea la pânză constituie o adevărată revoluție. De la un obiect greu, cu formă complicată, pictura devine o lucrare ușor de transportat. Nu mai are nevoie de nimic în plus. Altfel spus, alcătuirea unui ansamblu se poate realiza prin juxtapunerea pe un perete a mai multor pânze, fără să mai fie necesară alăturarea lor în interiorul unor obiecte complexe, cu statut definitiv. Cu excepția cazului în care este maruflată, adică lipită pe un suport rigid, pânza este prinsă în cuie pe un șasiu din lemn, ranforsat în centru prin doi montanți care formează o cruce (vezi p. 3). Aceste șasiuri dau forma pânzei, simplă de obicei: în majoritatea situațiilor un dreptunghi dispus pe orizontală (la operele contemporane se va vorbi de „formatul peisaj") sau pe verticală („formatul figură").

De la folosirea ocazională, atestată de câteva rare exemple în Evul Mediu *(Altarul de la Narbona)*, pânza a devenit mai frecvent uzitată în secolul al XV-lea și mai ales la începutul celui de al XVI-lea la Veneția. Într-un oraș în care umezeala hibernală producea o rapidă deteriorare a frescelor, trebuia găsită o alternativă la picturile executate pe ziduri. Pânzele (*tele*, în italiană), acoperind pereții fără a fi însă aplicate direct pe aceștia, au relevat o longevitate considerabilă. În alte regiuni ale Europei, pânza a triumfat din rațiuni comerciale. Rulată, ea putea fi vândută în centre aflate la distanțe mari. Stabilit definitiv la Roma din 1624 până la moartea sa în 1665, Poussin alimentează numeroși colecționari în Franța, ceea ce ar fi fost imposibil dacă și-ar fi pictat operele pe lemn.

Trăsăturile specifice oricărei suprafețe din material textil – fragilitatea relativă a țesăturii, grenul creat de încrucișarea firelor de urzeală și bătează – au consecințe asupra aspectului final al picturilor. Diferențele de relief, care ar putea să deformeze pânza, sunt de acum excluse. Totuși suprafața pictată este mai puțin unitară decât în cazul altor suporturi. Asemenea zidului și lemnului, pânza primește un grund: preparația, în general albă, dar și colorată, este așternută într-o peliculă fină care, în cazul în care stratul de pictură rămâne subțire, nu poate masca armătura pânzei. Pictorii din secolul al XV-lea, de la Mantegna și Hugo van der Goes la Dürer, utilizau o pânză cu țesătură fină, *tela rensa*. Cei din veacul al XVI-lea, îndeosebi venețienii, preferă „punctul încrucișat" care compune în structura unei țesături desenul

acelor de brad, al scheletului de pește etc. Suprafața tablourilor apare astfel aspră și neuniformă.
Preferința pentru o astfel de pânză, fină sau grosieră, trebuie să rețină atenția. Caracterul pigmentului utilizat de pictori pentru a acoperi pânza este un alt element, esențial, care determină aspectul picturii.

Materialele picturii

Uleiul

Trecerea de la lemn la pânză este contemporană cu momentul abandonării tehnicii de odinioară a temperei în folosul picturii în ulei. Continuând să picteze pe lemn, frații Jan și Hubert van Eyck, în anii 1430 în Flandra, nu au inventat ci au perfecționat folosirea unui aglutinant obținut dintr-un ulei capabil să se usuce rapid. Procedeul lor a deschis posibilități considerabile. Făcând un aglomerat cu uleiul, dar și diluată cu o substanță volatilă sau o rășină, culoarea, așa cum o utilizează frații van Eyck, permite reproducerea celor mai mici detalii pe care densitatea de până atunci a pastei le făcuse imposibilă exprimarea: un exemplu îl constituie siluetele în oglindă din PORTRETUL SOȚILOR ARNOLFINI.

JAN VAN EYCK, *Portretul soților Arnolfini*, 1434, detaliu, ulei pe lemn, 82 x 59,5 cm. Vezi și p. 4.

Procedeul uleiului permite de asemenea suprapunerea straturilor de culoare, fără ca filmul culorii de dedesubt să fie alterat sau ascuns. Când pelicula superficială este extrem de fină și transparentă, stratul se numește „glasiu". Așternerea unui glasiu deasupra altei culori o modulează ușor pe aceasta, îngăduind estomparea unui fundal sau nuanțarea carnației. Glasiul permite de asemenea obținerea unor nuanțe cromatice mai subtile decât dacă acestea ar fi fost produse prin combinarea direct pe paletă. În fine, amestecul uleiului cu pigmentul dă, chiar dacă tabloul nu este în întregime acoperit de un strat de verni, un aspect strălucitor care îl distinge de picturile executate în tempera.
Toate aceste proprietăți caracterizează operele în ulei, cu începere din epoca fraților van Eyck, perioadă în care erau executate tot pe lemn. Folosirea pânzei conduce la alte efecte, experimentate la Veneția de Tizian, la sfârșitul carierei sale și, în mod special, de Tintoretto: pigmentul amestecat cu ulei și utilizat sub o formă slab diluată, compact adică, este reținut de grenul mare al pânzei. Relieful obținut poate fi ușor sau profund după cum pictorul încarcă mai mult sau mai puțin pânza cu pigment: efectul este cel al crestei și al depresiunii pe care joacă lumina. În secolul al XVII-lea, Rubens și Rembrandt au lucrat cu plăcere prin împăstări – despre unele dintre portretele acestuia din urmă s-a spus că ar fi putut fi „ținute de nas" – în timp ce Vermeer sau Poussin au rămas fideli unei maniere de a așterne culoarea în straturi extrem de subțiri. În veacul al XIX-lea, Courbet și impresioniștii, în secolul XX, Jean Fautrier, Jean Dubuffet, OLIVER DEBRÉ, Eugène Leroy, în Franța, de Kooning în Statele Unite ale Americii s-au jucat sistematic cu aceste tușe sau cu straturi groase de culoare.

Pigmenții

Natura pigmenților utilizați de pictori este o altă componentă care trebuie luată în seamă, indiferent de tehnica folosită. Atât timp cât culorile au fost obținute în mod artizanal, plecându-se de la cele existente în natură și prelucrându-le, uneori prin fierbere, alteori prin uscare, dar, întotdeauna, frământate, ele nu au fost numeroase. La sfârșitul secolului al XV-lea, în *Il Libro dell' arte (Carte despre artă)*, pictorul italian Cennino Cennini citează

OLIVIER DEBRÉ, *Țâșnire,* 1987, ulei pe pânză, 130 x 180 cm, colecție particulară.

douăzeci de culori. Această cifră crește încetul cu încetul în decursul veacurilor următoare până ce, la mijlocul anilor 1850, chimia organică pune la dispoziția artiștilor o gamă variată de pigmenți artificiali. Apariția tubului de zinc conținând culoarea gata pregătită (primele sunt produse în Anglia în 1840), scutindu-l pe artist să prepare pigmentul în momentul folosirii sau să-l transporte, odată preparat în atelier, în incomode bășici, este o altă revoluție considerabilă. Tuburile îi permit pictorului să iasă din atelier. Ducând într-o valijoară strictul necesar – adică, de obicei, puține lucruri – el poate merge „la motiv" și își poate termina lucrările acolo, în loc să se mulțumească, precum odinioară, cu studii desenate sau cu acuarele, ulterior reluate și pictate în atelier. Pictura impresionistă este în totalitate dependentă de tuburile industriale de culoare.

Există și alte suporturi decât zidul, lemnul și pânza; după cum există și alte tehnici decât fresca, tempera sau pictura în ulei. Pergamentul este o suprafață naturală aparținând picturii pe bază de ou (gălbenuș sau albuș sau amândouă amestecate), utilizată de miniaturiștii din Evul Mediu. Hârtia, care poate fi aleasă cu textura netedă sau neregulată, albă sau colorată, este suportul obișnuit al

KURT SCHWITTERS, *Starkbild (Mz 11),* 1921, 36 x 24 cm, Houston, Menil Collection.

ARMAN, *Portret-pubelă al lui Jacques de la Villeglé*, 1965, colaj, 24 x 16,5 cm, Nîmes, Musée d'Art Contemporain, Carrée d'Art

desenului (cu creionul, cu cărbunele etc.), al „modului de colorare uscat" (Leonardo da Vinci) care este pastelul și al diferitelor tehnici ale picturii de apă: guașa (care, ca și vechea temperă, utilizează un pigment amestecat cu un aglutinant), acuarela (care folosește un pigment destul de asemănător, dar în soluție, adică foarte diluat în apă) sau laviul (tuș spălat pe bază de apă). Pictorii de astăzi lucrează cu acrilice, dar și cu culori în ulei. Alte opere nu mai sunt produse prin depunerea pigmentului pe un suport, ci prin colaje de hârtie tăiată (*STARKBILD* de Kurt Schwitters, *Tristețea regelui* de Matisse), sau prin sfâșierea afișelor culese pe stradă (Raymond Hains). Folosind un produs intermediar între pictură și sculptură, și care ține de relieful colorat, artiști ca ARMAN – unul dintre fondatorii grupului Noilor realiști – acumulează obiecte diferite, deșeuri ale lumii urbane și ale vieții cotidiene pe un suport bidimensional.

DIMENSIUNILE

Cunoașterea dimensiunilor unei opere – la început se precizează înălțimea și se continuă cu lățimea – este o informație indispensabilă. În detaliu, adică în milimetri pentru operele de format mic și în centrimetri pentru cele de format foarte mare, măsurile operei sunt un element al identificării ei; în absența titlului sau când titlul este vag și generic *(Peisaj, Compoziție)*, dimensiunea picturii permite recunoașterea acesteia într-o serie mai amplă. Afirmația este adevărată mai cu seamă pentru tablourile vechi: formatele pânzelor actuale sunt adesea standardizate, deci prea puțin semnificante pentru particularizarea unei opere. Dincolo de grija pentru identificare, observând dimensiunile unei picturi ne facem o idee justă despre aspectul ei și despre opțiunile artistului. În vremea în care publicul descoperă o mare parte din producția artistică prin intermediul fotografiei – reproduceri din cărți sau CD-ROM-uri, proiecții de diapozitive – un tablou de dimensiuni modeste este, aproape inevitabil, reprodus la același format cu o frescă. Or, artistul nu utlizează aceleași mijloace dacă lucrează pe un format mic sau pe unul mare. Este de așteptat ca spectatorul să se apropie ca să privească o anluminură, un panou de predelă și, în general, un desen și un tablou foarte mic; în loc să sacrifice detaliile, artistul este tentat să le multiplice pentru că amatorul va fi capabil să le perceapă. Din contră, compozițiile foarte mari sunt în general plasate departe de cei care le privesc: astfel, frescele lui Michelangelo de pe bolta Capelei Sixtine, de la Vatican, domină publicul de la o înălțime de mai bine de 20 m (vezi p. 60). În aceste condiții, ar fi zadarnic să se redea prea multe detalii: ele nu ar fi văzute și ar face compoziția confuză. Același lucru se întâmplă cu culorile: gradația tentelor, o mare varietate cromatică se apreciază ușor într-o operă văzută de aproape, în timp ce un sistem de culori mai simplu este preferabil în lucrările care vor fi privite de departe. Prin comparație putem spune că atunci când o reproducere nu precizează dimensiunile, observarea formelor și a culorilor ar trebui, la modul ideal, să permită dacă nu ghicirea precisă a taliei originalului, măcar o evaluare aproximativă. Obiceiul de a picta pe mare sau pe mic influențează maniera de lucru. În Italia, unde practica picturii murale este frecventă, compozițiile sunt sintetice: formele sunt tratate ca ansambluri cu un schelet interior puternic, fără ca pictorul să dovedească dorința de a le încărca cu detalii. În Nord, unde triumfă anluminura și pictura

pe lemn, unde se naște gravura, maniera de a picta este mai analitică. Frații van Eyck, miniaturiști înainte de a deveni pictori pe lemn, trag foloasele prestigiului la care era cotată capacitatea lor de a înfățișa motive de dimensiuni minuscule: stropii unei fântâni (în *Adorația Mielului mistic*), reflexul demultiplicat al Fecioarei pe o armură (în *Fecioara canonicului Van der Paele*).
Când schimbă dimensiunile, artistul obișnuit să picteze detalii se îndepărtează cu greu de această deprindere. Dürer, format ca gravor și deci învățat să se exprime în maniera proprie lucrărilor mici, încearcă să picteze la Veneția, în culori vii, tablouri de o dimensiune mult mai considerabilă. SĂRBĂTOAREA ROZARIULUI executată în 1505–1506 în cetatea dogilor, tinde să rivalizeze cu Sfintele Convorbiri (Fecioara cu Pruncul înconjurați de sfinți și de

ALBRECHT DÜRER, *Sărbătoarea rozariului*, 1506,
ulei pe lemn, 162 x 194,5 cm, Praga, Národni Galerie.

îngeri) ale artiștilor din nordul Italiei – de exemplu RETABLUL DE LA SAN GIOBBE de Giovanni Bellini, la vremea aceea pictorul cel mai de seamă al Veneției. Dar, în timp ce venețianul articulează armonios în jurul Fecioarei nouă personaje, în decorul arhitectural al unei capele închise în fundal de un perete orb, germanul multiplică figuranții, plasează scena în exterior și pictează un peisaj complex cu munți și păduri. Desfășoară astfel un fast al culorilor fără echivalent în tabloul lui Bellini, cu treceri delicate între brunuri, oranjuri și roșuri, potrivit motivelor și texturilor de pe costumul papei (la stânga) și al împăratului (la dreapta).

ISTORIA ÎN SERVICIUL ÎNȚELEGERII

A cunoaște istoria unei picturi, respectiv a urmări vicisitudinile prin care a trecut, de la comanda inițială până la destinul său actual, înseamnă o nouă cale de a-i confirma autenticitatea și de a o înțelege mai bine. Istoria operelor este câteodată și reflexul, la scara corespunzătoare, al marii istorii: căderea lor în uitare, redescoperirea lor dovedesc evoluția gustului; cenzura, amenințarea, chiar deportarea sunt consecințe ale unor evenimente religioase sau politice.

GIOVANNI BELLINI, *Retablul de la San Giobbe,*
cca 1470–1475, ulei pe lemn, 471 x 258, Veneția, Galleria dell'Accademia.

Documentarea operei

Se întâmplă să existe pentru o operă informații foarte complete sau, dimpotrivă, lacunare. Câteva contracte de la sfârșitul Evului Mediu, scrisori din cursul execuției, actele unui proces desfășurat în urma unui litigiu – toate aceste documente, atunci când există, ne permit să urmărim cronologia operei și condițiile în care a lucrat pictorul; condițiile materiale când sunt precizate, cum este adeseori cazul, numărul personajelor pe care artistul trebuie să le execute, culorile pe care trebuie să le folosească etc.; condițiile

culturale, pentru că aceste arhive ne dau informații despre epocă și despre personalitatea comanditarului, adică a aceluia sau aceleia care a comandat-o (mai corect, a „comanditat-o").
Această situație se modifică o dată cu apariția pieței de artă, treptat, cu începere aproximativ din secolul al XVIII-lea. În vreme ce odinioară pictorul lucra la ordin, realizând un subiect fixat de altul într-un format nu mai puțin impus, din momentul respectiv devine liber să picteze ce vrea. Își încredințează producția terminată unui negustor de artă – de la sfârșitul secolului al XIX-lea, se vorbește de „galeria" de artă - care realizează periodic expoziții în cursul cărora au loc și principalele vânzări. Aceasta nu înseamnă că în epoca contemporană comenzile au dispărut în totalitate, ci numai că ele nu mai reprezintă decât o mică parte din opera unui artist. Este vorba, în principal, de comenzile oficiale, de decorarea monumentelor publice. O dată cu piața de artă, locul documentației esențiale se mută în altă parte. Corespondența dintre mecena și artist este înlocuită de aceea dintre negustor și pictor; însuși pictorul, din ce în ce mai des, ține un jurnal al creației în care își înregistrează producția; galeristul, la rândul lui, păstrează registre în care sunt trecute numele celebrităților și cataloagele expozițiilor, facturile vânzărilor, clișee etc.

Opere uitate, opere regăsite

Prezența unei opere în colecții de demult sau menționarea sa în documentele vremii sunt indicii prețioase care le permit istoricilor să o autentifice sau să-i identifice autorul. Se întâmplă însă ca tablouri aproape sau cu totul uitate să reapară pe piață fără ca cineva să știe mare lucru despre originea lor. Se poate ca un artist, odată celebru, să intre într-un con de umbră pentru a fi redescoperit câteva secole mai târziu. De exemplu, lorenul Georges de La Tour, faimos în timpul vieții, a dispărut aproape complet din istoriile picturii în secolele al XVIII-lea și al XIX-lea, înainte ca specialiștii din perioada interbelică să-i reabiliteze creația. Pânze mult timp uitate în colecții obscure și ajunse anonime au reapărut atunci la vânzarea prin licitații, pentru a fi cumpărate la prețuri considerabile de cele mai mari muzee din lume, îndeosebi de cele americane.
Scoase la iveală după o perioadă de uitare, unele tablouri relevă un aspect nebănuit referitor la un pictor și exercită asupra artei din epoca care l-a descoperit o influență serioasă. Cumpărată de ambasadorul la Paris al Sublimei Porți, Khalil Bei (după ce Napoleon al III-lea o achiziționase, apoi o înapoiase artistului), *Baia turcească* a lui Ingres, începută în 1859, a fost expusă public abia în 1905, la Salonul de toamnă, cu ocazia retrospectivei artistului. Marcată de erotism, după criteriile de la începutul secolului XX, pânza oferă o surpriză. Citații sau aluzii directe se regăsesc în operele tinerilor pictori contemporani: în *Fericirea de a trăi*, a lui Matisse, începută în iarna 1905–1906 (Barnes Collection, Meryon,

PABLO PICASSO, *Guernica*, 1937, ulei pe pânză, 349,3 x 766,6 cm, Madrid, Centro de Arte Reina Sofia.

Pennsylvania), în *Vârsta de aur* a lui Derain (Muzeul de Artă din Teheran) și în *Haremul* lui Picasso (Cleveland Museum of Art, Hanna Collection), un tablou din vara lui 1906, pregătind *Domnișoarele din Avignon*.

Aventuri și avataruri

Și „pedigriul" unei opere merită menționat atunci când se remarcă fie prin calitatea proprietarilor succesivi, fie prin bogăția evenimentelor la care a participat în decursul timpului. POLIPTICUL MIELULUI MISTIC al fraților Hubert și Jan van Eyck, păstrat într-o capelă a Catedralei St Bavo din Gand, a cunoscut o astfel de istorie zbuciumată. În vremea tulburărilor iscate de Reformă, de frica iconoclaștilor, retablul a fost ascuns în turnul catedralei, apoi la primărie. Două sute de ani mai târziu, părțile reprezentându-i pe Adam și pe Eva au fost taxate ca indecente și detașate de pe poliptic. În 1794, republicanii francezi confiscă și duc la Paris cele patru panouri centrale, repuse la locul lor în 1816. În secolul XX, opera trece prin noi întâmplări. În 1934, sunt furate două panouri din registrul inferior: *Sfântul Ioan Botezătorul* este regăsit într-o gară, la bagaje de mână; *Judecătorii integri* au dispărut definitiv (voleul este înlocuit cu o copie). În fine, în timpul celui de al doilea război mondial, polipticul, transportat la Pau unde se credea că va fi protejat, este luat de nemți, fiind regăsit în 1945... într-o mină de sare din Pomerania.
Și operele din secolul XX au câteodată o poveste emoționantă. În perioada fascismului și comunismului, au fost distruse tablouri socotite a batjocori un regim sau numai prea moderne. Germania nazistă le-a ars după ce le-a pus în mod public la index, o dată cu expoziția „Artă degenerată" de la München, din 1937. Opere care denunțau ororile războiului, ca acelea ale lui Otto Dix, *Tranșeea* sau *Mutilații* (defilarea unor orbi, foști combatanți), nu mai sunt cunoscute decât prin fotografii. Regimul sovietic, la fel de bănuitor față de arta modernă, deși nu le-a distrus, a surghiunit lucrările avangardei în depozitele muzeelor pentru o lungă perioadă. Din această categorie, pânzele lui Kazimir Malevici, de exemplu, au fost mai cunoscute în Occident decât în Uniunea Sovietică. În 1927, conștient de ostilitatea autorităților, artistul a ales să treacă în Germania o parte din operele sale și să le lase acolo. Pentru alte motive, evidente, faimosul tablou al lui Picasso, GUERNICA, donația artistului pentru țara sa, a rămas ani buni în afara Spaniei. Executat în săptămânile care au urmat bombardării orașului basc și expus în pavilionul Republicii Spaniole la Expoziția Universală de la Paris, din 1937, a fost trimis în Statele Unite ale Americii și depus la MOMA (Museum of Modern Art) din New York la cererea artistului, cu condiția de a fi încredințat guvernului spaniol după restabilirea

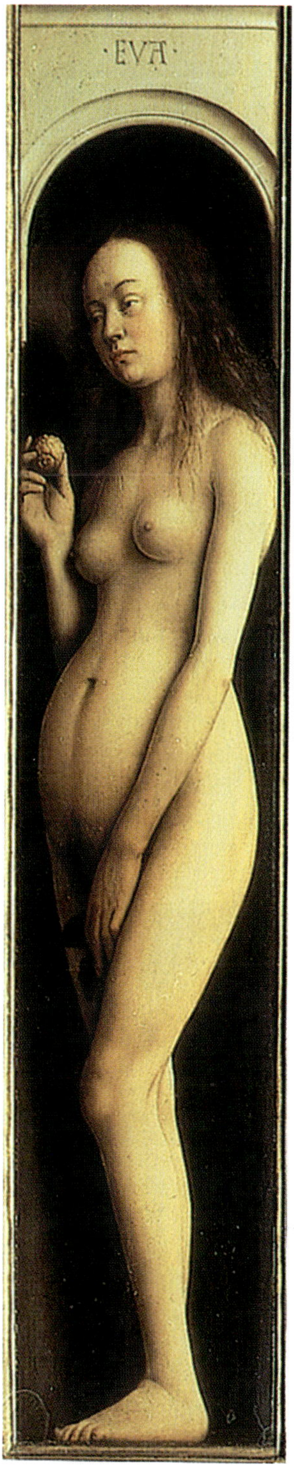

JAN VAN EYCK, *Eva*, cca 1432–1436, panou din *Polipticul Mielului mistic*, ulei pe lemn, 213,5 x 36,1 cm, Gand, Catedrala St Bavo.

democrației – ceea ce s-a făcut în 1981. Opera este astăzi expusă la Centro de Arte Reina Sofia din Madrid.

Locul de origine și locația actuală

Obiceiul de a menționa locul actual în care se păstrează o operă nu are, în general, decât o semnificație documentară. Mai important este să reconstituim mental sau să încercăm să aflăm condițiile originale ale expunerii unei opere.

Această reconstituire este indispensabilă în cazul unui retablu demantelat. Iconografia picturilor pe care le vedem azi ca piese de sine stătătoare, alegerea culorilor, compoziția se explică, în parte, prin pozițiile pe care acestea le aveau în cadrul unui ansamblu. Astfel, într-un triptic cu portretele comanditarilor, panoul central va fi rezervat în majoritatea situațiilor imaginii Fecioarei sau unei scene sacre; bărbatul și descendentul său de sex masculin, dacă este cazul, vor fi pictați pe voleul stâng în raport cu spectatorul, iar femeia și fiicele sale, pe voleul din dreapta. Bărbatul și femeia, în poziție de contemplare a scenei centrale, sunt reprezentați din profil sau trei sferturi, deci simetric unul față de celălalt. Culorile cele mai bogate, în special un anume albastru-intens, foarte scump ca preț, sunt rezervate panoului central. La toate aceste date trebuie să ne gândim atunci când se întâmplă să vedem într-un muzeu doar unul dintre panouri. Nu este mai puțin folositor, chiar atunci când obiectul este expus în integralitatea lui, să încercăm să ni-l imaginăm în locul pentru care a fost executat. Astfel, Giovanni Bellini a conceput *Retablul de la San Giobbe* – acela cu care a vrut Dürer să se măsoare – în funcție de amplasamentul pe care trebuia să-l ocupe, pe un altar din biserica din Cannaregio. El a imaginat în tablou un cadru arhitectonic, creând iluzia unei capele noi, deschisă în zid. În sala banală din Galleria dell'Accademia unde se află astăzi retablul, *trompe l'œi*-ul s-a pierdut total. Particularitățile primei locații a operei explică în același fel unele efecte de lumină, diverse artificii iconografice. În sfârșit, când se studiază o pictură după detalii fotografiate, trebuie ținut cont de situarea exactă a acestor detalii în operă și de poziția acesteia în spațiu. În frescele sale, florentinul Giotto, de exemplu, înconjoară

MICHELANGELO, detaliu de pe bolta Capelei Sixtine, 1508–1512, înainte de restaurare.

cu un contur chipurile sfinților, ochii sunt mari și prelungi, pe frunte și pe tâmple au riduri adânci. Văzut de la o distanță mică, pe schele sau prin intermediul fotografiilor luate de aproape, procedeul pare foarte stângaci. Când detaliul este privit în ansamblul imaginii, când chipurile sunt văzute de departe, de la mai mulți metri de frescă, el apare așa cum a fost gândit: o condiție ce permite ca expresiile figurilor să fie percepute și înțelese de spectator.

Starea de conservare și restaurarea

Așa cum le vedem astăzi, operele din trecut nu mai au înfățișarea pe care au avut-o la data pictării. În cele mai bune cazuri, alterările suferite de ele sunt superficiale: cracluri, modificări mai mult sau mai puțin sezisabile ale culorilor și deci intensități relative ale acestora nu deteriorează la propriu opera. Ele nu scad puterea emoțională, intensificată chiar de savoarea pe care o dă trecerea timpului și de adaosul de istorie. Alteori, deteriorările sunt considerabile totuși. Variațiile de temperatură și de umiditate, dezastrele naturale (incendii sau inundații), războiul, proasta îngrijire sau simpla neglijență a proprietarilor succesivi produc deteriorări ireparabile. Tăiate în bucăți, mai mult sau mai puțin despuiate de pelicula de culoare, picturile apar făcute din insulițe de forme separate prin zone lacunare. Atunci – dacă se mai poate face ceva – trebuie să intervină restauratorul. În același timp, a interveni asupra unei picturi este o operație totdeauna delicată. Restaurarea trebuie să fie discretă și, mai cu seamă, perfectibilă, altfel spus, susceptibilă de a fi suprimată fără a cauza probleme operei. Aceasta impune restauratorului o muncă considerabilă de documentare științifică și tehnică, precedată de îngrijirile date tabloului. Informațiile furnizate cu ocazia acestor intervenții sunt de neprețuit pentru istoric. Ele îi permit să identifice pigmenții utilizați, deci să recunoască, în unele cazuri, atelierele sau să dateze exact operele, în scopul denunțării falsurilor. De asemenea, ele ajută la înțelegerea mai exactă a gestației unei opere. Fotografii luate în lumina razantă, radiografii, tot materialul preliminar unei restaurări bine conduse au permis de exemplu să se descopere că Giorgione, într-o primă etapă a execuției *Furtunii* (vezi

MICHELANGELO, detaliu de pe bolta Capelei Sixtine, 1508–1512, după restaurare.

p. 6), pictase nu un paj sau un păstor, ci o altă tânără dezbrăcată. Deși această informație nu a ajutat în nici un fel la clarificarea temei, ea a permis cel puțin respingerea interpretărilor simpliste.

Restaurare, restaurație

Privirea noastră asupra operelor trebuie să constate transformările produse de timp. Este de asemenea necesar să reperăm intervențiile restauratorilor succesivi, judecând starea operei pentru a ghida operațiunile de salvare viitoare și a le evalua o dată ce ele au fost îndeplinite.

MASACCIO, *Adam și Eva alungați din paradisul terestru* (înainte de restaurare), 1426–1428, frescă, 214 x 90 cm, Florența, Santa Maria del Carmine, Capela Brancacci.
Vezi și p. 9.

Simpla curățare a unei picturi este îngrijirea curativă elementară a restaurării, întotdeauna delicată, având în vedere că nimic din stratul de culoare nu trebuie să se piardă. Ea constă în eliminarea verniurilor îngălbenite în decursul timpului sau, în situații mai simple, în scoaterea murdăriei așternute peste pelicula colorată. Uneori pot apărea surprize. Astfel, la sfârșitul celor nouă ani de restaurare (1985–1994), tentele frescelor lui Michelangelo din CAPELA SIXTINĂ, ascunse de secole sub patina produsă de fumul lumânărilor aprinse de credincioși, au reapărut extrem de luminoase, crude. Unii au făcut scandal, alții, din contră, au sărbătorit baia de întinerire care a descoperit la pictorul-sculptor calitățile unui colorist îndrăzneț. Restauratorii sunt preocupați de asemenea să extragă urmele nedorite lăsate de intervențiile precedente. În anumite situații, suprimările pot fi radicale: în anii 1950, în Capela Bardi de la Santa Croce din Florența, s-au eliminat repictările din secolul al XIX-lea, fără a se putea recupera opera autografă a lui Giotto. Compoziția pictorului din Trecento este în întregime denaturată.

Totuși, decizia de a extrage sau nu repictările nu depinde numai de posibilitatea de a regăsi stratul pictural autentic sub adăugirile care trebuie eliminate, ci este rezultatul unei judecăți de oportunitate istorică. În Capela Brancacci, de exemplu, figurile lui ADAM ȘI EVA ALUNGAȚI DIN PARADISUL TERESTRU, după ce au suferit o toaletare prudentă, au fost despuiate de frunzișul *cache-sex* pe care pudicul secol al XVIII-lea îl impusese. Dimpotrivă, restaurarea *Judecății de Apoi* din Capela Sixtină (vezi p. 67) a fost împotriva „dezbrăcării" figurilor. Pictându-le goale, Michelangelo a provocat un scandal al cărui ecou s-au făcut texte celebre, printre care o scrisoare a lui Aretino, și care s-a soldat cu decizia Conciliului de la Trento (cel al Reformei catolice) de a angaja serviciile unui pictor ca să „acopere" părțile „echivoce" (artistul, Daniele da Voltera, a căpătat după aceasta numele de Braghettone, „chiloțarul"). Episodul este atât de faimos, atât de revelator pentru problemele cenzurii cu care s-au confruntat artiștii, încât s-a decis salvarea „braghette"-lor sau măcar a unui număr dintre ele, ca documente istorice. Însă nu orice restaurare constă în a înlătura. Când o pictură este iremediabil lacunară, se poate lua decizia de umplere a golurilor cu culoare astfel încât suprafața pictată să capete o aparență de integritate. Restauratorul veghează atunci ca și cea mai puțin scrupuloasă examinare să poată distinge ceea ce a adăugat el de ceea ce aparține mâinii autorului: în loc să pună culoarea într-un strat continuu, el acoperă, de exemplu, lacunele cu o rețea deasă de liniuțe fine. Există și cazuri în care se renunță cu totul la completarea operei, fie pentru că lacuna este prea importantă, fie pentru că, în pofida stării în care se găsește, opera este departe de a-și pierde semnificația. Mai puțin cunoscută decât *Lecția de anatomie a doctorului Nicolaes Tulp*, care și-a păstrat formatul inițial (vezi p. 42), LECȚIA DE ANATOMIE A DOCTORULUI JOAN DEYMAN de Rembrandt a fost în mare parte distrusă într-un incendiu. Recentrând compoziția pe cadavrul autopsiat, pe mâinile care-i scotocesc în creier, pe abdomenul deschis, pe calota craniană ținută ca o cupă, accidentul a condensat sensul picturii: poate a făcut ca sensibilitatea noastră să perceapă mesajul său funebru mai teribil decât dacă tabloul ar fi rămas intact.

REMBRANDT, *Lecția de anatomie a doctorului Joan Deyman*, 1656, ulei pe pânză, 100 x 134 cm (în starea actuală), Amsterdam, Rijksmuseum.

Subiectul

Înainte de secolul XX, toate picturile erau figurative: reprezentau forme care reproduceau obiecte și ființe reale. Gradul de realism, altfel spus de asemănare cu lumea fizică, variază după epoci și după intenția pictorului, iar temele tratate pot fi diverse. În Evul Mediu, subiectele sunt religioase. Pictura înfățișează personaje sfinte, povestește viața lor sau legenda care le înconjoară, le arată credincioșilor viața de dincolo: Paradisul sau Infernul. Cu începere din secolul al XIV-lea, își fac apariția subiectele laice. Textele antice mai numeroase sunt copiate, ilustrate și, puțin mai târziu, imprimate: miniaturiștii, gravorii transpun în imagine aceste povestiri profane, influențând și ei decorația palatelor. În aceeași epocă, se manifestă un interes pentru naturalism: lumea reală se introduce în pictură, cu plante și animale; la scurtă vreme urmează arhitectura, obiectele vieții cotidiene. Oamenii – mari prinți, mecena – pretind ca pictorul să-i reprezinte într-o manieră recognoscibilă. Își fac apariția „genurile": în mod obișnuit, operele se repartizează, după subiect, în „pictură istorică", „scenă de gen", „portret", „peisaj" și „natură moartă".

Pictura istorică

Se definește ca aparținând picturii istorice orice operă care tratează într-o formă narativă sau simbolică subiecte „serioase" cu scopul de a înflăcăra sentimentele spectatorului, de a-l instrui, de a-l face mai bun. Subiectele istorice, cele împrumutate din mitologie, din istorie, alegoriile sunt calificate drept „picturi istorice" cu începere din secolul al XVII-lea și mai întâi în Franța. Pentru criticii francezi ai vremii, primul fiind eruditul Félibien (1617–1695), arta nu trebuie doar să desfete ochiul, ci și să înalțe spiritul. Așa se înscăunează „ierarhia genurilor", conform căreia pictura istorică este desemnată ca singura cu adevărat demnă de a fi practicată: „genul major". În afară de istoria popoarelor – adesea cea a regilor și a bătăliilor - de istoria credinței (povestiri din Vechiul și din Noul Testament, viața lui Iisus, aceea a sfinților etc.), de mitologie (subiecte extrase din marile texte ale Antichității), ea include și câteva scrieri moderne (*Divina Comedia* de Dante, *Ierusalimul eliberat* de Tasso...). De asemenea, înfățișează figuri care trebuie să fie recognoscibile când reprezintă personaje reale, într-un decor veridic, adică istoric convingător, dacă scena se petrece într-o epocă anterioară. Pictura istorică este deci privită nu numai drept cel mai nobil dintre genuri, din punct de vedere moral, dar și cel mai dificil de practicat din punct de vedere tehnic (artistul trebuie să fie portretist și peisagist în același timp etc.) și intelectual (presupunând cultură și simț al istoriei).

„Genul major"

În strictă dependență cu luarea în stăpânire a creației artistice de către monarhia absolutistă franceză (împărțirea pe genuri corespunde distincției dintre categoriile poetice în literatură), doctrina ierarhiei genurilor și afirmarea primordialității picturii istorice aparțin domniei lui Ludovic al XIV-lea. Până la sfârșitul secolului al XIX-lea, visul oricărui artist este acela de a reuși să se impună ca pictor istoric: aceasta

Jacques Louis David, *Lictorii îi aduc lui Brutus corpurile fiilor săi*, 1789, ulei pe pânză, 323 x 422 cm, Paris, Muzeul Luvru.

Jacques Louis David, *Încoronarea împăratului și a împărătesei* sau *Încoronarea lui Napoleon*, 1805–1807, ulei pe pânză, 629 x 979 cm, Paris, Muzeul Luvru.

este cheia succesului, obținerea Premiului Romei, recompensa acordată de Academia Regală de Arte Frumoase, completată cu o ședere la Roma. La acestea se adaugă, pentru opera laureatului, un loc avantajos în Salon, condiție pentru obținerea de comenzi importante. Dacă Charles Le Brun, șeful tuturor activităților artistice din timpul Regelui-Soare, reprezintă tipul cel mai realizat al pictorului istoric cu, de exemplu, lucrările din Galeria Oglinzilor de la Versailles, Jacques Louis David este, în secolul următor, demnul său emul. El reprezintă voința de a picta epopeea poporului francez, din ajunul Revoluției Franceze până în ultimele zile ale primului imperiu, și de a-i comemora vremurile de glorie în mari lecții de morală pe care încearcă să le facă accesibile oamenilor obișnuiți. Înainte de 1789, *Belizarie cerând milă* (1781, Lille, Museé des Beaux-Arts), *Jurământul Horaților*, sau LICTORII ÎI ADUC LUI BRUTUS CORPURILE FIILOR SĂI readuc în minte imaginea soldaților romani eroici: personajele sunt puține (genul major nu trebuie să fie limbut), culorile sobre; decorul se limitează la colonade, la arhitecturi clasice; compoziția este simplă, echilibrată printr-o riguroasă geometrie; în fine, dimensiunile sunt considerabile: peste 3 x 4 m pentru *Jurământul Horaților*. Pânzele care urmează, sau proiectele lor, în anii care vin, sunt și mai ambițioase. În *Jurământul de la Jeu de Paume* (1790), neterminat, David încearcă să transforme o întâmplare politică recentă – Adunarea Națională a deputaților stării a treia și a clerului pentru promulgarea primei Constituții – într-o imagine sublimă. Schița unui fragment al compoziției, păstrată la Palatul Versailles, atinge 648 cm lățime, ceea ce dă o idee despre mărimea la care ar fi ajuns în final opera. Nouă ani mai târziu, *Sabinele* propun o lecție pacifistă prin intermediul unui eveniment din istoria romană.

Încă mai mare (629 x 979 cm), ÎNCORONAREA ÎMPĂRATULUI ȘI A ÎMPĂRĂTESEI , pictat între 1805 și 1807, abordează un subiect foarte actual: proclamarea imperiului lui Napoleon Bonaparte. De data aceasta, pentru a omagia evenimentul, David nu folosește nici o idealizare. El a asistat la ceremonie și o reprezintă așa cum a văzut-o; cel puțin așa vrea să dea impresia. Cadrul încoronării (corul Catedralei Notre-Dame din Paris), mulțimea personajelor, cu costume și gesturi felurite – cel al lui Napoleon încoronând-o el însuși pe Joséphine – sunt recognoscibile. Dar, la ordinul împăratului, David a introdus în tribuna principală figura mamei acestuia, care n-a asistat niciodată la scenă și, în ciuda dispunerii reale a demnitarilor de o parte și de alta a corului, a golit primul plan de toți martorii care s-ar fi putut găsi acolo, în așa fel încât spectatorul să aibă impresia că se află el însuși în marginea scenei.

SABINELE

David tratează un subiect faimos al istoriei romane, documentat de surse ilustre, îndeosebi de *Istoriile* lui Titus Livius (I, 12) și de *Viața lui Romulus* de Plutarh. În același timp, el alege să reprezinte nu răpirea sabinelor de romanii în căutare de soții pentru a fonda un popor, ci momentul, câteva luni sau ani mai târziu, în care sabinii vin să-și răzbune onoarea și să ia înapoi femeile. Între combatanți, familiile lor de origine și soții și tații copiilor lor, sabinele cer pacea. În contextul Franței din 1799, în căutarea reconcilierii interne și a păcii europene, episodul are rezonanțe clare. Abordarea sa, bogată în evenimente secundare, face din el o poveste complexă și dramatică.

Pe crenelurile Romei, mici siluete continuă să lupte.

O mamă își ri
pruncul deasu
sulițelor sabini

Un ofițer călare oprește mișcarea soldaților sabini.

Tatius este conducătorul sabinilor. Nuditatea eroului (pudic disimulată de teaca sabiei) a fost justificată de David, care a invocat „învățătura primită prin pictorii, sculptorii și poeții Antichității de a-i reprezenta goi pe zeii, eroii și, în general, pe bărbații pe care voiau să-i înfățișeze".

Hersilia, despre care sursele spun că ar fi fost soția lui Romulus, îi desparte pe combatanți. Plutarh îi atribuie aceste cuvinte. „Dați-ne voi tați și frați, dar, vă implorăm, nu ne lipsiți de soții și de copiii noștri romani."

Străini de drama care se des
fășoară, copilașii se joacă, ia
un bebeluș visează, deloc în
spăimântat. Totuși, cei ma
mulți privesc în direcția spec
tatorului, luat martor.

JACQUES LOUIS DAVID, *Sabinele,* 1799, ulei pe pânză, 385 x 522 cm, Paris, Muzeul Luvru.

Corpul unui valet care strunește un cal închide compoziția.

Cadavrul unui combatant atestă violența luptei în desfășurare.

Într-un gest patetic, o bătrână își sfâșie rochia. În spatele ei, dinspre fundalul tabloului, se ivește o tânără – rochiile lor, roșie și verde, juxtapun culori complementare, procedeu folosit în mod obișnuit pentru atragerea privirilor. Mai în față, o femeie sabină, cu sânii goi, își arată copiii, viitoare victime ale unui război fatal pentru părinții sau unchii lor.

Romulus, identificabil după scutul rotund cu lupoaica, este surprins într-o atitudine aproape simetrică celei a lui Tatius. Pictorul se învârtește în jurul corpurilor, le reprezintă din față și din spate, cum ar fi procedat un sculptor.

Dezvoltarea și noua direcție a picturii istorice

Pictura istorică nu se dezvoltă numai în Franța. Ea înflorește și în alte țări, în mod precumpănitor în state în care puterea monarhică absolută susține comanda marilor reprezentări omagiale ale gloriei regalității. În Spania, de exemplu, mecenatul regal încurajează acest tip de pictură. Diego Velázquez, numit pictorul regelui Filip al IV-lea în 1623, renunță, treptat, la subiectele tratate în tinerețea sa sevillană, scene umile de tavernă sau de bucătărie. PREDAREA CETĂȚII BREDA (numită și *Lănciile*), executată la începutul anilor 1630, celebrează capitularea orașului din Țările de Jos în fața armatelor spaniole comandate de generalul Spinola, în iunie 1625. Cu o gamă cromatică mai luminoasă decât aceea a tablourilor comentate mai înainte (episodul se petrece în exterior, vara), ea păstrează caracteristicile cele mai comune ale picturii istorice: dimensiune considerabilă (307 x 367 cm), concentrare asupra unui număr mic de personaje-far (Ambrogio Spinola, guvernatorul orașului Breda, Justin de Nassau, care îi înmânează cheile orașului) în mijlocul altora care se pierd în masa unei mulțimi puțin identificabile, gesturi reținute și elocvente, care conferă povestirii umanism, un decor în același timp realist (peisajul din fundal cu alură de hartă militară) și idealist pentru a atinge o grandoare epică (fundalul albastru care estompează formele în spatele zidului de lănci). Pictura istorică intră în „genul major": este legată de noblețea stilului clasic, plin de măreție și sobrietate. Totuși, ea nu dispare deloc o dată cu acesta. În timpul războiului de eliberare spaniolă contra ocupației franceze, în 1810, Francisco de Goya lucrează o serie de gravuri care denunță *Dezastrele războiului*. În 1814, el execută două tablouri mari, *Dos de Mayo* și TRES DE MAYO (*3 mai 1808*, Madrid, Muzeul Prado). Cel de al doilea, unde se opun violent culorile negru și galben, zonele foarte luminate celor de extremă obscuritate, este tratat fără nici un element de decor care să dea măreție scenei: chiar și lampa este o lanternă de factură ordinară folosită în grajd. Suntem departe de tradiția demnității și a pompei din reprezentările precedente: ultimul strigăt, sfâșietor, al condamnatului în cămașă albă, în pragul morții, este cu atât mai pătrunzător și de nesuportat. O deviere și mai considerabilă caracterizează pânzele executate în deceniile urmă-

DIEGO VELÁZQUEZ, *Predarea cetății Breda* sau *Lănciile*, 1634–1635, ulei pe pânză, 307 x 367 cm, Madrid, Muzeul Prado.

FRANCISCO DE GOYA, *Tres de Mayo. Execuția de la La Moncloa*, 1814, ulei pe pânză, 268 x 347 cm, Madrid, Muzeul Prado.

GUSTAVE COURBET, *O înmormântare la Ornans*,
1849, ulei pe pânză, 313 x 664 cm, Paris, Musée d'Orsay.

toare. *O ÎNMORMÂNTARE LA ORNANS* de Courbet, pictată în vara lui 1849, este o compoziție imensă. Pictorul abordează un subiect grav, moartea. El dispune personajele în picioare, într-un cortegiu solemn, în convergență spre groapa mormântului din centru. Ca eroi principali alege însă, privându-i de orice patos și așezându-i în fața unui peisaj real din câmpia din Franche-Comté, personaje necunoscute, burghezi cu chipuri mai curând urâte, reuniți la înmormântarea unui defunct la fel de anonim – pe scurt, deschide pictura istorică spre orizontul banal al cotidianului. După treizeci de ani, Georges Seurat face același lucru în *Baignade. Asnières* (vezi p. 64): din nou formatul (201 x 300 cm) face trimitere la pictura istorică. De altfel, pânza concepută de tânărul artist pentru a fi expusă la Salon este refuzată de membrii juriului, în primăvara lui 1884, fără îndoială pentru că această scenă de distracție populară, ai cărei figuranți sunt lucrători parizieni, i-a scandalizat prin pretențiile ei de monumentalitate.
Înnoirea picturii istorice în secolul al XIX-lea îi permite să-și găsească locul în arta veacului următor. La drept vorbind, prosperitatea genului se menține la cote și mai înalte în timpurile recente, prin tragediile care au traversat istoria. *Guernica*, din 1937 (vezi p.18), este o pictură istorică. Prin formele ei descompuse, secționate și fragmentate (reminiscențe ale cubismului pe care-l va abandona după 1915), Picasso statornicește amintirea bombardamentului aerian care a făcut 800 de victime printre populația orășelului basc. Pictorul vorbește despre suferința umanității, despre nervozitatea călăilor și strigătul civililor nevinovați, victime ale unui război de neînțeles pentru ei: de la stânga la dreapta, un taur, simbol al brutalității, o mamă care-și plânge copilul ucis, cadavrul dezmembrat al unui luptător, un cal îngrozit, imagine a durerii, femei care gem și o alta care urlă de spaimă.

De la poveste la alegorie

Picturii istorice îi aparține și o categorie aparte: alegoriile. Întâmplările reprezentate în alegorii nu îmbracă forma narativă, ci pe cea simbolică. Așa cum o exprimă autorul unui dicționar iconologic, în secolul al XVIII-lea, alegoria permite „să se transmită ceva simplu într-o formă agreabilă și care place imaginației". Acolo unde narațiunea reclamă povești multiple, alegoria eliberează un mesaj sintetic: „De exemplu, un artist care trebuia să redea cucerirea mai multor orașe nu ar fi putut să o facă din punct de vedere istoric într-un singur tablou (...); pentru aceasta ar fi fost necesar ca el să intre în detalii pe care locul de desfășurare a scenei nu le-ar fi permis; dar dacă cheamă Alegoria în ajutor, nimic nu-i va fi mai ușor: va reprezenta Victoria cu atributele ei obișnuite, ținând însemnele armatelor orașelor cucerite sau, și mai clar, va reprezenta această figură alegorică scriind pe scutul său numele acelor orașe ori fortărețe."

Un cod evident

Alegoria presupune o miză, aceea ca spectatorii să aibă cultura care să le permită să discearnă o figură alegorică de un personaj real și să recunoască în accesoriile acestei figuri simbolurile care o identifică. În Evul Mediu, pictura și sculptura religioasă obișnuiseră credincioșii să îi distingă pe sfinți grație atributelor lor: cheile îl desemnau pe Sfântul Petru, mielul pe Sfântul Ioan Botezătorul, pielea jupuită pe Bartolomeu, intestinele pe Sfântul Erasm. În Renaștere, dicționare ilustrate, adevărate manuale sau lexicoane ale exprimării metaforice, explică vocabularul simbolurilor publicului relativ restrâns al amatorilor. De atunci, și în orice caz în secolele al XVII-lea și al XVIII-lea, când s-a răspândit cu precădere acest tip de lucrări, orice artist poate aștepta de la publicul său să recunoască zeii: de exemplu, pe Saturn într-un bătrân înarmat cu o coasă, pe Jupiter într-un bărbos cu un fulger în mână și un vultur alături, pe Neptun în figura masculină cu trident. Putem de asemenea presupune că privitorul va descifra imediat personificările conceptelor: Prudența este femeia cu oglinda înconjurată de șerpi, Justiția are sabia și balanța, Fluviile sunt niște vârstnici culcați, încoronați cu trestii și strângând lângă ei o urnă. Azi am uitat pe de-a întregul această știință a metaforei și multe dintre alegoriile care păreau limpezi la data pictării ne-au devenit de neînțeles. De aceea, în fața unei astfel de picturi este indispensabil să consultăm vechi dicționare sau cărți moderne care ne dau cheia.

Totuși, chiar în lipsa acestor lucrări, o minimă observație îl poate ajuta pe spectatorul contemporan să înțeleagă că o figură este o alegorie și să ghicească intențiile artistului. În perioada clasică, în secolul al XVII-lea, pentru a trata subiecte alegorice, artiștii au adoptat chiar procedeele pictorului istoric: dimensiunile operelor sunt de cele mai multe ori considerabile; personajul alegoric este parțial îmbrăcat, parțial gol – având un corp idealizat și nu un trup real, din carne și sânge – costumul său este atemporal: se folosesc drapaje și nu haine care ar putea fi datate. Să luăm ca exemplu *Alegoria Bogăției*, unul dintre cele mai frumoase tablouri ale lui Simon Vouet, artistul preferat al lui Ludovic al XIII-lea: opera de mari dimensiuni asigură femeii care personifică Bogăția o talie mai înaltă decât în natură. Ornamentele sunt reduse la baze de coloane, câteva vase de aur și de argint, coliere de perle și de diamante, care accentuează clar subiectul tratat. Figura feminină este drapată în alb și galben, lăsând însă la vedere pielea perfectă și palidă. Aripi, pe spate, ajută la consolidarea certitudinii că ne aflăm în fața unei creaturi metaforice și nu în fața portretului unei femei reale.

SIMON VOUET, *Alegoria Bogăției*,
nedatat, ulei pe pânză, 170 x 124 cm, Paris, Muzeul Luvru.

Istoria alegorică

Se întâmplă uneori ca alegoriile să pătrundă în narațiunile istorice. Acest amestec de genuri se produce cel mai adesea în opere care nu au aparținut artei din Franța clasicistă. În ciclul care o celebra pe Maria de Medici (azi la Muzeul Luvru, din Paris), după 1621, Peter Paul Rubens consacră o lucrare de mari dimensiuni debarcării reginei la Marsilia. Scena, bine documentată, este reconstituită cu exactitate: Maria înaintează pe pasarelă în compania însoțitoarelor sale, în timp ce un cavaler de Malta rămâne pe galera care a condus-o cu bine în port. Pe cer, pictorul flamand a adăugat o personificare a Renumelui, suflând în trompete; notabilitățile din Provence, venite să o întâmpine pe tânăra soție a lui Henric al IV-lea, sunt înlocuite de o alegorie masculină și una feminină personificând regalitatea franceză și, respectiv, orașul Marsilia; în sfârșit, în apă, trei sirene vânjoase, complet goale, tritoni și zeul Neptun participă în mod vizibil la eveniment. Uneori introducerea alegoriilor este mai discretă. În celebra pictură a lui Eugène Delacroix LIBERTATEA CONDUCÂND POPORUL, care comemorează Cele Trei Zile Glorioase, o baricadă (de fapt, primul titlu prin care pictorul și-a desemnat tabloul), un subiect modern deci, ocupă centrul pânzei. În fundal, o vedere a turnurilor de la Notre-Dame cu micul drapel tricolor explică întreg contextul: în a doua zi a revoluției (28 iulie 1830), steagul tricolor a fost înălțat pe catedrala pariziană și, o dată cu ocuparea Primăriei, monarhia absolutistă a lui Carol al X-lea a fost definitiv zdrobită. Personajele sunt alese după semnificația lor simbolică. Băiatul care amenință cu pistolul întruchipează ștrengarul din Paris, imortalizat de Victor Hugo sub trăsăturile lui Gavroche din *Mizerabilii*. Tânărul în redingotă și joben este arhetipul burghezului. Cel care poartă sabie și puștiul legat la cap cu un fular roșu, de la picioarele Libertății, amintesc de participarea lucrătorilor la Revoluția din iulie... Libertatea nu simbolizează o clasă sau un grup anume: este mai mare decât celelalte personaje, rochia îi cade dezgolindu-i sânii, profilul apare pur sub boneta frigiană. Toate acestea fac din ea un tip idealizat, o figură pentru eternitate – chiar dacă bustul vânjos, pilozitatea abundentă țâșnind de sub axilă aparțin unui naturalism pregnant care transformă această alegorie într-o „femeie din popor" cum au scris criticii rău intenționați ai epocii.

EUGÈNE DELACROIX, *Libertatea conducând poporul*,
1830, ulei pe pânză, 259 x 325 cm, Paris, Muzeul Luvru.

Portretul

În cadrul ierarhiei genurilor, portretul ocupă un loc ambiguu. Pentru că subiectul său este omul, creatură după imaginea lui Dumnezeu, ar fi trebuit să ocupe pe scara demnităților picturii locul al doilea după tabloul istoric care preaslăvește grandoarea morală a ființei umane. În același timp, celebrarea unor indivizi care, în afara cercului familiei și dincolo de o existență efemeră, nu mai sunt cunoscuți de nimeni, contrariază simțul moral al criticilor care nu văd în acest gen decât glorificarea vanității personale. În pofida reticențelor, practica portretului cunoaște o dezvoltare considerabilă.

ANONIM (școala franceză), *Ioan al II-lea cel Bun*, cca 1360, tempera și foiță de aur pe lemn, 60 x 44, 5 cm, Paris, Muzeul Luvru.

Nașterea portretului

Arta antică nu a ignorat portretul realist. Sculptorii, în Italia etruscă, apoi romană, pictorii, în Egiptul târziu de la Fayum, au creat numeroase figuri cu chipuri de o veridicitate pregnantă. Dar revoluția creștină, cerând credincioșilor să-și întoarcă privirea către viața de dincolo, a rupt cu tradiția: în artele epocii paleocreștine și din primele secole medievale nu mai există reprezentări de persoane în care să se poată decela o asemănare probabilă. Trebuie să așteptăm secolul al XIV-lea și chiar al XV-lea pentru ca, grație progreselor naturalismului și elogiului renăscut al individului, să învie producția de imagini recognoscibile ale persoanelor.

PIERO DELLA FRANCESCA, *Dublul portret al ducelui și ducesei de Urbino (Federigo da Montefeltro și Battista Sforza)*, cca 1465–1470, două voleuri ale unui diptic, tempera pe lemn, 47 x 33 cm fiecare, Florența, Uffizi.

Primele portrete „pure" de la sfârșitul Evului Mediu, adică reprezentări ale unor modele de sine stătătoare în picturi care nu comportă un alt subiect, sunt acelea ale suveranilor: la vremea aceea ar fi fost de neconceput ca imaginea unui individ oarecare să constituie motivul principal al unei opere. În lucrările respective, care imită medalii antice, evocarea corpului se limitează la umeri, iar chipul, mai important, este văzut din profil, ca în portretul regelui Franței, IOAN AL II-LEA CEL BUN, de la mijlocul secolului al XIV-lea. Acest tip de portret – numai bust și profil – este predominant în Italia pe tot parcursul veacului al XV-lea (Quattrocento), pictorii adăugând în spatele modelului motive decorative sau câte un peisaj în culori luminoase: este cazul DUBLULUI PORTRET AL DUCELUI ȘI DUCESEI DE URBINO de Piero della Francesca.

Preferința pentru acest gen de reprezentare este însoțită, în aceeași perioadă și în același loc, de efortul de a idealiza personajul, fără a se renunța însă la asemănare. Astfel, ducele de Urbino, Federigo da Montefeltro, care și-a pierdut un ochi și o bucată de nas în război, este prezentat de Piero della Francesca cu „profilul său frumos". Soția sa, ducesa Battista Sforza, o femeie la maturitate în momentul în care a fost pictat dipticul, are o piele de un alb impecabil, o epidermă de fecioară, ca o suprafață de statuie din ceară, nedenaturată de nici un rid.

Apărute în epoca lui Robert Campin și Jan van Eyck, sau în anii 1420–1440, portretele flamande se diferențiază încă de la început. Ele întorc spre noi modelul trei sferturi, redau bustul până mai jos de mâinile împreunate într-o rugăciune sau ținând un obiect și reproduc, fără nici o abatere, defectele pielii: riduri, cicatrice, negi, alunițe și vene îngroșate. Impresia de real este pregnantă și cu atât mai puternică cu cât personajele, în loc să fugă de confruntarea cu spectatorul, stârnindu-i interesul către ceva aflat la o margine a tabloului, par acum, dimpotrivă, să-l fixeze. În pupilă, artiștii flamanzi au grijă să pună o mică pată de alb: sugestie a unui reflex care indică strălucirea, deci umezeala, deci viața din privirea celor al căror chip este pictat. Portretul BĂRBATULUI CU GAROAFĂ, copie după van Eyck mai degrabă decât original, dar de epocă și de o calitate remarcabilă, prezintă aceste caracteristici. La sfârșitul secolului al XV-lea, tipul inițial se păstrează încă, dar decorul din spatele modelelor este altul: portretele flamande din epoca lui van Eyck și a succesorilor lui imediați se recunosc după fundalurile întunecate, monocrome; cele din a doua treime a veacului al XV-lea inventează un decor, adesea un interior cu fereastră deschisă, în care corpurile personajelor sunt văzute mai generos, în general până aproape de talie. Portretele lui Memling, de exemplu, se supun acestei organizări pe tot parcursul anilor 1470–1490.

În secolul al XVI-lea, Italia reia inițiativa în materie de portret. Leonardo, Rafael, Tizian, portretiști excepționali, adoptă formate

ANTURAJUL LUI JAN VAN EYCK, *Bărbatul cu garoafă*, cca 1420–1430?, ulei pe lemn, 41,5 x 31,5 cm, Berlin, Staatliche Museen, Preußischer Kulturbesitz.

LEONARDO DA VINCI, *Mona Lisa (Gioconda)*, 1503–1505, ulei pe lemn, 77 ∞ 53 cm, Paris, Muzeul Luvru.

RAFAEL, *Baldassare Castiglione*, cca 1515, ulei pe pânză, 82 x 67 cm, Paris, Muzeul Luvru.

mai mari pentru a picta bărbați și femei văzuți pe jumătate, în poze senine și costume sobre. MONA LISA *(Gioconda)* înfățișează o tânără femeie, anonimă sau în orice caz nesigur identificată, care ia aer pe o terasă în fața unui peisaj adânc cu stânci înalte și văi inundate. Atitudinea modelului este foarte reținută: mâinile sunt încrucișate una deasupra celeilalte, cum li se cerea doamnelor în manualele de bună creștere; rochia este simplă și pudică, chiar dacă nu ascunde forma frumoasă a sânilor; chipul marcat de faimosul surâs dovedește sentimente interioare, disimulate cu bună știință și deci greu de descifrat: invitație lascivă sau dragoste tăinuită, ironie sau, dimpotrivă, tandrețe. Câțiva ani mai târziu, Rafael alege un format similar și o poză aproape identică pentru a-și reprezenta prietenul, pe scriitorul BALDASSARE CASTIGLIONE. Dacă acum modelul este pictat într-un interior, paleta rămâne aceeași, făcută din tonalități plăcute, tinzând spre monocromie, brunuri-verzui și griuri rupte doar de albastrul luminos al ochilor. Atitudinea demnă, simplitatea hainelor, reținerea cromatică – toate sunt revelatoare în acest tablou ca și în precedentul pentru idealul pe care îl exprimă Castiglione în lucrarea sa *Il libro del cortigiano (Curtezanul):* cel al *gentiluòmo* și al *gentildònna*, bărbatul și femeia de Curte, cu maniere fine, distinse și modeste, cu sentimente bogate, dar care se manifestă cu discreție.

Portretul psihologic și portretul de aparat

În secolul al XVI-lea, genul portretului a atins maturitatea. În formate extrem de diverse, din ce în ce mai numeroșii solicitanți de portrete sunt înfățișați în picioare sau, mai modest, numai bust. După calitatea persoanei reprezentate și destinația preconizată a operei, suportul, tehnica și părțile componente diferă considerabil. Diferența principală opune portretele psihologice, cu destinație în general intimă, portretelor de aparat, rezervate unei expuneri publice. În secolul al XVI-lea în Franța, aceste două finalități se manifestă în mod limpede. Jean și François Clouet, de exemplu, îi consacră „marelui rege Francisc" (FRANCISC I) o pictură evident politică: pe un suport de lemn de dimensiuni impozante, suveranul, cu torsul văzut frontal și fața ușor întoarsă, ocupă toată lățimea tabloului cu magnificul său costum cu mâneci *gigots* ample. Tapiseria din spate este țesută cu motive în formă de coroană. O medalie cu Ordinul Saint Michel, sfântul patron al Franței, împodobește pieptul regelui; acesta ține în mâna dreaptă o mănușă, semn al eleganței aristocratice, iar în cea stângă o sabie, emblema comandantului. Coautorul François Clouet, fiul lui Jean Clouet, alege pentru a-l reprezenta pe succesorul lui Francisc I o soluție mai modestă: în vârstă de cincisprezece ani, efemerul și lipsitul de tărie rege al Franței FRANCISC AL II-LEA își vede imaginea creionată pe o hârtie care nu măsoară decât o treime din opera precedentă, având doar obrazul colorat și nici un semn al puterii care să-i ateste calitatea. Portretele psihologice din secolele următoare au caractere analoage. Deseori de format mic, sunt limitate la redarea bustului sau a capului, ceea ce înseamnă că locul sufletului, chipul, este privilegiat. Ele pot fi executate în ulei, dar și în creion; în secolul al XVIII-lea, în epoca lui Jean-Étienne Liotard, a lui Maurice Quentin de La Tour, a lui Jean Siméon Chardin sunt lucrate în pastel. Farmecul discret al acestor chipuri se regăsește în

JEAN ȘI FRANÇOIS CLOUET, *Portretul lui Francisc I*, cca 1525, ulei pe lemn, 96 x 74 cm, Paris, Muzeul Luvru.

FRANÇOIS CLOUET, *Francisc al II-lea*, 1560, piatră neagră și sangvină pe hârtie, 33,5 x 23,4 cm, Paris, Bibliothèque Nationale de France.

J.A.D. INGRES, *Contesa de Haussonville*, 1845, ulei pe pânză, 131,8 x 92 cm, New York, Frick Collection.

uleiurile aceluiași Chardin: efigii ale unor indivizi gustând plăcerile unei distracții sau ale unei mese, delectându-se cu gesturile vieții cotidiene, pânzele cu titluri modeste, *O doamnă luând ceaiul, Copil cu titirez* etc., nu sunt decât în mod excepțional portretele unor personalități. Poate Chardin, asemeni prietenului și admiratorului său Diderot, se convinsese că pictura era inaptă să traducă complexitatea și metamorfozele permanente ale unui spirit bogat. A excelat în schimb în sesizarea intimității ființelor anonime, atât de dependente de mediul lor încât par definite de el. Legătura de simpatie pe care o avem cu aceste modele, a căror imagine scapă unei stricte definiții a portretului, este mai imediată și mai sigură decât aceea pe care o resimțim la vederea multor figuri cu nume cunoscut. În cu totul alt stil, „figurile închipuite" ale lui Jean Honoré Fragonard, către 1770, prezintă și ele personaje anonime, cu excepția unora, ca Diderot și abatele de Saint Non, a căror cunoaștere nu o ignorăm. Aceste pânze viguroase nu mai încearcă să exprime biografia sau poziția socială ale unei persoane: văzute doar bust, animate de o mișcare de răsucire, ele își impun prezența cu forța pe care viața o dă unor ființe apărute de niciunde, dar pline de ardoare.

În portretul de aparat din epoca manierismului, în Italia (de la 1520 până la, aproximativ, 1600), în pânzele neoclasice de la sfârșitul secolului al XVIII-lea și începutul celui de al XIX-lea (la David și Ingres), factura este netedă, desenul perfect. Formatele adesea mari permit un cadraj care poziționează persoanele în picioare sau măcar lăsând la vedere trei sferturi din corpul lor. Pozele sugerează o lungă imobilitate, atitudinile sunt în mod deliberat sofisticate. Trăsăturile modelului sunt stilizate, înfrumusețate în general. Pielea palidă nu este marcată de nici un defect. Chipul nu exprimă nimic în afară, poate, de o vagă plictiseală. Costumul este elaborat, splendid. În decor, accesoriile au valoare simbolică: o carte înseamnă cultura, o statuie gustul pentru artă; bibelouri, flori delicate desemnează luxul în

DIEGO VELÁZQUEZ, *Filip al IV-lea călare*, cca 1635, ulei pe pânză, 301 x 317 cm, Madrid, Muzeul Prado.

HYACINTHE RIGAUD, *Ludovic al XIV-lea*, 1701–1702, ulei pe pânză, 279 x 190 cm, Paris, Muzeul Luvru.

ANTOON VAN DYCK, *Carol I la vânătoare*, nedatat (1632–1641), ulei pe pânză, 266 x 207 cm, Paris, Muzeul Luvru.

care trăiește modelul și indică un temperament rafinat. Este semnificația pe care o au lalelele, trandafirii, porțelanurile prețioase din CONTESA DE HAUSSONVILLE de Ingres. Chintesența portretului de aparat se manifestă în mod evident în imaginea suveranilor. Inspirându-se din reprezentările sculptate ale împăraților romani, cu începere din secolul al XVI-lea, un număr de portrete îl înfățișează pe monarh călare. *Carol Quintul în bătălia de la Mühlberg* de Tizian (Madrid, Muzeul Padro) și FILIP AL IV-LEA CĂLARE de Velázquez se înscriu în această tradiție. Ca răspuns la statuile ecvestre situate obligatoriu în exterior, portretele în picioare furnizează o soluție de înlocuire pentru reprezentările din interior. LUDOVIC AL XIV-LEA de Hyacinthe Rigaud, în 1701–1702, reprezintă în această privință, fără îndoială, o cucerire care nu poate fi depășită. Tabloul are o mărime considerabilă, 279 x 190 cm. Regele, în picioare, poartă perucă și o lungă mantie liberă, ridicată înspre spectator, albastră, cu motivul decorativ al crinului Bourbonilor, dublura interioară fiind din blană de hermină. El stă pe o estradă, în fața tronului, lângă o masă acoperită cu aceeași țesătură albastră cu crini și cu o pernă pe care este așezată coroana. În spate, o coloană este susținută de un piedestal înalt, lângă o draperie roșie de catifea, brodată cu aur. Poza este studiată: regele își poartă privirea spre spectator – subiectul său este așezat mai jos decât el – mâna sa dreaptă se sprijină pe sceptru, stânga este îndoită spre șold, și își expune picioarele încorsetate cu alb în pantofii cu toc roșu (semnul nobleții), schițând un pas de dans cum făcea în tinerețe, în timpul magnificelor serbări de la Versailles.

Câțiva artiști și-au dat silința să facă mai maleabile normele portretului de aparat. Antoon Van Dyck, stabilit la Londra, în 1632, îl pictează pe CAROL I în anii următori. Suveranul, care va fi decapitat în 1649, după ce încercase să impună absolutismul în Anglia, este înfățișat într-o poză nepăsătoare. Nu apare nici un semn evident al regalității sale: el poartă costum de vânătoare de o eleganță aristocratică și s-a oprit o clipă la marginea pădurii, fără îndoială pentru a privi peisajul. Dar să observăm cu atenție: motivele elaborate de pictor corespund unui cod – mâna sprijinită în șold este un gest de autoritate (același cu al lui Ludovic al XIV-lea din pânza lui Rigaud, șaizeci de ani

Portretul frontal și subminarea lui

În primele secole creștine și în tot Evul Mediu, reprezentarea frontală este rezervată personajelor sfinte sau măcar de rang foarte înalt: Dumnezeu Tatăl sau Fiul, Fecioara, eroii credinței, papa, împăratul, regii. Așezate pe tron sau în picioare, într-o atitudine sugerând o perfectă imobilitate, figurile, prin hieratismul lor, sunt destinate să se impună în fața credincioșilor sau a supușilor. Acest gen de efigie, „în maiestate“, influențează pentru o lungă perioadă pictura, fie scenele religioase fie, mai ales, portretul.

Jan van Eyck
Dumnezeu (Tatăl sau Fiul), 1426–1432, panoul central al registrului superior din ***Polipticul Mielului mistic,*** ulei pe lemn, 212,2 x 83,1 cm (deschis), Gand, Catedrala St Bavo.

Exact din față, prin poziția bustului și a capului, corpul Domnului se înscrie în axul de simetrie al tabloului: un ax care pleacă de la litera „S“ din *MAIESTATE* la elementul cel mai înalt al coroanei din partea de jos a tabloului, trecând paralel cu verticala perlelor și pietrelor prețioase ce atârnă din tiara cu trei diademe (trei ca Treimea), prin pandantivul de pe piept și nodul panglicilor de pe haină. Luxul costumului și al accesoriilor, mărimea corpului – subliniată prin modul de evazare a stofei roșii – hieratismul pozei, cu o mână binecuvântând și cealaltă așezată pe sceptrul de cristal decorat cu brățări de aur, pietre și cu o floare de aur, totul este gândit pentru a face din Dumnezeu o întruchipare a gloriei și a veșniciei.

J.A.D. Ingres
Napoleon I pe tronul imperial,
1806, ulei pe pânză, 259 x 162 cm,
Paris, Musée de l'Armée.

Calificat în mod peiorativ, ca „extraordinar" la expunerea sa de la Salonul din 1806, acest portret îmbracă același aspect „bizantin", altfel spus hieratic și sufocat de lux ca și Hristosul din imaginea precedentă. Puterea noului împărat al francezilor se manifestă aici prin magnificență: aur, catifele, hermină, și prin dimensiuni, de pildă, mantia amplă ale cărei pliuri adânci par să-l înece pe omuleț și să-l facă prizonierul pompei inventate chiar de el însuși. Corpul este văzut din față, axul său de simetrie coincide cu cel al pânzei, de la medalionul circular care decorează partea de sus a tronului la celălalt medalion circular brodat pe pernă. Discret, atitudinea o reia pe cea a lui Dumnezeu din tabloul lui van Eyck: mâna dreaptă este ridicată pentru a susține sceptrul (degetele îndoite evocă gestul binecuvântării pe care o duce la bun sfârșit mânuța de fildeș de pe bastonul de comandant, din dreapta); cealaltă mână este așezată pe genunchiul stâng, identic cu personajul de la St Bavo. În spatele capului lui Napoleon încoronat cu lauri de aur, tronul circular formează o aureolă tot din aur: din nou repetiția compoziției lui van Eyck.

Paul Cézanne
Portretul lui Achille Emperaire,
1869–1870, ulei pe pânză, 200 x 120 cm,
Paris, Musée d'Orsay

Așezat într-un fotoliu acoperit cu o tapiserie cu flori mari, al cărui spătar reproduce forma circulară a tronurilor din tabloul lui van Eyck și din portretul lui Ingres, Achille Emperaire apare și mai sfrijit decât era în realitate: acest pictor, cu zece ani mai bătrân decât Cézanne și compatriotul său din Aix, era pitic. El este instalat ușor asimetric, cu picioarele așezate oblic pe un scăunel de sprijin. Capul cu fruntea înaltă, cu părul lung și barbișon *à la* Ludovic al XIII-lea – un chip de muschetar – este prea mare pentru trupul pipernicit. Degetele lungi și osoase care atârnă par să nu se mai sfârșească. Tușa este largă și plată, gama culorilor redusă: fluidității liniilor din operele precedente, facturii lor netede, Cézanne le substituie o materie nu groasă ci grasă care prinde ca într-o capcană desenul. Până și în halatul de casă care înlocuiește mantia lui Napoleon, subminarea este evidentă și fără nici o îndoială deliberată: pictorul s-a distrat cu cuvintele Emperaire – Empereur (împărat) și a convertit, în ultimul an al domniei lui Napoleon cel Mic, imaginea în maiestate într-o caricatură pe cât de lamentabilă pe atât de derizorie.

mai târziu); sabia și bastonul de comandant sunt prezente din nou ca în același exemplu. Aici, singurul element în plus este mănușa: un semn al eleganței, așa cum am remarcat deja la *Francisc I* de Jean și François Clouet. Și calul, din spatele regelui, are, la rândul lui, o semnificație simbolică: trimite la tradiția portretului ecvestru. *Carol I la vânătoare* caută să inoculeze ideea, falsă în realitate, a unei regalități care se exercită cu bunăvoință și fără o morgă excesivă.

De la portretul de donator la portretul de grup

Cu mult înainte de apariția portretelor individuale tratate ca subiecte în sine, pictorii își luaseră obiceiul de a integra în subiectele religioase imaginea celui care asigurase din punct de vedere financiar execuția operei, respectiv donatorul. Cu începere din secolul al XIV-lea, această inserție se face mai des, iar caracterul ei se modifică: pe de o parte, donatorul ocupă un loc din ce în ce mai important în ansamblul compoziției; pe de altă parte, chipul și silueta acestuia se singularizează într-atât încât se impune ideea de asemănare. În Italia de început de Trecento, una dintre cele mai faimoase figuri de donatori este cea a negustorului-bancher Enrico Scrovegni din *Judecata de Apoi* a capelei din Padova, care i-a preluat numele și ale cărei costuri de construcție și decorație le achitase: Giotto îl reprezintă în partea de jos a frescei, în genunchi în fața Fecioarei, căreia îi întinde macheta monumentului. Bărbatul poartă veșmintele timpului său, este văzut din profil (conform modelelor italiene de portret), iar statura sa este comparabilă cu aceea a Mariei, chiar dacă atitudinea, cu un genunchi pe pământ, exprimă umilința. În secolul următor, în Flandra, donatorii apar cel mai adesea pe retablu. În această regiune, ei sunt arătați din trei sferturi, ca în portretele de sine stătătoare. În cazul unui triptic, subiectul principal fiind destinat părții centrale, donatorii sunt surghiuniți pe panourile laterale, bărbatul pe voleul din stânga, femeia pe cel din dreapta. Cum s-a spus în primul capitol, ei sunt însoțiți deseori de descendenți, inclusiv de copiii morți, însemnați deasupra capului cu o cruce mică. Toți sunt îngenuncheați în rugăciune, uneori cu sfântul lor patron, în picioare, alături. Prezența acestuia furnizează o informație interesantă când nu deținem nici un document cu precizări asupra comenzii: ea ne lasă să bănuim prenumele donatorului.

Din a doua treime a secolului al XV-lea, donatorul ajunge să se apropie de scena sacră până la integrarea în ea. În *Madona cancelarului Rolin* și în *Fecioara canonicului Van der Paele* de van Eyck (cca 1430 și, respectiv, în 1436, Bruges, Grœningenmuseum), cancelarul Rolin și canonicul Van der Paele, personaje importante, stau în genunchi în același spațiu cu Fecioara. La fel se întâmplă în *Adorarea Pruncului* (*Retablul Bladelin*) de Rogier van der Weyden (1450–1460), în *Pietà* de francezul Enguerrand Quarton din aceeași perioadă și, în Italia mult mai târziu, în *Madonna di Foligno* de Rafael (Roma, Pinacoteca Vaticanului, 1511-1512).

Toate aceste elemente – talia relativă a donatorului, atitudinea sa, apropierea sau depărtarea în raport cu personajele sacre – au o importanță considerabilă: ele incită la o interpretare a operei care nu este estetică și sociologică. La acest sfârșit de Ev Mediu, comerțul este înfloritor în orașele din Occident; o burghezie prosperă, sigură pe ea însăși și grijulie să afirme valoarea propriilor principii, să-și impună imaginea în proximitatea imediată a unui sfânt, pe un tablou destinat să decoreze un altar, le permite membrilor săi să-și imortalizeze chipul și, în același timp, să susțină cu tărie că felul lor de a fi este conform cu idealurile creștine.

Inițial rezervată elitei foarte bogate a orașelor, marilor notabilități capabile să plătească execuția unui retablu întreg sau a unei fresce, introducerea portretului propriu în interiorul scenelor sfinte se extinde în secolul al XV-lea, cuprinzând un număr mult mai mare de burghezi. Reuniți în corporații sau confrerii, diverși orășeni se asociază pur și simplu de bună voie pentru a finanța o imagine votivă unde să apară fiecare dintre ei, recognoscibili printre egalii lor. Frescele lui Ghirlandaio de la Florența, pânzele venețiene ale lui Gentille Bellini și ale lui Carpaccio, dar și retablurile îmbrăcate în somptuoase decorații sculptate din nordul Europei furnizează exemple ale acestor imagini unde, aproape de Fecioară sau pe lateralele unei scene sacre, se ivesc numeroși indivizi ale căror chipuri individualizate sunt în mod evident portrete. Printre ei, se reprezintă uneori chiar pictorul. Două secole mai târziu, cel puțin în nordul Europei, burghezia devine grupul dominant din punct de vedere social, economic și politic. În Olanda, burghezii sunt protestanți – mai exact calvini. Calvinismul este ostil picturii religioase, dar încurajează reprezentarea oamenilor, mai ales dacă aceasta presupune și înfățișarea structurilor

Frans Hals și Pieter Codde, *Compania căpitanului Reynier Read (Mica Companie)*, 1633–1637, ulei pe pânză, 207,2 x 427,5 cm. Portret colectiv, Amsterdam, Rijksmuseum.

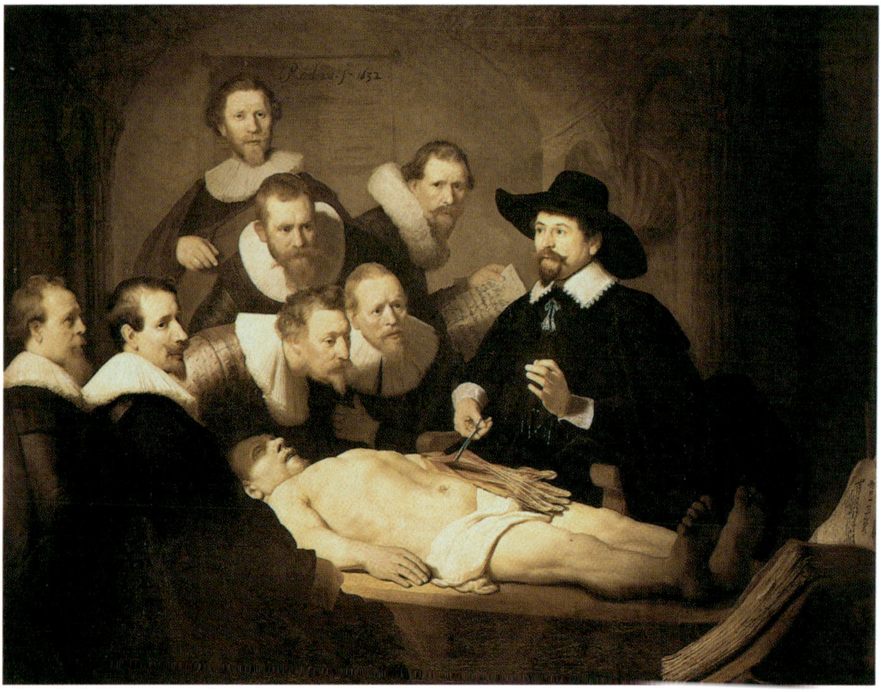

REMBRANDT, *Lecția de anatomie a doctorului Nicolaes Tulp*, 1632, ulei pe pânză, 169,5 x 216,5 cm, Haga, Mauritshuis.

societății: familia și diverse forme asociative. PORTRETUL COLECTIV, devenit de acum independent, constituit adică, asemeni celui individual ca o imagine autonomă, începe să se dezvolte. La Haarlem, Frans Hals a fost crainicul acestui tip de portret (vezi p. 40). Într-un decor vag de stradă, în jurul unei mese încărcate de provizii sau în biroul în care își exercită funcțiile, sunt adunați bărbați sau femei, niciodată o societate mixtă. Paleta este întunecată, aproape monocromă, iar chipurile sunt tratate cu un realism ascuțit, oferind de cele mai multe ori o viziune crudă a ravagiilor timpului asupra corpurilor și fizionomiilor. Pictorul olandez nu minte, nu deghizează realitatea: credința lui i-o interzice și publicul său vrea să se recunoască. Printre artiștii protestanți, Rembrandt (contemporanul lui Frans Hals, dar trăind la Amsterdam) este singurul preocupat să transceadă realitatea timpului său. În *Lecția de anatomie a doctorului Joan Deyman* (vezi p. 23) și în LECȚIA DE ANATOMIE A DOCTORULUI NICOLAES TULP sau în *Rondul de noapte* (Amsterdam, Rijksmuseum), el face o apropiere a portretului de ceea ce se numea în Franța pictura istorică. Primele două tablouri, o dată cu imortalizarea trăsăturilor celor dintâi medici ai orașului, povestesc drama confruntării celor vii cu un corp mort. Al treilea (în realitate portretul colectiv dar diurn al *Companiei căpitanului Frans Banning Cocq*) înfățișează într-o lumină aurie iradiantă ieșirea din post a membrilor miliției orașului, într-o animație și o mișcare semănând cu alegoria acțiunii și determinării acestor oameni.

Un gen în gen: autoportretul

Prezent deja în pictura medievală ca o alternativă a semnăturii, autoportretul sau portretul pictorului făcut de el însuși cunoaște o dezvoltare considerabilă cu începere din secolul al XV-lea și mai ales în secolul al XVI-lea. Se poate spune că evoluția sa urmează ritmul general al istoriei portretului: el se desăvârșește pe măsură ce moravurile recunosc dreptul la imagine dincolo de cercul strâmt al puternicilor lumii.

JEAN SIMÉON CHARDIN, *Autoportret cu vizieră*, 1775, pastel, 46 x 38 cm, Paris, Muzeul Luvru, Departamentul de Artă Grafică.

Trăsătura particulară a autoportretului rezidă în faptul că un individ se studiază pe sine însuși urmărind două obiective care pot coincide sau care, mai des, sunt divergente. Pe de o parte, bărbatul sau femeia își scrutează chipul și trupul, cum face oricine în oglindă. Pe de altă parte, pictorul acționează ca un profesionist, adică asemeni unui personaj public. Știind că tabloul va fi comentat, vrea să facă din el o demonstrație în același timp de talent și de meșteșug. Se regăsește astfel în autoportret, cu modalități prea puțin diferite, distincția stabilită în sânul portretului în general. Portretului psihologic, intim, îi corespunde imaginea fizică și psihică a unei ființe despre care nimic sau aproape nimic nu ne informează că este pictor: acest tip de portret poate fi calificat ca „personal". În cealaltă categorie (portretul de aparat) se înscriu portretele „profesionale", cele în care artistul se arată pe cale de a picta sau, în orice caz, cu toate atributele specifice profesiunii.

Exceptând câteva nuanțe, autoportretele sunt tratate în aceeași manieră ca portretele psihologice. Astfel AUTOPORTRETUL CU VIZIERĂ al lui Chardin, „portretul artistului la bătrânețe" pentru a-l parafraza pe Joyce, este un pastel de numai 46 x 38 cm. Pictorul se uită direct la spectator din spatele ochelarilor de oțel (în realitate, el privește într-o oglindă care îl ajută să-și reproducă imaginea). Pe cap a înfășurat în formă de bonetă o pânză albă peste care a înnodat o eșarfă roz; o vizieră uriașă, albastră este atașată eșarfei. Ciudata și caraghioasa îmbrăcăminte, care îi protejează ochii obosiți, e completată de o haină de nuanță brun-luminos, neglijent deschisă la gât. Fondul este monocrom. Chardin dă despre el însuși o imagine pe care o vrea demistificatoare, aproape de realitate.

Autoportretele „profesionale" au dimensiuni mai mari și sunt în general în ulei. Poussin, care n-a consimțit niciodată să picteze portrete și căruia îi repugnă să-și livreze propria imagine, execută două autoportrete spre sfârșitul vieții, sub imperiul viei presiuni a colecționarilor și a prietenilor. Sunt uleiuri pe pânză de 78 x 65 cm pentru *Autoportretul* de la Berlin (Staatliche Museen, Bodemuseum) și de 98 x 74 cm pentru AUTOPORTRETUL

Nicolas Poussin, *Autoportret,* 1650, ulei pe pânză, 98 x 74 m, Paris, Muzeul Luvru.

Rembrandt, *Autoportret cu două cercuri,* 1665–1669, ulei pe pânză, 114,3 x 94 cm, Londra, Kenwood House, The Iveagh Bequest.

de la Luvru. Tabloul de la Paris îl reprezintă pe artist în poziție aproape frontală (de autoritate dacă nu de maiestate), corpul văzut până la jumătate, îmbrăcat într-un halat din mătase neagră semănând cu toga unui profesor sau a unui magistrat – veșmânt sobru și nobil. Mâna dreaptă, împodobită cu o brățară, este pusă pe un dosar care conține, fără îndoială, desene și gravuri. În același timp, pe un tablou în ramă, parțial acoperit, este înfățișată, pe un fond albastru, o figură feminină încoronată cu o diademă ornamentată cu un ochi (alegoria Picturii), îmbrățișată de mâinile unui personaj invizibil: o alegorie de data aceasta a Prieteniei. Aproape în aceeași epocă (1665–1669), Rembrandt pictează în ulei un autoportret de dimensiuni mai însemnate (114,3 x 94 cm), în care se reprezintă și el până la jumătate, din față, într-o gamă de culori nu foarte diferită de aceea folosită de Poussin.

Autoportret cu două cercuri se înscrie de data aceasta în seria foarte densă de portrete pe care pictorul și le-a făcut din tinerețe. Fără concesie, Rembrandt își arată corpul greoi, chipul buhăit, cu pielea atârnând, cu părul alb și rar. Costumul este la fel de neglijent cum va fi cel din pastelul lui Chardin: o eșarfă din pânză albă, o haină largă dublată – e frig în atelier, iarna, la Amsterdam – un plastron care ține loc de șorț și încălzește pieptul. Tehnica este considerabil diferită de aceea a lui Poussin. Tușa este rapidă, încurcă desenul, culoarea neagră „se revarsă" peste conturul umărului, în timp ce, în același loc, în tabloul lui Poussin formează o linie perfectă; ținând o paletă dreptunghiulară, un suport pentru braț, peneluri și, poate, o cârpă, mâna se reduce la gheară. Rembrandt accentuează

aspectul artizanal al meseriei pictorului, „bucătăria" culorilor, care curg și murdăresc. Totuși nu renunță să-și afirme marea sa capacitate artistică și chiar primordialitatea inclusiv în domeniul desenului. Pe fundal, fragmente de cercuri trimit la o anecdotă, pe atunci celebră, despre viața lui Giotto: papa i-ar fi cerut meșterului să-și dovedească știința, iar acesta s-ar fi mulțumit să traseze, dintr-o singură mișcare, circumferința perfectă a unui cerc.

Reprezentarea pictorului la lucru poate fi asociată câteodată cu o regie elaborată. Cu zece ani înaintea *Autoportretului cu două cercuri* al lui Rembrandt, uriașul tablou al lui Velázquez *Familia lui Filip al IV-lea*, mai cunoscut sub titlul *Meninele* (vezi p. 90), cuprinde un autoportret al pictorului spaniol, în picioare, ținând paleta și aruncând asupra spectatorului sau asupra motivului pe care se pregătește să-l picteze o privire atentă și destul de amuzată. Velázquez s-a așezat la marginea compoziției, dar mai sus decât majoritatea celorlalte personaje și cu obrazul luminat din plin. El se găsește în aceeași cameră în care sunt adunați infanta și suita ei (*menina* înseamnă însoțitoare), dar și regele și regina Spaniei, probabil modelele pe care le are de pictat și a căror imagine (suveranii se află dincoace de tablou, pe locul în care stăm și noi) se reflectă în oglinda din fundal. La începutul secolului al XIX-lea, Goya își va aminti acest extraordinar precedent. Înfățișând FAMILIA LUI CAROL AL IV-LEA, se include, cu puțin mai multă modestie, retras în raport cu aristocraticele personaje aliniate în primul plan, și cu fața estompată în penumbră.

FRANCISCO DE GOYA, *Familia lui Carol al IV-lea*,
1800–1801, ulei pe pânză, 280 x 336 cm, Madrid, Muzeul Prado.

Subiectul

Peisajul

Ca gen autonom, peisajul apare, mai întâi timid, cu începere din secolul al XVI-lea. De la sfârșitul Evului Mediu, artiștii prind să multiplice elementele naturii pentru a da subiectelor un decor conform cu realitatea. Abia după secole în care pictura s-a mulțumit cu semne arhetipale – linii ondulate pentru a desena apa, feston pentru a simboliza norii – ea s-a simțit obligată să inventeze, în timp, un vocabular al formelor realității. În jurul anului 1300, Giotto mai picta în materie de natură stânci plantate cu arbori minusculi și aproape toți la fel (vezi p. 70). După numai un secol, copacii se diversifică și ating scara normală: în *Botezul lui Hristos* (cca 1450?, Londra, National Gallery), Piero della Francesca pictează pentru prima oară un copac atât de înalt încât nu încape tot în tablou. Examinarea, în operele executate în secolele al XIII-lea și al XIV-lea, a felului în care pictorii s-au preocupat puțin câte puțin de natură este foarte elocventă: stâncile, moștenire din icoanele bizantine, se îndulcesc pentru a se transforma în coline, văi și câmpii; solul, mai întâi steril, se acoperă de iarbă și flori (identificabile), de culturi și păduri; fondul decorativ preluat din Evul Mediu timpuriu cedează locul cerurilor reale: ceruri de zi în care soarele strălucește și peste care trec nori, de nopți scânteietoare de lună și stele, sau cele cu lumina ambiguă a zorilor, a crepusculului sau a furtunii (*Furtuna* lui Giorgione, vezi p. 6).
Dar față de peisaj se păstrează o reticență: observarea naturii servește multă vreme la decorarea operelor în loc să constituie motivul lor. Adevăratul peisaj se naște la Veneția. În cetatea dogilor – care era și a lui Vittore Carpaccio, a lui Giovanni Bellini, a lui Giorgione - pictura oferă, de la sfârșitul secolului al XV-lea și începutul celui de al XVI-lea, admirabile vederi ale lagunei și ale pământului care o închide, *terra ferma* rurală. Se impune însă constatarea că aceste vederi formează cadrul de desfășurare a unor subiecte care nu sunt peisaje. Ele completează reprezentarea unei vânători de rațe (Carpaccio), o Răstignire sau un alt episod sfânt (Bellini) sau chiar întâlnirea misterioasă dintre un bărbat îmbrăcat și o femeie goală (Giorgione). Cel puțin în Italia, situația se regăsește și la alți mari pictori: văile inundate din spatele *Giocondei* constituie un „peisaj ales", pentru a relua metafora lui Verlaine – un peisaj mintal, de fapt, pe care Leonardo l-a conceput ca un ecou foarte sonor al tainei ce învăluie identitatea modelului său; în ce-l privește, n-a mers niciodată până la a executa un peisaj „pur", de sine stătător.

Constituirea genului

Ca gen autonom, peisajul pare să-și fi luat avântul mai degrabă în nordul decât în sudul Europei: mai exact în regiunile germanice și, în special, în zona danubiană unde o natură încă nepătrunsă se păstrează și în secolul al XVI-lea. La Cranach cel Tânăr, la Albrecht Altdorfer, păduri extrem de dese, cu copaci imenși, par să sufoce micile personaje, adesea dificil de distins. Peisajele din tablourile germane neliniștesc, dar și atrag. La începutul vremurilor moderne, o dată cu constituirea națiunilor, acest tip de reprezentare este parte integrantă din ceea ce se va numi, poate în mod periculos, „sufletul german": pasiunea pentru pământ (Boden), pentru acest peisaj brut descris, cu secole mai înainte, de Tacit în *Germania.*
De fapt, dacă se schițează în mare caracterul unui peisaj, în diferitele regiuni în care el ia avânt cu începere din secolul al XVI-lea, se constată evidente diferențe. Pictorii Europei Centrale reprezintă peisaje vaste, în care omul se simte pierdut: munți înalți, pante abrupte coborând către îndepărtate întinderi amețitoare, ceruri nesfârșite și frunzișuri de necuprins. Dürer, care traversează de mai multe ori Alpii, la începutul secolului al XVI-lea, Adam Elsheimer, în jurul anului 1600, Caspar David Friedrich, în prima jumătate a secolului al XIX-lea, reprezintă această tendință în legătură cu care vin în minte termenii de „cosmic" și de „sublim".
Și flamanzii, după Joachim Patinir, în primul sfert al secolului al XVI-lea, pictează orizonturi vaste și nu neglijează nici stâncile, nici munții: Pieter Bruegel cel Bătrân execută

numeroase peisaje alpestre când merge în Italia, în anii 1550. Dar această semisolitudine este populată cu oameni ușor de zărit, cu o rețea de drumuri și case. Pictate cu meticulozitate, deseori gravate, peisajele flamande dau o idee despre o lume locuită, în care natura este supusă. În fine, italienii reprezintă o natură considerabil diferită. Munților și văilor sălbatice, ei le preferă o natură apatică, colonizată de om, cultivată, jalonată intens de arhitecturi: văi și câmpii semănate cu burguri, ferme sau case arătoase, *villas* sau chiar cu ruine.

În secolul al XVII-lea, practica peisajului rămâne foarte diferențiată după regiuni. În Olanda, tablourile care cultivă acest gen în sine, adică fără să recurgă la pretextul altui subiect, devin din ce în ce mai numeroase: cumpărate de o clientelă burgheză, ele constituie principalul ornament al reședințelor, alături de portretele de familie și de scenele de gen. Majoritatea înfățișează natura locală. Marea calmă sau răvășită este fie temă principală („marina"), fie motiv auxiliar pe lângă vasele comerciale olandeze, stăpânele oceanelor și baza bogăției Țărilor de Jos. Orizonturile joase ale unei câmpii, străbătută de râuri șerpuitoare, acoperită de lanuri, se desfășoară sub ceruri înnorate; o moară de vânt se înalță câteodată la locul potrivit. Pictori ca Hendrick Avercamp pictează heleștee înghețate pe care patinează cetățenii republicii, toate clasele sociale laolaltă. Alții se consacră vederilor de orașe, pictând case de cărămidă, cu fațade terminate cu pinion în trepte, biserici gotice cu flețe înalte. Jan van der Hyden, Carel Fabritius reproduc aceste exterioare urbane, a căror chintesență rămâne însă VEDERE DIN DELFT de Vermeer, „cel mai frumos tablou din lume" pentru Marcel Proust, care l-a făcut celebru în romanul *În căutarea timpului pierdut*.

JAN VERMEER, *Vedere din Delft*, cca 1660–1661, ulei pe pânză, 98,5 x 117,5 cm, Haga, Mauritshuis.

NICOLAS POUSSIN,
Peisaj cu cenușa lui Phocion adunată de văduva sa,
1648, ulei pe pânză,
116 x 176 cm, Liverpool,
Walker Art Gallery.

NICOLAS POUSSIN,
Iarna sau *Potopul,*
1660–1664, ulei pe pânză,
118 x 160 cm,
Paris, Muzeul Luvru.

NICOLAS POUSSIN,
Primăvara sau *Adam și Eva în paradisul terestru,*
1660–1664, ulei pe pânză,
117 x 160 cm,
Paris, Muzeul Luvru.

În mod evident, peisajele Europei de Sud contrastează cu tablourile puternic marcate de culoarea locală, care exprimă atașamentul cetățenilor din Provinciile Unite față de țara lor. La italieni, ca Annibale Carracci, apoi Domeniquino în prima jumătate a secolului al XVII-lea, dar și la francezii Philippe de Champaigne, Claude Lorrain și mai ales la POUSSIN, în anii 1640–1660, planuri orizontale succesive sunt eșalonate de arbori înalți, de culturi, de drumuri, de taluzuri, stânci, ape calme și edificii numite de multe ori „fabrici", sub ceruri adesea senine, de un albastru-luminos, pe care se plimbă nori. Omul locuiește întotdeauna în aceste peisaje: el ocupă primul plan și prezența sa este deseori evidentă aproape până în fundul tabloului.

Față de acest tip de opere, calificate generic drept „ideale" sau „clasice", trebuie să rămânem sensibili la unicitatea fiecăreia. Indicând tonalitatea pe care intenționează s-o dea unei picturi, Poussin distinge o manieră „gravă și severă", una care se vrea „vehementă și furioasă", alta care are o „anumită suavitate și dulceață" și, în fine, aceea care este *„gioconda"*, altfel spus jucăușă. Poetica peisajelor sale reflectă câteodată această repartiție teoretică: modul grav – teoreticianul artei Roger de Piles, în secolul al XVIII-lea, va prefera să vorbească de „peisajul eroic" – se exprimă, de exemplu, în *Peisaj cu cenușa lui Phocion...*, o compoziție amplă și severă, cu planuri care se eșalonează până la arhitectura clasică din fundal; *Potopul*, numit și *Iarna*, se înscrie în modul „vehement", altfel spus tragic, cu lumina sa sumbră, cu omniprezența apei și a stâncilor amenințătoare, cu gesturile înspăimântate ale oamenilor și cu marea oblică a fulgerului. Dar este mai dificil să clasezi alte tablouri, de exemplu *Primăvara (Adam și Eva în paradisul terestru):* lumina mai strălucitoare, dulcele caracter sălbatic al vegetației, mișcarea pe diagonală a norilor pe un cer netulburat nu pot fi citite după un model unic. Aceste peisaje ar putea fi calificate ca „pastorale" sau „câmpenești" – pentru a-l prelua pe Roger de Piles – sau s-ar putea insista pe sensibilitatea lor romantică clară, dar clasificarea operelor nu este neapărat necesară mereu, cum nu este firesc ca demersul artistului să treacă înaintea sentimentului.

Nu s-a încercat aici o istorie, chiar sumară, a genului peisajului. Să remarcăm numai că vederile reprezentate variază, nu încape îndoială, după locul și timpul în care a trăit artistul care le-a reprezentat. Istoria – istoria tehnicii și economiei, istoria deplasărilor, dacă nu a turismului – are și ea un rol în înțelegerea evoluției genului. Destinația „naturală" a artiștilor a fost multă vreme Italia: tablourile au prezentat cu precădere natura ei umanizată, lumina ei clară, reliefurile ei rareori agitate și ruinele care se întâlnesc la tot pasul. Descoperirea Orientului – în realitate, într-o primă etapă, a Greciei și Africii de Nord – le-a sugerat pictorilor o imagine în care lumina este mai crudă, natura mai uscată – ca, de pildă, deșertul cu oazele sale – și arhitecturile apar foarte diferite. Cu începere din secolul al XIX-lea, calea ferată i-a transportat, cel mai adesea și cel mai la îndemână, fie în natura din preajma orașelor pentru scurte sejururi, fie mai departe; peisajele de pe malul Senei care invadează tablourile la sfârșitul secolului al XIX-lea nu se pot imagina fără modelul „duminicii la țară", la fel ca vederile din Bretania și marinele, în general înfățișând, într-o primă perioadă, oceanul stațiunilor din Normandia, apoi Mediterana și Provence, apropiate dintr-o dată de capitală, pentru a nu lua exemple decât din pictura franceză. Dincolo de aceste deplasări, privirea pe care pictorii au purtat-o asupra peisajelor a variat după sensibilitatea lor și aceea a epocii. În aceeași câmpie italiană, Poussin a pictat edificii antice admirabil conservate sau mai degrabă ideal restaurate, în timp ce Hubert Robert și Honoré Fragonard, un secol mai târziu, au cultivat „politica ruinelor". În Europa secolului al XIX-lea, John Constable a fost preocupat să surprindă ceruri acoperite de nori inefabili, Jean-Baptiste Corot păduri și burguri din Normandia în stilul neoclasic italian, în timp ce Édouard Manet, de exemplu, și-a fixat ca țintă surprinderea modernității noii lumi inspirându-se din fotografiile în care lua ca motiv orașul cu planurile sale eșalonate de acoperișuri, de fumuri, de poduri și de linii de cale ferată.

Scena de gen

Asemeni picturii istorice, pictura de gen sau scena de gen înfățișează bărbați, femei și întâmplări legate de ei. Subiectele abordate sunt însă cele cotidiene, scene de pe stradă sau din interior, ecou al obiceiurilor vremii și care adesea provoacă râsul. Scena de gen, care primește acest nume în secolul al XVIII-lea ca pedeapsă pentru că nu reprezintă nici istoria, în sensul nobil al cuvântului, nici peisajul și cu atât mai puțin natura moartă, este un „gen minor", o pictură pe care criticii o consideră bună doar ca să-i distreze pe burghezi.

Sora mai tânără a picturii istorice

Primele scene de gen apar în școlile din Nord, mai dispuse decât cele din Sud să examineze realitatea și să o reproducă fără a încerca să o idealizeze. În secolul al XV-lea, reprezentările respective fac adesea referire la bani (cămătari cu înfățișări feroce, perceptori de impozite); în veacul următor, repertoriul imaginilor conține „companiile vesele", cârciumi sau bordeluri (Jan van Hemessen, Monogramistul din Brunswick), scene de piață, de preparare a mâncării (Pieter Aertsen și nepotul său Joachim Beuckelaer).

La Pieter Bruegel cel Bătrân, scenele de gen au o tonalitate diferită: flamandul pictează oameni săraci, în majoritatea lor țărani, și tablourile lui au în același timp un caracter predominant etnografic, dar și alegoric: *Orbii* săi, înaintând către o prăbușire sigură (Napoli, Galeria Nazionale di Capodimonte), apar, așa cum o sugerează titlul complet de azi, *Parabola orbilor*, ca un simbol al destinului uman care, implacabil, duce la dezastru și la moarte.

Picturi destinate să amuze sau, câteodată, servind o lecție prin intermediul râsului, scenele de gen au totuși trăsături comune cu pictura istorică: pentru a exprima emoțiile personajelor, ele utilizează, uneori până la exagerare, limbajul gestual, graiul „pasiunilor" (vezi p. 146), la care recurge și pictura istorică. După exemplul „genului major", ele trebuie să imagineze costume și să furnizeze un decor: hainele contemporane sunt de obicei preferate veșmintelor atemporale și, întotdeauna, goliciunii rezervate eroilor picturii majore; și decorul se ferește de acele elemente pompoase care sunt cornișele, coloanele, templele și, la modul general, de tot ceea ce evocă Antichitatea. Tablourile de gen reprezintă protagoniștii până la jumătatea corpului sau în picioare.

Numărul mare de personaje și/sau importanța decorului conduc la opere adesea de dimensiuni relativ mari: BUCĂTĂREASA de Aertsen măsoară mai mult de 1,25 m pe înălțime, *Parabola orbilor* de Bruegel peste 1,5 m lățime. Gama culorilor variază de la o operă la alta, urmând însă preferințele cromatice ale epocii. Totuși, atunci când paleta este orientată spre culori întunecate, oamenii din popor, eroii privilegiați ai picturii de gen, sunt îmbrăcați cu discreție; în timp ce atunci când tonurile sunt vii, țesături strălucitoare care atrag privirea rup tendința monocromatică a operelor.

PIETER AERTSEN, *Bucătăreasa*, 1559, ulei pe lemn, 127,5 x 82 cm, Bruxelles, Musée Royaux des Beaux-Arts.

JEAN-BAPTISTE GREUZE, *Fiul pedepsit*,
1778, ulei pe pânză, 130 x 163 cm, Paris, Muzeul Luvru.

O voință didactică

Una dintre mizele înțelegerii picturii de gen constă în a evalua în ce măsură ea își asumă rolul de simplu amuzament sau dacă, din contră, conține un adevăr moral sau social. În secolul al XVIII-lea, pictori ca William Hogarth în Anglia, Jean-Baptiste Greuze în Franța au încercat să dea o demnitate nouă genului, apropiindu-l de categoriile literare la modă: comedia sau drama burgheză. Primul pictor, aproximativ de pe la 1730 la mijlocul anilor 1750, folosește ironia pentru a blama viciile aristocratice și politice ale timpului. *Cariera unui libertin*, *Căsătorie la modă* sau *Campania electorală* se repetă de-a lungul unor serii cronologic coerente. Mai întâi pictate, apoi difuzate sub formă de gravuri, imaginile se succed precum instantaneele teatrale: povestesc destinul personajelor, de la bucuriile primelor zile la deznădejdea finală. În anii următori, Greuze preferă tonului satiric o abordare moralizatoare. Tablouri ca *FIUL PEDEPSIT*, *Logodnica satului* sau *Tânăra și pasărea moartă* suscită elogiile filozofului Denis Diderot care, atunci, în *Saloanele* sale, inventează critica de artă. Stilul lui Greuze este doct: el ne introduce în mediul țărănesc sau burghez în care numeroși figuranți mimează cu ajutorul gesturilor situații emoționante în care răul sau simpla neglijență sunt pedepsite și unde binele triumfă.

De la „bambociadă" la elogiul intimului

În prima jumătate a secolului al XVII-lea, tradiția picturilor de tavernă, desemnate de la început sub numele de „bambociade", se transformă într-adevăr la lorenul Georges de La Tour în parabole despre soarta tinerilor necugetați: *Ghicitoarea* (vezi p. 63), *Trișorul cu asul de caro* (vezi p. 62), *Trișorul cu asul de treflă* (Fort Worth, Statele Unite ale Americii) narează cu o mare recuzită de gesturi nefericirea unui tânăr naiv care se lasă tras pe sfoară și va fi în curând despuiat. În aceeași epocă, în anii 1630–1640, în Franța,

Louis Le Nain, *Familie de țărani* sau *Întoarcerea de la botez*, 1642, ulei pe pânză, 61 x 78 cm, Paris, Muzeul Luvru.

frații Antoine, Louis și Mathieu Le Nain reînnoiesc subiectele „țărănești"; în formate mai reduse decât cele ale lui La Tour, țărani încremeniți, în picioare sau așezați, demni în pozele lor reținute, în haine grosolane, dar lejere, sunt dispuși în interioare sumbre, luminate doar de focul din sobă, sau în aer liber, în fața unor case igrasioase ori pe întinderea infinită a unor câmpii rase și cenușii. În Olanda, în secolul al XVII-lea, scena de gen cunoaște aceeași evoluție. Dacă pictori ca Jan Steen, Gerrit Dou, Gabriel Metsu... continuă să picteze bufonerii și diverși șarlatani – vânzători ambulanți sau doctori nepricepuți – petreceri pe sfârșite, serbări țărănești cu convivi care urinează, ori săli de clasă în care elevii răi sunt bătuți la fund, un artist ca Vermeer din Delft își consacră toată viața celebrării în tablouri „de gen", din care narațiunea este întotdeauna exclusă, a misterelor discrete ale vieții domestice, în locuințe imaculate unde tinere femei visătoare și desăvârșit îmbrăcate procedează cu gesturi lente la ritualurile cotidiene cărora le conferă un caracter sacru.

Jan Vermeer, *Dantelăreasa*, cca 1669–1670, ulei pe pânză, 23,9 x 20,5 cm, Paris, Muzeul Luvru.

Natura moartă

Situată la nivelul de jos al ierarhiei genurilor, fiindcă nu îl reprezintă pe om și, practic, nu are niciodată legătură cu creaturile vii, „viața tăcută" adică mută, nemișcată, cum se numea natura moartă în Franța, în secolul al XVII-lea, ne subjugă astăzi ca un gen care dezvăluie sensurile metaforice ale lucrurilor.

Un motiv mic în tablouri mari

Asemeni peisajului și portretului, obiectele s-au introdus la început cu discreție în compozițiile care tratau subiecte religioase. De exemplu, Giotto a reprezentat în două dintre frescele Capelei Scrovegni din Padova interiorul casei Sfintei Ana, mama Mariei: niște foale, o vârtelniță, un raft pe perete, o ladă roșie de lemn cu închizători negre, o draperie atârnată în jurul patului, o cuvertură în dungi pusă peste saltea – lucruri umile pe care pictorul Dürer le va numi cu o caldă ironie „nimicuri" (*Mindereinen*) – sunt pictate de maestrul italian cu o atenție și cu o dragoste care nu s-au mai regăsit în arta occidentală din epoca vechii Rome. În mijlocul picturilor istorice, religioase sau mitologice, în fundalul portretelor, în tablourile de gen, trebuie să te străduiești să recunoști aceste obiecte pe care penelul a întârziat îndelung. Ele pot da semnificația unui tablou până la a-i justifica titlul, cum se întâmplă în *Papucii* olandezului Samuel van Hoogstraten (Paris, Muzeul Luvru), unde, pe un preș, doi papuci de casă ocupă locul de onoare, central, al unei încăperi. Există și situații în care obiectele formează un detaliu fără legătură cu subiectul, iar prezența lor, chiar dacă surprinzătoare, exprimă afirmarea hotărâtă a drepturilor picturii în tablouri în care predomină narațiunea. Iată, de pildă, coșul cu lucrul de mână așezat pe o masă în LICTORII lui David. Pată luminoasă care se detașează pe roșul feței de masă și pe verdele draperiei, motivul nu deranjează deloc economia povestirii. El sugerează că drama a întrerupt o viață domestică pașnică, dar, mai ales, constituie un fragment de pictură meșteșugită și de virtuozitate pură.

JACQUES LOUIS DAVID,
Lictorii îi aduc lui Brutus corpurile fiilor săi,
1789, ulei pe pânză, 323 x 422 cm,
Paris, Muzeul Luvru. Detaliu. Vezi și p. 24.

De la „vanitate" la afirmarea virtuozității picturale

Apărută ca gen independent la începutul secolului al XVII-lea, atunci când celelalte categorii picturale își cuceriseră deja autonomia, natura moartă ezită mult timp între exercițiul de stil și lecția filozofică. În țările profund catolice, în care persistă o reticență în a reprezenta obiectele pentru ele însele, altfel spus pentru simpla „delectare" (Poussin) a ochiului, natura moartă se agață de o justificare religioasă sau morală. În 1638, FRANCISCO DE ZURBARÁN reprezintă un miel mort. Nu este vorba, desigur, de un trofeu și cu atât mai puțin de un animal drăgălaș asupra cadavrului căruia să se aplece un adolescent (ca în *Tânăra și pasărea moartă* de Greuze), ci de un simbol sacru, *Agnus Dei* sau *Mielul lui Dumnezeu*, pe care pictorul a ales să-l încoroneze cu o aureolă fină. La fel, JUAN SÁNCHEZ CATÁN (pictor care va intra într-un ordin călugăresc) este preocupat de semnificația metafizică a naturilor moarte pe care le pictează. Reprezentând legume

Francisco de Zurbarán, *Agnus Dei*,
1638, ulei pe pânză, 35 x 52 cm, San Diego, Museum of Art.

Juan Sánchez Catán, *Natură moartă cu păsări, legume și fructe*,
1602, ulei pe pânză, 68 x 89 cm, Madrid, Muzeul Prado.

Albrecht Dürer, *O rață moartă*,
1515, acuarelă și guașă cu accente de aur pe pergament,
23,3 x 12,7 cm, Lisabona, Fondation Gulbenkian.

neînsemnate și fructe suspendate de sfori într-un spațiu abstract, în interiorul unui cadru văzut în perspectivă, el contribuie în primii treizeci de ani ai secolului al XVII-lea la fasonarea tipului de natură moartă specific spaniolă numită *bodegones*, în același timp laudă a lucrurilor simple create de Dumnezeu și „vanitate", respectiv un avertisment asupra caracterului efemer a tot ceea ce trăiește sau se dezvoltă în această lume umilă. Paradoxul acestor naturi moarte care tind către o puritate excluzând orice preocupare mondenă constă în aceea că perfecțiunea lor formală sfârșește prin a contrazice mesajul de umilință pe care sunt chemate să-l pună în circulație. Admirabil pictate, depășind prin efectul de *trompe l'œil* dincoace de cadrul de zid care le susține, morcovii, napii și țelina lui Sánchez Catán dovedesc eternitatea picturii mai presus de precaritatea vieții. Obligat să fie cel mai modest dintre artiști, pictorul de naturi moarte apare drept cel mai ambițios dintre toți, deoarece, pentru a-și crea opera, nu se sinchisește de ceea ce nu aparține strict de meșteșugul artei – adică de interesul unui subiect, de curiozitatea suscitată de o fizionomie etc. În acest caz, nu mai este surprinzător faptul că genul a dat loc unor exerciții în care pictorii au încercat mai mult să uimească decât să clarifice spectatorul. Măiestria lor ia forma unor jocuri delicioase și subtile: o rață moartă care pare suspendată „de-adevăratelea" (Dürer); o pictură care imită o gravură acoperită de un geam spart (François Vispré); plicuri, scrisori sau alte hârtii fixate, întotdeauna în *trompe l'œil*, pe un suport care imită lemnul.

Măiestria incontestabilă a flamanzilor și a olandezilor

Pictura flamandă și olandeză își asumă mai mult decât altele responsabilitatea nu numai de a picta minunat lucrurile efemere, ci și de a le reda voluptatea cu atât mai considerabilă cu cât se știe că plăcerea pe care o transmite este evanescentă. În tablourile pictorului din Anvers, Jan Bruegel al Catifelelor, de la începutul secolului al XVII-lea, în cele ale lui Pieter Claesz și ale lui Willem Claesz Heda, amândoi originari din Haarlem, în pânzele lui Willem Kalf și ale lui De Heem de mai târziu, ca și în acelea ale unor pictori

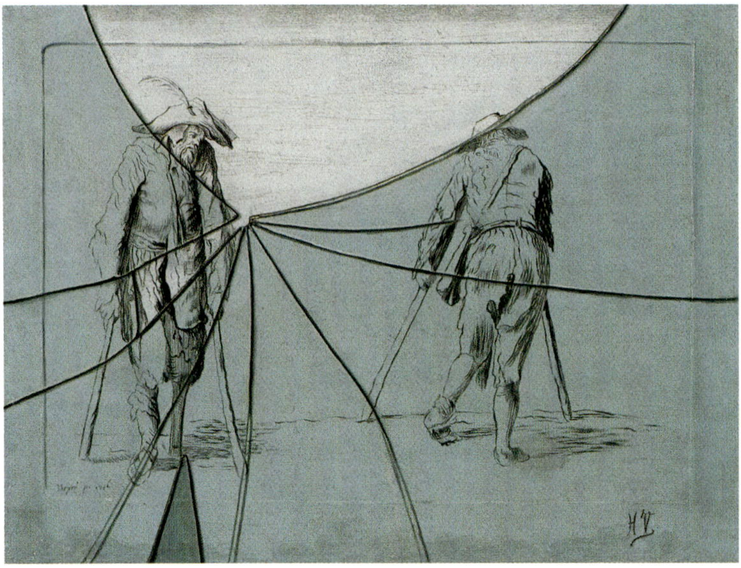

François Vispré, *Grisaille*, 1746,
ulei pe lemn, 24 x 32,5 cm, Houston, Menil Collection.

din alte țări, influențați de arta din Nord – ca francezii Jacques Samuel Berbard sau Sebastian Stoskopff – se întâlnesc buchete de flori, mese puse sau dimpotrivă mâncăruri împrăștiate, bufete acoperite de orfevrărie, cochilii exotice și bijuterii prețioase. Gama culorilor variază de la o armonie de brunuri sau griuri (se vorbește despre „a dejuna monocrom ca în pictura lui Claesz Heda), la un evantai de tonuri vii detașându-se pe un fundal întunecat, cum este cazul naturii moarte a lui Berbard. Obiectele sunt selecționate pentru a evoca plăcerile simțurilor: cele ale gustului, sugerate de alimente și de băuturi, cele ale văzului și mirosului, la care fac trimitere florile, cele ale pipăitului, bucurate de materialitatea plăcută a unui covor, cele ale auzului care culminează

Willem Claesz Heda, *Natură moartă*, 1634,
ulei pe lemn, 43,5 x 68 cm, Madrid, Colecția Thyssen-Bornemisa.

JACQUES SAMUEL BERBARD, *Natură moartă cu vioară, cu vas și buchet de flori*, ulei pe pânză, 79 x 94,5 cm, New York, colecție particulară.

cu muzica unei viori din pânza lui Berbard. Materialele fragile (paharul vărsat din tabloul lui Claesz Heda și spart pe alocuri), mâncărurile începute, fructele prea pârguite și florile care prind să se faneze amintesc efemeritatea acestor lucruri prea pământene. Bășici de săpun, o clepsidră, un craniu, o planșă anatomică completează câteodată acest repertoriu de accesorii simbolizând fragilitatea existenței; tot astfel, se întâlnesc motive de felul lămâii pe jumătate cojite, a cuțitului sau farfuriei depășind masa: forme puternic decupate care sunt un pretext pentru exercițiile de perspectivă în care pictorul își demonstrează abilitatea și unde excelează în diversificarea texturilor, pictând moliciunea catifelată a pieliței care aderă la coajă și luciul umed al cărnii jupuite a lămâii.

Genurile, astăzi

După secolul al XIX-lea nu mai avem nici o justificare să continuăm să repartizăm pictura pe „genuri" diversificate. Desigur, artiștii continuă să picteze mitologii, unii dintre ei primesc comenzi pentru a decora biserici, alții răspund la evenimentele timpului prin compoziții care se înscriu în suita picturii istorice. Pictorii nu încetează și să facă portretul contemporanilor, unii dintre ei, ca David Hockney, concep vaste peisaje în care dispun înotători în jurul piscinei, ceea ce ar putea trece drept o scenă de gen... Dar termenul de „gen" presupune o prioritate a subiectului care, astăzi, nu își mai găsește explicația și se înscrie într-un context istoric precis: o epocă în care pictura era, alături de sculptură, singura alternativă a artelor plastice. Acum, când coexistă pictura figurativă și cea abstractă, în timp ce „ilustrațiile" regrupează obiecte pentru a crea un sens, când natura servește de material artiștilor (*process art* și *land art*) și când însuși trupul, cel al modelului (amprentele lui Klein) sau al pictorului (marile gesturi ale lui Pollock „scurgând" culoarea [vezi p. 262]), se află implicat în interiorul creației, este potrivit nu să clasăm operele, ci să le privim ca pe niște manifestări unice, examinând ceea ce ne arată ele și cum o fac.

Compoziția

Cuvântul „compoziție" desemnează ansamblul mijloacelor, grafice mai degrabă decât cromatice, prin care artistul își organizează sau își ordonează pictura (pentru compoziție, artiștii folosesc și termenul „ordonanță").
Noțiunea de *compositio* în pictură a fost definită de teoreticianul italian Leon Battista Alberti, autorul cărții *Despre pictură (De pictura)* din 1435: conform opiniei lui, tabloul se aseamănă unei fraze în care părțile componente sunt distribuite și ierarhizate în scopul obținerii frumuseții discursului. Compoziția pune în valoare unele personaje și motive și le estompează pe altele; face distincție între planurile din adâncime și cele apropiate (perspectiva); creează echilibru (simetrie) sau asimetrii care dau impresia de armonie, sau dimpotrivă, de tensiuni și instabilitate.

Compoziția și contextul operei

Compoziția depinde de alegerea pe care o face artistul. Sunt însă cazuri în care este cel puțin parțial impusă de modul în care se înscrie opera în spațiu sau de raporturile pe care le întreține cu alte lucrări prezentate în același loc (în special când nu este vorba despre un tablou de șevalet, ci de o pictură care aparține unui ciclu sau unui ansamblu decorativ).

Ancadramentul sau forma spațiului de pictat

Spațiul pe care trebuie să-l picteze artistul nu are întotdeauna forma aptă de a-i oferi un plus de libertate. În structura retablului, mici compartimente, fie foarte înguste și verticale, fie în formă de treflă sau trifoi cu patru foi – pe care pictorii nu le pot lăsa

RAFAEL, *Eliberarea Sfântului Petru*, cca 1512,
frescă, baza 660 cm, Palatul Vatican, Camera lui Eliodor.

Atelierul lui Rafael, decorația unui stâlp: grotescă, detaliu de frescă, cca 1516–1519, Roma, Palatul Vatican, Logiile.

nedecorate – sunt săpate în montanții de lemn care despart diferitele panouri. În cazul monumentelor, ei se confruntă cu dificultăți mai mari: trebuie să se adapteze arhitecturii, să țină seama de deschideri, de curba sau de oblicitatea părților superioare ale peretelui etc. În *Stanze*-le de la Vatican („camerele" apartamentului pontifical), Rafael nu dispune de nici un spațiu de formă dreptunghiulară: sus, pereții se termină în lunetă, adică în semicerc; jos, una dintre fresce este micșorată într-o parte de ancadramentul unei uși (*Școala din Atena* [vezi p. 82]), iar alta coboară de o parte și de alta a unei ferestre (*Eliberarea Sfântului Petru*). Părțile compoziției sunt determinate de această structură: în partea superioară a *Școlii din Atena*, bolți în plin cintru formează un ecou care repetă cu însuflețire arcul lunetei; în *Eliberarea Sfântului Petru*, treptele laterale permit dispunerea personajelor.

În Logii, care sunt o galerie sau un portic situat la etajul al doilea al Vaticanului, constrângerile spațiale sunt și mai mari. Rafael și atelierul său au avut de pictat niște *Stâlpi* , elemente de sprijin înalte și înguste, pe care o narațiune ar fi fost imposibilă. În acest caz, ei au adaptat nu numai compoziția, ci și subiectul: au reinventat sau măcar au utilizat, la o scară uitată o dată cu pictura antică, „groteștile", decorații ludice (sfincși, harpii, mici temple, animale de tot felul, *putti* și cochilii), iscusit amestecate printre vrejuri și superpozabile la nesfârșit. Logiile Vaticanului sunt compuse din arcade încoronate de bolți cu muchii. Ele determină compartimente, triunghiuri înclinate și concave pe care Rafael a renunțat să le picteze ca pe un întreg. În fiecare compartiment, el a delimitat un dreptunghi de dimensiuni mai mici în care a reprezentat o scenă (episoade din Vechiul Testament). A examina compoziția unei opere constă, într-un caz ca acesta, nu numai în observarea distribuției formelor în interiorul cadrului, ci și în analiza soluției adoptate de artist pentru a obține, într-un spațiu pretențios, o suprafață utilizabilă.

Repartizarea picturilor într-un spațiu complex: exemplul bolții Capelei Sixtine

Bolta Capelei Sixtine, pictată de Michelangelo între 1508–1512, ilustrează perfect complexitatea problemelor care se ivesc în fața pictorului atunci când trebuie decorat un spațiu cu configurație complicată.

De dimensiuni considerabile (mai mult de 40 m din lungime), bolta formează un leagăn care se sprijină pe ziduri prin baze triunghiulare (pandantivi sau pânze de boltă), iar la colțuri tot prin triunghiuri, dar mai mari (trompe de colț sau panașe unghiulare). Partea de sus a pereților, încredințată tot lui Michelangelo, este structurată de lunete.

Artistul a preferat să articuleze ansamblul în compartimente individualizate mai degrabă decât să-l trateze ca pe un întreg. El a distribuit elementele iconografice asemănătoare în structuri arhitecturale comparabile pentru a da bolții o regularitate și o logică, combinate cu grija pentru varietate.

Michelangelo, vedere de ansamblu a bolții Capelei Sixtine, 1508–1512, frescă, 40,23 x 13,41 m, Roma, Cetatea Vatican, Capela Sixtină.

Istoria Genezei ▲

În centrul bolții, în partea cea mai plată, Michelangelo a împărțit spațiul în nouă dreptunghiuri, alternând unul mare, unul mic, în care a pictat istoria Genezei. Brutalizând cronologia când a considerat necesar să o facă, el a rezervat dreptunghiurile cele mai importante episoadelor majore ale Bibliei sau celor mai spectaculoase: *Crearea lui Adam* și *Păcatul originar* ocupă două mari dreptunghiuri din centru, *Crearea Evei* nu are dreptul decât la un spațiu mic; *Sacrificiul lui Noe,* văzut în momentul retragerii apelor, precede *Potopul:* absurditate cronologică care îi permite însă lui Michelangelo să dispună de un dreptunghi mare unde să picteze drama revărsărilor de ape.

1. *Dumnezeu desparte lumina de întuneric;* 2. *Crearea Soarelui și a Lunii;* 3. *Dumnezeu separă pământul de ape;* 4. *Crearea bărbatului;* 5. *Crearea femeii;* 6. *Păcatul originar;* 7. *Sacrificiul lui Noe;* 8. *Potopul;* 9. *Beția lui Noe.*

Strămoșii lui Hristos (I: seria de pânze de boltă)

Constituită din grupuri de trei persoane, prima serie a ascendenților lui Hristos oferă ocazia unor frumoase variațiuni pe tema mamei și a copiilor ei. Sub pânzele de boltă, bucraniile fac, poate, aluzie la moarte, iar nudurile de bronz la îngerii rebeli și căzuți.

1. *Solomon copil cu mama sa;* 2. *Roboam copil cu mama sa și cu Solomon;* 3. *Ozias copil cu mama sa, cu tatăl său Joram și cu unul dintre frați;* 4. *Zorobabel copil cu mama și cu tatăl său Salathiel;* 5. *Părinții viitorului rege Ieseu;* 6. *Asa copil împreună cu tatăl său;* 7. *Ezechia copil cu mama și cu tatăl său HG;* 8. *Josia copil cu mama și cu tatăl său HQ.*

Ignudi (nuduri) și medalioane

De o parte și de alta a dreptunghiurilor Genezei, îngeri fără aripi (în fapt efebi goi) susțin medalioane de bronz aurit cu scene celebre din Vechiul Testament.

1. *Ridicarea la cer a lui Ilie;* 2. *Subiect necunoscut;* 3. *Moartea lui Nicanor;* 4. *Matatia distruge altarul lui Modin;* 5. *Căderea lui Antioh Epifanul;* 6. *Sacrificiul lui Isaac;* 7. *Moartea lui Absalon;* 8. *Alexandru cel Mare venerează numele lui Dumnezeu;* 9. *Pedepsirea lui Eliodor; 10. Uciderea lui Abner*

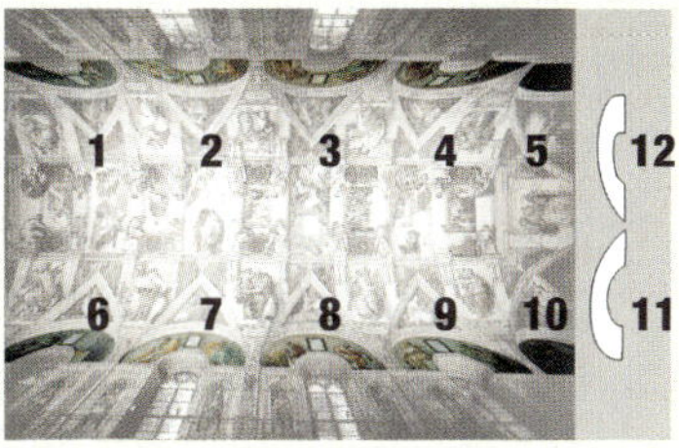

▲Strămoșii lui Hristos (II : seria lunetelor)

De data aceasta este vorba despre figuri izolate, cu priviri halucinante, în atitudini de abandon: imagini ale descurajării, ele simbolizează tristețea condiției umane după Păcat și înaintea venirii lui Mesia și formează o contrapondere la profeți și sibile, a căror energie se datorează cunoașterii Mântuirii.

1. *Solomon, Booz, Obet;* 2. *Roboam, Abia;* 3. *Ozia, Ioatam, Achaz;* 4. *Zarababel, Abiud, Eliachim;* 5. *Achim, Eliud;* 6. *Ieseu, David, Solomon;* 7. *Asa, Iosafat, Iaram;* 8. *Ezechia, Manase, Amon;* 9. *Iosia, Iehonias, Salatiel;* 10. *Azor, Sadoc;* 11. *(nereprezentați) Eleazar, Matan;* 12. *(nereprezentați) Iacob, Iosif.*

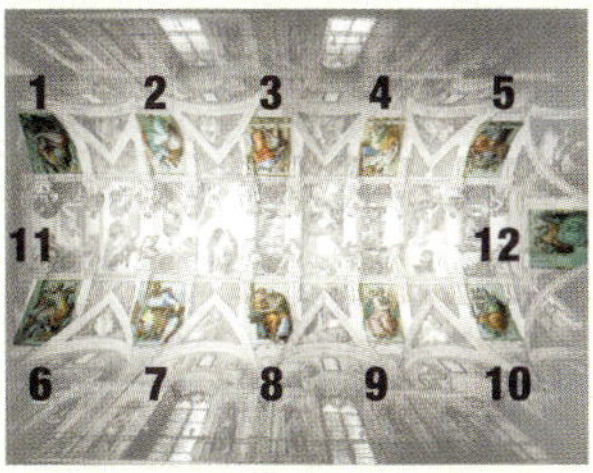

▲Profeții și sibilele

Chiar sub pseudocornișă, așezați pe mari tronuri limitate de pilaștri, profeții și sibilele se succed alternativ, cinci pe fiecare latură lungă a tavanului, unul pe lățime (acesta din urmă reprezintă un profil). Michelangelo a evitat orice monotonie variind sistematic atitudinile. Profeții și sibilele reprezintă oamenii care au așteptat, uneori chiar anticipat grație harului prorocirii, venirea lui Mesia.

1. *Profetul Ieremia;* 2. *Sibila din Persia;* 3. *Profetul Ezechiel;* 4. *Sibila din Eritreea;* 5. *Profetul Ioil;* 6. *Sibila din Libia;* 7. *Profetul Daniel;* 8. *Sibila din Cume;* 9. *Profetul Isaia;* 10. *Sibila din Delfi;* 11. *(nereprezentat) Profetul Iona;* 12. *Profetul Zaharia.*

▲ Cele patru momente ale salvării poporului lui Israel

În cele patru trompe de colț, Michelangelo a reprezentat momente în care poporul evreu a fost salvat printr-o intervenție divină miraculoasă.

1. *David și Goliat;* 2. *Iudit și Holofern;* 3. (nereprezentat) *Supliciul lui Aman,* 4. (nereprezentat) *Șarpele de bronz.*

Alegerea formatului: prestigiul numărului de aur

Dacă determinarea înălțimii și a lățimii patrulaterelor delimitate de pictor pe suprafața unui perete depinde de numărul de scene pe care le are de pictat și de dimensiunea peretelui, alegerea formatului unui suport, lemn, pânză sau hârtie, când această opțiune nu este determinată de necesitatea de a umple un spațiu (de pildă, un tablou comandat cu dimensiuni fixe pentru a decora un altar), răspunde unor considerații care pot fi parțial logice. Numărul de aur – o fantasmă matematică a armoniei moștenită de la filozofia pitagoreică – i-a făcut mult timp să viseze pe artiști și încă mai tare pe teoreticienii și criticii de artă. Unele dintre speculațiile legate de el au produs efecte asupra alegerii dimensiunilor și organizării interioare a formelor. Pentru a simplifica, se poate spune că „numărul de aur" semnifică un raport de proporționalitate (a cărui valoare exactă este: [rădăcină din 5 +1] împărțit la 2, obținându-se 1,618), dedus din formele geometrice pe care pitagoricienii le considerau perfecte: pătratul și cercul. Astăzi, formatul foilor de hârtie vândute curent în comerț este determinat de numărul de aur. Să luăm, de exemplu, o foaie de hârtie. Formatul ei este dreptunghiular, cu dimensiuni de 21 x 29,7 cm. Să notăm colțurile ei A, B, C și D. Dacă se îndoaie cele două laturi scurte (AB și DC) peste latura lungă AD, apoi dacă se repetă operațiunea pe latura lungă BC se obțin două pătrate ABA'B' și DCD'C', ale căror segmente AA' și BB' de o parte și DD' și CC' de cealaltă parte sunt diagonale. Foaia de hârtie este deci un

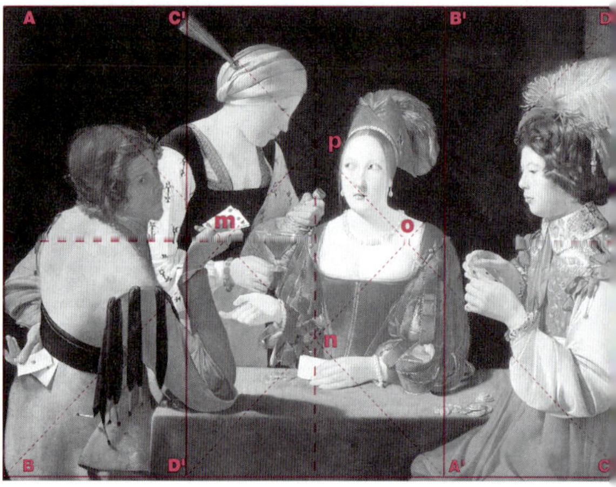

Georges de La Tour, *Trișorul cu asul de caro,* cca 1630, ulei pe pânză, 106 x 146 cm, Paris, Muzeul Luvru.

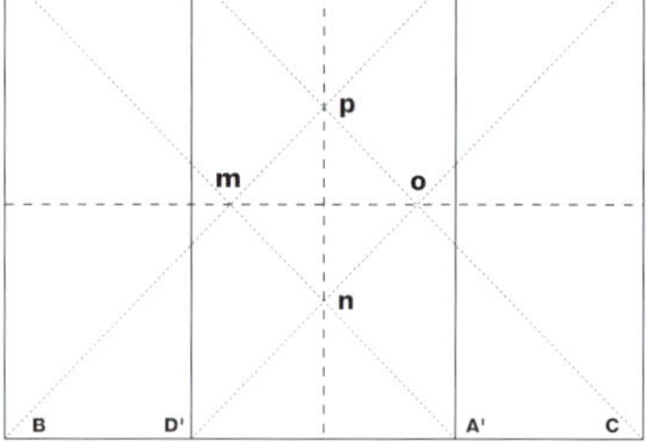

Dreptunghiul armon pune în evidență raport rile dintre dreptunghiur laterale 21 x 29,7 cm de mensiunile unei pagini format A4 și pătrat conținute în interior.

Punerea în evidență a compoziției: GEORGES DE LA TOUR, *Ghicitoarea*, ulei pe pânză, 102 x 123 cm.

dreptunghi armonic creat de o formă privită ca perfectă, pătratul. Ea se divide vizual în trei dreptunghiuri verticale, unul mai mare în centru (C'D'A'B') și două mai înguste și de dimensiuni identice la dreapta și la stânga (ABD'C' și DCA'B'). Axele mediane ale foii sunt constituite din drepte care trec prin intersecția diagonalelor pătratelor, în punctele **p** și **n** pe axa verticală și în punctele **m** și **o** pentru cea orizontală. Pictorii din trecut și cei de azi au folosit aceste rețete, în mare foarte simple, pentru a-și construi lucrările. În *TRIȘORUL CU ASUL DE CARO* de Georges de La Tour, construcția se descoperă lesne dacă se adaugă pe înălțime bucata de pânză pe care o avea odinioară tabloul. Reluând denominația alfabetică pentru colțurile acestei pânze și pentru punctele în care diagonalele rabatate întâlnesc laturile, se observă că pictura este împărțită în trei dreptunghiuri ce ar putea fi astfel numite „armonice": cel din centru unde sunt reprezentate femeile, curtezana care participă la jocul de cărți și servitoarea care îi toarnă vin; cel din stânga unde trișorul ascunde asul, lăsându-l pe spectator să-l vadă; cel din dreapta unde se află păgubașul. Capetele celor patru protagoniști sunt plasate deasupra axului median orizontal **m–o**. Dispoziția figurilor este concepută simetric în raport cu axul central **p–m** cu câte două personaje de fiecare parte.

Ghicitoarea este tot un tablou al cărui format inițial, posibil de reconstituit grafic, era un dreptunghi armonic. La un moment dat și pentru motive necunoscute, pânza a fost tăiată pe o latură, acolo unde femeia care îi fură punga adolescentului, o țigancă, nu mai apare decât parțial. Rabatând latura scurtă a pânzei (DC) spre stânga, succesiv pe cele două laturi lungi, se obține un pătrat (DCD'C'), cu ajutorul căruia reconstituirea organizării originale a tabloului devine ușoară. Dreptunghiul vertical din centru îi cuprinde pe adolescent și pe însoțitoarea lui – și de această dată o curtezană, elegant îmbrăcată. Dreptunghiul din dreapta este rezervat țigăncii bătrâne, pregătită să-i citească tânărului destinul. Cel din stânga înglobează nu cu totul pe tinerele „egiptiene" (termenul folosit în Lorena pentru țigănci). Axa verticală **p–n** trece prin chipul naivului și

GEORGES SEURAT, *Baignade, Asnières*, 1884,
ulei pe pânză, 201 x 300 cm, Londra, National Gallery.

urmează exact cusătura apoi nodul cordonului. Toate capetele sunt dispuse deasupra orizontalei **m-o**: tânărul nu-și dă în nici un fel seama de ceea ce se petrece dedesubtul acestei linii, agitația mâinilor care taie lanțul de aur și fură punga.

Mult după secolul al XVII-lea, pictorii continuă să se intereseze de numărul de aur. La sfârșitul secolului al XIX-lea, Georges Seurat, Paul Sérusier încă îl folosesc. Prima expoziție cubistă, în octombrie 1912, este plasată sub semnul Secțiunii de aur. Dincolo de aceste apropieri mai mult nominale decât reale, ideea unei gândiri estetice fundamentate matematic, altfel spus care ar fi avut o legitimitate științifică, a sedus un mare număr de artiști.

Căutarea unor raporturi simple în interiorul dreptunghiului care este tabloul este una dintre căile pe care o iau aceste aspirații. *Baignade. Asnières* și *O după-amiază de duminică la Grande Jatte* (vezi p. 107) de SEURAT, de exemplu, dovedesc divizarea suprafeței în optimi (prin scandarea ritmică cu 2, 4 și 8), întâlnită și în altă lucrare a acestui artist, *Paradă de circ* (New York, MOMA). Alegerea formatelor rotunde sau pătrate se înscrie în aceeași căutare, îndeosebi la pictorii care văd în geometrie un mijloc de a ajunge, într-un fel, la o reprezentare a cosmosului: astfel, cu începere din 1917, Piet Mondrian utilizează cu regularitate pătratul (pe care preferă să-l numească „carou"), așezat pe o latură sau în vârf, un romb.

ÎN INTERIORUL PICTURII: ORGANIZAREA PLANULUI

Fiindcă este constituită din culori și linii pe un spațiu plat, pictura trebuie să fie studiată ca un plan, altfel spus ca o suprafață orientată pe anumite direcții (sus, jos, la dreapta, la stânga; centru, margini) și structurată de elemente geometrice: puncte, linii, suprafețe, ceea ce Leon Battista Alberti numea „rudimentele" acestei arte.

Din primele timpuri ale creștinismului la începutul epocii gotice, artiștii și-au însușit planietatea suportului, subliniind-o chiar, construindu-și imaginile cu ajutorul planurilor orizontale sau verticale mai degrabă decât introducând direcții ortogonale care dau iluzia profunzimii. Mult mai recent, în Franța anilor 1970, câțiva artiștii s-au grupat sub titulatura „Supports-Surfaces", pentru a indica faptul că scopul lor este afirmarea realității

fizice a tabloului, a existenței sale ca suprafață. Cercetările lor au ajuns până la pânzele fără șasiu, agățate parțial pe perete, parțial lasate pe sol (Louis Cane), marcate cu benzi orizontale și verticale (Marc Devade), atârnate de sfori, de corzi, de umbrele, purtând amprenta unor șabloane (motivele în formă de dreptunghi suplu sau în formă de „păstaie" ale lui Claude Viallat).
Dar chiar în secolele în care pictorii au crezut că arta lor constă în „a intersecta o suprafață" (pentru a relua o definiție dată de Seurat picturii), ei n-au neglijat niciodată organizarea suprafeței tabloului.

Centrul și lateralele

Picturile din Evul Mediu se supun unei ordonări simple, care ține cont în mod empiric de datele fiziologice ale vederii și satisface exigența pentru simboluri. Să analizăm astfel polipticul JUDECĂȚII DE APOI , pictat de Rogier van der Weyden cu puțin înainte de mijlocul secolului al XV-lea. Deschis, el expune nouă panouri. Cel din mijloc atrage în primul rând privirea: datorită dimensiunilor ansamblului, lat de 560 cm, spectatorul se plasează în fața tabloului central înainte de a se opri la celelalte voleuri. Acest panou este deci elementul cel mai marcant, căruia van der Weyden i-a dat o înălțime mai mare decât celorlalte: 215 cm în loc de 130 cm (pentru voleurile de jos) și, respectiv, 74 cm (pentru voleurile de sus). Aici axul median este subliniat, exact în mijloc, pe aceeași verticală, fiind suprapuși Histos-Judecător, sfera Universului și arhanghelul Mihail, vestitorul Judecății. Celelalte voleuri, de o parte și de alta, sunt dispuse după o riguroasă simetrie: câte trei în registrul inferior de fiecare parte; unul în dreapta și altul în stânga în registrul superior. Sfinții pictați pe voleurile laterale au corpurile orientate către centrul retablului.

Sensul lecturii

La un dreptaci, privirea se orientează către dreapta înainte de a explora partea stângă: machetatorii o știu bine atunci când preferă să plaseze imaginile dintr-o carte pe „pagina bună", cea din dreapta. Logica medievală ține însă cont de punctul de vedere al lui Dumnezeu. A fi „la dreapta Domnului" este un privilegiu al aleșilor, iar paradisul se găsește astfel în partea stângă (în raport cu spectatorul) a tabloului. Cu atât mai rău dacă această jumătate a operei este privită cu mai puțină atenție: pictorul știe precis că este lite-

ROGIER VAN DER WEYDEN, *Polipticul Judecății de Apoi,* cca 1445–1448,
ulei pe lemn și foiță de aur, 215 x 560 cm (deschis), Beaune, Musée de l'Hôtel-Dieu.

ralmente mai pitoresc, chiar mai puțin dificil să pună în imagini nenorocirile damnaților și teribila lor spaimă. Infernul se află deci la dreapta spectatorului. Se obișnuiește de asemenea ca sensul lecturii, așa cum se practică în Occident, de la stânga la dreapta, să influențeze compoziția laterală. În mod frecvent până la începutul secolului al XVI-lea, când în interiorul unei opere sunt reprezentate mai multe scene, evenimentele prin care debutează povestirea sunt pictate în stânga, iar cele cu care sfârșește se găsesc în dreapta. Rafael, în *Eliberarea Sfântului Petru,* pictează în centru discuția dintre înger și sfânt în închisoare și, imediat la dreapta, fuga miraculoasă a lui Petru (vezi p. 58). Într-un ciclu de picturi, succesiunea acestora depinde atât de direcția în care citim, cât și de circulația în locul respectiv (galerie) și de logica proprie a spațiului. Ciclul lui Giotto despre viața Mariei și a lui Iisus, de la Padova (Capela Scrovegni), se organizează astfel pe trei benzi (registre) suprapuse. Povestirile cele mai de demult (tinerețea Fecioarei) ocupă registrul superior, cele cu viața lui Iisus se află în registrul median, iar cele ale Patimilor și Învierii în cel de jos: narațiunea se citește vizual ca un text scris, de sus în jos. În Capela Sixtină (vezi p. 60), legendele Genezei încep de deasupra altarului: *Despărțirea întunericului de lumină,* primul episod al Creației, se află în punctul cel mai depărtat de locul în care stau credincioșii (el este și evenimentul cel mai îndepărtat în timp) și perpendicular chiar pe spațiul în care se celebrează euharistia, acolo unde Dumnezeu este prezent în momentul transformării pâinii și vinului în corpul și sângele lui Hristos.

Partea superioară, partea inferioară

Morala creștină și bunul-simț favorizează întotdeauna în Occident partea superioară (locul a ceea ce este bun, nobil și frumos) în raport cu partea inferioară (ceea ce este rău și urât). Retablul lui ROGIER VAN DER WEYDEN , ca să reluăm același exemplu, se conformează acestei ierarhii: Hristos este plasat deasupra tuturor celorlalte personaje, îngerii deasupra sfinților (Biserica celestă pe un fond scăldat în aur), iar sfinții mai sus de morții care învie. Cei aleși urcă către paradis (treptele scării sunt desenate cu o precizie evidentă), damnații sunt aruncați în prăpastia infernului. Această preferință acordată pentru ceea ce este „sus" influențează reprezentarea fizică a judecății, altfel spus a cântăririi sufletului, întruchipat de un omuleț gol: în balanța pe care o ține arhanghelul Mihail, talerul mai apropiat de mâna lui dreaptă este mai ridicat (fiind și cel mai ușor, după cum arată cântarul), având în ea un suflet curat; tipsia perpendiculară pe mâna sa stângă este mai jos (cea mai grea). Aici se află sufletul condamnat. Nu mai este nevoie să spunem că în economia generală a unui retablu, dispunerea diferitelor picturi respectă simbolistica acestor orientări. Figurile cele mai sfinte ocupă părțile centrale și superioare mai degrabă decât cele de jos; sfinții

ROGIER VAN DER WEYDEN, *Judecata de Apoi,* panoul central.

minori sunt plasați la periferie și nici un donator nu ar îndrăzni să ocupe centrul unui poliptic. Din contră, când un pictor rupe cu acest sistem care se perpetuează multă vreme după Evul Mediu, el o face într-o manieră conștientă și cu un scop determinat. Fresca JUDECĂȚII DE APOI (1536–1541) de Michelangelo, din Capela Sixtină, nu a declanșat scandal numai pentru că reprezenta corpuri goale. Ordonanța limpede proprie iconografiei acestei scene, care le permite credincioșilor să afle ce soartă au avut cei buni și cei răi, se găsește aici tulburată în mod primejdios. Clara repartiție de la dreapta la stânga, de jos în sus, se trezește înlocuită de un vârtej care antrenează în mișcarea sa dezordonată morții ieșiți din pământ și sfinții Bisericii, pe aleși și pe damnați, în așa fel încât nu se știe cine urcă și cine este condamnat să coboare.

Simetrie și asimetrie

Chiar dacă rămân în continuare credincioși organizării tradiționale și, îndeosebi, distribuției în raport cu centrul de simetrie, numeroși pictori își permit libertăți subtile.

MICHELANGELO, *Judecata de Apoi*, 1536–1541,
frescă, 13,7 x 12,2 m, Roma, Palatul Vatican, Capela Sixtină.

Compoziția

GIOVANNI BELLINI, *Retablul de la San Giobbe* (vezi p. 17).

În Sfintele Convorbiri italiene (vezi p. 16), personajele și motivele se echilibrează între dreapta și stânga. În RETABLUL DE LA SAN GIOBBE de Giovanni Bellini (vezi p. 17), de o parte și de alta a axului format de baldachin, de cruce, de Fecioară și de îngerul central, se află un alt înger așezat (întors către axul central) și trei sfinți în picioare. Arhitectura este identică la dreapta și la stânga, dar, ușoară variație, Sfântul Francisc, la stânga, (recognoscibil după haina sa de culoare brună și după funia cu trei noduri), în loc de a se uita spre Fecioară și către Prunc, privește către locul în care ne aflăm noi: este poziția „întrebătorului" (Alberti), cel care interpelează spectatorul pentru a-l forța să-și fixeze atenția asupra scenei reprezentate. În *Amorul sacru și Amorul profan* de Tizian (p. XIV din Introducere), realizat câtiva ani mai târziu, axul vertical median trece puțin la dreapta cotului îndoit al copilului (*putto)* care agită apa în sarcofag, introducând o subtilă descentrare. Aceasta întărește evidențierea Amorului sacru, a femeii care se îndreaptă către Dumnezeu în loc de a căuta plăcerile lumești. Ultimul exemplu, împrumutat din secolul al XVII-lea. În FAMILIE DE ȚĂRANI, numită adesea *Întoarcerea de la botez*, de Louis Le Nain, linia **p-n** trece prin mijlocul feței și al corpului bărbatului așezat în spatele mesei. Echilibrul compoziției este asigurat de dispunerea celor două femei, la dreapta și la stânga, în primul plan. Dar, la stânga, nu există decât două persoane în timp ce la dreapta sunt trei: mama și sugarul, înapoia lor pictorul plasând în penumbră un băiețel. În plus, cele două femei nu privesc identic către centru: cea din dreapta este orientată spre exteriorul tabloului. Aceste discrete infracțiuni la adresa simetriei rezultă din grija de a nu-l plictisi pe spectator, ceea ce s-ar fi întâmplat dacă imaginea ar fi fost construită după niște reguli stricte, complet refractare la surpriză. Este principiul „variației" *(varietas)*, enunțat pentru prima dată tot de Alberti, ca singura condiție care îi permite operei să „rețină multă vreme privirea spectatorului". Vom vedea că acest principiu are consecințe considerabile care depășesc stricta construcție a suprafeței tabloului.

Piramida și friza

Exemplul *Retablului de la San Giobbe* de Bellini și al *Întoarcerii de la botez* de Le Nain arată că suprapunerea și juxtapunerea nu sunt suficiente pentru a organiza picturile. Adesea, necontrazicând dispoziția precisă autorizată de aceste soluții, pictorii recurg la forme geometrice simple pentru a termina cu bine compoziția. În tablourile lui Bellini și Le Nain, dispoziția este aceea în piramidă – sau în triunghi, cum se va vedea. La Bellini, ea pleacă din cele două colțuri de jos și culminează la capul Fecioarei; la Le Nain, plecând de la aceleași puncte, ea ajunge la capul bărbatului din spatele mesei. În raport cu vârful acestui triunghi, celelalte figuri sunt dispuse în friză, adică unele lângă altele, toate capetele ajungând la aceeași înălțime a tabloului (izocefalie), mult sub cel al Mariei și al bărbatului. În afara simplității sale, această ordonanță are meritul de a stabili cu precizie o ierarhie: ea afirmă întâietatea Mariei și a lui Iisus (în retablul belinian) și aceea a capului familiei (în opera lui Le Nain), în același timp în care prezintă o egalitate perfectă între celelalte figuri.

Louis Le Nain, *Familie de țărani*, numit și *Întoarcerea de la botez*, 1642, ulei pe pânză, 61 x 78 cm, Paris, Muzeul Luvru.

În JUDECATA LUI SOLOMON de Nicolas Poussin, aceleași principii simple organizează compoziția. Subiectul este cunoscut: după moartea unui copil, două femei își dispută un micuț rămas în viață; pentru a descoperi care dintre ele este mama reală, șiretul rege evreu poruncește tăierea pe din două a copilului: mama falsă acceptă, dar cea adevărată imploră ca micuțul să fie crutat. Simetria sus-jos și dreapta-stânga este evidentă, cu figura lui Solomon izolată în jumătatea superioară a tabloului, cele două reclamante dispuse în jumătatea inferioară și cu repartiția figurilor ca niște elemente de decor de o parte și de alta regelui sprijinit de axul vertical central. Un triunghi, plecând din colțurile B și C ale tabloului și având-și vârful pe capul regelui, le înglobează pe mame, în timp ce, în exterior, două grupuri de spectatori sunt dispuse în friză – singurul cap care depășește grupul

Nicolas Poussin, *Judecata lui Solomon* (vezi p. 98).

GIOTTO, *Haina dată*, 1297–1299, frescă, 270 x 250 cm. Assisi, Bazilica Sf. Francisc, biserica superioară.

aparține călăului, în stânga, pe punctul de a tăia copilul: este un mijloc de a-l scoate în evidență. Există și alte forme în afara piramidei pentru organizarea picturilor. În HAINA DATĂ de Giotto, două triunghiuri ABC și BCD structurează fresca. Povârnișurile colinelor, în spatele sfântului, urmează diagonalele pătratului A–C și B–D: ele se întâlnesc aproape exact pe capul fondatorului Ordinului franciscan. În alte ocazii, triunghiului îi sunt preferate arcul sau ovalul. În versiunea pariziană a PĂSTORILOR DIN ARCADIA de Poussin, dispunerea figurilor în jurul mormântului urmează un traseu aproape perfect circular.

Orizontale, verticale și oblice

Alegerea liniilor care organizează tabloul este la fel de importantă ca aceea a formelor geometrice ajutând la dispunerea motivelor. Drepte sau curbe, urmând un traseu uniform sau direcții variate, liniile sunt utilizate de pictori în funcție de presupusele lor calități formale, respectiv simplitatea sau complexitatea. Dacă Giotto sau dacă Rembrandt – după cum am văzut în capitolul precedent – apreciază puritatea unei curbe, așa încât cel de al doilea desenează arce de cerc pe fundalul autoportretului său (vezi p. 44), William Hogarth, în secolul al XVIII-lea, preferă diversitatea, pe care o numește „variație" ca Alberti, creată din combinația „liniilor curbe și a liniilor drepte împletite". În *Analiza frumosului* (1753), cel care nu a fost doar pictor ci și primul teoretician al artei britanice laudă „linia ondulantă", pe care o definește ca „linia frumuseții", formată din „două curbe care se opun" și, mai ales „linia serpentină" sau „linia grației", „care pare să se miște în sensuri diferite în același timp". Această estetică este legată de moda „stilului nou" sau „rocaille" (rococo), care a cucerit întreaga Europă cu începere din anii 1730: un stil care preferă nobleței greoaie a direcțiilor rectilinii inspirate din arhitectura antică (coloane și cornișe) o ornamentație de suprafață născută din dinamismul fragil al arabescului. Pe de altă parte, orizontale, verticale și oblice, paralele sau divergente, liniile exprimă în pictură sentimente diferite, dând compozițiilor în care se repetă un aspect grav sau vesel, liniștit sau tensionat, feminin sau masculin. Așa cel puțin le-au înțeles teoreticienii și artiștii de la Renaștere încoace; după cum se exprimă Seurat într-o scrisoare din 1890 către un prieten, „liniile contrare" sunt „cele care fac un unghi drept", linia „jucăușă" este aceea „de deasupra orizontalei"; calmul este redat prin orizontalitate, iar tristețea prin „direcțiile coborâtoare".

Acest tip de contrast se observă în alegerea pe care o face Poussin în cele două versiuni ale aceluiași subiect cu titlu identic, PĂSTORII DIN ARCADIA, numit și *Et in Arcadia ego*, revelație brutală a morții pe care o au, după descoperirea unui mormânt, câțiva păstori până atunci într-o fericită lipsă de griji. În prima versiune, tabloul, care datează, fără îndoială, de la sfârșitul anilor 1620, are un format vertical. Aici liniile urmează direcția diagonalelor. Astfel, în partea inferioară, bătrânul zeu care simbolizează izvorul își apleacă bustul formând o oblică pe care trunchiul gros al unui arbore o prelungește în partea superioară. În jumătatea cealaltă, o ciobăniță și doi păstori se precipită, într-o mișcare ce le basculează corpurile spre dreapta, să citească inscripția de pe capacul pe jumătate ridicat al cavoului. Instabilitatea compoziției se vrea reflexul grafic al emoției de care sunt cuprinse spiritele.

În PĂSTORII DIN ARCADIA de la Luvru, zece ani mai târziu, pictorul alege o compoziție simetrică în care patru figuri se repartizează în jurul unui mormânt aproape paralel cu suprafața tabloului. Tulburarea păstorilor, așezați în centru, este redată prin unghiurile drepte formate de genunchi și brațe („liniile contrare", după Seurat), dar emoția din prima variantă este înlocuită aici de un sentiment mai calm și, s-ar spune, elegiac grație dispunerii figurilor

NICOLAS POUSSIN, *Păstorii din Arcadia*, cca 1628–1630, numit și *Et in Arcadia ego*, ulei pe pânză, 101 x 82 cm, Chatsworth (Derbyshine), The Trustees of Chatsworth Settlement.

NICOLAS POUSSIN, *Păstorii din Arcadia*, numit și *Et in Arcadia ego*, cca 1638–1640, ulei pe pânză, 85 x 121 cm, Paris, Muzeul Luvru.

într-un cerc armonios, cum s-a văzut, și repetiției liniilor orizontale, ale „calmului", pentru a-l cita din nou pe Seurat.

Utilizarea prudentă a oblicelor sau înlăturarea lor aproape totală corespunde la Poussin cu preferința pentru un limbaj care accentuează reținerea, inclusiv în exprimarea suferinței sau a emoțiilor. În alte epoci, pentru a traduce vizual situațiile de tensiune, pictorii au făcut alt fel de alegeri utilizând oblice, respectiv linii care sugerează dezechilibrul. Astfel la începutul epocii romantice, Théodore Géricault își organizează operele cu ajutorul diagonalelor. În 1812, calul *Cavaleristului din garda imperială* se cabrează (vezi p. 228), corpul lui puternic traversând pânza din colțul stâng de jos la cel superior drept: un contrast total cu blajinul animal din *Filip al IV-lea călare* de Velázquez (vezi p. 36). Șapte ani mai târziu, PLUTA „MEDUZEI" este construită după două diagonale care se încrucișează, aici putându-se vorbi de compoziția în X. Unul din brațele literei X, de la colțul din stânga sus al tabloului conduce până în unghiul opus trecând prin cadavrul bărbatului răsturnat din primul plan și se continuă cu funia care leagă vela; celălalt braț pleacă din colțul superior drept, urmează, în mod similar, trupul unui mort sau al unui muribund și culminează în partea din față a plutei în siluetele bărbaților care fac semne în direcția unei micuțe pânze salvatoare.

THÉODORE GÉRICAULT, *Pluta „Meduzei"*, 1819,
ulei pe pânză, 491 x 716 cm, Paris, Muzeul Luvru.

Vidul și plinul

Numărul figurilor și cel al motivelor, succesiunea zonelor dense și a porțiunilor mai puțin compacte participă și ele la alegerea compoziției. În numeroase opere, zonele de vid sau de cvasivid au o importanță la fel de mare ca părțile în care abundă motivele. Ele joacă un rol de punere în valoare și, în același timp, îndeplinesc funcția pe care o dețin „pauzele" într-o pagină muzicală: privindu-le, ochiul se odihnește, se deprinde cu seninătatea și devine conștient de o anumită valoare a contemplației. Câteodată, tablourile lui Chardin, și mai des cele ale lui Vermeer, degajă o impresie de „calm sideral" (pentru a relua expresia unui biograf al celui din urmă), care provine nu numai din imobilitatea aproape perfectă a figurilor, ci și din reprezentarea spațiului din jurul lor, pereți luminați de nuanțe subtile sau fonduri uniform întunecate.

Alți pictori umplu mai mult tablourile. Majoritatea sunt preocupați să repartizeze în jurul fiecărei figuri un vid care să o pună în valoare. Această deprindere își are rădăcinile în arta medievală unde fiecare sfânt era izolat și plasat, în retablu, într-un compartiment distinct. În cazul câtorva artiști, separația îmbracă o dimensiune metaforică: în cele mai bune tablouri ale fraților Le Nain, țăranii, la distanță unii de alții, nu au nici un contact fizic și nu se privesc. Aici nu este vorba de punerea în valoare a figurilor, ci de exprimarea solitudinii umane. Pictorul are grijă mai ales ca măcar grupul personajelor să se poată vedea distinct, dacă nu toți, cel puțin eroii principali. În *Lictorii îi aduc lui Brutus corpurile fiilor săi* (vezi p. 24), protagoniștii ori, mai exact, grupurile protagoniștilor ar putea fi decupate cu foarfecele (după un contur sinuos): silueta mătăhăloasă a lui Brutus la stânga, tatăl care și-a condamnat fiii la moarte, acuzându-i de complot; mama și cele două fiice, la dreapta, care îi ajutaseră pe băieți, își manifestă disperarea. Distanța care îl separă pe bărbat de femei simbolizează de această dată conflictul între datoria politică căreia i s-a supus Brutus și afecțiunea familială.

În subiectele care pun în scenă personaje numeroase și, implicit, un anumit dinamism, pictorii găsesc și soluțiile capabile să evite încărcarea tablourilor. Alberti, care înțelege că „variația" nu rimează cu dezordinea, preconizează un număr maxim de figuri într-o pictură: „Nu există, după părerea mea, nici un subiect care să conțină o atât de mare varietate de acțiuni, încât nouă sau zece oameni să nu fie suficienți pentru a le îndeplini cu prestanță". În scenele de luptă, armate întregi sunt înfățișate înfruntându-se: Uccello, în cele trei versiuni ale *Bătăliei de la San Romano* (Uffizi, National Gallery și Muzeul Luvru), Velázquez în *Lăncile* (vezi p. 28), David în *Sabinele* (vezi p. 26) izolează în primul plan un mic număr de figuri (mai puțin de zece) și se mulțumesc, pentru a sugera mulțimea soldaților în spatele șirului pălăriilor și lănciilor, cu siluete indistincte.

Invers, artiștii aleg compoziții dense și complicate dacă vor să accentueze tumultul unei acțiuni. Pictorii manieriști, în secolul al XVI-lea, au adoptat frecvent acest plan. Astfel, Michelangelo, după cum s-a văzut, a renunțat să ordoneze simplu *Judecata de Apoi* (vezi p. 67) și a multiplicat personajele: cu cele mai mult de trei sute de personaje redate în întregime sau cărora li se pot zări doar chipurile, fresca este departe de prudenta rezervă preconizată de Alberti. Alți artiști, puțin înainte sau după Michelangelo, au fost și ei seduși de ideea de a picta figuri numeroase. În 1508, Dürer în *Martiriul celor zece mii* (vezi p. 5) – un subiect care se preta – umple întreaga suprafață cu o aglomerație de mici personaje. El Greco, în 1582, în *Martiriul Sfântului Mauriciu* (Palatul Escorial), dar și în alte tablouri nu rezistă nici el acestei tentații.

Chiar cu mai puține personaje, complexitatea compozițiilor poate rămâne considerabilă. În unele opere de Rosso Fiorentino din Florența – alt artist manierist – există puține zone vide: în *Moise le apără pe fiicele lui Jethro*, de exemplu (Florența, Uffizi), nu numai că personajele umplu tabloul din centru până la margini, dar siluetele lor se strâng unele într-altele, se acoperă până la o adevărată încâlceală, din punct de vedere vizual inextricabilă. În această situație, privirea trebuie să devină atentă pentru a reconstrui corpurile în continuitatea lor, pentru a vedea cui îi aparține piciorul sau brațul respectiv. Tabloul formează o masă compactă în care este dificil să pătrunzi: idealului de armonie pe care-l caută majoritatea pictorilor cel puțin până la sfârșitul secolului al XIX-lea i se substituie un demers care constă în a surprinde, a șoca, a uimi privirea pentru a suscita reflecția.

Compoziții deschise sau compoziții închise

Economia de plinuri și goluri a compoziției se poate citi în termeni referitori la deschidere și la închidere. Definițiile formei „deschise" sau „închise" au fost folosite la începutul secolului XX de istoricul Heinrich Wölfflin pentru a desemna tipuri de opere în care personajele și motivele sunt constituite în ansambluri strânse în ele însele (forma închisă) sau,

NICOLAS POUSSIN, *Inspirația poetului,* 1624–1633, ulei pe pânză, 182,5 x 213 cm, Paris, Muzeul Luvru.

EDGAR DEGAS, *Loja,* cca 1870, ulei pe pânză, 56,5 x 46,2 cm, Paris, Musée d'Orsay.

dimpotrivă, dau impresia de a fi un fragment al unei lumi care se continuă dincolo de limitele picturii (forma deschisă). Până la sfârșitul secolului XX, majoritatea tablourilor, cu excepția câtorva opere ale epocii manieriste, răspund unui ideal către închidere. În cazurile respective, elementele principale ale subiectului sunt dispuse în partea centrală, unde îndeosebi personajele sunt complet conținute, și un „vid" – altfel spus o zonă în care motivele sunt mai puțin dense – circulă între acestea și margini. Este o modalitate frecventă la picturile executate în secolul al XVIII-lea de artiștii clasicismului, exemple fiind INSPIRAȚIA POETULUI de Poussin, versiunea pariziană a *Păstorilor din Arcadia* (vezi p. 71) sau, mai târziu (cca 1655), *Portretul cancelarului Séguier* de Charles Le Brun (vezi p. 212).

Din contră, de pe la sfârșitul secolului al XIX-lea, artiștii sunt mai preocupați să deschidă compoziția, ceea ce antrenează aproape sistematic o descentrare a acesteia. Edgar Degas, în anii 1870–1880, face din această reînnoire a unghiului de

vedere una dintre cele mai constante căutări ale sale. Pastelurile și uleiurile reprezentând dansatoare, la repetiție sau pe scenă, sesizează subiectul din unghiuri insolite care taie sistematic personajele, fie în partea de sus, fie în cea de jos, fie lateral. În unele lucrări, printre care în *Orchestra Operei*, cca 1870, sau cincisprezece ani mai târziu, în LOJA , procedeul este cu atât mai deconcertant cu cât interesul este deplasat de la ceea ce într-o pictură tradițională ar fi constituit subiectul principal (baletul) către motive pe care te-ai fi așteptat să le vezi în poziții subordonate: fosa în primul exemplu, o spectatoare în cel de al doilea.

Mărimea figurilor în raport cu tabloul

Regula tabloului închis, care prevalează până la o dată târzie, presupune logic ca figurile să fie sesizate în picioare, într-o asemenea manieră încât corpul lor să se vadă în întregime. Dar cadrajul poate determina și înfățișarea parțială a unei siluete: bustul – caz frecvent în portrete, după cum am văzut – sau trunchiul, adică partea superioară a corpului, mai puțin picioarele, respectiv „jumătate de corp". Alegerea cadrajului în picioare sau al celui jumătate de corp, în picturile istorice și în scenele de gen, depinde de considerații variate. Personajele văzute pe jumătate dau o senzație de acută proximitate: dacă tabloul are un format suficient de mare, personajele pot fi pictate în mărime naturală sau apropiată de aceasta, ceea ce creează privitorului impresia că se află în fața unui spectacol real. Apreciind această facultate iluzionistă, cei care au fost numiți „pictorii realității" în secolul al XVII-lea – artiștii de obediență caravagescă, prin opoziție cu fidelii tradiției clasice – au adoptat frecvent această punere în pagină. Velázquez o utilizează într-una din cele mai timpurii capodopere ale sale, BĂTRÂNĂ PRĂJIND OUĂ , Georges de La Tour face din ea o obișnuință (vezi pp. 62–63), iar, înaintea lui, Valentin de Boulogne o întrebuințează în scenele de tavernă al căror specialist devenise.
Invers, a înfățișa personajele în picioare, împingându-le în adâncime și dându-le o dimensiune mai mică relativ la tablou, prezintă alte avantaje. Ea le permite pictorilor să

DIEGO VELÁZQUEZ, *Bătrână prăjind ouă*, 1618,
ulei pe pânză, 100,5 x 119,5 cm, Edinburgh, National Gallery of Scotland.

ANTOINE WATTEAU, *Plecarea în Insula Citera*, 1717,
ulei pe pânză, 129 x 194 cm, Paris, Muzeul Luvru.

construiască un decor: condiție indispensabilă uneori pentru a face înțeles subiectul unei scene pe placul artiștilor „genului major", preocupați de grandilocvența cadrului înconjurător tot atât cât erau pictorii de gen sau cei ai exotismului de pitorescul unei ambianțe în „culoarea locală".

Împingerea figurilor în adâncime favorizează integrarea lor în panorame consonante: arta lui Antoine Watteau, la începutul secolului al XVIII-lea, se bizuie pe această fuziune dintre decor și personaje. „Serbările galante" pictate de el, dintre care cea mai celebră este cea prilejuită de primirea lui în Academie, PLECAREA ÎN INSULA CITERA, cântă parcurile umbroase, dantelatele frunzișuri sub care se mișcă personaje delicate, mici ca niște păpuși. Depărtarea unde sunt plasate în raport cu privirea spectatorului le trimite într-o lume de vis care farmecă cu atât mai mult cu cât se știe că este imaginară. În aceste compoziții, Watteau nu mai caută să redea efectul naturalului, ci pe cel al irealului de „supra-naturalis[m]", pentru a împrumuta termenul fraților Goncourt, marii apărători, în secolul al XIX-lea, al artei acestui pictor.

Din contră, în cazul în care tablourile au un format foarte mare, reprezentarea în picioare dă personajului o prezență accentuată. Redat în mărime naturală, el apare cu atât mai impresionant. Portretele suveranilor mizează pe această impresie: regele se găsește astfel prezent, în efigie dacă nu în realitate, chiar în locuri în care nu se află, iar ceremonialul obligă uneori ca imaginea sa să fie salutată ca și cum ar fi vorba despre persoana reală. Watteau cunoaște forța procedeului și îl folosește în *Gilles* (Paris, Muzeul Luvru): figura mare, albă, înfățișată într-un tablou ce pare prea mic, devine simbolul unui visător, departe de a se simți în largul

VERONESE (Paolo Cagliari, numit), *Banchet în casa lui Levi*, 1573,
ulei pe pânză, 555 x 310 cm, Veneția, Galleria dell' Accademia.

său în lumea reală, a cărui stânjeneală se traduce prin gestul stângaci al brațelor strânse peste costumul imaculat. În secolul precedent, Georges de La Tour folosise deja cu un radicalism mai agresiv „legea cadrului" (ca să reluăm o expresie a istoricului de artă Henri Focillon în legătură cu sculptura romanică), unde ancadramentul strâmt face figura să se ghemuiască în loc să o lase să se desfășoare: în *Iov batjocorit de nevastă* (vezi p. 122), aroganta soție pusă la încercare de Dumnezeu apare cu atât mai amenințătoare cu cât silueta ei masivă este forțată să se curbeze ca un arc pentru a intra în tablou. Integrarea personajelor în picioare în compoziții mult mai vaste decât cele două menționate anterior creează o iluzie mai puternică, care depinde direct de un raport al unghiului de vedere și al distanței dintre spectator și scena respectivă. Marile decorații murale ale lui Veronese, mese colective cu diverse titluri (*Nunta din Cana*, BANCHET ÎN CASA LUI LEVI *etc.*), destinate să împodobească refectoriile din mănăstirile venețiene, comportă astfel personaje foarte numeroase, prezentate în arhitecturi imense. Cum aceste picturi sunt făcute pentru a fi văzute dintr-un loc relativ îndepărtat, identitatea de scară fiind de ajutor, spectatorul are sentimentul că pictura este o prelungire a propriului său spațiu și iluzia că ar putea intra în scena reprezentată. Din nou citat, Watteau folosește procedeul în *Firma lui Gersaint* (vezi p. 82), o pânză de dimensiuni mari care ne invită să privim în interiorul unei prăvălii cu opere de artă. David îl utilizează în *Încoronarea împăratului și a împărătesei* (vezi p. 25), tablou cu „mai mult de două sute de figuri în mărime naturală" (după o descriere veche) care l-ar fi făcut pe Napoleon să spună, siderat de realismul ei: „Nu este o pictură; pe acolo poți să te plimbi".

ILUZIA ADÂNCIMII: MIJLOACELE PERSPECTIVEI

Impresia de veridic pe care o produc unele opere, precum *Nunta din Cana* de Veronese, *Firma lui Gersaint* de Watteau sau *Încoronarea...* de David, nu depinde numai de mărimea personajelor. Ea se sprijină pe felul în care artistul stăpânește perspectiva ce dă iluzia adâncimii. A studia mijloacele acestei perspective înseamnă a examina ceea ce, în

DUCCIO DI BUONINSEGNA, *Hristos și femeia samariteancă*,
1305–1311, tempera și aur pe lemn, 43,5 x 46 cm, Madrid, Colecția Thyssen-Bornemisa.

imagina că zidurile unei construcții nu se întretaie în unghi drept. Pentru ca privirea să poată pătrunde în interior, unul dintre pereții casei este îndepărtat asemenea acelor case de păpuși cărora li s-a scos un perete, ceea ce l-a făcut pe istoricul de artă Erwin Panofsky să le numească *doll's houses*.

Cu alte ocazii însă, Giotto reprezintă doar un fragment dintr-o arhitectură care semnifică întreaga clădire. Această perspectivă, care ar putea fi calificată drept „metonimică", este adoptată în *Iesle la Greccio* și în *Verificarea stigmatelor*, din bazilica din Assisi. În aceste două picturi, din biserica unde se petrece acțiunea nu se vede decât *jubé*-ul (dintr-un unghi de vedere situat în cor, în prima frescă și în navă, în cea de a doua). Reprezentarea câștigă în amploare – elementele arhitecturale sunt la scara figurilor – dar pierde din claritatea citirii: nu se înțelege clar că scena se petrece într-un interior. Soluția adoptată cel mai frecvent de Giotto pentru a reprezenta interioarele este și aceea care se va dovedi cea mai longevivă. În interiorul compartimentului pictat, cu patru colțuri, el trasează un cub virtual cu două dintre fețele laterale, cea de jos și cea de sus, tangente la marginile picturii. Singura latură care lipsește este cea din față în așa fel încât zidul pe care este pictată opera se transformă într-o fereastră. Folosit la Assisi în *Aprobarea regulei* și la Padova în *Iisus printre doctori* și *Iisus în fața lui Caiafa*, cubul perspectiv este utilizat din nou în compartimentul din predelă reprezentând scena INOCENȚIU AL III-LEA APROBĂ REGULA SFÂNTULUI FRANCISC pe retablul *Sfântului Francisc din Assisi primind stigmatele* (vezi p. 183). O schemă simplă permite urmărirea liniilor de fugă din partea superioară a camerei, formate din grinzile plafonului și cornișele roșii reprezentând terminațiile zidurilor și, puțin mai anevoios, pe cele ale părții inferioare a încăperii, de-a lungul peretelui din stânga, care se regăsesc în punctele de întâlnire a hexagoanelor pardoselii.

Atelierul lui Giotto, *Inocențiu al III-lea aprobă regula Sfântului Francisc*, detaliu din *Sfântul Francisc din Assisi primind stigmatele*, cca 1300?, scena centrală a predelei, tempera pe lemn, 63 x 61 cm, Paris, Muzeul Luvru.

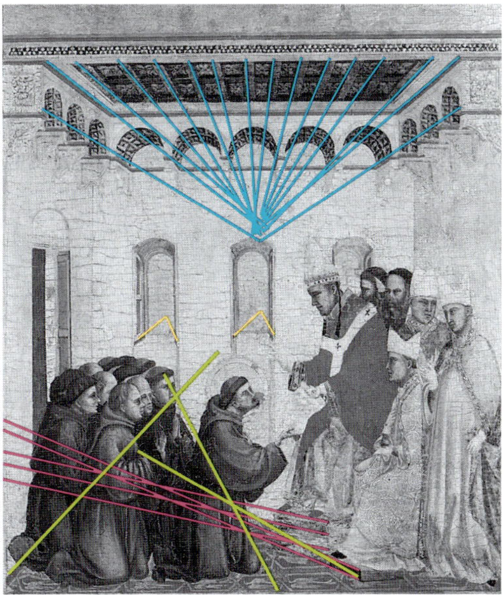

Primele ajung într-un grup de puncte apropiate unele de altele, deasupra ferestrei centrale; celelalte converg în zona situată puțin în spatele și deasupra capului sfântului. Liniile de fugă ale ferestrelor au, pentru fiecare deschidere, un punct de convergență propriu.

Ceea ce rămâne vizibil din mobilier (bazele tronurilor) este dispus în disprețul oricărei reguli perspectivale: oblic în cameră și în așa fel încât liniile formate de muchiile treptelor să fie paralele unele cu altele și nonconvergente.

Vârsta clasică a perspectivei centrale

Raționalizat de întâlnirea, în realitate mai mult sau mai puțin absolută, a tuturor ortogonalelor într-un punct de fugă unic, cubul perspectiv constituie, din secolul al XV-lea formula cel mai des utilizată de pictori pentru a reprezenta interioare. Printr-o convenție, și pentru a crea o situație pe cât de asemănătoare pe atât de posibilă a condițiilor reale de vedere, acest punct de fugă unic este în general fixat în centrul tabloului și pe ceea ce se numește „linia de orizont", care, la rândul ei, se situează la înălțimea privirii unui personaj înfățișat în picioare – respectiv, la înălțimea ochilor pictorului aflat în fața motivului său. Uneori,

Perspectivă frontală (*un singur perete văzut din față*)

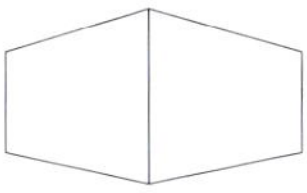

Perspectivă oblică flagrantă (*doi pereți așezați oblic sau în racursi*)

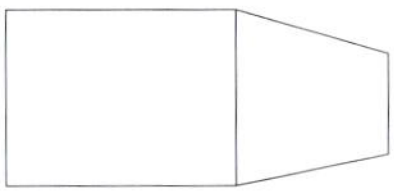

Perspectivă artificială (*un perete din față, un altul în racursi*)

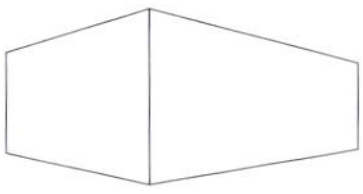

Perspectivă oblică atenuată (*doi pereți în racursi moderat*)

Diferite modele de perspectivă.

Jean Antoine Watteau, *Firma*, numit și *Firma lui Gersaint*, 1721,
ulei pe pânză (mijloc decupat), format actual 166 x 306 cm, Berlin, Castelul Charlottenburg.

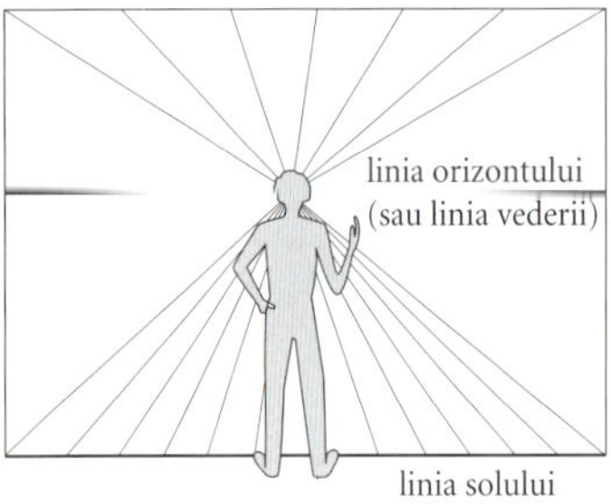

Convergența liniilor de fugă: punctul de convergență este situat în centrul tabloului, pe linia corespunzătoare direcției privirii unui observator care stă în picioare.

un perete lateral sau doi dispar astfel încât camera pare să se continue în direcția respectivă. Impresia de spațiu este considerabil mărită: așa se întâmplă în *Madona cancelarului Rolin* de Jan van Eyck sau în *Meninele* de Velázquez (vezi p. 90). Fața posterioară a cubului poate să fie scoasă și ea, total sau parțial, pentru a lăsa la vedere planurile îndepărtate; un bun exemplu îl constituie aceleași picturi citate până acum. Pictorul poate plasa camera mai retras: în *Firma lui Gersaint*, Watteau prezintă în primul plan al compoziției pavajul caldarâmului. Jocul de șah al acestuia conduce privirea spre interiorul prăvăliei, exact în punctul de fugă din centrul tabloului, situat pe montantul canatului vitrat al ușii care se deschide către o a doua încăpere. Artistul nu a înfățișat plafonul: efectul de dilatare spațială obținut este remarcabil.

Perspectiva centrală este utilizată și la înfățișarea unor scene de exterior când acestea se petrec în spațiul unui oraș. Geometria ortogonalelor se pretează mult mai puțin la reprezentarea naturii decât a construcțiilor, volume simple care pot fi reduse la suprafețe rectangulare frontale sau în racursi. Foarte des, așa cum s-a demonstrat în *Firma*, ochiul este condus către fundal mai întâi printr-un carelaj numit „paviment în șah", apoi prin lateralele oblice ale construcțiilor ale căror linii de arhitectură converg într-un punct de fugă plasat în centru sau ușor excentric. Între edificiile astfel dispuse, sunt configurate spații:

Rafael, *Școala din Atena*, 1509–1510,
frescă, la bază 770 cm,
Roma, Palatul Vatican, Loggia de la Signatura.

străzi și alei creează scandări pentru a mări progresiv impresia de profunzime; aceasta permite plasarea, pe fațadele văzute frontal sau într-un racursi aproape insezisabil, a unei decorații care, în secolele al XVI-lea și al XVII-lea, este în general clasică, formată din statui, cornișe, pilaștri etc. Un astfel de caz îl reprezintă ȘCOALA DIN ATENA de Rafael.

Perspectivă și virtuozitate: anamorfozele

Triumful perspectivei liniare în tablouri, cu începere din secolul al XV-lea, răspunde unei voințe de a substitui intuițiilor despre lume o abordare care se sprijină – cum scria atunci Luca Pacioli, primul teoretician al perspectivei alături de Alberti – pe *certezze*, pe certitudinile științifice. Metoda nu putea decât să placă unei epoci din ce în ce mai fascinată de raționalitate, iar, din secolul al XV-lea până în cel de-al XVIII-lea, a sedus în special pictorii preocupați să facă din arta lor o *cosa mentale*, o disciplină intelectuală bazată pe cunoaștere și nu pe o practică empirică.

Din anii 1400, această investigare a realității ajunge până la execuția unor picturi fără subiect, peisaje urbane construite după o logică perspectivală perfectă, precum *Orașe ideale* sau *prospettive* (vederi arhitectonice), inspirate de marchetării contemporane și atribuite lui Piero della Francesca, sau până la introducerea în tablouri și gravuri a unor volume complexe: de pildă, *mazocchi* sau pălării circulare cu fațete multiple în diferitele versiuni ale *Bătăliei de la San Romano* (vezi p. 139) de Paolo Uccello, ori blocul de piatră tăiat în formă de poliedru din *Melancolia* lui Dürer (vezi p. XIII). Câtiva ani mai târziu, la începutul secolului al XVI-lea, cercetările asupra spațiului iau forma unui joc sofisticat și

HANS HOLBEIN CEL TÂNĂR, *Portretul lui Jean de Dinteville și al lui Georges de Selve,* numit și *Ambasadorii,* 1533, ulei pe lemn, 207 x 210 cm, Londra, National Gallery. Ansamblu și detaliu.

nu lipsit de un conținut metafizic cu anamorfozele, calificate de istoricul Jurgis Baltrusaitis drept „perspective stricate": imaginea realului este deformată până la anihilare printr-o aplicare specială a legilor geometriei. Craniul distorsionat din primul plan al AMBASADORILOR de Holbein este arhetipul acestor anamorfoze: de neînțeles dacă nu este privită din unghiul potrivit, forma curioasă de-a curmezișul pardoselii marchetate dintre cei doi prieteni își arată sensul când este văzută dinspre marginea dreaptă a tabloului. Distorsiunea înseamnă că noi nu întrezărim decât aparența lucrurilor: observată „corect", realitatea se relevă sub forma unui „memento mori", un avertisment asupra iminenței morții.

UTILIZAREA SIMBOLICĂ A PERSPECTIVEI: VAN EYCK, RAFAEL ȘI CONSTRUCȚIA CENTRULUI

Chiar dacă se lipsesc de exerciții de virtuozitate tot atât de complexe ca anamorfozele, pictorii utilizează uneori construcția în profunzime în scopuri simbolice. Exemple ne sunt furnizate, între altele, de *Bunavestirea* din *Polipticul Mielului mistic* de van Eyck și de *Căsătoria Fecioarei* de Rafael.

JAN VAN EYCK, *Bunavestire*, detaliu din *Polipticul Mielului mistic* (voleuri închise), 1425–1436, ulei pe lemn, aproximativ 120 x 260 cm, Gand, Catedrala St Bavo.

La van Eyck, când polipticul este închis, voleurile rectangulare ale registrului superior lasă să se vadă *Bunavestirea* în care arhanghelul Gavriil și Fecioara, la extremități, sunt separați de un spațiu foarte vast. Ocuparea centrului picturii cu o pardoseală în perspectivă, soluție aproape abstractă, este evidentă. Aceasta conduce privirea, în stânga, până la un perete străpuns de o fereastră boltită în cintru care se deschide spre cer și spre un peisaj urban, iar în dreapta, către un perete aproape orb, unde într-o nișă atârnă un bol acvamanila și, avansând spre noi, un suport de care este suspendat un prosop alb. Ritmate de scandarea regulată a pardoselii și a grinzilor, aceste panouri sunt departe de a fi mute. Ele vorbesc despre realitatea spațiilor, despre infinitatea îndepărtată și despre infinitatea apropiată asupra cărora medita Pascal.

RAFAEL, *Căsătoria Fecioarei*, numită și *Spozalizio*, 1504, ulei pe lemn, 170 x 118 cm, Milano, Pinacoteca Brera.

În această *pala* inspirată dintr-o pictură cu același subiect a maestrului său Perugino (astăzi la Caen, Musée des Beaux-Arts), Rafael dispune în spatele marelui preot care-i unește pe miri un impresionant dalaj în perspectivă.

Liniile de fugă ale părții centrale conduc la intrarea unui templu. Deschiderea, care creează o străpungere luminoasă în construcție, ea însăși de plan central și desenată după o perspectivă perfectă, îmbracă o semnificație metaforică: pentru momentul în care Maria, prin căsătorie, trece de la copilărie la vârsta în care, devenind femeie, va da naștere Fiului lui Dumnezeu, deschiderea simbolizează tranziția dintre Vechiul și Noul Testament.

Perspectiva clasică și narațiunea

Succesul perspectivei liniare se explică și prin felul eficace în care a servit narațiunea. Repartizarea în spații apropiate sau îndepărtate permite clarificarea povestirii ale cărei momentele succesive sunt distribuite în locuri diferite: evenimentele care s-au întâmplat înainte de scena înfățișată în primul plan sunt reprezentate în fundal, în general la stânga; cele care se vor produce sunt pictate departe, în dreapta. Astfel, perspectiva finisează și duce la bun sfârșit organizarea cronologică a suprafeței de descris. Așezarea figurilor în planuri succesive semnalează câteodată și trecerea de la ordinea reală la lumea amintirilor sau a comemorărilor. În BICIUIREA LUI HRISTOS de Piero della Francesca, paradoxala împingere în spate a subiectului principal și importanța acordată celor trei

PIERO DELLA FRANCESCA, *Biciuirea lui Hristos*, după 1459,
tempera pe lemn, 59 x 81 cm, Urbino, Galleria Nazionale delle Marche.

personaje din dreapta au stârnit controverse. Încă de la început, a părut clar că, decalarea în perspectivă, în același timp cu relația puternică între cele două părți trimitea la o mișcare dus-întors între două epoci și la comparația a două situații. Inițial s-a presupus că tânărul din primul plan este fratele vitreg al ducelui de Urbino, Federigo da Montefeltro, „biciuit moralmente" de doi consilieri răuvoitori care l-au împins la răzvrătire și la moarte. Astăzi, criticii cred că tabloul face mai degrabă aluzie la situația Bisericii în epoca Conciliului de la Mantova, în 1459. Biciuită, de data aceasta fizic, de înaintarea turcilor, la șase ani de la căderea Constantinopolului, Biserica greacă încercase atunci să se apropie de cea latină. În fundal, figura lui Pilat ar fi luat trăsăturile împăratului bizantin Ioan al VIII-lea Paleologul, incapabil să împiedice supliciul creștinilor din Răsărit: de observat că, văzut din spate, călăul aflat înaintea lui Hristos poartă turban.

Tratarea spațiului determină și ceea ce s-ar putea numi tonalitatea emotivă a narațiunii. În operele lui Tintoretto (vezi p. 140), poate singurul pictor manierist al Veneției, impetuozitatea compozițiilor, încărcate de figuri în atitudini nestăvilite, este susținută de construirea unor spații perspectivale „accelerate" sau în „racursi", altfel spus, a unor perspective în care liniile de fugă merg până într-un loc situat mult deasupra punctului normal de vedere al unui spectator în picioare care privește drept în față. Terenul sau „planul reprezentării" dă astfel impresia de a fi fost basculat: spectatorul se găsește implicat în scena dramatică care pare să se proiecteze spre el, sau este cuprins de amețeală când privirea escaladează pânza pentru a cuprinde planurile îndepărtate.

Perspectiva liniară și jocul cu spațiul

În afară de corecția planului reprezentării, un alt mijloc îl constituie voința de a apropia universul tabloului de cel al spectatorului pentru a favoriza participarea emoțională a celui din urmă. Subtilul *trompe l'œil*, integrând în pictură reproducerea iluzionistă a unui cadru arhitectonic, face posibil ca observatorul să fie incapabil să distingă unde începe și unde se termină tabloul, iar figurile din interiorul operei să i se pară pe punctul de a pătrunde în propriul lui spațiu.

Încă din secolul al XV-lea, artiștii se dedau acestui joc comparabil cu scenariul unui film de Woody Allen, *Trandafirul roșu din Cairo* (unde actorii evadează de pe ecran și tot acolo se reîntorc). În POLIPTICUL MIELULUI MISTIC, de exemplu, *Adam*, sufocat în nișa care-l adăpostește, împinge în față piciorul drept și talpa pare să iasă din cadrul tabloului. Douăzeci de ani mai târziu, în *Înălțarea Fecioarei* din Biserica Eremitanilor din Padova, Andrea Mantegna imaginează un apostol părând să îmbrățișeze pilastrul pictat care limitează vertical fresca. Paolo Uccello, în *Madona din Dublin* (National Gallery of Ireland), îl pictează pe Pruncul Iisus scăpând de sub supravegherea mamei și dând impresia că se precipită în afara tabloului. Acestor artificii, pictorii le preferă câteodată un unghi de vedere insolit care îl plasează pe desenator deasupra sau sub scena reprezentată, în loc să-l oblige să vadă conform perspectivei, în realitate puțin întâlnită, a celui care privește drept în față. La sfârșitul secolului al XIX-lea, Degas este obișnuitul acestor cadraje surprinzătoare, „în plonjon" sau, din contră, în „contraplonjon". În *Orchestra Operei*, în *Loja* (vezi p. 74) și în alte tablouri cu femei spălându-se în lighean sau cu dansatoare în repaus, el instalează spectatorul într-o poziție dominantă; în *Portrete într-o agenție (New Orleans)* numit și *Agenție de bumbac la New Orleans* (Pau, Musée des Beaux-Arts), el așază privitorul în pragul unui spațiu care crește cu o rapiditate pregnantă. În aceeași perioadă (anii 1870–1880), Auguste Caillebotte pictează vederi aproape verticale ale unor piețe din Paris, zărite de la etajele de sus ale noilor imobile proiectate de Haussmann sau, din contră, împinge până la limitele sale extreme procedeul în „contraplonjon". În *Rașchetând parchetul* din 1875 (vezi p. 242), spectatorul ia cunoștință de scenă ca și cum ar fi el însuși îngenuncheat, într-o poziție cu puțin mai înaltă decât cea a muncitorilor ocupați să răzuie scândurile de lemn: privirea sa deconcertată de eclerajul în *contre-jour* este atrasă în cursă de fuga amețitoare a spațiului. Pereții camerei tăiați

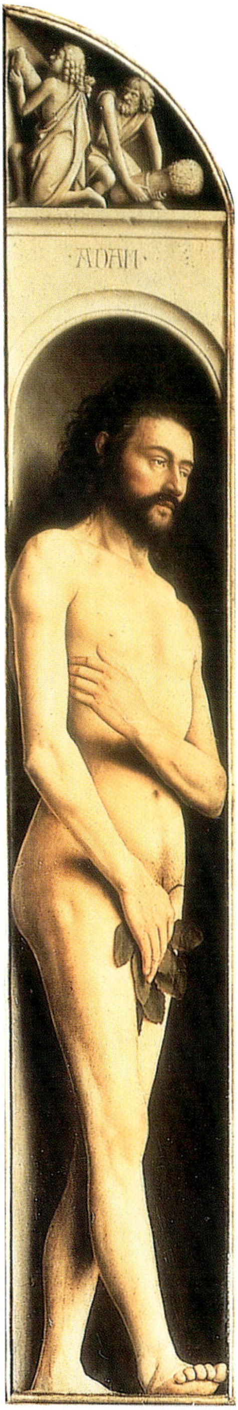

JAN VAN EYCK, *Adam*, cca 1432–1436, panou din *Polipticul Mielului mistic*, ulei pe lemn, 212,9 x 37,1 cm, Gand, Catedrala St Bavo.

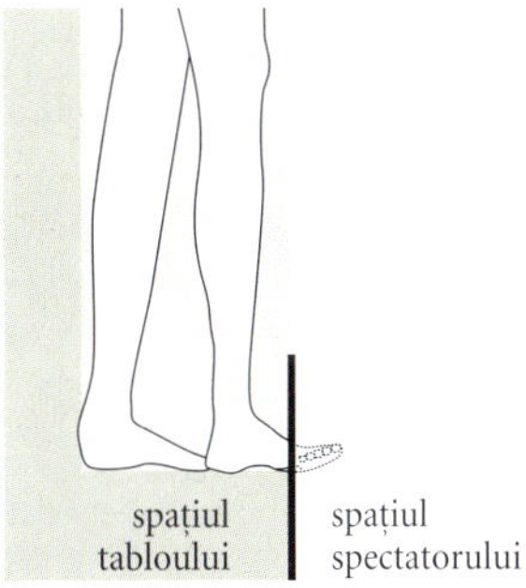

foarte jos, liniile de fugă ale parchetului care converg către un punct descentrat și situat în afara tabloului contribuie la aspectul cinematografic al compoziției.

Viziunea *da sotto in sù* și iluziile baroce

Totuși, mult înainte de secolul al XIX-lea, pictorii experimentau unghiurile de vedere îndrăznețe. După modelul lui Andrea Mantegna din *Cammera degli Sposi* din palatul ducal din Montova, artiști precum Correggio la Parma, la începutul veacului al XVI-lea, sau Giulio Romano (Jules Romain), puțin mai târziu, au pictat pe bolta monumentelor personaje și arhitecturi așa cum le-ar fi văzut un observator ce și-ar fi ridicat ochii odată ajuns în centrul sălii, adică de jos: de unde numele acestui tip de perspectivă, numită *da sotto in sù* (de jos în sus).

În epoca barocului, aceste vederi dinamice, care par să străpungă pereții și să poarte privirea până la nori, cunosc apogeul. Între 1597 și 1604, pe bolta Galeriei Farnese din Roma, frații Carracci folosesc pentru prima oară o *quadratura*, arhitectură în *trompe l'œil*, sub forma, în acest caz, a unui portic care face să se uite curbura peretelui. Între contururile unor arhitecturi false sunt plasate fresce delimitate de un cadru imitând tablouri (*quadri riportati)*, fiecare cu perspectiva lui proprie (frontală).

În anii următori (cu începere de la 1620), artiștii aleg mai hotărât drumul perspectivei „deschise". Ei renunță cu totul la compartimentarea bolților, pe care le tratează, dimpotrivă, ca pe un întreg unitar. Pe suprafața acestora sunt pictate subiecte așteptate a se întâlni deasupra capului: ceruri cu personaje în suspensie, plutind către înalturi sau scufundându-se spre spectator. *Quadratura* dispare în beneficiul norilor sau subzistă pentru a accentua efectul ascensional.

Până la începutul secolului al XVII-lea, Pietro da Cortona la Palatul Barberini, Giovanni Battista Gaulli, numit Baciccia, pe bolta Bisericii Il Gesù și clericul ANDREA POZZO (autorul unui *Tratat de perspectivă al pictorilor și arhitecților)* la Sant'Ignazio sunt, la Roma, principalii artizani ai acestor „perspective zenitale" care corespund atât de bine pietății Reformei catolice, preocupată să se adreseze sensibilității spectatorului mai mult decât rațiunii lui.

După secolul al XVII-lea, care revine în general la soluția bolților închise, compartimentate și doar parțial iluzioniste, în veacul al XVIII-lea, italianul Gian Battista Tiepolo și artiștii din *spätbarock* (barocul târziu) din Europa germanică (printre care Johann Michael Rottmayr și Johann Jacob Zeiller) fac din nou să triumfe cerurile luminoase pe care zboară figuri imponderale.

Primul plan și construirea adâncimii

Chiar în interiorul cubului perspectiv și pentru a rămâne în cadrul unei vederi tradiționaliste la înălțimea privirii, pictorii, în special cei din secolul al XIX-lea, au exploatat toate resursele permise de construcția liniară a spațiului.

Unii dintre ei au ales să insiste asupra primului plan. Ei au plasat la marginea tabloului un motiv servind de jalon,

ANDREA POZZO, *Gloria Sfântului Ignațiu* sau *Triumful Sfântului Ignațiu și misiunea iezuită*, 1685–1694, frescă, Roma, Biserica Sant' Ignazio, bolta navei.

CLAUDE MONET,
Gara Saint-Lazare, 1877,
schiță, ulei pe pânză,
65 x 81 cm,
colecție particulară.

care, prin contrast, accentuează adâncimea și pare să provoace reculul a tot ceea ce se găsește în urmă. Astfel, în celebra lui lucrare *Meninele* (vezi p. 90), Velázquez plasează în primul plan șasiul voluminos al unei pânze, unde se reprezintă pregătindu-se să picteze,

și un câine ținut culcat de piciorul unui pitic, pentru a construi îndărătul acestora, în perspectivă rațională, cadrul vast și auster al „galeriei", cum își denumea propriul său atelier. Două secole mai târziu, în seria cu GARA SAINT-LAZARE, Claude Monet indică mai agresiv primul plan, pictând, într-unul dintre tablouri, mari indicatoare feroviare, iar, sus, în altul – rămas în faza de schiță – vaporii eliberați de o locomotivă pe punctul de plecare.

A picta spațiul spectatorului

Una dintre slăbiciunile cubului perspectiv și chiar a aproape oricărei picturi este aceea că reprezintă spațiul care se află în fața observatorului – pictor sau spectator – dar nu lasă să se ghicească nimic din ceea ce se găsește în jurul motivului ales.

Pentru a corija acest defect și pentru a introduce în tablouri imaginea reflectată a lumii, cu începere din secolul al XV-lea, pictorii, în primul rând cei flamanzi, s-au întors la suprafețele-oglindă. Oglinda din *Portretul soților Arnolfini* de van Eyck (vezi p. 13) este un exemplu, evident esențial, al folosirii acestor suprafețe care lasă să se vadă o parte din ceea ce considerau personajele din pictură că le este dat să privească. Velázquez, tot în MENINELE, utilizează din plin resursele acestui tip de compoziție „în adânc" sau „cu vedere dublă" (Anne-Marie Lecoq). Agățată de peretele din fundul camerei, o oglindă cu ramă neagră dă cheia întregului tablou: adevăratele modele ale pictorului, care se reflectă în oglindă, sunt regele și regina Spaniei, veniți să-și amuze fetița, infanta, lăsată în compania însoțitoarelor ei.

În secolul XX, folosirea oglinzilor, pe care industria le produce ieftin și la dimensiuni apreciabile, devine mai rară. Ingres introduce o oglindă mare în *Portretul doamnei de Senannes*, la mijlocul anilor 1810 (Nantes, Museé des Beaux-Arts), apoi din nou, după treizeci de ani, în *Portretul doamnei Moitessier* (Londra, National Gallery) și în cel al *Contesei de Haussonville* (vezi p. 36). Aceasta reflectă spatele modelelor, furnizând o imagine aproape la fel de completă a corpului lor pe cât ar fi putut s-o facă un bust în *rond bosse*; dar nu descoperă nimic din lumea privitorului.

DIEGO VELÁZQUEZ,
Meninele, 1656,
ulei pe pânză,
318 x 276 cm,
Madrid, Muzeul Prado.
Ansamblu și detaliu.

VINCENT VAN GOGH, *Camera artistului la Arles*, 1888, ulei pe pânză, 57,5 x 74 cm, Paris, Musée d'Orsay.

Această repunere în discuție a spațiului tradițional al picturilor se explică prin revelația produsă cu câțiva ani mai înainte de stampele japoneze care le arătau artiștilor soluții spațiale nebănuite și mai cu seamă posibilitatea de a trata spațiul fără a-i lua în seamă adâncimea. În 1868, Édouard Manet utilizează mijloacele acestui „stil plat" în *Portretul lui Émile Zola* (vezi p. 124): el își lipește, să zicem așa, modelul la o mică distanță de un perete paralel cu planul tabloului și, în loc de a sparge peretele cu o deschidere, creează zone luminoase cu ajutorul unui paravan și al gravurilor alăturate într-o ramă. După mai mult de douăzeci de ani, Paul Gauguin în FRUMOASA ANGELA împrumută la rândul lui direct din procedeele japoneze de redare a spațiului: decupează portretul modelului său în mijlocul unui cerc și îl așază pe un fond liliachiu, decorativ.

La începutul secolului XX, în cubism, critica perspectivei picturale devine mai filozofică. Tratamentul cubist al spațiului vizează, împreună cu toate celelalte mijloace formale, să revină la ceea ce s-ar putea numi „realismul intelectual" al Evului Mediu, contra subiectivității pauperizante a unghiului unic de vedere care permite sesizarea doar a unui singur aspect al obiectelor, deformate în plus și de distanța la care sunt văzute.

Meditând asupra lecției lui Cézanne, care încercase să redea lucrurilor soliditatea și densitatea pierdute în epoca căutărilor impresioniste în direcția culorii și a luminii, cubiștii reiau de la zero problema figurării volumelor pe o suprafață plană. În perioada crucială a anilor 1907–1911, tandemul Pablo Picasso și Georges Braque experimentează o abordare „analitică" ce urmărește sesizarea simultană a motivului sub diferitele sale fețe și din diferite unghiuri de vedere. Obiectele, reduse printr-un grafism simplu la formele lor esențiale (poliedru, cilindru, con... și cub), se arată fragmentate, contururile lor sunt destructurate, dar această distrugere constrânge privirea la o explorare care nu se mai mulțumește doar cu aparența superficială.

NATURĂ MOARTĂ CU VIOARĂ de Braque, din 1911, este o bună ilustrare a ceea ce poetul și criticul Pierre Reverdy numea „aventura metodică" a cubismului. Pictat în vara lui 1911, când Braque și Picasso lucrau împreună la Céret, în sudul Franței, tabloul folosește un limbaj vizual atât de elaborat încât atinge ermetismul. O parte din platoul rectangular

PAUL GAUGUIN,
Frumoasa Angela, 1889,
ulei pe pânză, 92 x 73 cm,
Paris, Musée d'Orsay.

al mesei, jos, carafa văzută de sus, aproape în întregime, un pahar cu picior, deasupra și îndeosebi o cupă cu formă conică se recunosc cu ușurință. La dreapta, vioara a cărei volută este repetată la stânga, dă numele naturii moarte. Se mai disting și curbele instrumentului și, poate, corzile orientate oblic mult mai sus.

Total satisfăcătoare dacă se consideră că ele creează o structură picturală în sine, aceste forme sunt inserate într-o rețea de linii care nu le mai dispune unele în raport cu altele după poziția lor reală: ele nu mai sunt imitații ale obiectelor, ci devin „obiecte picturale". Similiar, spațiul pânzei nu mai caută să dea iluzia unei adâncimi care există în lumea adevărată, ci să redea obiectelor demontate o densitate pe care ochiul nu o decriptează când înregistrează realitatea.

GEORGES BRAQUE, *Natură moartă cu vioară,* 1911,
ulei pe pânză, 130 x 89 cm,
Paris, Musée National d'Art Moderne.

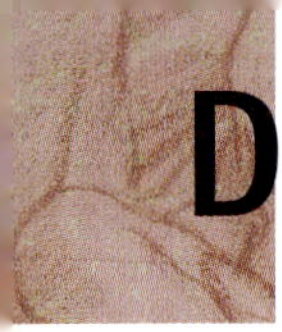

Desenul și culoarea

Desenul ca gen independent, operă finită destinată să fie agățată pe perete, nu va fi obiectul acestui capitol. El va fi considerat aici ca o tehnică preparatorie a picturii, studiu pe hârtie sau trasat subiacent pe suprafața de colorat; și ca un ideal potențial care ghidează sau nu ansamblul muncii pictorului, având ca sarcină, printre altele, circumscrierea formelor și aranjamentul lor după imaginație și logică, dar și scoaterea în evidență a formelor colorate.

Desenul

Gestul de a desena este cunoscut încă de la originile umanității. Arta parietală abundă în exemple de forme gravate, altfel spus desenate prin incizie sau pictate astfel încât doar conturul lor este indicat sau subliniat printr-o linie înconjurătoare: animale, reprezentări umane sau antropomorfe, mâini. După cum relatează Pliniu cel Bătrân în *Istoria naturală*, tradiția face ca primul act artistic să fi fost produs de o tânără îndrăgostită care a trasat pe un perete umbra iubitului său pe punctul de a pleca într-o călătorie.

Orice ar fi fost, foarte puține dintre desenele din vechime au rezistat până la noi. Din Antichitate, s-a păstrat între altele o schiță în pătrățele reprezentându-l pe Tutmes al III-lea, dar nici un vestigiu grec sau roman; din Evul Mediu un număr mic, printre care desenele cu pana din Psaltirea de la Utrecht din epoca carolingiană. Începând din perioada gotică, sunt puțin mai numeroase cele care ne-au parvenit: atunci au luat forma unor culegeri de modele sau *taccuini* (la singular *taccuino*) în care artiștii își lăsau inspirația să se înflăcăreze și care se transmiteau din generație în generație. Un exemplu celebru al acestor culegeri de exemple (*exempla*), a căror existență va fi înlocuită mai târziu prin gravuri, mijloc și mai eficace de difuzare a modelelor picturale, este cel al arhitectului picard Vilard de Honnecourt, care datează din prima treime a secolului al XIII-lea.

Această raritate a desenelor din vechime se explică prin fragilitatea suportului: papirusul mai întâi, apoi, de la sfârșitul Antichității, pergamentul – din latinescul *pergamena* „[piele de oaie sau de capră] din Pergam" (actualmente Bergama, în Turcia), un mare centru producător – sau *vellum*-ul (din piele de vițel). Ea se mai explică și prin valoarea redusă acordată mult timp desenului, privit ca o etapă prealabilă punerii culorii și nu ca o artă în sine. Abia de la sfârșitul secolului al XV-lea și începutul celui de al XVI-lea începe desenul să fie apreciat, deci practicat și realizat până la stadiul unei opere finite; atunci este păstrat, vândut sau oferit ca un cadou de preț. În a doua jumătate a secolului al XV-lea, de exemplu, un *taccuino* al lui Jacopo Bellini moștenit de fiul său Gentile a fost dus de acesta în Orient și dăruit sultanului otoman (cele 101 pagini ale sale sunt păstrate astăzi la British Museum din Londra).

Sinopia sau desenul subiacent frescelor

Pentru toate aceste rațiuni, majoritatea desenelor pe care le cunoaștem din epoca medievală o formează liniile executate chiar pe opera de pictat și care s-au păstrat sub stratul de culoare: sunt numite generic „desene de preparație", iar când este vorba de schițele moderne pe suport de lemn sau de pânză, „eboșe" (provenind din termenul italian, la singular *abozzo*, *abozzi* la plural).

În cazul operelor pe lemn sau pânză, aceste trăsături pot cel mult să fie puse în evidență prin procedeele radiografiei și ale altor investigații științifice. Când este vorba despre frescă, ele reapar uneori întâmplător, cel mai des pentru că pictura în loc de a fi pusă *al fresco* (vezi p. 9), a fost pusă *al secco* și din acest motiv nu a aderat la suport. Dar cel mai adesea, revelarea lor este făcută deliberat, restauratorii îngrijindu-se să separe stratul superficial al tencuielii pe care a fost pus pigmentul *(intonaco)* de acela,

mai gros, al mortarului (*arriccio*) aderând direct la zid și pe care s-a trasat desenul. De la cel de al doilea război mondial, reușita acestor tehnici de separare, *stacco*, „detașare", sau *stappo*, „desfacere", a dus la constituirea unor colecții de *sinopii*, deseori expuse independent de fresce, ca opere în sine.
Executat deci pe *arriccio* și acoperit, la momentul colorării, cu un strat fin de *intonaco* care nu-l acoperă întru totul, desenul subiacent își ia numele de la pigmentul roșu cu care a fost executat (*sinopia*). În realitate, acest pigment este pus numai când desenul este în întregime terminat: el acoperă traseul prealabil al fusainului, susceptibil de a fi șters.
Se întâmplă și ca desenul descoperit sub o frescă să fie marcat doar prin mici adâncituri săpate în *arriccio*: acesta este semnul că, de pe o hârtie așezată pe o suprafață murală, desenul a fost reportat prin înțepături: în găurelele realizate se tampona cărbune în așa fel încât desenul să apară cu claritate după înlăturarea hârtiei.

BENOZZO GOZZOLI, *Înger*, detaliu din *Bunavestire*, 1468–1484, *sinopia* prelevată sub o frescă, Pisa, Museo della Sinopia.

„Cartonul", echivalentul pe hârtie al *sinopiei*

Existența traseelor înțepate este proba utilizării din vremuri de demult a desenelor independente de suportul picturii și executate la scara acesteia. Aceste desene denumite „cartoane" – prin raportare la cele pe care artiștii le furnizau artizanilor însărcinați cu realizarea tapiseriilor – corespund ultimei etape a stadiului preparator al unei picturi: în ele sunt figurate toate elementele compoziției, până la menționarea zonelor luminoase și a celor umbrite, bucle de păr, expresia chipului și chiar valorile, respectiv nuanțele de intensitate ale luminii și culorii.
Cartoanele înțepate pentru a fi transpuse, care au fost găsite, sunt cele executate la scara operei finale. Dar când pictura de realizat este foarte mare, artistul preferă să-și lucreze compoziția într-un format care să-i permită să o cuprindă dintr-o privire. Dimensiunile reduse ale foii de hârtie îl incită în plus să procedeze în această manieră, chiar dacă nu exclude posibilitatea de a asocia mai multe foi. Astfel, când desenul este mai mic decât suprafața de pictat, transferul nu se mai efectuează plasându-l pe acesta pe suport, ci printr-un caroiaj sau „mărirea prin pătrate" (numită uneori și, după o a treia accepție a termenului, *quadratura* sau *quadrettatura*), adică reproducând desenul original în interiorul unei rețele de linii verticale și orizontale regulat spațiate și întretăindu-se în unghi drept, trasate o dată pe desen și, ulterior, pe opera de pictat sau marcate de fire pe care pictorul le scoate în final.

CORREGGIO (Antonio Allegri, numit), desen în sangvină, Paris, Muzeul Luvru.

Procedee mai moderne au înlocuit astăzi tradiționalele DESENE ÎN PĂTRATE. Fie pictorul își lucrează compoziția în prealabil printr-un desen pe care-l fotografiază și pe care îl proiectează ulterior pe suportul ales (atunci nu mai are decât să deseneze urmând liniile proiecției); fie se servește direct de diapozitive și desenează după același procedeu, pe pânză, hârtie sau pe perete, motivul proiectat devenind atunci modelul operei sale.

Desenul pregătitor: de la schiță la „desenul de execuție"

Cartonul reprezintă rezultatul operațiilor pregătitoare ale picturii: este calificat ca „desen de execuție", termen care arată bine rolul de referință sau de „patron" pe care-l joacă în timpul operațiunii de aplicare a culorii – rol deosebit de important atunci când, în atelier, execuția unei lucrări este încredințată unor asistenți.
Dar, înainte de a ajunge la versiunea finală, pictorul a realizat de destule ori numeroase alte desene. Acestea, dacă au fost păstrate, formează o documentație prețioasă în încercarea de a urmări gestația operei și a înțelege momentele de derută.
După gradul lor de elaborare, desenele primesc nume diferite. Primul crochiu, sumar, în general de mici dimensiuni și uneori executat pe un material de ocazie (anexat la un contract de comandă, mai târziu pe o pagină de carnet etc.) este schița: *macchia* sau *schizza*. Corespunzând primei formulări a unei idei care va cunoaște o evoluție ulterioară considerabilă, ea reprezintă, în general, formele mari care vor structura compoziția finală. Cu începere din a doua jumătate a secolului al XVI-lea, se păstrează un număr destul de mare de desene mai precise decât schița, numite adesea *modelli* (la singular *modello*). Acestea fixează liniile perspectivei (desene de perspectivă) și poziția în imagine a personajelor sau a motivelor (desene de compoziție). Când ansamblul dispozitivului este astfel finisat, artistul studiază diferitele elemente ale compoziției sale servindu-se pentru personaje de mici figurine din pământ pe care le dispune în spațiu (Poussin), de manechine, de modele vii (desen după natură), câteodată și de desenele maeștrilor sau de mulaje de statui antice (în mod special în epoca clasicismului, în secolele al XVII-lea și al XVIII-lea).
De la Rafael și Michelangelo, la începutul secolului al XVI-lea, până la maeștrii neoclasicismului, desenul a câștigat o prestanță specială în pregătirea tablourilor, cel puțin în anumite regiuni din Italia (Roma și Toscana) și la artiștii francezi. Din punctul de vedere al numărului de schițe și studii realizate și păstrate, fenomenul are cea mai impresionantă dezvoltare în Franța, de la sfârșitul anilor 1700 și de la începutul anilor 1800.

Jacques Louis David, *Jurământul de la Jeu de Paume*, 1791, desen, 19,2 x 12,5 cm, folio 53 al albumului, Musée National du Château de Versailles. Detaliu al unui desen pregătitor.

Pentru Jurământul de la Jeu de Paume, David umple un carnet, păstrat la Versailles, un altul care se găsește la Luvru și realizează o eboșă pe pânză albă și niște desene pe foi volante lipite împreună. Sala goală, liniile solului și ale plafonului care converg către un punct central, deputații goi executând fiecare un alt gest, aceeași deputați îmbrăcați, apoi studii de cap în curând reluate în acuarelă, desene reunind toate figurile și amplasarea decorului constituie această muncă. Aceeași strădanie laborioasă și scrupuloasă însoțește geneza *Sabinelor* (vezi p. 26) și pe aceea a *Încoronării...* (vezi p. 25). Elevul lui David, Ingres, nu-și mai concepe tablourile fără a face mai întâi serioase desene: la moartea lui, a lăsat ca donație muzeului din Montauban, orașul său natal, un ansamblu de 4 500 de foi desenate, studii pregătitoare însoțite adesea de note precizând numele modelului (Ingres folosea modele feminine chiar pentru compozițiile cu figuri masculine), culoarea de întrebuințat, tonalitatea pe care voia s-o dea luminilor și umbrelor etc.

Recunoașterea tehnicii: evoluția instrumentelor desenatorului

Cunoașterea instrumentelor de care dispun pictorii și dintre care au ales este indispensabilă pentru a le judeca intențiile, de la etapa pregătitoare la execuția picturii.

Penița

Din Antichitate la sfârșitul Evului Mediu, desenele se fac cu penița înmuiată în tuș sau cu vârful de metal. În ambele cazuri, linia obținută este fină, ușor incizată în suport (pergament, la acea epocă), mai ștearsă când este vorba de al doilea instrument: un vârf de argint, în general, câteodată din plumb (se vorbește de „stilul de plumb"). Desenul executat cu aceste instrumente circumscrie exact conturexcise motivelor: el are calități informative, permite o mare precizie în trasarea formelor; este și descărnat, lipsit de orice caracter voluptuos.

Poussin și Parmigianino:
Desene pregătitoare la tabloul definitiv

Nicolas Poussin, *Judecata lui Solomon*, 1649, desen pregătitor și ulei pe pânză, 24,8 x 38,4 cm și, respectiv, 101 x 150 cm, Paris, École nationale supérieure des beaux–arts, și Paris, Muzeul Luvru.

Desenul a fost executat cu penița, laviu brun și piatră neagră. Penița îi permite lui Poussin să fixeze exact conturul figurilor și al arhitecturii. Trăsătura nu caută frumosul, ci precizia: astfel, capul lui Solomon este înconjurat de linii ușor ondulate care îi fac o pieptănătură aproape caricaturală, iar haina este marcată de niște bife care indică pliurile și subliniază dezvoltarea pe lărgime. Acoperind liniile făcute cu piatră neagră mai puțin vizibile decât cele în peniță și tuș, laviul creează umbrele, deci indică originea sursei luminoase care vine din stânga personajelor. El scufundă ultimul plan într-o semipenumbră, care permite ca atenția să se concentreze pe ceea ce se petrece în față, în zona mult mai luminată.

După acest *modello*, proiectul lui Poussin a continuat să se dezvolte. Anumite părți care se remarcă în desen sunt menținute în pictura finală: eclerajul din stânga, contrastul dintre un prim-plan în plină lumină și fundalul mai întunecat. În schimb, în final, Poussin alege să-l retragă pe regele Solomon, căruia îi dădea, în studiu, dimensiuni (deci o importanță) mult mai mari. Părul este acum aplatizat pe tâmple; dar ornamentul tronului în formă de cochilie creează o aureolă care pune în valoare capul și îi dă regelui aspectul unui sfânt. Figurile martorilor sunt și ele retrase în spațiu, lăsând ca primul plan să fie ocupat de mame. În fine, porticul circular care ocupa fundalul în desen cedează locul unei forme mai simple încă: uși cu un ancadrament clasic greoi.

PARMIGIANINO (Francesco Mazzola, numit), *Fecioara cu Pruncul, cu Sfântul Ioan Botezătorul și Sfântul Ieronim* sau *Viziunea Sfântului Ieronim*, cca 1526–1527, desen pregătitor și ulei pe lemn (349 x 149 cm), Londra, National Gallery.

Retablul comandat lui Permigianino pentru o biserică din Roma, astăzi dispărută, are dimensiuni insolite: este excesiv de înalt în comparație cu lățimea. Aceste proporții i-au pus pictorului o problemă dificilă de compoziție, iar comparația între desenul pregătitor și tablou arată cum a fost treptat rezolvată. Subiectul îl reprezintă Madona în glorie, ceea ce în mod obișnuit presupune înfățișarea Fecioarei și a Pruncului apărând în cer, relativ izolați, sfinții în adorație fiind dispuși în planul terestru pe toată lățimea tabloului. Această soluție – adoptată de Rafael în *Fecioara di Foligno* (Roma, Pinacoteca Vaticanului) – conduce la o dispunere în triunghi care convine în mod logic unui retablu de dimensiuni normale, dar nu unui format strâmt ca acela impus aici. Desenul de la British Museum, schiță în peniță și laviu în zonele de umbră, arată că prima idee a pictorului a fost de a se conforma ordonanței tradiționale. În acest stadiu, Parmigianino „trișează" cu dimensiunile, utilizând un format puțin mai larg decât panoul, dar nu reușește să-i dispună pe Sfântul Ioan Botezătorul și pe Sfântul Ieronim în același plan decât reducându-i la o scară mai mică în comparație cu aceea a Madonei. Compoziția adoptată în tablou trage învățăminte din această experiență: ea renunță să plaseze mai mult de un personaj în primul plan și îl împinge pe Sfântul Ieronim într-un spațiu nu prea bine stabilit și simetric, la jumătatea distanței. A-l arăta în picioare, în această nouă distribuție, ar fi fost dificil pentru că ar fi presupus o schimbare de scară riscantă pentru privire. Parmigianino alege deci să-l culce pe sfânt, ca și cum acesta ar fi fost adormit. Astfel, considerații formale și nu reflecții religioase au ajuns să reînnoiască profund tema Madonei în glorie, inventând motivul unui sfânt care pare în plin extaz mistic, de unde și titlul dat tabloului în secolul al XIX-lea: *Viziunea Sfântului Ieronim*.

Desenul și culoarea

Creionul

Începând din secolul al XV-lea, piatra neagră (sau de Italia), cea roșie (sangvina) sau albă (calcar alb cretos) – în engleză, *black, red și white chalk* – sunt din ce în ce mai des utilizate. Când ia forma unei mine înfășurate într-un înveliș de lemn, este pentru prima dată numită creion (*matita* în italiană). Rezultatul este o trăsătură precisă, ușor grasă, cu un aspect mai moale decât cel obținut cu penița.

Fusainul

Utilizarea lui pe hârtie datează doar din veacul al XVI-lea, epocă în care artiștii învață să-l fixeze. Cărbune de lemn pe jumătate ars în vas ermetic, fusainul, denumire franceză împământenită cu începere din secolul al XVIII-lea, sau, sub alt nume, cărbune (*carboncino* în italiană), este un material moale care presupune un suport ușor granulat de care să se poată agăța. El produce linii largi, negruri profunde și griuri subtile, dar poate fi de asemenea șters (estompat) cu „estompa", o tijă de hârtie, de piele sau de bumbac înfășurată, cu un capăt catifelat. Fusainul permite obținerea unor texturi mai senzuale decât alte instrumente.

Grafitul

Începând din a doua jumătate a secolului al XVII-lea, instrumentul de bază al desenatorului este grafitul, denumit în mod obișnuit (dar într-o manieră care poate duce la confuzii) „mină de plumb". Acest material a fost extras din zăcămintele engleze de la Borrowdale până la Revoluția engleză, apoi este adiționat cu argilă și exploatat pe continent sub numele de „creion Conté" (după numele inventatorului amestecului). Fragilitatea sa este compensată de marile calități pe care le are: posibilitatea obținerii unor griuri mai accentuate sau mai difuze, aceea de a trata cu sau fără estompări arii de umbră mai largi decât mina de plumb, dar și de a obține linii aproape la fel de fine ca și cele produse de peniță sau vârful de metal.

Pastelul

Făcut din pudră pigmentară aglutinată, batonul de pastel este privit ca un instrument propriu pictorului și nu ca o unealtă a desenatorului: distincție destul de artificială, dar acreditată de faptul că în secolul al XVII-lea cei care practicau această tehnică erau numiți „pictori de pastel". Orice ar fi, pastelul și-a început cariera în Franța în secolul al XV-lea ca un complement al desenului, iar folosirea lui s-a răspândit considerabil în veacurile al XVI-lea și mai ales în al XVII-lea.

Laviul

În fine, laviul, tuș depus cu pensula puternic muiată în apă și nu cu penița, este o tehnică intermediară între desen și pictură. El reia trăsăturile făcute cu penița sau cu un alt instrument pentru a indica gradele valorației; dar laviul permite și realizarea în întregime a operelor: în acest caz, tușul folosit este în general de o singură culoare, cel mai adesea neagră.

Alegerea instrumentului și intențiile artistului

Folosirea unui instrument sau al altuia determină tipul de desen și revelează un stil, niște intenții. Când, cu începere din secolul al XVII-lea, artiștii au la dispoziție o gamă completă de instrumente, preferința pe care o acordă unuia anume este și mai semnificativă.

Penița și acul sunt în mod particular adaptate folosirii pe care o dau desenului artiștii Evului Mediu. Ele permit o circumscriere perfectă a motivelor, deci o informație maximă, ceea ce și urmăresc autorii de *taccuini*, preocupați de transmisia cu rol pedagogic. Gustul pe care-l manifestă artiștii de la sfârșitul goticului (goticul internațional) pentru linia curbă sau frântă explică de asemenea foarte bine recurgerea la aceste instrumente. În același mod, începând din secolul al XIV-lea, noua voință de a modela formele reclamă o folosire inedită a peniței și a acului, prin „pichetaj" sau hașuri paralele, apoi încrucișate, scurte sau lungi, pentru a scormoni pliurile unui drapaj sau a evoca plasticitatea corpului. Tot din dorința de a traduce umbrele, artiștii încep să reia, discret, în laviu zonele pe care vor să le arate mai întunecate. În desenele moderne, cu începere din secolul al XVI-lea, folosirea pietrei negre (cu hașuri mai prezente, cu adaos de laviu și, uneori, cu intervenții de piatră albă) exprimă mai ferm interesul pentru redarea senzației de spațiu și a modeleului. Noua lejeritate, ductul vaporos al grafitului convin în mod special celor care desenează natura, și acest instrument este preferat oricăror altora de peisagiștii flamanzii și olandezi din secolul al XVII-lea: David Teniers și Albert Cuyp, de exemplu. Dincolo de aceste preferințe care sunt legate de căutarea efectelor precise, tendința de a folosi unul sau altul dintre instrumente relevă opțiuni mult mai fundamentale. Artiștii care lucrează în negru sau brun exclusiv pe hârtie albă, care trasează linii fine și reiau desenul cu un laviu într-o tonalitate discretă, sunt cei care acordă o importanță capitală definirii formelor: studiile lor pun în valoare liniile de perspectivă, definesc accesoriile și fixează gesturile personajelor. Astfel, Poussin, David, Ingres (pentru a relua exemple deja citate) își organizează compozițiile prin desene precise și nu introduc culoarea decât o dată ce această etapă a fost perfect elaborată. Din contră, alți pictori depășesc aproape cu totul etapa desenului (Michelangelo, Caravaggio, de La Tour, frații Le Nain, Chardin și alții) sau realizează desene în tehnici care amintesc munca de execuție a picturii, recurgând la instrumente care produc trăsături largi ca niște urme de pensulă, care zgârie nervos hârtia și pot marca umbre profunde (REMBRANDT) sau care, la un moment dat, introduc culoarea.

REMBRANDT, *Femeie ținându-și copilul pe genunchi*, cca 1646–1647, desen în peniță și tuș brun, laviu brun, 16,2 x 12,8 cm, Paris, Institut Néerlandais, Collection Frits Lugt, Benesch 382.

Folosirea fusainului, în secolul al XVI-lea, la Veneția, la Tizian și Tintoretto sau, mult mai târziu, la Degas în veacul al XIX-lea, relevă această tendință de imaginare imediată a aspectului pictural al viitoarei compoziții. Tușul spălat (laviu), utilizat de Rembrandt, în dâre negre, autoritare sau în straturi mai diluate care produc griuri delicate, cu doar câteva bife ale peniței reprezintă o altă expresie a voinței de a lucra de la „prima idee" cu un material care se apropie de pictura în ulei, altfel spus cu o culoare care se prezintă în stare mai mult sau mai puțin fluidă, dar niciodată solidă. Tehnica lui Rubens, desenator uriaș, este astfel strâns legată de demersul pictural. Rubens nu-și realizează schițele în negru și alb, ci lucrează cu cele trei pietre, negrul servindu-i pentru definirea formelor, sangvina pentru a reda carnația și albul pentru a plasa luminile. În plus, el alege în loc de un suport alb

Desenul și culoarea

PETER PAUL RUBENS, *Hercule și Minerva respingându-l pe Marte*, cca 1635, desen în ulei și sangvină peste un desen în cretă albă, pe hârtie colorată, 37 x 53,9 cm, Paris, Muzeul Luvru, Cabinetul de desene.

o hârtie colorată: *carta tinta* de proveniență venețiană. În fine, când își transferă compozițiile pe suportul de pictat, RUBENS le desenează cu pensula, câteodată în culori definitive, așa cum făceau adesea tot pictorii din Veneția în secolul al XVI-lea, notând în hașuri gri zonele de clarobscur și după ce a pus pe pânză o preparație colorată (*imprimatura).*

Desenul și culoarea: o rivalitate

Pictorii care au acordat desenului un loc primordial și cei care au preferat să-și traducă imediat gândul în culoare manifestă temperamente ireconciliabile. Artiștii au spus-o – David: „Desenul cuprinde totul, cu excepția culorii". Filozofii au scris-o – Alain: „culoarea distruge desenul" sau „Desenul combate întotdeauna culoarea". Alte maxime tot atât de categorice sunt fără îndoială în plus, dar ele pun pe bună dreptate accentul pe faptul că, dincolo de alternativa între peniță și pensulă pentru a schița tablourile, căile împrumutate de „pictorii liniei" și cele alese de „pictorii culorii" se disting cu o extremă claritate în operele terminate. „Proiect"* și „desen", cele două sensuri ale cuvântului *disegno*, între linie și culoare.

În prima jumătate a secolului al XV-lea, în Italia, desenul este considerat de un pictor ca Cennino Cennini și de un sculptor ca Lorenzo Ghiberti ca baza tuturor artelor. Câțiva zeci de ani mai târziu, Leonardo da Vinci îi asigură un loc esențial ca mijloc de cunoaștere. După încă o sută de ani, teoreticianul Frederico Zuccari, în *L'idea de'scultori, pittori ed architetti*, apărută în 1607, laudă *il disegno* ca instrumentul care permite înfățișarea realității și organizarea ei după o logică (*ordo*) interioară. Pentru acest critic, *il disegno* este în același timp analiză și gândire creatoare. Cuvântul italian are o dublă semnificație pe care mizează Zuccari: într-un sens, el desemnează „punerea în formă" a ideii (Zuccari îl califică drept *disegno interno*) – cam ca *dessein* în franceză și *intention* sau *design* în engleză – care face din artist un demiurg, un fel de egal al lui Dumnezeu; în alt sens, el semnifică felul în care forma acestei idei se prezintă conform cu maniera artistului – *disegno esterno*, ceea ce franceza redă prin *dessin* și engleza prin *drawing.* Această dublă definiție a alimentat o ceartă care a opus pentru început, în secolul al XVI-lea, școala venețiană și școala romană și, în particular, arta lui Tizian și cea a lui

Michelangelo. Adulat la mijlocul Cinquecento-ului de scriitorul Lodovico Dolce, el însuși venețian, Tizian apare ca omul care a introdus valori senzitive și aproape tactile în pictură, utilizând culorile într-o manieră în care răspândesc strălucire pe pânză și redau viața, în special carnația, cu o forță de iluzionare neatinsă de nimeni până atunci. Apărat de Giorgio Vasari, în aceeași epocă, Michelangelo devine, din contră, modelul celor care se bazau pe desen pentru a formula în picturile lor „concepte clare și logice".
În secolul următor, apărătorii preeminenței liniei își găsesc eroul în Nicolas Poussin. Reprezentați de pictori ca Philippe de Champaigne și, mai ales, Charles Le Brun, directorul Academiei Regale de Pictură și Sculptură din Franța, ca și de scriitorul André Félibien, „pousiniștii" se văd opuși, cu începere de la sfârșitul anilor 1660, flamandului Rubens. Adepții acestuia (pictorii Gabriel Blanchard și Pierre Mignard, teoreticienii Charles Alphonse Du Fresnoy și Roger de Piles) definesc „cromatica", privită pentru prima dată ca o știință adevărată, ca „sufletul și realizarea ultimă a picturii", „fardul" singur capabil să iluzioneze spectatorul și să-i procure la privirea tablourilor o minunată plăcere.

Culoarea și tușa

Paradoxal, nu atât culorile utilizate sunt cele care plasează un artist în tabăra coloriștilor sau în aceea a partizanilor desenului, ci mai cu seamă modul de tratare a materiei pigmentare. Pictori care au fost, cu siguranță, adepții liniei au putut fi admirați ca subtili coloriști. În INSPIRAȚIA POETULUI, chiar Poussin, care se reprezintă în *Autoportretul* din Berlin cu mâna pe tratatul despre lumină și culoare, acordă o mare atenție acestor două elemente picturale: într-o lumină caldă de sfârșit de amiază, vara, galbenuri, albastruri și roșuri cântă în primul plan al tabloului, în timp ce soarele la apus colorează depărtările cu aur. Totuși, în pânzele lui, Poussin nu exaltă niciodată coloritul în sine, cum o face Rubens cu nuanțele de roz și de vermillon când pictează carnația femeilor - de exemplu

NICOLAS POUSSIN, *Inspirația poetului*, 1624–1633, ulei pe pânză, 182,5 x 213 cm, Paris, Muzeul Luvru (detaliu, vezi p. 74).

în *Răpirea fiicelor lui Leucip* (vezi p. 159) – sau chiar Velázquez când risipește pe rochiile *Meninelor* (vezi p. 90), de pildă, o ploaie argintie. Poate doar vreodată, în câteva opere de tinerețe, să fi simțit Poussin adevărata fericire a tușei, jucându-se cu trăsături de pensulă robuste sau grele, cu accente de culoare vie sau strălucitoare: el se impune prin moderație în efectele cromatice și printr-o mare discreție în felul în care arată suprafața pictată, pe care o vrea netedă, nelăsând să se vadă nici o urmă a mișcărilor pensulei.

Efect neted și finisaj „dezordonat": problema materialității picturii

Grija pentru o execuție finisată, care șterge orice amintire a lucrului din atelier și a „bucătăriei" pictorului, merge mână în mână cu concepția care dă desenului importanța esențială, făcând să apară munca artistului ca mai mult intelectuală decât meșteșugărească. Nu știm motivele care erau luate în considerare în secolele al XVI-lea și al XVII-lea. La vremea aceea, pictorii erau încă priviți de mulți drept *imagieri*, artizani aparținând corporațiilor cu un statut cu nimic diferit de cel al țesătorilor, pantofarilor și brutarilor chiar. A face să se uite până la ce punct pictarea unui tablou depinde de operațiuni materiale – a întinde și a încleia pânza sau a prepara un perete, a pisa pigmentul, a-l amesteca cu liantul, a-ți murdări degetele cu care ții pensula... – devenea ca o necesitate pentru cine voia să convingă publicul că artistul era nu un amator lucrând cu mâinile, ci un creator care se servește de rațiune, de cultură și de imaginație pentru a produce o operă ale cărei merite revin ideii tot atât cât execuției. Materialitatea picturii evidențiată de execuție este revendicată de venețieni, la începutul secolului al XVI-lea, precum Giovanni Bellini și, mai ales, Giorgione și Tizian. Exaltarea culorii, a cărei reputație de a se adresa simțurilor spectatorilor era bine cunoscută, se exprimă la ei prin utilizarea unor game variate, prin crearea de tente obținute prin amestecuri inedite, prin căutarea unor efecte rare de lumină (de zori sau de apus), prin tranzițiile gradate de la o nuanță la alta sau, uneori, prin experimentarea de juxtapuneri cromatice îndrăznețe. Ea se mai traduce și prin felul de tratare care dă pigmentului și tușei o personalitate nouă, combinând zonele împăstate, făcute adică dintr-un strat pictural vizibil gros – pus fie uniform, fie alternând crestele cu adânciturile lăsate de urma pensulei – cu cele care constau din glasiu, o peliculă subțire perfect uniformă. În ultimele opere ale lui Tizian, materia picturală este nu numai extrem de prezentă, dar se vede și mișcarea pensulei: urme care formează în pastă șanțuri, când aceasta este groasă, dâre săpate în pigment de vârful pensulei pe care bătrânul artist o folosește invers, uneori amprente de degete care imprimă forma lipsindu-se de un instrument.

În secolul al XVI-lea, mai târziu, tot la Veneția, Tintoretto sau, în Spania, El Greco (care, originar din Creta, avea să se oprească întâi pe la Veneția înainte de a se instala la Toledo) pictează în același mod. În veacul al XVII-lea, Rubens, Frans Hals, Rembrandt – despre ale cărui câteva portrete lucrate într-o pastă groasă, un elev spunea că ar putea fi apucate „de nas" – pictează cu această tușă aparentă și cu accidente pe suprafață. Watteau, în secolul al XVIII-lea, Delacroix (supranumit de Ingres „mătura beată"), Courbet în secolul al XIX-lea fac și ei din „ pensulație" și din tușa sesizabilă niște elemente esențiale ale actului de a picta.

Rembrandt și Velázquez:

gros plan pe două exemple de tușe manifeste

Rembrandt, detaliu din *Autoportret cu două cercuri*, Londra, Kennwood House (vezi și p. 44).

Diego Velázquez, *Maria Agostina Sarmiento îi oferă infantei Margareta un vas de pământ ars*, detaliu din *Meninele* (vezi și p. 90).

Mâna care ține accesorile pictorului și începutul cămășii pe bust sunt tratate la fel ca întreg tabloul într-o factură liberă și independentă de rest. Aici nu există împăstări, chiar dacă materia pigmentară este destul de densă pentru ca pe plastron să apară cracluri fine, dar ansamblul este pictat în mod schematic, în maniera unei eboșe: această manieră de a picta este numită în italiană *alla prima* sau chiar *far presto,* expresie care înseamnă „execuție rapidă“ și nu poate acoperi pe deplin înțelesul. Într-adevăr, dacă darul de a desena este evidențiat de cercurile trasate pe fundal (vezi p. 44), aspectul pictural propriu-zis al operei îl copleșește cu mult pe cel al liniei. Departe de a defini perfect conturul brațului, cum face Rafael, de exemplu, în *Portretul lui Baldassare Castiglione* [(vezi p. 34), operă pe care Rembrandt a cunoscut-o și a copiat-o], pictorul olandez pune culoarea neagră în tușe largi în care se disting urmele pensulei și nu se sinchisește că ea trece peste fondul brun-luminos al peretelui.

Rembrandt pensulează ușor și blana care-i bordează haina: un contrast total, din nou, față de trăsăturile fine care formează blana veșmântului lui Castiglione sau față de liniile și mai delicate prin care van Eyck indică părul mătăsos al vizonului sau al herminei din *Portretul soților Arnolfini* (vezi p. 4).

În fine, Rembrandt utilizează albul – un alb amestecat cu galben, un alb pe care l-a vrut „murdar“ – în accente repezi pentru a marca părul pensulelor, reflexul luminii pe mânerele lor de lemn, punându-l în tușe grăbite, verticale, orizontale sau care urmăresc marginea plastronului și folosind vârful pensulei pentru a inciza în pictura încă proaspătă linii care să indice cutele cămășii.

În Meninele lui Velázquez, tehnica este de asemenea de o libertate și de o dezinvoltură cu totul extraordinare. Detaliul cu domnișoara de onoare, propunându-i infantei să-și potolească setea, pune în evidență jocuri de culori de o excepțională reușită, cu rochiile luminoase în diferite armonii de argintiu, îmbogățite de ornamente roșii și negre. Tușa, virtuoasă, este pusă prin adăugiri, cu scurte accente (punctișoare de alb pe nodul roșu al micii prințese), sau prin sustragere, dând impresia că Velázquez șterge parțial culoarea pentru a lăsa la vedere grenul pânzei și a se folosi de relieful acesteia: așa procedează cu raza de lumină de pe sol, care conduce privirea la deschiderea luminoasă a ușii, pictată într-o materie atât de subțire, încât descoperă desenul de dedesubt, făcut din verticalele și din orizontalele care construiesc scara.

Dacă netezimea formelor se impune celui care privește tabloul de la o distanță considerabilă, conform formatului său, dimpotrivă de aproape nimic nu este definit. Mâinile personajelor constau din simple pete în culoarea pielii, șuvițele de păr sunt periate cu o culoare fluidă, fără nici un efort de mascare a repictărilor – forma la început mai largă a fundei din coafura meninei, trapezul mai scurt al fustei, construit, fără îndoială, peste o rețea, care trebuia să formeze inițial rochia fiicei lui Filip al IV-lea.

Ansamblul dă impresia unei schițe, cea mai măreață schiță executată vreodată.

IMPRESIONIȘTII ȘI NEOIMPRESIONIȘTII:
DIVIZIUNEA TUȘEI ȘI EFECTE PICTURALE

La sfârșitul secolului al XIX-lea, în Franța, impresioniștii reînnoiesc practica separării tușei. Ei fac din aceasta o opțiune indispensabilă pentru a interpreta lumina și nu un mijloc de afirmare a materialității picturii, cum se întâmplase anterior. Peisagiști înainte de toate, pictorii impresioniști nu mai vor să sesizeze un motiv anume, ci „*le plein air*, lumina și efectele fugitive" (Claude Monet). Formele care construiesc peisajele îi interesează mai puțin decât aerul care circulă printre ele, umbrele care le preced sau le urmează, reflexele mișcătoare care le tulbură construcția când imaginea lor se proiectează pe suprafața apei. În anii 1870, vederile lor sunt determinate de asemenea preocupări: să picteze, cum spune din nou Monet „efectul calm și vaporos" al unui sfârșit de zi în nordul Franței, jocul umbrelor de vată pe zăpada încălzită de atingerea blândă a soarelui sau „vibrația aerului îmbibat de soare", cum scrie criticul Louis Edmond Duranty. Repetiția aceluiași motiv văzut în mai multe ore ale zilei, care se transformă la Monet în „serii" (*Morile* sau *Catedralele din Rouen*), predilecția pentru subiectele care presupun un bruiaj al formelor (peisaje sub zăpadă sau peisaje cu întinderi de apă), alegerea, mai mult decât panorame vaste sub un ecleraj uniform, a parcurilor și grădinilor unde scânteiază lumina și umbra legitimează o tehnică făcută din pensulații largi care etalează spațiul la maximum, din tușe circulare care permit notarea fiecărei străluciri de culoare, a fiecărei schimbări de lumină, din altfel de așterneri de pigment, puse fără relief, care descompun tonurile, rup masele și suprafețele.

Cu începere de la mijlocul anilor 1880, punerea în evidență a tușelor și separarea lor unele de altele au devenit atât de frecvente, încât ele au încetat să mai determine vreo reacție adversă; mirarea publicului se naște la transformarea sistematică a petelor libere ale înaintașilor într-o succesiune de puncte minuscul (după expresia romancierului Octav Mirbeau) la „neoimpresioniștii" George Seurat, apoi Paul Signac.

Încercând să divizeze tonurile și nu să le amestece, pictorii care practică „divizionismul" sau „pointilismul" – ceea ce Gauguin, pentru a-și bate joc, numește *ripipoint* – renunță total la culoarea netezită și refuză să traseze o linie dintr-o singură trăsătură, dar își acoperă operele cu o împestrițare de puncte de culoare pură.

Arta lui van Gogh a făcut tușa să evolueze într-un cu totul alt fel. Urma pensulei este dansantă, nu ridică nici o pretenție de rigoare științifică. Olandezul datorează celor două influențe – impresionismul și stampele japoneze – descoperirea eficacității emoționale pe care o posedă tușele „separate" și a plăcerii pe care o provoacă alăturarea culorilor intense.

CLAUDE MONET, *Impresie, răsărit de soare*, 1872, ulei pe pânză, 48 x 63 cm, Paris, Musée Marmottan.

Agățată, în 1874, în atelierul fotografului Nadar cu ocazia expoziției care a dat numele său grupului, *Impresie, răsărit de soare* este dovada unei facturi deosebit de îndrăznețe.

În timp ce motivul este banal – o vedere a Portului Le Havre în zori, respectiv o marină, cum executa Claude Lorrain cu două secole mai devreme, tușele, vizibile, separate net („în fărâmituri negru", cum scria criticul Louis Leroy) sunt noutăți. Puse în accente distincte, culorile simplifică contururile, reduc obiectele și siluetele la forme sintetice. Tabloul pare oprit în stadiul de eboșă: senzația, „impresia" momentană se arată privilegiată în detrimentul observației, lucru inadmisibil pentru partizanii picturii „raționale" și pentru cei ai „meseriei de aur".

Făcându-se ecoul scandalului iscat, același Leroy, în ziarul *Chàrivari* compară opera cu „un tapet în stadiu embrionar".

GEORGES SEURAT, *O după-amiază de duminică la Grande Jatte*, 1881–1886, ulei pe pânză, 207 x 308 cm, Chicago, The Art Institute (Helen Birch Bartlett Memorial Collection).

De la distanță, *O după-amiază de duminică la Grande Jatte* pare uniformă, dar, privită de aproape, variația tușei este vizibilă. Corpul trompetistului în picioare este definit prin tușe rectilinii, lungi și verticale. Seurat își duce pensula orizontal, făcând tușelor o trenă mai lungă în înfățișarea apei. În sfârșit, pentru iarbă, el amestecă puncte mici cu tușe pătrate și cu câteva trăsături de pensulă mai puțin scurte de direcție verticală sau oblică.

VINCENT VAN GOGH, *Miezul zilei*, numit și *Siesta*, 1889–1890, ulei pe pânză, 73 x 91 cm, Paris, Musée d'Orsay.

Lumina din Midi reușește să-i stârnească lui van Gogh plăcerea de a picta luminos, în *plein air*, ceea ce nu-l face însă să renunțe la desenarea formelor și chiar la sublinierea contururilor cu un cearcăn negru în loc de a căuta să le scufunde în translucididitatea atmosferei.

Tușa lui van Gogh este lungă. Când nu înconjoară formele, le desenează cu culoare. Ea îndrăznește stilizări, devine curbă sau desenează volute, „virgule", în stogul în care dorm oamenii și creează o rețea densă de oblice în partea de sus. Pentru a evoca cerul, van Gogh aplică pensula mai ferm și lărgește tușa, iar pentru a reda rugozitatea ierbii uscate, el desfășoară în evantai mici pensulații.

CULOAREA PRIN FILTRUL ȘTIINȚEI

Studiul culorii, indiferent dacă pictura examinată are ca autor un colorist sau un artist mai atașat de desen, presupune ca tentele să fie recunoscute și descrise exact și ca vocabularul utilizat să fie cel propriu. Descrierea tentelor, făcută în așa fel încât un interlocutor care nu vede opera să și-o poată imagina, a avut o importanță considerabilă în perioadele foarte lungi în care picturile erau cunoscute numai după descrieri (*Saloanele* lui Diderot, prima formă istorică a criticii de artă, nu aveau ilustrații). Ea a rămas esențială în secolul al XIX-lea și în prima jumătate a veacului XX, atunci când picturile erau reproduse sub forma gravurilor sau a fotografiilor în alb și negru. Chiar și astăzi, a denumi culoarea rămâne o metodă excelentă pentru a lua cunoștință de mijloacele cromatice utilizate de artist.

Culorile: descoperirea cercului cromatic

Am văzut în primul capitol cum pigmenții aflați la dispoziția pictorilor s-au diversificat progresiv, de la o gamă restrânsă în Evul Mediu până la o varietate considerabilă în epoca industrială. În afara evoluției firești a produselor, capitală pentru a înțelege utilizarea predominantă a unei tente sau a alteia într-o anumită epocă, sunt de o importanță determinantă percepția optică și înțelegerea științifică a ceea ce este culoarea. Înainte de a începe era contemporană, culoarea este privită de cei care încearcă să o analizeze ca o calitate a materiei. În Evul Mediu, ea este definită ca o strălucire și pusă în relație cu lumina nu printr-un raport fizic logic, ci mai mult ca o metaforă: enciclopedistul Isidore din Sevilla, către anii 600, o compară astfel cu „soarele încarcerat", cu „materia purificată". Pictorii care vorbesc despre culoare în manuale tehnice se mulțumesc să enumere materialele (minerale, vegetale) din care se obține.
Cu începere din secolul al XVIII-lea, o adevărată revoluție conceptuală bulversează înțelegerea culorii. Descoperiri și manopere experimentale arată realitatea fizică a culorii sau, mai exact, optică și deci, în același timp, fiziologică: un obiect nu este de o culoare anume, ci este perceput așa de creierul nostru care analizează și măsoară gradul de reflexivitate a suprafeței obiectului atunci când acesta primește o lumină a cărei lungime de undă medie corespunde cu lumina respectivei culori. Un obiect verde, de exemplu, apare verde pentru că el reflectă doar razele corespunzând luminii verzi și le absoarbe (sau le „stinge") pe celelalte. Albul conține toate culorile: un obiect apare alb când reflectă toate razele spectrului. Negrul este absența culorii: obiectul care este perceput ca negru este cel care nu reflectă nici una dintre razele spectrului și care le absoarbe pe toate.
Fizicianul Newton, făcând să treacă o rază luminoasă printr-o prismă, este primul care, începând din 1666, a descompus lumina albă (altfel spus „spectrul vizibil") în benzi sau raze de lungimi de unde electromagnetice distincte, percepute ca tot atâtea culori diferite.

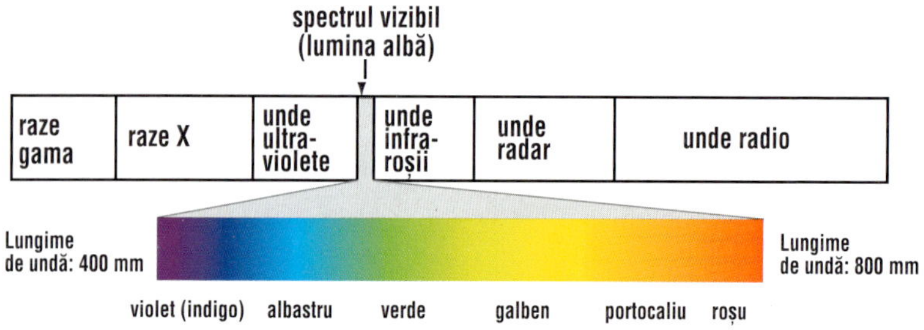

Schema succesiunii culorilor în spectrul solar (lumina albă vizibilă) și locul spectrului în gama undelor.

El distinge astfel șapte culori, care sunt cele ale curcubeului, rezultat al unei descompuneri comparabile cu aceea a luminii, de data aceasta prin prezența picăturilor de apă din atmosferă: roșul, portocaliul, galbenul, verdele, albastrul, indigoul (culoare arbitrară adăugată pentru a defini cea de a șaptea tentă), violetul.

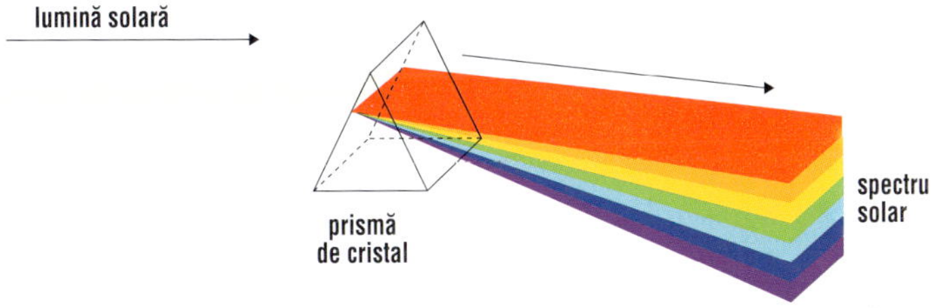

Succesiunea culorilor în spectrul solar.

Cercul cromatic.

culori primare:
albastru
roșu
galben

culori secundare:
verde

violet

În secolele al XVIII-lea și al XIX-lea, alți savanți au continuat lucrările lui Newton. Divizat în despărțituri colorate, primul cerc (sau roză) cromatic este construit de părintele Castel în tratatul său *Optica culorilor*, din 1740. Vin apoi la rând seriile optice mai precise care figurează culorile spectrului solar după succesiunea lor vizibilă în curcubeu și după descompunerea luminii stabilită de Newton: chimistul Eugène Chevreul, în anii 1830-1860, este autorul acestor scheme, din ce în ce mai difuzate în secolul al XIX-lea. În paralel, personalități ca pictorul Philipp Otto Runge și scriitorul Goethe (a cărui *Teorie a culorilor*, citită de artiști, datează din 1810), savanții Hermann von Helmholtz și Charles Henry, apoi în secolul XX, filozoful Ludwig Wittgenstein încearcă să pună pe picioare o fiziologie a culorii ca fenomen subiectiv, a cărei percepție depinde de individ și de „contextul vizual", mai presus de ora din zi și de proximitatea altor culori.
Cercul cromatic și schema culorilor spectrale au pus la dispoziția artiștilor un cod de referințe care, precizând relațiile între culori, le-au permis să le folosească mai bine. În el a fost fixat de asemenea un vocabular ale cărui definiții fac de atunci parte din studiul culorii.
În cercul cromatic, cele trei culori care nu pot fi produse prin nici un amestec (cele trei culori originare), altfel spus galben,

Culorile complementare.

roșu și albastru, se mai numesc „pure" sau „primare". Violetul, verdele, oranjul, culori compozite pentru că rezultă din amestecul a două primare, sunt numite „secundare". Albul, combinație optică a întregului spectru, și negrul, care rezultă din absorbția tuturor luminilor acestuia, sunt „nonculori", termeni extremi ai scării cromatice.
Combinarea culorilor primare, două câte două pentru a forma secundarele, lasă deoparte, în fiecare caz, o culoare, indispensabilă pentru reconstituirea integrală a spectrului, respectiv lumina albă: această culoare este numită „complementară". Astfel, albastrul este complementarul oranjului, rezultat din amestecul galbenului cu roșu; galbenul este complementarul violetului, combinație de roșu și albastru; iar roșul este complementarul verdelui, amestec de albastru și galben. Reciproca este de asemenea valabilă.

Spectrul luminos și folosirea culorii-pigment: „contrastul simultaneu" și „acromatismul"

Nu putem să spunem că examenul luminii colorate este un lucru, iar utilizarea pigmentului colorat în pictură este altul. O experiență simplă o dovedește: amestecul în doze egale a celor trei culori primare sau chiar al tuturor culorilor spectrului sub forma materiei picturale nu dă alb, ci gri.
În ciuda acestei diferențe, cunoașterea legilor fizicii care acționează în culoare este însoțită de observații extrem de utile pentru pictori.
Cea mai importantă dintre legile optice referitoare la culori este aceea pe care Chevreul a numit-o „legea contrastului simultaneu": juxtapunerea unei culori și a complementarei ei permite însuflețirea și a uneia și a alteia, adică ducerea lor la un grad de intensitate vizuală mai mare. Astfel, apropierea dintre un verde și un roșu determină strălucirea lor reciprocă, un oranj însuflețește un albastru (și invers), iar un violet pare mai strălucitor lângă un galben pe care îl pune la rândul său în valoare.

Exemplu de utilizare a culorilor complementare, în contrast roșu și verde.
CLAUDE MONET, *Câmpul cu maci*, 1873, ulei pe pânză, 50 x 65 cm, Paris, Musée d'Orsay.

Regula reciprocă este aceea a acromatismului. Aceleași culori, care par mai intense când se află una lângă alta, se distrug reciproc de îndată ce sunt amestecate. Astfel combinația pe paletă a unui verde cu un roșu, a oranjului cu albastrul, a violetului cu galbenul dă gri, ceea ce este inevitabil deoarece complementarele reunesc culorile primitive ale spectrului, despre al căror amestec luminos am văzut că dă alb, iar combinația picturală gri. Această proprietate poate fi utilizată de pictori în mod pozitiv: dozat cu prudență, amestecul poate să servească la înmuierea unui ton considerat prea viu, altfel spus să-i rupă strălucirea. Puțin roșu asociat cu verde, de exemplu, i-ar atenua forța: efectul poate fi apreciabil într-un peisaj.
Aceste două reguli, a căror cunoaștere este, evident, fundamentală, au constituit subiectul unui strălucit *best seller* de la sfârșitul secolului al XIX-lea, *Gramatica artelor desenului*, de Charles Blanc: „Complementarele se susțin până la triumf sau se înfruntă până la distrugere".

Culori „calde" și culori „reci"

Utilizarea unor termeni precum „primare", „secundare", „complementare" ar fi trebuit, conform logicii, să fie rezervată analizei tablourilor posterioare descoperirii spectrului. În realitate însă, autorii antici admiteau deja principiul celor trei culori generatoare, galben, roșu și albastru; Leonardo da Vinci, în secolul al XV-lea, scria că „albul nu este o culoare în sine; el este cel care le conține pe toate"; și numeroase tablouri dovedesc utilizarea, înainte de secolul al XIX-lea, a culorilor complementare apropiate în așa fel încât să intensifice sau să pună în valoare un motiv situat în zona lor de întâlnire. Astfel nu este cu totul nejustificat să folosești, dar cu prudență, vocabularul contemporan al culorii în legătură cu operele realizate cu secole înainte.
S-a convenit de asemenea să se utilizeze cu precauție calificativele „cald" și „rece" referitoare la culori. Repartiția acestora în funcție de o presupusă „temperatură" se efectuează cu adevărat urmând ordinea de succesiune în spectru: de la galben la roșu trecând prin oranj pentru culorile numite „calde", de la violet-albăstrui la verde pentru culorile numite „reci". Rămâne de spus că aceste calități de rece sau cald se referă la locuri comune foarte vechi ale gândirii occidentale: culorile „calde" sunt cele care se apropie de nuanțele flăcării, ele au reputația de a suscita „o senzație captivantă și agreabilă privirii" (dicționarul Larousse). Ele sunt cele ale pericolului și interdicției: culorile flăcării infernului – sau cele ale stopului circulației care ordonă frâna sau încetinirea. Culorile „reci" evocă nuanțele apei: ele sunt responsabile de neproducerea „nici unei senzații [...] a vieții, a „însuflețirii" sau chiar a „senzualității" (după același dicționar Larousse). Ele evocă de asemenea cerul și cheamă în minte idei de întindere, de calm, de infinit. Teoria umorilor, atât de prezentă în medicina de odinioară („sangvinul" sau colericul se recunoștea după carnația lui roșie), tematica celor patru elemente, esențiale până în epoca modernă (Pământ, Foc, Aer și Apă, repartizate în reci și calde, erau reprezentate de negru sau brun, de roșu sau oranj, de albastru sau de alb și de verde) au de a face de asemenea cu această clasificare recuperată de știința modernă a culorilor.

Descrierea culorilor și alegerea termenilor

Vocabularul care va fi utilizat pentru a desemna culorile trebuie să fie logic și la fel de precis. Se vor respinge termeni care se raportează la preocupări evident nonpicturale. Astfel, cuvântul „bej" aparține lexicului modei: în pictură, pentru a evoca această nuanță, se va recurge la o definiție mai apropiată de codul fiziologic al culorilor: se va vorbi de un brun foarte luminos mergând spre galben. Pentru același motiv, se va evita termenul „bleumarin": acesta nu poate descrie culoarea, un albastru-închis, folosită de un artist. Terminologia comentariului unui tablou poate îmbrăca un aspect istoric și considera culoarea sub aspectul său material, altfel spus al producerii. Printr-un obicei moștenit din critica literară a secolului al XIX-lea, ea se îmbogățește cu metafore împrumutate din limbajul florilor. În fine, este susceptibilă de a-și însuși nomenclatura fizicienilor care au descris descompunerea luminii.

Culoarea descrisă prin materia ei

Se poate considera culoarea sub aspectul ei material și folosi cuvintele pe care le utilizau sau le folosesc azi pictorii pentru a desemna pigmenții, adesea după originea lor. Cennino Cennini, în *Il libro dell'arte*, distingea, de exemplu, două calități de albastru (albastru-ultramarin și albastru de Prusia), patru de roșu (cinabru, sangvină, „sângele dragonului", carmin-olandez), șase de galben (*giallorino*, ocru, galben de șofran, auripigment, realgar, arzica) și tot așa pentru verde, alb și negru. Fiecare denominație preceda un paragraf precizând ingredientele care compuneau culoarea, materie pură sau amestec. În epoca industrială, denominațiile menționează de asemenea compoziția chimică. Se poate astfel găsi în comerț și repera în tablouri: pentru verde, un „verde-smarald" (oxid de crom hidratat), un „verde oxid de crom natural" (de aceeași origine, dar cu un oxid nehidratat); pentru albastru, un albastru „de Prusia" (ferocianura de fier), „ftalocianină" (derivat din gudron) etc.
Perfect obiective, aceste vocabule științific recomandabile nu pot fi recunoscute, în majoritatea cazurilor, decât în prezența operei și nu pe o fotografie, iar identificarea lor presupune adesea o analiză chimică. Pe scurt, cu excepțiile care întăresc regula, folosirea acestor cuvinte nu se concepe în afara unui comentariu de probitate tehnică.

Nuanțele florale

Sub pana scriitorilor din secolul al XIX-lea, un albastru putea fi numit „liliachiu", un galben „stânjenel" etc. Folosirea acestor termeni pare astăzi desuetă. Ea se justifică atunci când este vorba de examinarea unor picturi vechi menite să facă plăcere ochiului; este însă inadmisibilă când se analizează tablouri al căror scop este mai puțin acela de a bucura cât de a surprinde, uneori de a șoca spectatorul și de a-l îndemna astfel spre reflecții. S-ar putea imagina lauda adusă „frumoasei nuanțe lavanda" în cazul *Domnișoarelor din Avignon?*

Spectrul luminos și nuanțele sale

Adoptarea vocabulelor împrumutate din descrierea spectrului este, în mod obișnuit, soluția cea mai satisfăcătoare chiar dacă nu lipsită de ambiguitate. Chiar mai multe la număr prin adăugarea culorii „indigo", identificată cam arbitrar de Newton în descompunerea razei luminoase, culorile cercului cromatic sunt departe de a epuiza capacitatea ochiului de a recunoaște și distinge între ele culorile. Este însă imposibil de a găsi acel cuvânt asupra căruia să fie toți de acord, un reper pentru fiecare dintre nuanțele pe care amestecul de lumină și de culoare este susceptibil s-o producă.
De la Chevreul la Charles Blanc, teoreticienii s-au obișnuit să distingă douăsprezece culori dispuse în jurul cercului cromatic, ale căror denominații nu întrunesc consensul general. Este vorba, de la galben la violet, de șofran (sau cadmium), de oranj, de capucin, de roșu, de granat (sau purpuriu); și de la violet la galben, de indigo (sau campanula), de albastru, de turcoaz (sau ceruleum), de verde și de sulf. Se va remarca faptul că acest vocabular, format acum aproape 500 de ani, împrumută la nevoie din numele substanțelor și al florilor.

Cercul cromatic și evoluția sa

O metodă mai neutră lexical de descriere a culorilor este aceea care utilizează doar culorile primare și secundare (cele șase culori ale cercului), combinându-le pentru a da o idee cât mai exactă posibil a nuanței lor. În loc de a distinge arbitrar un număr de culori și a le denumi o dată pe toate, se va considera că aceste culori sunt dispuse în inel, de manieră continuă în jurul cercului cromatic, și vor fi reperate unele în raport cu altele.
Elaborate de profesioniști în scopuri industriale sau artistice pentru fiecare familie de culori, nuanțatoarele permit rafinarea acestei nomenclaturi destul de aride: în mod obișnuit devine ușor să se distingă, de exemplu, un roșu-vermillon de magenta sau de carmin, un verde-smarald de un verde-briliant, un albastru-ultramarin de un albastru de cobalt... Trebuie remarcat și că, în aceste nuanțatoare, nu figurează culoarea numită în limbajul comun „maro". Pictorii și criticii îi preferă nume ca „ocru" sau „brun", la care adaugă calificativul „galben" sau „roșu", după cum aceasta este mai apropiată de una sau de alta dintre cele două culori. Frecvent, aceste culori sunt desemnate prin materialul din care sunt compuse: „terra de Siena" (un oxid de fier obținut prin calcinarea pământului de Siena natural), sau de „pământ de umbră" (un hidrat de fier și de mangan al cărui nume face referire la Umbria).

Reperajul culorilor în raport cu cele șase culori ale cercului cromatic: succesiunea continuă.

Inelul celor douăsprezece culori repartizate în jurul cercului cromatic.

Pentru o istorie a culorilor

Legată de condițiile materiale ale producerii lor și de stadiul cunoștințelor fizice, utilizarea culorilor se înscrie într-o istorie pe care operele însele ne ajută să o reconstituim.

Estetica *gold and glitter* a Evului Mediu

Universul Evului Mediu este unul fără culoare. Până în secolul al XIII-lea, țesăturile sunt rare și hainele poporului sunt în mod uniform de culoare brună sau ocru: regele Franței, Sfântul Ludovic, purtând primul o mantie de un frumos albastru-ultramarin, suscită uluirea. Lumina, și ea, este puțin răspândită: seara, în casele oamenilor de rând se face economie la lumânări și locuitorii se culcă devreme. Atât culoarea cât și lumina suscită în cei care le contemplă o uimire și o bucurie de neimaginat. Triumful vitraliilor policrome, în secolul al XIII-lea, în Europa de Nord, unde lumina este rece și soarele zgârcit, se explică, parțial, prin încântarea pe care au trăit-o credincioșii în bisericile scăldate într-o lumină cu reflexe colorate: prin 1250, abatele Thomas de Verceuil nu ezită să vorbească despre *delectatio și dulcoratio* („delectare și dulceață extremă") pe care le procură sufletului o astfel de iradiere a luminii colorate.
Din cauza acestei satisfacții, obiectele de artă medievală sunt toate, prin forța lucrurilor, viu colorate. Relicvariile și alte piese de orfevrărie strălucesc de lumina aurului și a pietrelor – sau a imitațiilor de sticlă. Anluminurile lucesc la fel de puternic: cuvântul „miniatură" provine de altfel din verbul *miniare* care desemnează utilizarea culorilor

GUIDO DA SIENA, *Fecioara cu Pruncul*, 1265–1275, tempera pe lemn și foiță de aur, 125 x 73 cm, Florența, Galleria dell'Accademia.

vii, de tipul *miniumului* (un pigment roșu-oranj obținut din oxidarea plumbului topit). Picturile pe lemn, în rame aurite, câteodată încrustate cu cabosoane (ca FECIOARA CU PRUNCUL de Guido da Siena) se caracterizează prin aceeași bogăție de culori. Această estetică, apreciată drept aurită și lucitoare *(gold and glitter)*, conferă unor culori precise un loc important chiar în interiorul picturii: aurul, pus în foiță pe fundalul scenelor, pe aureole și pe diferite accesorii; albastrul și roșul, altfel spus cele două culori pe care le numim „primare", dar nu și galbenul, prea apropiat de aur pentru a se putea distinge.

În aceeași epocă, considerații economice vin să favorizeze folosirea aurului și a anumitor culori foarte scumpe. Dacă o operă este apreciată pentru *peritia* (priceperea artistului), ea este cu atât mai mult pentru scumpetea materialelor care o compun. Oferită lui Dumnezeu sau sfinților, o pictură trebuie să fie luxoasă. Este un argument în plus în favoarea repartiției, pe suprafața sa, a unei mari cantități de aur, ca și a utilizării unor culori prețioase. Albastrul lapislazuli, obținut prin măcinarea unei pietre (sodalit) importată din Afghanistan (mai precis din regiunea Badaskan), este apreciat pentru frumusețea culorii azurii, pentru calitățile sale remarcabile de fixitate, iar folosirea lui, limitată la zonele cele mai puse în evidență într-o pictură, are și o conotație ostentativă. În fine, valoarea simbolică pe care opinia medievală o acordă culorilor influențează de asemenea folosirea lor. Reminiscență a purpurei imperiale, roșul este culoarea gloriei: aceea a hainelor lui Dumnezeu din *Polipticul Mielului mistic* de van Eyck (vezi p. 115). El este și culoarea sângelui vărsat, deci a sacrificiului: Iisus în *Maestà* de Duccio este îmbrăcat tot în haine roșii. Albastrul, care evocă cerul senin, este coloritul Fecioarei; mantia Mariei este, inevitabil, albastră ca aceea din iarăși citata pictură a lui van Eyck.

Registrul superior al părții centrale din *Poliptícul Mielului mistic* de van Eyck, 1432: *Fecioara, Dumnezeu și Sfântul Ioan Botezătorul* (vezi p. 38).

Ea o poartă peste rochia roșie pentru că, prin importanța și prin durerea sa de mamă, participă la sacrificiul Fiului și la domnia Lui.

Culorile compozite au o reputație mai puțin bună, din motive morale, se pare: amestecul, dualitatea, în gândirea medievală, trimit la păcat, la impuritate. Astfel, în timp ce flamanzii utilizează cu bună știință verdele (același van Eyck îl folosește la mantia Sfântului Ioan, tot în *Polipticul Mielului mistic*), italienilor nu le place încă și, fără a-l exclude total, nu îl atribuie sfinților importanți. Galbenul, pentru motive mai puțin clare, are și el o reputație proastă. Este folosit uneori pentru a colora veșmintele trădătorilor: Iuda, de exemplu, poartă o mare mantie galbenă în fresca lui Giotto *Prinderea lui Iisus* (vezi p. 132). În fine, cum a arătat istoricul Michel Pastoureau, dungile – deci două culori alăturate spațial – stigmatizează figurile celor răi: ipocriții, călăii, cei care refuză mesajul lui Hristos.

Sobrietatea de la începuturile Renașterii

În secolul al XV-lea, în Italia, unde Evul Mediu ia sfârșit cel dintâi, gustul culorilor suferă o transformare radicală. Dorința de a rivaliza cu operele de artă antice supraviețuitoare – statui și reliefuri de calcar sau de marmură pe care timpul le-a privat de învelișul de culoare – îi împinge pe artiști să se ferească de culorile vii. Idealul unui Andrea Mantegna, în Italia de Nord, în timpul celei de a doua jumătăți a Quattrocento-ului, este cvasimonocrom. Frescele sale de la Padova, din Capela Eremitanilor, încearcă să imite efectul sculpturii în piatră, introducând puține culori, într-o dominantă gri, brună sau ușor roșiatică. Picturile sale pe lemn sau pe pânză imită câteo-

PONTORMO
(Jacopo Carucci, numit),
Coborârea de pe Cruce,
1526–1527, ulei pe lemn,
313 x 192 cm,
Florența, Santa Felicità.

transformă în roz, iar rozurile în indigo: în *Supliciul lui Aman* (vezi p. 155), marele vizir dușman al evreilor este crucificat pe un trunchi de copac verde-galben, peste o pânză oranj.

Generația manieriștilor toscani, cu începere din anii 1510–1520, duce și mai departe aceste experimente cromatice. Rosso și Pontormo, doi florentini, reiau gama michelangelescă și sistematizează alăturările tentelor disonante. Astfel, în COBORÂREA DE PE CRUCE, Pontormo, care, dintre toți artiștii manieriști, posedă paleta cea mai suavă, multiplică rozurile palide, albastrurile luminoase, galbenurile delicat nuanțate cu oranj și violeturile foarte limpezi pe un fond indigo. În partea de sus a tabloului, el îndrăznește o asociere de o surprinzătoare acuitate în veșmântul Sfântului Ioan care se apleacă deasupra Fecioarei: o tunică verde-bronz se detașează pe un drapaj roșu oscilând între vermillon și oranj-pal. În partea de jos a picturii, rochia galbenă a uneia dintre sfintele femei care se îndreaptă către Maria devine și ea oranj și vermillon în zonele de umbră, iar în primul plan, tânărul care susține picioarele lui Hristos, Nicodim, este îmbrăcat la rândul lui într-o tunică strânsă pe corp, albastră în lumină și roz în zonele neluminate.

Culoarea și lumina: clarobscur și umbre colorate

Metamorfoza unui galben în roșu sau a unui roz în albastru în tabloul lui Pontormo desemnează trecerea de la zonele luminate ale unui veșmânt la zonele scufundate în umbră. Schimbarea culorii traduce modeleul hainei și al corpului. Este vorba, în secolul al XVI-lea, de o manieră cu totul nouă de a trata această problemă.

Redarea modeleului prin figurarea luminilor și umbrelor s-a născut în Italia, în Trecento, când pictorii, în primul rând florentinul Giotto, au început să fie interesați de prezentarea în formă sezisabilă a densității corpurilor (ființe însuflețite sau obiecte), adică a greutății lor fizice. Aceasta se traduce tehnic prin adaosul pigmentului alb sau negru în culoarea folosită, procedeu care permite să se obțină zone de lumină mai mult sau mai puțin acuzate. Începând din secolul al XV-lea, pictorii nu se mai mulțumesc să menționeze umbrele numite „proprii" sau părțile corpurilor care sunt mai puțin expuse luminii; tot astfel, ei au indicat umbrele purtate (în italiană *sbattimento, sbattimenti* la plural), făcând să varieze intensitatea lor după condițiile de ecleraj și după opacitatea mai mare sau mai mică a corpurilor, și modelând alungirea lor după poziția sursei de ecleraj. Ca și umbrele proprii, umbrele purtate merită un studiu particular: ele întăresc sentimentul spațialității (concretizând distanța care separă diferitele obiecte), dau indicații asupra orei (umbrele alungite sunt în zori sau la crepuscul); câteodată au o puternică forță expresivă, ridicându-se în spatele figurilor precum statuia comandorului în drama *Don Juan* – sau în gravura în culori a lui DAGOTY reprezentând un ecorșeu.
Variațiile tonurilor – se vorbește de „intensitate" sau de „valoare" – care afectează culoarea după cum i s-a adăugat sau nu alb sau negru, în mică sau mare cantitate, caracterizează ceea ce se numește „clarobscur".
Către 1400, Cennino Cennini îl sfătuia pe pictor să utilizeze trei trepte sau „tonuri-valori", clarul, mijlociul (*mezz'ombra*), întunecatul pentru *adombrare* („a trata în clarobscur") un motiv. Cu timpul, pictorii au luat obiceiul să figureze nuanțe mult mai numeroase, altfel spus să multiplice valorile „degradeului". În plus, acesta trebuie să se arate atent la vocabularul pe care-l folosește pentru a califica culorile lăsate pure, întunecate sau luminoase. Tenta în care nu s-a adăugat nici negru nici alb se va numi „saturată". Aceea căreia pictorul îi adiționează negru sau gri se va numi „ruptă" (și nu „substractivă", termen care desemnează, cum am văzut, adaosul unei culori complementare și nu a non-culorilor). Nu s-a fixat un termen unic pentru a desemna o culoare căreia i s-a adăugat alb.
Mult după secolul al XIV-lea, în fapt până în vremurile contemporane, clarobscurul rămâne modalitatea cea mai curentă pentru a figura transformarea progresivă a tentei sub efectul unei măriri sau al unei diminuări a luminii. Totuși se întâmplă ca pictorii, în special de la sfârșitul secolului al XIX-lea, să reprezinte de preferință obiectele fără a ține seama de alterarea lor de umbră. Se vorbește astfel de „ton local", adică, după semnificația însăși a conceptului, de reprezentarea obiectului cu culoarea lui proprie: respectiv de as-

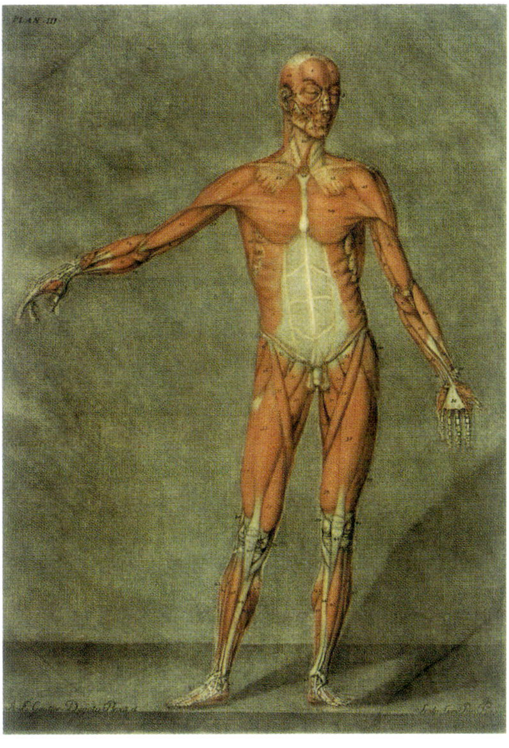

ARNAUD-ÉLOI GAUTIER DAGOTY, *Ecorșeu din față arătând mușchii superficiali*, 1773, stampă în culori, 55 x 39,8 cm, Paris, colecție particulară.

MICHELANGELO, *Beția lui Noe*, 1508–1512, frescă, Roma, Capela Sixtină, boltă.

pectul pe care-l îmbracă această culoare când este expusă la o lumină nici prea intensă, nici prea slabă.

Exemplul tabloului lui Pontormo arată însă că pictorii nu dispun numai de clarobscur pentru a arăta alterarea culorii ca urmare a condițiilor de ecleraj. Într-adevăr, la începutul secolului al XVI-lea, artiștii, preocupați să conserve în operele lor o puternică intensitate luminoasă, au încercat o soluție alternativă adaosului de negru în culoare. Pe bolta Capelei Sixtine, Michelangelo face proba unei tratări exclusiv colorate a modeleului: în BEȚIA LUI NOE, acoperământul verde pe care doarme patriarhul nu este nuanțat de alb și negru, ci accentuat, acolo unde este atins de lumină, de reflexe de galben-șofran și galben-viu. Subtilele rupturi de culoare la Pontormo se înscriu în continuitatea acestei experiențe.

Pictura luminoasă și opusul ei: revoluția tenebristă

Dacă pictorii manieriști multiplică transgresiunile, cei mai mulți dintre ei nu merg totuși până la repunerea în discuție a principiului, atunci ferm, de a picta în culori luminoase. În afară de sienezul Beccafumi, a cărui artă originală experimentează contraste de lumină de o violență tinzând spre fantastic, artiștii secolului al XVI-lea pictează o lume unde lumina diurnă se așterne aproape uniform pe motivele tabloului și lasă să se aprecieze cel mai mic detaliu al compozițiilor elaborate.

Către 1600, Michelangelo Merisi, numit CARAVAGGIO, duce el însuși o ofensivă contra acestei „maniere luminoase". Pictează, cum scrie biograful său Giovan Pietro Bellori, în 1672, „într-un colorit înăsprit de umbre viguroase, cu negruri bogate pentru a da relief corpurilor" și se păzește „să-și expună motivele la lumina zilei", dar „le plasează într-o cameră obscură și le expune la o lumină plasată sus, care cade direct pe părțile principale ale corpului și lasă restul în umbră: de unde vehementele opoziții între clar și obscur".

Această nouă manieră, experimentată în ciclul de picturi de la San Luigi dei Francesi și de la Santa Maria del Popolo, două dintre bisericile mari ale Romei, și continuată în numeroase alte tablouri, a provocat mânia pictorilor tradiționaliști care au pretins că autorul lor „nu știe să facă nimic în afară de pivnițe, că ignoră cu totul demnitatea artei, compoziția și știința trecerilor de la un ton la altul" (același Bellori).
Într-adevăr, „pictura neagră" a lui Caravaggio propunea un model. Ecoul radicalei sale revoluții s-a făcut auzit sub numele de „tenebrism" în decursul întregului secol al XVII-lea în toată Europa: la Napoli, apoi la Roma; în Spania, unde Velázquez cu *Bătrână prăjind ouă* (vezi p. 75) adoptă tonurile întunecate; dar și în Lorena în arta lui Georges de La Tour și în Olanda lui Frans Hals și, mai ales, la Rembrandt. Succesul de care s-a bucurat Caravaggio se explică în parte prin atracția pe care putea să o aibă o paletă atât de nouă, după ce maeștri foarte importanți, de-a lungul mai multor secole, utilizaseră și, probabil, epuizaseră meritele gamei luminoase. Mai fundamentată ar putea fi explicația că pictorii au fost entuziasmați de puterea de emoționare pe care o conțineau contrastele de lumini și culori în interiorul unei dominante întunecate. Dragostea publicului de astăzi

CARAVAGGIO (Michelangelo Merisi, numit), *Moartea Fecioarei*, cca 1606, ulei pe pânză, 369 x 245 cm, Paris, Muzeul Luvru.

GEORGES DE LA TOUR, *Iov batjocorit de nevastă*, dată necunoscută, ulei pe pânză,145 x 97 cm, Épinal, Musée departamental des Vosges.

pentru imaginile nocturne ale lui LA TOUR, în care câteva personaje veghează în jurul unei lumânărici și al unui „mândru scânteietor opaiț" (după un vers din secolul al XVI-lea), ne ajută să înțelegem seducția exercitată atunci de aceste „nopți" luminate local de un licăr umil. Accentuate în plus, opozițiile de lumini revelau un mijloc de a însoți cromatic povestirile angoasante pe care pictorii le alegeau uneori ca subiect. Până atunci asasinați în frumoase zile de vară, în care eclerajul invita la bucurie mai degrabă decât înspăimânta, martirii păgâni sau creștini cunosc, în fine, o dată cu Caravaggio, o agonie scăldată într-o lumină teribilă. Inventarea unei palete eficace emoțional este motivul foarte simplu al succesului scenelor de supliciu, la fel de numeroase ca acelea de tavernă, în pictura lui Caravaggio și a discipolilor săi: după *Martiriul Sfântului Matei* de la San Luigi dei Francesi și *Tinturea Sfântului Petru* de la Santa Maria del Popolo, de Caravaggio, urmează *Iudita sugrumându-l pe Holofern* de Artemisia Gentileschi, sau poveștile despre uciderea sfinților la José de Ribera etc.

Una dintre picturile cele mai violente ale lui Rembrandt, SAMSON ORBIT DE FILISTINI, recurge și ea la aceste mijloace cromatice. Imaginea este aproape de nesuportat: pumnalul unui soldat se înfundă în orbita uriașului doborât la pământ, ochiul țâșnește, sângele este împins în afară. Scena se petrece într-o grotă, bortă întunecată unde umbra este tratată în negruri-adânci. Valul de lumină care intră prin deschizătura cavernei îl împiedică pe spectator să distingă cu precizie personajele și obiectele: orbindu-l, îl fac să participe la cecitatea brutală a lui Samson.

De la luminismul baroc la obscuritatea romantică

Tenebrismul lui Caravaggio, sfâșiat de străluciri de lumină și de culoare, inaugurează cromatic epoca barocului în căutare de efecte teatrale capabile să biciuiască simțurile fără a se teme de grandilocvență. Pictura clasică rămâne fidelă gamei de culori luminoase, nuanțate doar de umbre moderate. Din epoca lui Ludovic al XIII-lea – de fapt, de la întoarcerea lui Simon Vouet de la Roma la Paris, în 1627 – la neoclasicismul sfârșitului de secol XVIII și începutul celui de al XIX-lea, paleta pictorilor francezi (Georges de La Tour este loren, dintr-un ducat independent) rămâne preponderent luminoasă. Ea se menține așa chiar la artiștii care folosesc destul de considerabil brunurile (de pildă Le Nain sau Philippe de Champaigne), încât nici o parte a tabloului nu este scufundată într-o obscuritate de nepătruns cu privirea.

REMBRANDT, *Samson orbit de filistini,* numit și *Triumful Dalilei,* 1636, ulei pe pânză, 205 x 272 cm, Frankfurt, Städelsches Kunstinstitut.

În epoca romantică, pictura se întunecă din nou sau, mai exact, reîncepe să combine o dominantă obscură cu contraste vii de culoare și lumină. Este o întâmplare că una dintre cărțile-far ale sensibilității romantice se numește *Roșu și negru*? Romanul lui Stendhal a apărut în 1830, doar cu trei ani în urma tabloului care marchează triumful definitiv al școlii romantice în pictură, MOARTEA LUI SARDANAPAL de Eugène Delacroix, adevărată inundație de brunuri și roșuri din care se nasc, una câte una, culori mai luminoase: albul stofelor, al togii, al valtrapului; galbenurile și oranjurile corpurilor feminine.

EUGÈNE DELACROIX, *Moartea lui Sardanapal,* 1827, ulei pe pânză, 392 x 496 cm, Paris, Muzeul Luvru.

JAPONISMUL
SAU REVELAȚIA CULORII DECORATIVE

Cu începere din anii 1860, arta japoneză este la modă. Bibelouri și vase sunt căutate de colecționari, iar expozițiile de stampe se multiplică în galeria lui Samuel Bing la Paris, la Liberty din Londra, la Tiffany în New York. Hokusai, „bătrânul îndrăgostit de desen", Hiroshige și Uttamaro, marii maeștri ai *ukiyo-e* (școală de pictură numită și „pictura lumii care trece"), servesc de exemple și de modele artiștilor însetați de abordări noi.

Dimensiunea primitivă și pură a stampelor japoneze, pe care unii le-au apropiat atunci de imageria lui Epinal, îi interesează în mod deosebit pe tinerii pictori, pe Monet sau pe Manet – care integrează o stampă japoneză în PORTRETUL LUI ÉMILE ZOLA, pe van Gogh – care își intitulează o pictură JAPONEZĂRIE, pe Degas, pe Gustave Caillebotte sau chiar și pe Paul Gauguin împreună cu prietenii săi de la Pont-Aven.

ÉDOUARD MANET, *Portretul lui Émile Zola,* cca 1868, ulei pe pânză, 146 x 114 cm, Paris, Museé du Jeu de Paume.

Din operele japoneze, artiștii europeni învață că pot experimenta compoziții fără adâncime sau încerca efecte de perspectivă insolită (vezi p. 92). Ei redescoperă caracterul decorativ al curbelor – cele ale tijelor vegetale, cele ale valurilor – și al marilor oblice care comandă întreaga compoziție. Revin și la teme abandonate: stânca în mare, podul; la un mod de tratare (copacii, corbii, irișii lui van Gogh); la niște atitudini ale personajelor (poziția unor bărbați și femei întinși complet sau ghemuiți și strânși în ei înșiși, pe care le reia Gauguin în perioada polineziană).

Ei descoperă și justificarea unui tip de desen nou care, în picturi, încercănează formele cu un contur (Manet, Gauguin îl folosesc din plin) sau care trasează formele cu trestia, după o tehnică numită „linie-punct" care l-a inspirat îndeosebi pe van Gogh.

În fine, ei apreciază tentele plate și vii ale acestor gravuri colorate. Absența umbrei – atât a umbrei purtate, cât și a umbrei proprii – face ca aceste culori să fie pretutindeni luminoase, niciodată rupte, dar totdeauna saturate: contrastul lor este considerabil în raport cu pictura întunecată care predomină atunci în arta oficială („zeamă de muscă"). În vara, apoi în toamna lui 1888, *Viziunea după predică* de Gauguin (vezi p. 245) și *Talismanul* de Paul Sérusier (vezi p. 247) sunt construite, de asemenea, exclusiv cu culori pure.

VINCENT VAN GOGH, *Japonezărie. Pod sub aversă după Hiroshige,* 1887, ulei pe pânză, 73 x 54 cm, Amsterdam, Rijksmuseum, Fondation van Gogh.

A picta lumina: impresionismul și neoimpresionismul

Chemarea picturii de *plein air*, calificată de cuvântul „pleinarism", altfel spus de voința de a executa tablourile în exterior, de la prima tușă, pentru a capta efectele de lumină, antrenează o întoarcere la culoarea luminoasă: revenirea a fost marcată până la numirea perioadei cuprinse între 1870 și 1886 drept „anii lumină".

Dar metoda pe care o folosesc impresioniștii pentru a-și satisface dragostea de lumină nu mai este aceea a „amestecului pigmentar" asociind diverse culori sau o culoare cu alb. Procedeul tușei separate le permite mai mult decât a combina intim pe paletă diferiți pigmenți, și anume să pună pe pânză culorile pure, lăsând ochiului spectatorului grija de a opera amestecul optic și, astfel, de a regăsi strălucirea colorată a naturii. Această factură, care trece prin diviziunea tușei, este dusă la punctul său de extremă tehnicitate de Georges Seurat. Observator atent al lucrărilor lui Charles Henry și cititor al *Gramaticii artelor desenului* de Charles Blanc, care îi relevă gândirea lui Chevreul, Seurat utilizează nu numai procedeul tușei separate, dar exploatează și principiul iritării culorilor – iritare care se produce la locul de întâlnire a două complementare și la joncțiunea planurilor de luminozitate inegală. Delacroix încă, examinând umbrele în plin soare, avusese presentimentul acestui fenomen. Într-un proiect nefinallizat al unui *Dicționar al artelor frumoase* el scrie: „Văd de la fereastra mea umbra oamenilor care trec în soare pe nisipul din port: nisipul de aici are o culoare a sa, violetă, dar aurită de soare; umbra acestor personaje este atât de violetă pe cât de galben se face solul". Folosirea de galben și violet, culori complementare, îi apare ca un mijloc de a reda la maximum intensitatea de lumină. Pictura lui Seurat dă acestei intuiții forma unei legi: „Mijlocul de exprimare este amestecul optic al tonurilor, al tentelor (determinate local și ale culorii care dă strălucire: soare, lampă cu petrol, gaz etc.), respectiv al luminii și reacțiile ei (umbre) după legile contrastului degradării iradiației". Și adaugă: „Cadrul este în armonie opusă cu tonurile, tentele și liniile tabloului", principiu a cărui consecință este mărginirea compoziției cu o plasă de mici puncte pictate într-un acord de tente complementare (ca în *O după-amiază de duminică la Grande Jatte* [vezi p. 107]), apoi, începând din 1888, acoperă cu puncte și rama.

Revolta fovilor: culoarea expresivă

Limitându-și ambiția la coproducerea subtilă a efectelor de lumină pe retină, impresioniștii și neoimpresioniștii au uitat că un tablou nu este numai o imitație a naturii, ci trebuie să suscite o emoție. Fără a renunța să interogheze spectrul solar, pictorii care sunt grupați sub calificativul de „fovi" inventează, la rândul lor, un limbaj mult mai puțin dator reproducerii servile a culorilor reale și mai mult căutării emoției pe care aceste culori sunt susceptibile să o provoace.

Termenul „fov" derivă dintr-o vorbă a cronicarului de artă Louis Vauxcelles pentru a descrie strania viziune („Donatello printre sălbatici") pe care o ofereau două mici statui albe ale sculptorului clasicizant Albert Marque, în sala VII a Salonului de toamnă din 1905, unde o duzină de pictori (Georges Braque, Charles Camoin, André Derain, Raoul Dufy, Otto Friesz, Henri Ch. Manguin, Albert Marquet, Jean Puy, Louis Valtat, Kees van Dongen, Maurice de Vlaminck) expuneau tablouri „arhievidente" (Vauxcelles), în culori socotite țipătoare.

Renunțând la puncte și chiar, progresiv, la tușele scurte separate, tinerii artiști (majoritatea sub treizeci de ani), care se expun bătăii de joc a publicului, tratează prin pete lărgite și prin vaste aplaturi de roșu, de galben, de violet și de verde-saturat, fie că este vorba de peisaje scăldate în lumină sau de portrete. Arta lor, în pofida a ceea ce s-ar putea crede, nu renunță total la culorile imitative, cel puțin în perioada de început. Fără

André Derain, *Hyde Park*, 1906, ulei pe pânză, 65 x 100 cm,
Troyes, Musée d'Art Moderne.

probleme, ea aplică la propriu reflecțiile predecesorilor asupra modificării perceperii tonurilor sub efectul culorilor înconjurătoare. S-a inspirat, de exemplu, dintr-o remarcă a lui Gauguin, făcută cu vreo cincisprezece ani mai înainte tânărului Sérusier, exagerat de laudativă la adresa culorilor saturate: „Cum vezi acești copaci? Ei sunt galbeni; umbra este mai degrabă albastră? Pictează-i cu ultramarin curat. Pentru frunzele roșii, pune vermillon".

Dincolo de atașamentul față de optica culorilor, ceea ce caută fovii mai cu seamă este plăcerea, senzualitatea și erotismul tonurilor. Din acest punct de vedere, porecla lor este bine găsită: „fov" vine de la *fulgeor*, care desemnează în Evul Mediu un galben împins către roșu: culoarea blănii sălbăticiunilor, apoi în secolul al XIX-lea chiar a animalelor. Făcând celor două culori un loc larg, cromatismul fovilor se înțelege ca o simfonie a notelor ascuțite. La Londra, în orașul *fog*-ului, unde se duce în iarna rece dintre 1905 și 1906, Derain pictează pânze în care fiecare suprafață, fiecare formă vibrează sub o puternică intensitate a culorilor. În *Hyde Park* drumurile sunt roz, trunchiurile copacilor ocru-roșiatic, iar peluzele un verde uimitor de acid. În *Portretul doamnei Matisse*, numit și *Dunga verde*, pete oranj, verzi, galbene, roz și albastre se dispun, în aparență la întâmplare, pe suprafața tabloului, structurând în realitate arhitectura unui chip care pare să se ivească din masa puternică a umerilor și a gâtului.

Pictura metafizică în secolul al XIX-lea: culoarea ca modalitate a sublimului

Dacă, la fovi, culoarea se emancipează progresiv de motiv pentru a lansa un cântec care îi este propriu, ea rămâne atașată unor forme recognoscibile. Pe scurt, servește la figurare și caută mai mult decât jubilația privirii, răspândindu-se pe pânze ca un foc de artificii în care tentele se înflăcărează.

Totuși, chiar dinaintea apariției fovilor, câțiva pictori au explorat domeniul culorii, detașând-o puțin câte puțin de orice servitute în raport cu motivul. Ei au înlocuit căutarea plăcerii pe care o poate procura reprezentarea unui motiv cu o investigație de ordin filozofic, făcând din culoare o poartă de acces deschisă către absolut, altfel spus către „sublim".

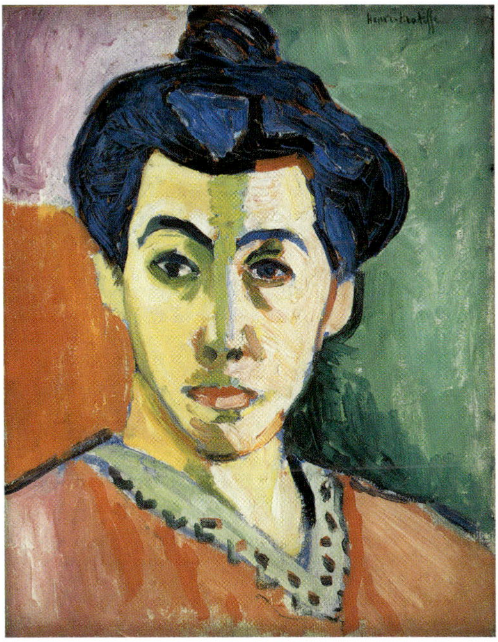

HENRI MATISSE,
Portretul doamnei Matisse,
numit și *Dunga verde*, 1905,
ulei pe pânză,
40,6 x 32,4 cm, Copenhaga,
Statens Museum for Kunst.

Categoria sublimului a fost introdusă în artă de filozoful antic cunoscut sub numele de Pseudo-Longin. Ea conferă picturii, ca și literaturii sau muzicii, misiunea de a iniția oamenii în noțiunile de maiestate și grandoare, dându-le ideea vastelor distanțe cosmice unde frontierele eului, ale individualității, ale singularității sunt îndepărtate. Tradiția ei, reluată în secolul al III-lea d.Hr. de Plotin, a cunoscut un succes considerabil în Epoca Luminilor grație scriitorului britanic Edmond Burke și filozofului Immanuel Kant. În secolul al XIX-lea, prin filozofia lui Hegel care reclamă ca pictura să aibă misiunea de a picta nesfârșitul, ea se află în centrul concepțiilor romantice.
În această epocă, teoria optică a culorilor vine în ajutorul acelora dintre pictori care acceptă provocarea. În 1810, Goethe afirmă în *Teoria culorii* că este suficientă contemplarea unei pete de culoare pentru a se trezi conștiința universalității: pata de culoare pune spectatorul în armonie cu unitatea fundamentală a lucrurilor. Pictorii englezi Turner, în anii 1840–1845, și WHISTLER, mai cu seamă în a doua jumătate a secolului al XIX-lea, realizează tablouri care susțin aceste opinii. O natură imensă copleșește personajele care alunecă în fundal și se șterg aproape în întregime; linia orizontului dispare sau este pe cale să o facă. Aproape golit de motiv, tabloul – un peisaj, adesea o marină – comportă de asemenea puține culori; acoperit de un câmp de tente concentrate pe o porțiune redusă a spectrului, el se situează la limita abstracției.
În Franța, la sfârșitul unei vieți lungi, Monet cunoaște și el tentația unor pânze pictate aproape într-o singură culoare. Realizată în grădina sa din Giverny, seria *NUFERILOR*, din perioada 1898–1926, comportă compoziții cromatice repetate obsesiv de sute de ori în tonuri aproape identice: albastrul asociat cerului care se reflectă în apa heleșteului, deci a mării originare, este, evident, eroul principal.

JAMES ABBOTT McNEILL WHISTLER, *Mare și ploaie,* 1865,
ulei pe pânză, 51 x 73,4 cm,
Ann Arbor, The University of Michigan Museum of Art,
legs Margaret Watson Parker.

CLAUDE MONET, *Nuferi,* 1904,
ulei pe pânză, 200 x 200 cm, Paris, Musée Marmotan.

Secolul XX: apoteoza monocromiilor

Primele tablouri cu adevărat monocrome sunt elaborate abia la sfârșitul primului război mondial, pe baze teoretice sau mistice foarte diferite. Inspirat de matematicianul și misticul Piotr D. Uspenski, pictorul rus Kazimir Malevici încearcă să introducă în tablou o „a patra dimensiune care permite spiritului să pătrundă într-un continuum spațiu-timp". Compozițiile botezate „suprematiste" (pentru că afirmă supremația abstracțiunii) sunt bănuite de a constitui o cale de acces către infinit și către o realitate dincolo de orice formă. Cu *PĂTRAT ALB PE FOND ALB* , din 1918, culoarea care materializează unitatea spectrului dincolo de restul tentelor este aleasă în mod emblematic. „Am rupt frontiera culorii și m-am deschis către alb", scrie pictorul.

Contemporan cu Malevici, un alt rus, Alexandr Rodcenko, pictează și el monocrom, între 1918 și 1921, dar intențiile lui sunt mai mult materialiste decât metafizice. El nu vrea să introducă deloc dimensiunea sublimului, ci să revoluționeze modul de tratare a tabloului considerându-l nu ca un câmp iluzoriu reprezentând un spațiu cu adâncime, ci ca un obiect simplu și direct care nu e departe de a evoca sculptura. Pe scurt, el vrea să semneze actul de deces al tradiției șevaletului. După o eclipsă de aproape treizeci de ani, „aventura monocromă" este reluată în Statele Unite ale Americii în jurul anului 1950 și aproape imediat după aceea pe continentul european. Ca și în anii 1920, se înfruntă două direcții. În timp ce artiștii ca Mark Rothko, în America, Yves Klein, în Franța, rămân atașați de ceea ce criticul american Harold Rosenberg a numit „sectorul tehnologic" al picturii, alții insistă pe singurele „necesități ale picturii", altfel spus trag consecințele planeității obiectului constituite de suportul pictural. Pictorul Frank Stella ilustrează această tendință: începând din 1959, el expune tablouri de mari dimensiuni, acoperite în mod mecanic de o schemă regulată și repetitivă de benzi negre, pe care le pictează, pe o pânză nepreparată, cu un lac din comerț și cu o bidinea de zugrav (*stripe painting*, „pictură de benzi").

Kazimir Malevici, *Pătrat alb pe fond alb*, cca 1918,
ulei pe pânză, 79,4 x 79,4 cm,
New York, Museum of Modern Art.

În astfel de picturi, culoarea are o rațiune de a fi mai mult formală decât existențială: ea nu urmărește nici un scop emotiv, nu intră în nici o dispută metafizică; ea constituie ceea ce rămâne din pictură, o dată ce subiectul și figura au fost excluse și de vreme ce dimensiunea iluzionistă a fost abandonată.

Figura

Înainte de secolul XX și de întronarea abstracțiunii, efortul principal al pictorului este acela de a reprezenta bărbați și femei. Calificativul „figurativ" alipit cuvântului „artă" desemnează literalmente această funcție: înfățișarea formei exterioare a corpurilor, fie pozând în portrete, fie integrate în subiect.

De la semn la corp: inventarea figurii umane

În Evul Mediu, în Occident, pictorii și-au aflat subiectele în Biblie (istoria poporului ales și aceea a Întrupării) și în culegeri de texte hagiografice (Viețile sfinților sau *Legenda Aurea* a lui Jacques de Voragine). Câteodată erau de asemenea reprezentate personaje importante: papi, împărați, suverani. Fresce, mozaicuri, retabluri, icoane în lumea bizantină și anluminuri sunt deci populate cu figuri omenești.

Figura în Evul Mediu: un semn descătușat din învelișul carnal

Totuși aceste figuri nu conving și nici nu încearcă s-o facă. Pictate în general în picioare, înțepenite în poze solemne (hieratice), ele sunt în epoca romanică, de exemplu, îmbrăcate în haine ale căror pliuri par să contrazică cu totul logica reliefului trupului și, dacă acesta are un sex, nu posedă aproape deloc acele caracteristici fizice proprii.
Ar fi de asemenea în van să încercăm să distingem dacă o anume femeie, într-o pictură din secolul al V-lea până în cel de al XIII-lea, este frumoasă sau urâtă, după cum ar fi în zadar să vrem să estimăm vârsta unui copil sau să ghicim dacă un bărbat este slab, gras etc. Prin câteva semne convenite, stereotipe, al căror sens trebuie imediat sesizat de public, artiștii indică particularitățile indispensabile înțelegerii povestirilor pe care le deapănă: talie mică pentru vârsta copilăriei, barbă albă pentru bătrâni, părul despletit pentru prostituate etc.
Această lipsă de realism este asumată. În Evul Mediu, obiectul unei picturi nu este acela de a înșela imitând realitatea și, cu atât mai puțin, de a trezi mirarea sau admirația printr-o virtuozitate naturalistă. Dar imaginile constituie un repertoriu în care oamenii, analfabeți în marea lor majoritate, regăsesc eroicele timpuri ale istoriei sfinte: pentru analfabeți, termenul „Biblia săracului" denumește această funcție care face din scena pictată substitutul cărții.
În afară de rolul mnemonic, imaginea trebuie să-l ducă pe credincios spre contemplare. Altfel spus, rapelul vizual al episoadelor sfinte nu este

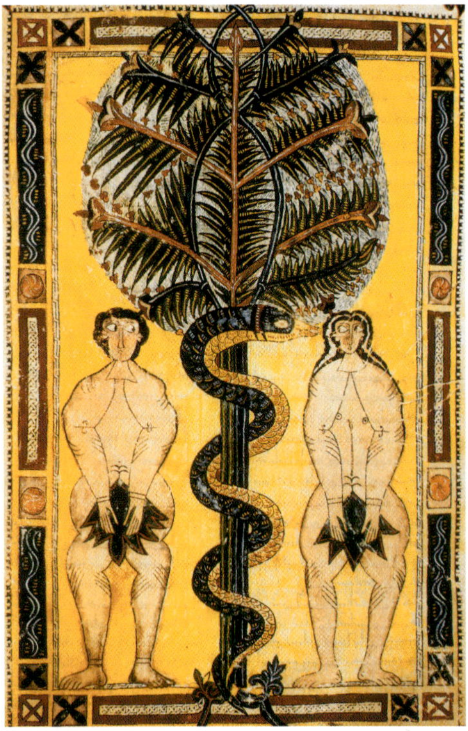

ANONIM (Castilia); *Păcatul originar* sau *Adam și Eva cu șarpele*, sfârșitul secolului al VIII-lea, miniatură din *Comentariul Apocalipsei* de Beatus din Liebana, Madrid, Escorial, Biblioteca del Monasterio, 11,5 folio, 18 r.

decât o etapă: în loc de a admira opera, sufletul creștin trebuie să o folosească ca pe o trambulină care îi permite să se întoarcă spre Dumnezeu.
În aceste condiții, ar fi zadarnic și chiar nociv ca artiștii să pună în operele lor prea multe motive care îndreaptă gândul către lumesc. Descrierea unui corp ar fi cel puțin un prilej de a-l distrage pe spectator, incitându-l să privească cercetător detaliile pictate. Mai rău ar fi să-i suscite pofta, lăsându-l, de exemplu, să vadă îmbietorul trup al Suzanei cea castă. Astfel, când trebuie să reprezinte un nud în scenele Păcatului originar sau ale Judecății de Apoi, pictorii se mulțumesc cu scheme stilizate, unde articularea corpurilor nu răspunde decât aproximativ structurii lor reale și unde culorile, artificiale, nu ar fi în stare să evoce senzualitatea cărnii (BEATUS DIN LIEBANA).

Trecento: apariția corpului veridic

Abia la sfârșitul Evului Mediu pictorii reîncep să fie preocupați de pictarea unor corpuri adevărate și nu a unor simple semne simbolizând personaje. Această schimbare de atitudine, veritabilă revoluție care inaugurează vârsta modernă a picturii, se petrece în Italia în Trecento: influența spiritualității franciscane, interesată să preamărească viața și pe toate creaturile sale, se combină în această zonă cu mentalitatea negustorească în plin avânt, respectiv cu spiritul concret al „negustorilor-bancheri" care, mecena de asemenea, sunt însetați să regăsească lumea reală în interiorul operelor a căror execuție o finanțează.
Giotto, cel mai mare pictor din Florența în jurul anilor 1300, relevă această transformare prin maniera de a picta figurile. În frescele și retablurile sale, inventează personaje cu dimensiuni impunătoare, a căror masă apasă evident asupra solului și ale căror corpuri, bine construite, umplu hainele, modulate de un clarobscur care arată formele în loc să le disimuleze. În 1310, pictează o *Maestà* (Florența, Uffizi) și lasă să se ghicească sub rochia colorată într-un albastru-închis sânii grei și șoldurile puternice ale Fecioarei; *Sfântul Francisc primind stigmatele*, de la Muzeul Luvru, este bine înfipt pe pământ și haina sa lungă de stofă, întinsă de genunchiul drept îndoit, înfășoară amplu corpul și îi subliniază structura (vezi p. 183); în *Haina dată*, de la Assisi (vezi p. 70), același sfânt și săracul pe care-l ajută poartă veșminte, dar, notă distinctă, o bonetă albă din ață și o pălărie care-i situează în timp și într-un grup social; în fine, în fresca *VERIFICAREA STIGMATELOR* de la Capela Bardi din Santa Croce din Florența, cadavrul fondatorului Ordinului franciscan este înconjurat de călugări cu corpolență, vârste și chiar cu caracteristici personale ale părului pe care pictorul a avut grijă să le distingă. Pe scurt, figurile lui Giotto sunt pentru prima oară niște corpuri credibile, care au personalitatea lor fizică și care sunt situate într-o epocă definită, apropiată de aceea a pictorului. În plus, aceste figuri resimt emoții pe care le manifestă prin gesturi și prin expresii, ceea ce este tot atât de nou. În fragmentul păstrat din *VERIFICAREA STIGMATELOR*, cei trei bărbați care se agită în jurul Sfântului Francisc revelează trei atitudini mentale diferite în fața miracolului pe care îl constituie prezența stigmatelor pe cadavru și în fața dramei care

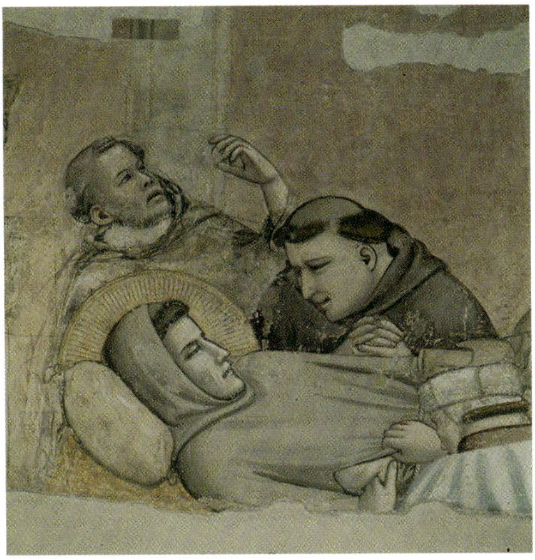

GIOTTO, detaliu din *Verificarea stigmatelor*, cca 1325, frescă de 280 x 450 cm, deteriorată, Florența, Santa Croce, Capela Bardi.

Corpul văzut din față, apoi din spate: o revoluție în modul de reprezentare

În operele medievale, personajele sunt reprezentate în așa fel încât să li se vadă chipul. În tablouri, Dumnezeu și sfinții așezați pe tronuri sau în picioare sunt pictați din față (vezi p. 38). Poziția din profil este rară și sugerează deplasarea figurilor. De exemplu, în broderia din Bayeux, Wilhelm Cuceritorul și Harold al Angliei sunt văzuți din față atunci când prezidează consiliul sau când benchetuiesc și din profil, ca și oamenii lor, când merg la luptă.

Evul Mediu: primele tentative de însuflețire a figurii

Câteodată, pictorul din Evul Mediu însuflețește figura. Miniaturistul carolingian care-l reprezintă pe evanghelistul Marcu, la sfârșitul secolului al VIII-lea, îl așază cu picioarele apropiate, dacă nu chiar unul peste altul (poziție de *otium* sau de „relaxare", ceea ce, în acest caz, o reprezintă activitatea intelectuală), bustul din față, dar umărul lui drept într-un racursi ușor pentru a înfățișa mâna scriind în carte spre dreapta, cu capul întors în stânga către leul care-i dictează cuvintele.

Această poziție este imposibilă sau, cel puțin, inconfortabilă: ea rezultă din grija artistului de a figura dinamic personajul fără a sacrifica reprezentarea chipului.

Anonim, *Sfântul evanghelist Marcu*, 781–782, miniatură, Paris, Bibliothèque Nationale de France.

Giotto: folosirea profilului

La peste cinci secole după miniatura reprezentându-l pe evanghelistul Marcu, frescele lui Giotto sunt modele de aranjamente complexe ale personajelor pe care pictorii, de acum înainte, vor încerca să le perfecționeze.

Într-o epocă în care artiștii au dificultăți să dispună în imagine figuri numeroase (experiențele legate de perspectivă sunt la

Giotto, *Sărutul lui Iuda*, numit și *Prinderea lui Iisus*, 1304–1306, frescă, 200 x 185 cm, Padova, Capela Scrovegni.

Caspar David Friedrich, *Călătorul deasupra mării de nori,* cca 1818, ulei pe pânză, 98,4 x 74,8 cm, Hamburg, Kunsthalle.

Caspar David Friedrich: ocultarea feței

În timp ce, în *Prinderea lui Iisus,* Giotto era preocupat să arate toate chipurile, cu excepția bărbatului cu glugă, Caspar David Friedrich pictează un corp în întregime văzut din spate, siluetă neagră, singură într-un peisaj cu nori și stânci, sesizată într-o așa manieră încât nu putem să-i contemplăm figura.

Scopul unui asemenea punct de vedere este acela de a permite spectatorului să se proiecteze mai ușor în personajul anonim care meditează asupra peisajului în loc să fie distras de fizionomia acestuia.

Tabloul caută să dea sentimentul sublimului: impresia de splendoare, dar și de nimicnicie pe care o produce spectacolul măreției naturii. Ocultarea chipului, adică disoluția a ceea ce poate cel mai bine să marcheze individualitatea într-un corp, este metafora vizuală a acestei topiri a subiectului în „totul“ cosmic, a cărui incantație o face pictorul romantic german.

început), Giotto stabilește în jurul lui Iisus și al lui Iuda, pe mai multe rânduri paralele în planul picturii, mulțimea soldaților și a apostolilor. În fundal, peste capetele bărbaților așezați în primul plan, se văd numai căștile soldaților. Patru profile se decupează, în stânga, eșalonate oblic în adâncime. În față, un personaj cu o mantie grea îl arată pe Iisus cu un gest larg al brațului.

Jumătatea stângă a picturii este ocupată de trei siluete văzute din spate sau aproape din spate. Iuda, pe cale să-l îmbrățișeze pe Iisus, un bărbat cu glugă și Petru tăindu-i urechea sclavului marelui preot. Aceste figuri înfățișate din spate sunt noi în pictură: caracterul insolit al reprezentării lor și folosirea sistematică a profilului (nici una dintre figuri nu este văzută din față) sunt utilizate pentru a deconcerta privirea și a crește impresia de agitație, de dezordine, pe care trebuie s-o producă scena.

este moartea. Singurul laic, în dreapta, recognoscibil după bonetă și gulerul de hermină, este un sceptic de genul Sfântului Toma: primul său imbold este de a ridica o bucată din haina sfântului pentru a verifica prezența rănii laterale. Fratele de vârstă medie, cu torsul bine construit, se apleacă asupra mortului, grimasa chipului și mâinile împreunate fiind expresia unei dureri care reprezintă deja acceptarea fatalității. În fine, tânărul franciscan de la capul patului ridică privirea către cer și înalță mâna: echivalent masculin și mai reținut al bocitoarelor din Antichitate, el reprezintă faza violentă a suferinței, cea care nu acceptă moartea. Se va remarca și că aceste personaje din jurul sfântului al cărui chip este văzut din profil sunt pictate fiecare într-o poziție diferită: laicul din spate, călugărul corpolent din trei sferturi, și tot din trei sferturi dar dintr-un punct de vedere invers, tânărul frate.

Pentru diversitatea gesturilor și a expresiilor ca și pentru aceea a tipurilor fizice, picturile lui Giotto dovedesc o bogăție a invenției fără precedent. În căutarea unei dinamici complexe și a unei atitudini specifice pentru fiecare personaj, operele care formează deseori cicluri cu compartimente numeroase și vecine evită să obosească privirea și permit spectatorului să înțeleagă starea de spirit a fiecărui participant și funcția sa în istoria generală.

Secolul al XV-lea: interpretarea flamandă

Detaliu din *Portretul soților Arnolfini* de VAN EYCK: Giovanna Cenami. Vezi și pagina 4.

În întreaga Europă a secolului al XV-lea, toți pictorii se preocupă să reprezinte figuri realiste. În Flandra, înfățișarea corpului începe prin redarea lui din trei sferturi care permite, mai bine decât pozițiile frontale sau din profil, sublinierea volumului fizic. Ea presupune de asemenea o muncă semnificativă asupra drapajului, pe care îl favorizează materialele grele, anvelopând larg corpurile și recăzând la pământ în pliuri grele („pliseuri necălcate"). Tânăra Giovanna Cenami (acesta este numele ei), din PORTRETUL SOȚILOR ARNOLFINI de van Eyck, este un bun exemplu al figurilor pictate din trei sferturi și îmbrăcate în veșminte voluminoase: în acest caz, o rochie atât de amplă încât mulți au bănuit că doamna, de curând măritată, era deja însărcinată... Grija de a sublinia densitatea fizică îi conduce pe flamanzi și să picteze alături de corpuri primele umbre purtate. Aceeași preocupare pentru verosimilitate îi împinge să figureze pe trupul personajelor amănunte care amintesc o realitate a organismului, respectiv a unei fiziologii și a unei patologii specifice: în *Bărbatul cu garoafă* (vezi p. 33), în *Madona cancelarului Rolin* (vezi p. 191), în *Fecioara canonicului van der Paele* (Brueges, Muzeul Groeninge), fețele modelelor (bărbați la maturitate sau bătrâni) au pielea ridată, cu cicatrice, umflate de veruci și cu vene proeminente, porii lărgiți și fire de păr anapoda.

În fine, în tablourile unde sunt adunate mulțimi, flamanzii distribuie figurile în așa fel încât niciodată vreuna dintre ele nu seamănă cu aceea de alături. În ADORAȚIA MIELULUI MISTIC de exemplu, van Eyck îi tratează pe fiecare dintre bărbații din

JAN VAN EYCK, *Adorația Mielului mistic*, compartiment din *Polipticul Mielului mistic*

grupurile adunate în jurul unei fântâni a Vieții în maniera portretelor pestrițe: lângă un bărbat chel, așază un individ cu o claie de păr, lângă un tânăr, unul mai în vârstă; lângă un bărbos, un chip bărbierit; lângă un brunet, un roșcat etc.

Aportul Italiei în Quattrocento: nudul

Pictorii italieni care-i urmează lui Masaccio, către 1425, nu ignoră aportul giottismului și, foarte curând, înnoirile naturaliste ale flamanzilor. Dar contribuția Italiei la istoria reprezentării corpului, în secolul al XV-lea, constă în mod esențial în introducerea unui subiect nou în tablouri: nudul, îndeosebi cel feminin.

Fără îndoială că unul dintre cele mai frumoase nuduri pictate în această epocă este *Eva* din *Polipticul Mielului mistic* de van Eyck, respectiv o imagine flamandă. Cu pântecele ei umflat, sânii mici și foarte ridicați, al căror ecou este rotunjimea fructului ținut în mână, curba plină a coapselor și linia mai întunecată care alunecă de la ombilic la părul vizibil al pubisului, Eva pictată de van Eyck este opera cea mai senzuală pe care a produs-o Evul Mediu la finele său. Ea constituie și un anacronism absolut, o invenție care nu se regăsește în alt exemplu, în Nord, în întregul secol al XV-lea. Căci în Italia apar și devin din ce în ce mai numeroase imaginile corpurilor goale. *Adam și Eva alungați din paradisul terestru* de Masaccio furnizează primul exemplu convingător (vezi p. 9). După ce restauratorii au îndrăznit să înlăture frunzele pudorii, fresca a apărut în cruda ei evidență: fiecare urmărit de umbra sa, corpul puternic sexuat al primului bărbat și cel al primei femei sunt pictate cu o exactitate anatomică surprinzătoare, iar clarobscurul îi face să semene mai degrabă cu niște sculpturi. Masaccio n-a încercat să redea corpurile seducătoare: frumusețea lui Adam este întunecată de atitudinea lui, spatele curbat, obrazul înfundat în mâini; Eva, cu bustul rectangular, greu, pare cu totul lipsită de grație, iar chipul îi este urâțit de grimasa cu care își exprimă durerea: sprâncenele apropiate într-un „V" răsturnat și gura deschisă într-un urlet.

A trebuit ca nuditatea să se deplaseze de la subiectele religioase către temele mitologice, pentru ca unui corp să i se confere putere de seducție, altfel spus de la Eva Vinovata, dezvelindu-și goliciunea după ce a săvârșit păcatul, la Venus, mândră de corpul ei și făcând din el un obiect de paradă. Această deplasare se produce, în a doua jumătate a secolului al XV-lea, la Florența unde înflorește idealul de frumusețe al neoplatonismului. Înainte de a izbucni reacția savonaroliană, acest ideal este încarnat de opera unui artist: Sandro Botticelli. La începutul anilor 1480, în *Primăvara* (Florența, Uffizi) și în *Nașterea lui Venus*, două opere executate pentru vărul lui Lorenzo Magnificul, „o nimfă de o extremă grație" (cum scrie fondatorul școlii neoplatoniciene, Marsilio Ficino) apare, singură sau în compania altor fete, dezbrăcate și delicate aidoma figurilor feminine care ornează sarcofagele antice și care au constituit sursa de inspirație. În *Primăvara*, curba zveltă a corpurilor este melodic acompaniată de liniile fluide ale voalului foarte fin care

Sandro Botticelli, *Nașterea lui Venus*, 1484–1486, tempera pe lemn, 172 x 278,5 cm, Florența, Uffizi.

nu ascunde nici sânii, nici fesele și care, strângându-se între picioare, subliniază triunghiul pubisului. Dar în a doua pictură, voalul este suprimat, și corpul delicat și alb al lui Venus apare, în întregime gol, din cochilia scoicii care o conduce la țărm.

Alte contribuții din secolele al XV-lea și al XVI-lea: corpul în toate ipostazele lui

Descoperirea corpului de bărbat și a celui de femeie, cu începere din Renaștere, dreptul sau datoria pe care pictorii și le recunosc de atunci încolo de a arăta frumusețea trupurilor, diversitatea lor și de a le înfățișa în toate pozițiile posibile, antrenează o răsturnare a obișnuințelor picturale. Prima dintre aceste modificări este trecerea de la o reprezentare statică a figurilor la situații dinamice. Rupând cu atitudinile înțepenite ale picturii medievale, artiștii Renașterii timpurii dau personajelor lor posturi însuflețite, în spiritul a ceea ce făcuse Giotto arătând gesticulația franciscanilor lângă năsălia fondatorului ordinului (vezi p. 131). La sfârșitul secolului al XV-lea, Leonardo da Vinci consacră

Corpul lui Venus

Mitologia greacă povestește că un prinț-păstor, Paris, a fost ales să o desemneze pe cea mai frumoasă dintre zeițele Afrodita (Venus), Hera (Junona) și Atena (Minerva). Judecătorul de ocazie, care avea să o răpească apoi pe Elena, cea mai frumoasă dintre muritoare, a ales-o pe Afrodita, zeița care reprezenta dragostea în înțelesul de sexualitate, mai apreciată decât cele care întruchipau nevasta virtuoasă sau o luptătoarea inteligentă. La sfârșitul secolului al XV-lea, când o înfățișează pentru prima oară pe Venus, în centrul unei picturi de mari dimensiuni, Botticelli încearcă dacă nu să desexualizeze corpul zeiței, cel puțin să dea frumuseții ei un sentiment de puritate; el suprapune o „Venus terestră“ (naturală) unei „Venus celeste“ (ideală).

Îngustimea umerilor

Contrar statuilor antice, unde umerii formează o orizontală, partea superioară a bustului lui Venus este construită ca un triunghi cu vârful în sus. Astfel, privirea alunecă de la chip la brațe și îndeosebi către brațul stâng (care atinge ușor șoldul), urmând o linie neîntreruptă, identică celei care stabilește mișcarea pletelor.

Albeața pielii

Pielea ei are culoarea fildeșului: un alb ușor colorat cu galben și ici colo cu nuanțe de roz. Imaculata perfecțiune a corpului său nu evocă o carnație naturală, ci suprafața unei statui. Silueta reprezentată nu întreține nici un raport cu vreunul dintre organele corpului; fermitatea și conturul net al trupului, pe care un ușor clarobscur nu reușește să le atenueze, nu sugerează câtuși de puțin ideea de carne caldă și suplă.

Pletele

Ornament al corpului feminin eminamente erotic – singura componentă a sistemului pilos feminin care se vede în afara sferei intime – părul lui Venus se desfășoară în lungi arabescuri care îi ating anatomia ca o mângâiere drăgăstoasă. Mișcarea șuvițelor ilustrează precizările lui Alberti din *De pictura:* „Doresc [...] ca părul [...] să se înfășoare ca și cum ar vrea să se înnoade, să se unduiască în aer imitând flăcările, ba să alunece precum șerpii pe sub alte șuvițe, ba să se umfle într-o parte și în alta“.

Chipul

Foarte tânăr, gura strânsă și ochii deschiși la culoare, chipul seamănă cu cel al Fecioarei pe care a pictat-o Botticelli. Expresia arată o dulce melancolie, sentiment care nu se întâlnește niciodată în statuile feminine antice. Delicatețea trăsăturilor sugerează o bunătate morală care purifică și, într-o privință, creștinează zeița păgână.

Atitudinea

Atitudinea lui Venus se inspiră din statuile antice denumite Venus pudice: una din mâini se așază pe piept, cealaltă pe sex. În realitate, mâinile nu ascund nimic: un sân rămâne total la vedere, iar părul, aplicat pe locul de întâlnire a picioarelor ca o cârpă a pudorii, sugerează ideea, cu atât mai senzuală cu cât reprezentarea este interzisă la vremea aceea, de păr pubian.

Șoldirea

Sprijinindu-se pe piciorul stâng cu toată greutatea, Venus își ține piciorul drept retras în spate și ușor ridicat. Această atitudine inspirată din statuile antice, mai exact din cele elenistice, este numită „șoldire“ sau, în italiană, *contrapposto*.

Totuși, în contrast cu predecesoarele sale antice, Venus a lui Botticelli este lipsită de aplomb: greutatea ei este mutată într-o parte (în acest caz către dreapta noastră) în loc de a fi repartizată egal de o parte și de alta a axei corpului.

Astfel, Venus pare extraordinar de ușoară: ea plutește, să spunem așa, deasupra valurilor, dar și deasupra cochiliei. Corpul formează o curbă în raport cu o dreaptă verticală care ar urca de la călcâiul piciorului de sprijin, și această curbă conferă un ritm armonios tabloului.

astfel un caiet întreg considerațiilor asupra mișcărilor fizice: *Codex Huygens*, manuscris al cărui original s-a pierdut, dar din care s-au păstrat, interpretate de un discipol, textele și desenele (New York, The Pierpont Morgan Library).

Problema echilibrului

Interesul pentru mișcare îi obligă pe pictori să rezolve problema echilibrului corpului, a coerenței dintre părțile sale când acesta se află angajat într-o mișcare sau când este inactiv și, în sfârșit, pe aceea a tratării în racursi a anatomiei în întregime sau a unor detalii ale ei. Alberti, în *De pictura*, dă o mare importanță acestor prime probleme. El se interesează în special de pondere: „Am observat că, în orice poziție, tot corpul omului este subordonat capului, care este membrul cel mai greu dintre toate. Dacă trupul trebuie să se sprijine pe un singur picior, acest picior, ca baza unei coloane, va fi mereu plasat perpendicular sub cap, iar chipul celui care se află în această poziție va fi aproape întotdeauna întors în aceeași direcție cu piciorul". Această definiție a justei poziții șoldite, care îl infirmă pe Botticelli (vezi p. 137), va fi înțeleasă și reprodusă de numeroși artiști cititori ai lucrării lui și de generații de pictori copiatori ai operelor având ca sursă de plecare chiar principiile lui Alberti. Observațiile asupra greutății capului, poziția relativă a lui în raport cu piciorul care susține corpul se regăsesc de altfel în manuscrisul lui Leonardo da Vinci. ADAM ȘI EVA a flamandului Jan Gossaert, numit Mabuse, de la începutul secolului al XVI-lea, îi arată pe primul bărbat și pe prima femeie în poziție șoldită. Între gât și călcâiul pe care se sprijină ar putea trece un fir cu plumb, iar chipul le este orientat în direcția piciorului care suportă greutatea.

JAN GOSSAERT, numit MABUSE, *Adam și Eva*, 1532, ulei pe lemn, 56 x 37 cm, Madrid, Colecția Thyssen-Bornemisa.

Elemente de susținere a acțiunii dramatice: „racursi", mișcări violente și atitudini dezechilibrate

Reprezentarea unei siluete în picioare și stabilă permite punerea în valoare a corpurilor pentru prima dată dezbrăcate. Invers, evocarea situațiilor dramatice din punct de vedere fizic, cu trupuri brutalizate, rănite, martirizate, chiar cu cadavre, presupune de cele mai multe ori ca acestea să fie ori răsturnate pe spate ori, în orice caz, private de echilibru. Încă din secolul al XV-lea, doi pictori, Paolo Uccello și Andrea Mantegna, au înțeles puterea dramatică a unor asemenea reprezentări și le-au exploatat prin tehnica „racursiului", altfel spus a reprezentării deformate a motivului – în acest caz a corpului – sub efectul unei perspective brutale. Astfel *Hristos mort* al lui Mantegna (vezi p. 116) este văzut de la picioare: mai apropiate de spectatori, acestea sunt de o mărime considerabilă față de cap. Cadavrul înfundat în armură, din versiunea londoneză a *BĂTĂLIEI DE LA SAN ROMANO* de Uccello, zace pe pământ într-o poziție similară, culcat pe burtă și nu pe spate.

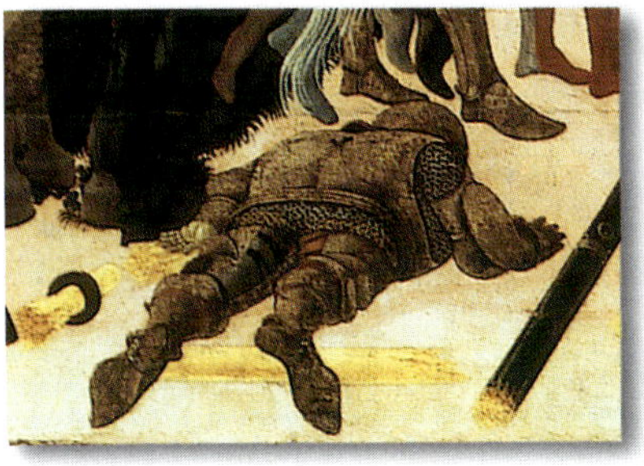

PAOLO UCCELLO, *Bătălia de la San Romano* (ansamblu și detaliu), cca 1450, tempera pe lemn, 182 x 320 cm, Londra, National Gallery.

În secolul al XV-lea, pictorul venețian Jacopo Robusti, numit Tintoretto, face și el uz sistematic de racursiuri, dar multiplică și reprezentările în poziții instabile ale unor corpuri. În *MASACRUL INOCENȚILOR*, figurile sunt grupate la diferite niveluri de adâncime. Nici una dintre ele, cu excepția cadavrelor, nu este fixată într-o atitudine de imobilitate. În primul plan, la dreapta, se găsește, în poziție verticală, un soldat care ține de picioare un copil cu brațul drept ridicat, bustul întors dintr-o parte și capul orientat în partea cealaltă; el face un pas mare și își sprijină pe jumătate piciorul pe un corp căzut la pământ: poziția, greu de păstrat, înregistrează instantaneul unei mișcări care accentuează umflarea către înapoi a capei. Toți ceilalți figuranți, mame, călăi și nou-născuți, sunt pictați cu aceeași intenție dinamică: corpurile, lungite la pământ, sunt văzute în racursi,

TINTORETTO (Jacopo Robusti, numit), *Masacrul inocenților*, 1582–1587, ulei pe pânză, 422 x 546 cm, Veneția, Scuola Grande di San Rocco.

unele siluete s-au inversat vertical (precum mamele care se apleacă peste zid pentru a prinde sau a înlănțui copii), pozițiile sunt chircite și, în orice caz, efemere: femei și bărbați luptând, pe cale de a cădea sau de a se ridica, sau târându-se pe pământ.

Majoritatea celorlalte picturi ale lui Tintoretto recurg la gesturi la fel de exagerate și la corpuri văzute în racursi, fie că este vorba despre reprezentarea unui furt (*Răpirea corpului Sfântului Marcu*, Veneția, Galleria dell'Accademia), a unui supliciu (*Sfântul Marcu eliberând un sclav*, aceeași localizare), a *Răstignirii* (pânza majoră a ciclului de la Scuola Grande di San Rocco din Veneția) sau chiar a unor scene a priori mai puțin tragice.

Evident, vivacitatea efectelor dramatice astfel obținute nu a rămas fără efect. La începutul secolului al XVII-lea, conceperea unei pânze atât de impresionante ca *Ridicarea Crucii* de Peter Paul Rubens din catedrala din Anvers, cu corpul lui Hristos traversând compoziția în diagonală, muncitorii sprijinind ca niște arcuri înălțarea crucii, nu ar fi fost posibilă fără vizita pictorului flamand la Scuola Grande di San Rocco, în timpul șederii sale în Italia (1600–1609). Ciclurile romane ale lui Caravaggio pot de asemenea să fie cu greu imaginate fără experimentările aceluiași venețian. La San Luigi dei Francesi, unde trei tablouri povestesc legenda Sfântului Matei, Caravaggio multiplică mișcările sesizate pe viu (Matei trăgându-se înapoi, surprins, și arătându-se cu degetul când Iisus îl interpelează, în *Chemarea Sfântului Matei*), posturile ghemuite (evanghelistul sprijinindu-și un genunchi pe un taburet care se răstoarnă în *Sfântul Matei și îngerul*) și corpurile văzute în racursi care evită sau se aruncă la pământ pentru a scăpa de un pericol *(Martiriul Sfântului Matei)*. La Santa Maria del Popolo, cele două pânze consacrate vieții Sfântului Petru și a Sfântului Pavel reprezintă, amândouă, întâmplări cu căderi sau răsturnări. *Convertirea Sfântului Pavel* (vezi p. 203) îl arată pe Saul, cum se numea sfântul înainte de a se creștina, răsturnat de pe cal, orbit temporar de lumina divină: el cade pe pământ și corpul său, în racursi în primul plan, se înscrie oblic în compoziție.

CARAVAGGIO (Michelangelo Merisi, numit),
Țintuirea Sfântului Petru, 1601, ulei pe pânză, 230 x 175 cm,
Roma, Santa Maria del Popolo, Capela Cerasi,
peretele lateral stâng.

ȚINTUIREA SFÂNTULUI PETRU, numit așa pentru a se face distincția între răstignirea pe cruce a lui Iisus și aceea a discipolului Său, înfățișează corpul fondatorului Bisericii cu capul în jos în ușor racursi: sfântul își ridică bustul într-un efort fizic care nu e sortit să dureze, tot atât de mare ca și acela, de asemenea dificil și, ca atare, obligatoriu scurt al lucrătorilor pe cale să împingă crucea, să o salte sau să o tragă cu o funie.
Într-un anume mod, se poate spune că nu doar arta lui Rubens și aceea a lui Caravaggio s-au născut din vehemența lui Tintoretto, ci toată pictura barocă, cu batalioanele sale de îngeri zburând către cer, gestica adesea paroxistică și posturile constant dezechilibrate ale figurilor.

„Licențele" pictorului: varietatea și gratuitatea atitudinilor

Reprezentarea corpurilor în poziții insolite îi permite pictorului să surprindă și să-și manifeste virtuozitatea în măsura în care această redare corespunde unor intenții dramatice. Totuși o gestică exagerată sfârșește prin a plictisi la fel de sigur cum o va face și absența mișcării. Numeroși teoreticieni și pictori au fost conștienți de acest risc. Ei au diversificat mișcările supunându-le obiectivului „variației", pe care l-a formulat, și în acest domeniu, Leon Battista Alberti: în *De pictura* sunt identificate și cerute într-o operă „șapte direcții" de mișcare, „către înalt și către jos, către dreapta și către stânga, îndepărtându-se de noi sau revenind spre noi, și în cerc".
Alți artiști, în primul rând venețianul Paolo Cagliari, numit Veronese, au avut ambiția de a picta adevărate spectacole, mașini teatrale punând în scenă zeci de figuranți, cu toții săvârșind gesturi care povestesc o mică întâmplare. *Banchetele* executate în anii 1560-1570, pânze imense destinate să ornamenteze sălile-refectoriu ale mânăstirilor, numite *Cina, Nunta din Cana, Banchet în casa lui Levi* sau *Masa de la Simon,* sunt ocazii visate de a înfățișa „detalii de admirat" (după expresia unui cronicar al timpului): pantomime pe care privirea spectatorului le decriptează cu ușurință.
Astfel, în BANCHET ÎN CASA LUI LEVI, numit inițial *Cina*, aproape cincizeci de figuranți, printre care un pitic bufon și un câine, aglomerează o structură arhitecturală de mari dimensiuni, în formă de loggia, la care se ajunge pe niște scări. Pe brațul drept al acestei scări, un servitor în uniformă de halebardier german duce la buze un pahar pe care tocmai îl strânsese de la masă: se înțelege că termină vinul. Pe rampa stângă, un alt servitor se apleacă peste balustradă, cu o batistă în mână: nasul îi sângerează. Nici unul dintre aceste gesturi, trebuie spus, nu este prevăzut în Evanghelie; nici unul nu este necesar pentru înțelegerea scenei. Pus să se explice în fața tribunalului Sfintei Liturghii, altfel spus în

VERONESE (Paolo Cagliari, numit), *Cina în casa lui Levi* (detalii), vezi p. 76.

fața Inchiziției, Veronese a găsit această frumoasă justificare: „Noi ăștia, pictorii, ne luăm aceleași licențe ca și poeții și nebunii". Personajele incriminate, afirmă el, sunt „ornamente" și „figuri din închipuire"; pictându-le, nu a avut de gând să „facă rău", ci să umple spațiul conform cu „fantezia" sa îndreptățită.

Interpretarea manieristă a figurii: „stilul" împotriva imitației

Această „fantezie" pe care o apără Veronese este o calitate caracteristică, se poate spune, într-un anume fel pictorilor din a doua jumătate a secolului al XVI-lea. În timp ce în alte epoci artiștii se prefac că dispar cu modestie în umbra imitării modelului, adică a naturii, sau că-și limitează ambiția la respectul convențiilor stilistice ale momentului, fie că sunt gotice, clasice, baroce etc., pictorii de pe la 1520–1600 revendică dreptul la o *manieră* proprie fiecăruia, respectiv la un stil care să le facă recognoscibilă personalitatea în oricare dintre tablourile lor.

Este probabil că exaltarea conștiinței de sine, tipică filozofiei umaniste din secolele al XV-lea și al XVI-lea, a favorizat această tendință a pictorilor de a-și manifesta ego-ul. Lupta dusă atunci pentru demnitatea meseriei, ideea care începe să apară în epocă, conform căreia artistul este o individualitate singulară, un „geniu" ireductibil la oamenii obișnuiți, sunt, cu siguranță, la fel de responsabile de această evoluție.

Oricum ar fi, înflorirea stilurilor personale sau, mai exact, exagerarea deliberată a caracterelor care le identifică maniera de a picta, găsește în problema tratării corpurilor un loc de exprimare privilegiat.

Este imposibil să enumerăm aici diversele soluții pe care pictorii le-au găsit în această epocă pentru a reprezenta corpuri după o manieră care să le fie proprie: aceste soluții, prin definiție, sunt la fel de numeroase pe cât sunt artiștii. Este suficient de remarcat că atât criticii timpurilor trecute, cât și cei moderni au utilizat pentru descrierea personajelor calificative care, toate, aparțin registrului stupefacției și chiar al dezaprobării: „excentric, caricatural, furios" se întâlnesc, de exemplu, în legătură cu eroii pictați de florentinul Rosso, „bizar" sau „prea încărcat" referitoare la cele ale lui Pontormo (ultimul termen îi aparține lui Vasari), „experimental" când este vorba de acelea ale venețianului Lorenzo Lotto, „fantast" (după abatele Lanzi, în secolul al XVIII-lea), sau încă „sofisticat și monden" (apropo de Bronzino).

Totuși, în loc de a studia sistematic figurile, putem încerca unele comentarii. În grația și sofisticarea sau în violența și asprimea lor – ultimele fiindu-i proprii lui Rosso Fiorentino –, corpurile manieriste posedă câteva caractere comune: deformările anatomice sunt frecvente și pozițiile, determinate de considerații care țin de căutarea armoniei mai mult decât de o fizică imitativă, sunt uneori imposibile.

În ALEGORIA LUI VENUS ȘI CUPIDON de Bronzino, de exemplu, nudul alb al zeiței și cel al tânărului Amor sunt organizate de linii artificiale: o ondulație continuă care merge de la indexul delicat ridicat al lui Venus la mâna sa care ține mărul de aur, și de la chipul lui Amor la degetele piciorului drept urmând cambrarea șalelor și contracurbele pulpei și ale gambei îndoite.

Această linie melodioasă, numită „serpentină" (*linea serpeggiante)*, se regăsește nu numai la Bronzino, dar și la alți artiști: de exemplu, la anatomia Sfântului Ioan Botezătorul din *Viziunea Sfântului Ieronim* de Parmigianino (vezi p. 99) sau în silueta Fecioarei în *Madona cu gâtul lung* de același artist. Mai mult sau mai puțin ondulată și răsucită, linia serpentină este menită să dea figurilor un dinamism pe cât de eficace pe atât de elegant, conferind corpurilor o asemănare cu „forma flăcării", după părerea teoreticianului venețian, din secolul al XVI-lea, Giovan Paolo Lomazzo.

În MADONA CU GÂTUL LUNG de Parmigianino, unicitatea stilului nu rezidă numai în linia lungă care șerpuiește de la capul Fecioarei până la vârful delicat al piciorului trecând prin brațul ei și prin corpul lui Iisus adormit. Alte elemente dau reprezentării un aspect de irealitate care fascinează și neliniștește în același timp: astfel, disproporția evidentă a gâtului Madonei care a dat titlul panoului, alungirea mâinii și a degetelor, sau a bustului Pruncului, ori ondulațiile țesăturii, umflată în pliuri grele la mantie și încrețită pe pântece ca și cum frecarea de corp ar fi electrizat-o.

BRONZINO (Agnolo di Cosimo, numit), *Alegoria lui Venus și Cupidon*, sau *Venus și Cupidon între Timp și Nebunie*, 1540–1545, ulei pe lemn, 146 x 116 cm, Londra, National Gallery.

PARMIGIANINO (Francesco Mazzola, numit) *Madona cu gâtul lung*, 1535–1540, ulei pe lemn, 214 x 133 cm, Florența, Uffizi.

EPOCA CLASICĂ: A PICTA MIȘCĂRILE SUFLETULUI

În afară, poate, de arta barocă, încercările de virtuozitate făcute de artiști, îndeosebi de italienii din Cinquecento, în legătură cu reprezentarea corpurilor, cedează loc în secolul al XVII-lea unor atitudini mai logice și moderate care nu mai au ca scop uluirea spectatorului, ci revelarea în fața inteligenței lui a emoțiilor pe care le resimt personajele.

Protoistoria reprezentării emoțiilor

De la sfârșitul Evului Mediu, gesturile au fost privite de pictori și teoreticieni ca un mijloc de manifestare a stărilor sufletești. Alberti formulează astfel ideea: „Povestea va atinge sufletele spectatorilor când bărbații care sunt pictați acolo își vor manifesta foarte vizibil trăirile [...]. Dar aceste trăiri ale sufletului sunt revelate de mișcări ale corpului"; iar Leonardo da Vinci merge mai departe: „[...] Pictorul bun are două lucruri de reprezentat: personajul și spiritul său [...]. La aceasta se ajunge prin gesturile și mișcările membrelor".
Gesturi, puțin numeroase, dar a căror semnificație este foarte clară, explică atunci atitudinile corporale, care intenționează să traducă stările sufletești. În anii 1300, exhibarea durerii, în special, dă loc la demonstrații codificate: îndoliații își împreunează mâinile (Giotto, *Verificarea stigmatelor*), își frâng degetele, își smulg părul, își sfâșie hainele și pieptul (acest gest, surprinzător de peren, se regăsește, patru sute de ani mai târziu, la bătrâna din centrul picturii SABINELE de Jacques Louis David).
În secolul următor, noi atitudini îmbogățesc acest prim repertoriu: împrumutată din limbajul gestual al călugărilor intrați sub jurământul tăcerii și din cel folosit de negustori pentru a număra, mișcarea degetelor subliniază discursul celor care argumentează în scenele de dezbatere.

Mai ales primele enunțuri teoretice transformă un joc al gesturilor simple pe care publicul le înțelege intuitiv în embleme ascultând de o regulă fixată pe care trebuie să o cunoști. Din acest punct de vedere, este o mare diferență între debutul și sfârșitul secolului al XV-lea. Atunci când Alberti se mulțumește să observe comportamentele și să recomande ca ele să fie fidel redate – „Așa cum la bătrâni toate mișcările sunt lente, atitudinile plictisite și nu-și susțin corpul numai pe picioare, ci mâinile se agață de câte ceva" – Leonardo da Vinci, la rândul lui, enunță comandamente precise și codificate: „Pune-i disperatului un cuțit în mână, fă-l să-și sfâșie hainele și să-și străpungă corpul. Să stea în picioare, cu gambele ușor îndoite și corpul îndoit de asemenea spre pământ, cu părul vâlvoi."

Jacques Louis David, *Bătrână rupându-și corsajul*, detaliu din *Sabinele* (vezi p. 26).

Pictura, „afectele" și paralela artelor

În epoca clasică, a picta ceea ce se numește de obicei „pasiuni" devine un proiect serios: pentru artist este mijlocul de a rivaliza cu poetul, înlocuind cuvintele sau literele cu gesturi. Reprezentarea emoțiilor se înscrie astfel în dezbaterea despre „*ut pictura poesis*" care-și duce rădăcinile până la scriitorul roman Horațiu. Este vorba despre comparația între pictură și poezie și despre examinarea pretențiilor primei de a o egala pe cea de a doua (*ut pictura poesis* semnifică literal „la fel ca pictura, poezia" sau, altfel spus, „poezia este asemeni unui tablou" – ori, cum a interpretat-o tendențios gândirea clasică, „un tablou este ca un poem").

În această dezbatere, pictorii moderni au totul de câștigat. Într-o epocă în care revendică pentru arta lor un statut liberal, respectiv o activitate intelectuală, compararea tablourilor cu operele poeților este în avantajul lor. De altfel, artiștii nu pretind numai să-i egaleze pe scriitori: anumiți teoreticieni afirmă superioritatea artei asupra celei care se folosește de cuvinte, avansând că tot ceea ce este văzut suscită mai viu emoția decât ceea ce este de scris. În epoca clasică, o altă comparație agită, de asemenea, lumea amatorilor și a artiștilor și influențează munca acestora din urmă: comparația (în italiană, *paragone*) dintre sculptură și pictură.

Născută în secolul al XV-lea, atingând punctul culminant la mijlocul celui de al XVI-lea, când antrenează o consultare a practicienilor, adevărat referendum în sânul micii lumi profesionale, discuția asupra meritelor comparate ale celor două discipline avansează mereu aceleași argumente.

Cei care apără sculptura argumentează că această artă este singura capabilă să dea cu adevărat iluzia corpului pentru că arată figuri în trei dimensiuni. Pictorii răspund dispunând câteodată figurile astfel încât acestea sunt văzute din mai multe unghiuri: ei inventează motivul oglinzii care arată partea ascunsă a modelului (ca în *Venus cu oglinda* a lui Diego Velázquez [Londra, National Gallery]), sau dispun din față, din profil și din spate corpuri atât de asemănătoare, încât se poate considera că au copiat un model unic (ca în *Lupta nudurilor* de Antonio Pollaiolo [vezi p. 157] sau în *Cele trei Grații* de Rubens, de la Madrid, Muzeul Prado). Ei afirmă și că statuara este o practică murdară și care cere o mare forță musculară – altfel spus care mobilizează corpul în detrimentul intelectului – în vreme ce ei au avantajul de a plasa personajele pe care le reprezintă în decoruri imitând natura.

Charles Le Brun și pictura „pasiunilor"

Convingerea că un corp poate exprima stările sufletești și chiar, dincolo de emoțiile trecătoare, să evidențieze un caracter, reflectă succesul unei practici având rădăcini foarte vechi care a înflorit în întreaga Europă cu începere din secolul al XIII-lea și până în Epoca Luminilor: fiziognomia. La sfârșitul secolului al XVI-lea, în Italia, napolitanul Giovan Battista della Porta este figura cea mai vestită a acestei discipline mai mult magice decât științifice, cu cartea sa *Physiognomia humana*, publicată în latină în 1586 și tradusă într-o sumedenie de limbi vulgare în următoarea sută de ani. Ilustrat cu gravuri, volumul încearcă o comparație între figurile omenești și fețele animalelor pentru a găsi ce trăsături caracterologice se pot extrage din afinitățile dintre ele. Franța secolului al XVII-lea este pasionată de asemenea speculații. În epoca în care René Descartes scrie *Pasiunea sufletului* (1649), iar Jean de La Bruyère, *Caracterele* (1688), atunci când absolutismul regal încearcă să instaureze un control asupra societății care este în același timp unul asupra minților, nimic nu pare mai urgent decât a ști să interpretezi într-o atitudine, într-un corp sau, mai ales, pe chipul unui individ trăsăturile care îi semnalează caracterul. În primăvara, apoi în toamna lui 1668, CHARLES LE BRUN, pictorul oficial al regelui și directorul tinerei Academii Regale de Pictură și Sculptură, ține în fața acestei instituții două conferințe care tratează subiectul respectiv. Prima examina felul în care se modifică înfățișarea aparentă a unui chip în funcție de emoțiile inimii, numite „pasiuni" conform vocabularului cartezian sau „afecte"; a doua, mai evident inspirată din Della Porto, face o paralelă între caracterele animalelor și cele ale oamenilor, în funcție de asemănările posibile între fața primelor și chipul uman.

CHARLES LE BRUN (după), *Sperietura*, 1727, gravură, Paris, Muzeul Luvru, Cabinetul de desene.

De la afecte la patologie

Redarea pasiunilor prin gesturi și expresii ale chipului supraviețuiește mult dincolo de veacul al XVII-lea. Secolul Luminilor, fără îndoială, visează la o fuziune între om și natură. Chiar înainte de *Discursul asupra originii inegalității* de Rousseau, apoi de *Studii* și de *Armonii ale naturii* de Bernardin de Saint-Pierre, utopia cvasipanteistă a unei fericiri omenești în armonie cu lumea suscită compozițiile lui Antoine Watteau, urmate de cele ale lui Jean

POUSSIN: MIMICA PASIUNILOR ÎN SECOLUL AL XVII-LEA

Cu toate că a citit în Italia, probabil ca toți oamenii instruiți ai vremii, scrierile lui Giovan Battista della Porta, Poussin n-a folosit niciodată în operele proprii analogiile între ființele omenești și animale, a căror teorie o va relua mai târziu Le Brun. Dar tablourile sale, care povestesc evenimente cu mijloacele proprii picturii și cu personaje care-și exprimă afectele prin gesturi, au servit drept argument acelora care, în Franța, în a doua jumătate a secolului al XVII-lea, au apărat o artă făcând o largă risipă de mimică pentru a-l emoționa pe spectator. Pânza intitulată *Israeliții primind mana în deșert* este un exemplu lămuritor.

În 1667, acest tablou de Poussin îi dă lui Le Brun ocazia de a ține un discurs în fața Academiei în care subliniază importanța grupului din partea stângă, unde o tânără (în albastru) își respinge copilul înfometat pentru a-și da laptele sânului neputincioasei sale mame.

Le Brun consideră remarcabilă generozitatea eroică a acestei femei și, încă mai surprinzător, din punct de vedere al formei, tratarea bărbatului în roșu care asistă înmărmurit de respect la scenă: „Acest om reprezintă cu adevărat o persoană uluită și cuprinsă de admirație: se vede că are brațele retrase către corp, pentru că, în marile surprize, toate membrele se strâng, de obicei, unele către altele [...]. La fel se observă cum, neavând decât admirație pentru un lucru atât de demn, bărbatul deschide ochii cât poate și astfel, privind mai atent, înțelege mai bine grandoarea acestei acțiuni, folosindu-se de toată capacitatea pentru a vedea mai bine ceea ce nu poate estima îndeajuns.

Nu același lucru se întâmplă cu celelalte părți ale corpului său; simțurile le abandonează și ele rămân fără mișcare: gura lui este închisă, ca și cum s-ar teme să nu-i scape ceva din ceea ce-i trece prin cap și pentru că nu găsește cuvinte să exprime frumusețea acestei acțiuni. Și cum, în acest moment, calea respirației este închisă, aceasta face ca zona stomacului să fie mai ridicată ca de obicei, lucru evident în câțiva mușchi care sunt descoperiți. Acest om pare chiar să se retragă puțin în spate, pentru a marca surpriza pe care întâlnirea neprevăzută o prilejuiește sufletului său și, în același timp, pentru a face să se vadă respectul pe care-l are pentru virtutea femeii care-și oferă mamela".

NICOLAS POUSSIN, *Israeliții primind mana în deșert*, cca 1637–1639, ansamblu și detaliu, ulei pe pânză, 149 x 200 cm, Paris, Muzeul Luvru.

Honoré Fragonard, unde personaje delicate, ale căror chipuri și gesturi abia se disting, povestesc fericirea de a trăi în grădinile frumos aranjate (vezi p. 76). Dar Epoca Luminilor este și aceea a analizei psihologice – cum o dovedesc comediile lui Marivaux. De asemenea, din 1719, teoreticianul Charles Du Bos încearcă, în *Reflecții asupra poeziei și picturii*, o paralelă între mișcările figurilor pictate și pantomima teatrală; la mijlocul secolului al XVIII-lea, contele de Caylus, mare amator de artă, înființează la Academie un concurs al „capului de expresie" destinat să-i incite pe tinerii pictori să studieze modalitățile de reprezentare a pasiunilor; în aceeași epocă, între 1759 și 1781, Denis Diderot laudă în *Saloanele* sale scenele de gen ale lui Jean-Baptiste Greuze care repetă, cu un patetism exagerat, retorica gesturilor moștenită de la Poussin (vezi p. 51).

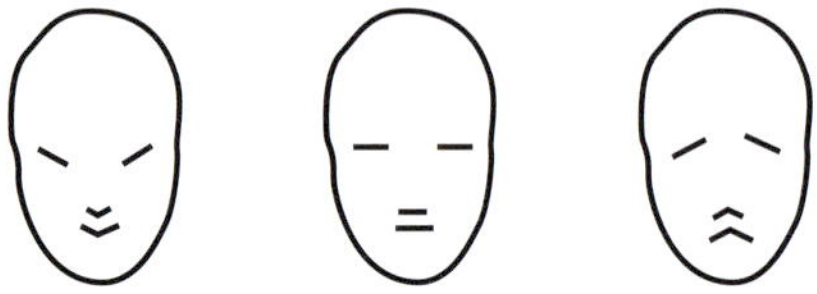

Schema celor trei chipuri expresive după Charles Blanc.

Un secol mai târziu, încă se întâlnesc la David și la Jean Auguste Dominique Ingres astfel de „grimase" (David) și astfel de gesturi destinate să exprime emoțiile; și, în 1867, în *Gramatica artelor desenului*, Charles Blanc, combinând teoria direcției simbolice a liniilor (vezi p. 70) cu aceea a expresiilor fiziognomonice, trasează trei figuri tip și constată că „fața omenească se prezintă sub trei aspecte", după cum „organele duble" (ochii, nările, colțurile gurii) urmează direcția „orizontală", „expansivă" (altfel spus, o oblică ascendentă) sau „convergentă" (în oblică descendentă): „Imaginea din centru, ale cărei linii sunt orizontale, caracterizează calmul; cea din stânga, ale cărei linii sunt expansive, exprimă un sentiment de bucurie; cea din dreapta, ale cărei linii sunt convergente, răspunde unui sentiment de tristețe."

Totuși, în secolul al XIX-lea, când Darwin inventează conceptul evoluției, atunci când se nasc disciplinele închinate studiului comportamentelor deviante (alienismul, criminologia, psihanaliza), în contact cu ideile noi, pictorii nu se mai vor cronicarii pasiunilor unui suflet normal, ci observatorii riguroși ai manifestărilor fizice corespunzând stărilor examinate de aceste discipline: monstrul, bruta (psihicul de fiară sălbatică la care privirea timpului reducea delincvenții) și dementul.

Thédore Géricault, *Nebuna*, 1822–1828, ulei pe pânză, 72 x 58 cm, Lyon, Musée des Beaux-Arts.

Executat – se spune – după modele aflate în îngrijirea unui azil condus de un celebru alienist, doctorul Jean-Étienne Esquirol, seria *Maniacilor* de Théodore Géricault (între 1821 și 1824), repertoriu al expresiilor nebuniei, ilustrează acest nou interes al pictorilor pentru formele ieșite din comun ale umanității de rând. După douăzeci de ani, în 1844–1845, Gustave Courbet își pictează propriul autoportret în *Disperat*, fizionomie de dement cu privirea anormal de fixă, a cărei origine se găsește, poate, în fotografiile contemporane ale unor bolnavi isterici (Oslo, Nasjonalgalleriet). Apoi, în 1865, execută portretul *Somnambulei*

sau *Prezicătoarea* (Besançon, Musée des Beaux-Arts), cap de femeie ușor aplecat către înainte, cu fruntea cu protuberanțe, cu ochii pierduți într-o transă hipnotică.
Interesul pe care Edgar Degas îl arată dansatoarelor în picturile și sculpturile sale nu este deloc străin de preocupările care pot fi numite, în ce-l privește, antropologice și nu numai medicale. Atât de ușoare când se deplasează, tinerele în fuste din țesături foarte subțiri adoptă atitudini de epuizare de îndată ce încetează să danseze. Creionul lui Degas întârzie atunci pe chipurile lor cu trăsături adesea îngroșate unde, în bărbia prognată și în fruntea teșită, se citește – cel puțin așa gândește artistul – degenerescența claselor sociale inferioare, cu inteligența asfixiată de traiul în mizerie și alcoolism al generațiilor anterioare. Mai mult încă decât picturile și pastelurile, sculptura *Mică dansatoare de paisprezece ani* (Paris, Musée d'Orsay) explică această interpretare; ea a fost expusă prima dată de Degas, în 1881, în compania a două pasteluri reprezentând *Fizionomii de criminali.*

Codificarea frumuseții

În același timp cu stabilirea datelor de bază ale unei reprezentări a corpului coerente și capabile să exprime pasiunile, pictorii de la sfârșitul Evului Mediu și al Renașterii au fixat principiile unei frumuseți ideale care nu există decât în tablouri.

Frumusețea, un ideal de construit

Conceptul frumosului își are originile în filozofia platoniciană. Pentru Platon și pentru umaniștii care îi redescoperă ideile în secolul al XV-lea, frumosul nu ar putea fi căutat în natură. Perfecțiunea este o idee, altfel spus un ideal pe care doar mintea este capabilă să îl conceapă.
Teologia creștină, afirmând că, de la alungarea din paradisul terestru, trupul este victima unei lungi degradări, permite ca acest idealism referitor la frumos să funcționeze în judecata asupra corpului. Creat direct de Dumnezeu după imaginea sa și mai puțin vinovat de păcatul originar decât Eva, Adam (și fiii săi) pare încă susceptibil de frumusețe. În schimb, Eva și toate femeile născute din descendența sa sunt fără scăpare imperfecte: autorii nu încetează să o repete, din Evul Mediu și până în epoca modernă. Scriind despre măsurile corpului bărbatului, Cennino Cennini adaugă: „Despre cele ale femeii nu voi vorbi, căci femeia nu are nici o măsură perfectă". Și Rubens, autorul, către 1600, a unei *Teorii despre figura umană*, scrie: „Pentru perfecțiunea formelor, femeia deține locul al doilea după bărbat, fiind mai mult decât el efectul unei predestinări".
În Renaștere, lectura autorilor antici contribuie în mod egal la certitudinea că nici o femeie desăvârșit de frumoasă nu ar putea fi descoperită pe acest Pământ. Istoria sculptorului Pygmalion, îndrăgostit de o statuie, cea a pictorului Apelles care își plămădește modelul pentru Venus copiind fragmente din corpurile celor mai frumoase fete din Crotona arată că nici un bărbat, nici un artist nu ar putea găsi printre muritori o femeie la fel de frumoasă pentru a fi adorată sau pentru a servi ca model unic.
În fine, între secolele XVI–XVIII, reafirmarea arheologiei, care descoperă un număr mare de statui antice cu un corp perfect, ajunge să transforme judecata negativă asupra trupurilor într-un loc comun. Tot în *Teoria figurii umane*, Rubens, apoi criticul Johann Joachim Winckelmann în *Reflecții asupra imitării operelor grecești de pictură și sculptură* (1755) afirmă că trupurile antice și, în special, corpurile grecilor au fost mai frumoase decât sunt anatomiile moderne: pe de o parte pentru că aceștia se aflau mai aproape de originile umanității, în epoca sa de glorie; pe de altă parte pentru că anticii trăiau goi sau aproape goi, adică fără ca nimic să le constrângă sau să le deformeze siluetele, dedându-se, după exemplul spartanilor, la practicarea regulată a exercițiilor pentru dezvoltarea armonioasă a mușchilor. În aceste condiții, se înțelege că, multă vreme, pictorii au disprețuit reproducerea formelor unui individ anume în favoarea construirii unei figuri de o frumusețe exemplară. Mai degrabă decât a recurge la un „model" – un

bărbat sau o femeie pozând în atelier – ei s-au inspirat din statuile antice ori s-au încrezut în imaginile născocite de mintea lor.

Canonul proporțiilor

Începând din secolul al XV-lea, idealul frumuseții corporale trece mai întâi, în ochii pictorilor, prin respectul față de normele proporțiilor, care trebuiau să asigure „simetria" (în sensul, antic, de „armonie") figurii. Un raport al dimensiunilor privit ca perfect trebuie să existe între măsura capului și înălțimea totală a personajului, lărgimea și diferitele părți ale corpului. În Evul Mediu și în Renaștere au circulat „canoane", reguli fixând aceste raporturi ale proporțiilor, la modul ideal armonioase: studiul figurii și, în mod special, al nudului trece prin cunoașterea acestor canoane, iar compararea proporțiilor prin raportul cu măsurile pe care pictorii din diferite epoci le-au practicat.

La sfârșitul Evului Mediu, pictorii folosesc proporțiile uneori stabilite în scrieri, fie în mediul bizantin (în *Manualul Muntelui Athos*, un text târziu care rezumă practici mai vechi), fie în lumea occidentală (în *Libro dell'arte* de Cennino Cennini). Este limpede că respectivele canoane nu sunt câtuși de puțin extrase din observarea corpurilor reale, ci sunt „moralizatoare" după gândirea religioasă.

Loc al expresiei spirituale, chipul sau fața (*viso*, în italiană), respectiv partea capului care pleacă de la bărbie la rădăcina părului, servește ca mijloc de etalonare pentru restul corpului. Și fața este divizată în trei unități egale (fruntea, nasul și spațiul dintre nas și bărbie) care îndeplinesc funcția de modele secundare în precizarea dimensiunilor corpului: în această împărțire ternară, se ghicește influența simbolicii creștine, în acest caz teologia Treimii. Înălțimea totală a unui corp masculin armonios, după Cennini, este de asemenea egală cu de opt ori lungimea feței plus două dintre modulele despărțitoare: de exemplu la opt fețe, de două ori înălțimea frunții, sau a nasului sau a părții de jos a feței. Lățimea, de la extremitatea degetelor unei mâini la extremitatea degetelor celeilalte mâini când brațele sunt întinse, este egală cu înălțimea.

Stabilirea măsurilor relative ale părților corpului variază după secole, dar chiar în aceeași epocă pot diferi ușor după ateliere. În orice caz, ele nu rămân literă moartă și, în perioada lui Cennini, raporturile dimensionale descrise de acesta se regăsesc în picturi. Capul Sfântului Francisc din VERIFICAREA STIGMATELOR este un astfel de exemplu, ceea ce nu trebuie să ne surprindă pentru că Cennini a fost format de un discipol al lui Giotto. Din creștetul craniului acoperit cu glugă până la bărbie, fața este divizată în patru părți: din vârf până la rădăcina părului tuns în formă de coroană, de la păr la rădăcina nasului, nasul și, în sfârșit, spațiul dintre nări și extremitatea bărbiei.

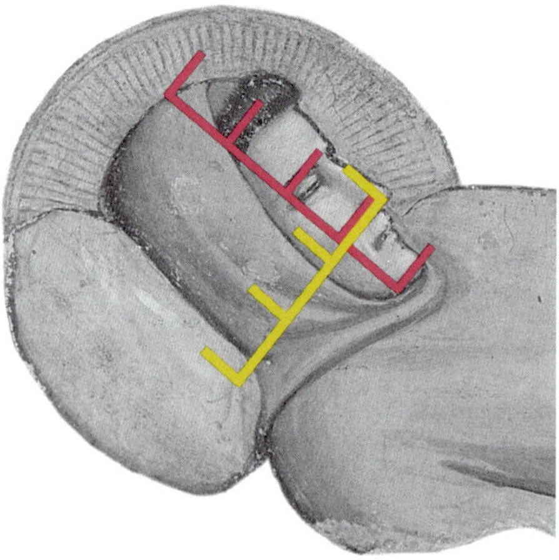

Proporțiile în desenul capului Sfântului Francisc, detaliu din *Verificarea stigmatelor* de GIOTTO (vezi p. 131).

Se poate impinge mai departe verificarea măsurilor preconizate de Cennini. *Il libro dell'arte* sfătuiește ca, „de la marginea nasului cuprinzând toată lungimea ochiului", spațiul să fie egal cu „una dintre aceste măsuri": este, de fapt, distanța utilizată de Giotto la capul Sfântului Francisc, egală cu o treime din lățimea profilului, ținându-se seama de ușoara înfundare a capului în pernă.

Cu începere de la mijlocul secolului al XV-lea, modelul medieval al proporțiilor este înlocuit de un sistem de măsuri la fel de idealist, inspirat din cele

Zece cărți de arhitectură (De architectura), de arhitectul roman Vitruviu, un autor din secolul I î.Hr., descoperite atunci cu entuziasm. Comparând omul „bine făcut" (*homo bene figuratus)* cu un frumos edificiu, Vitruviu propune un canon puțin diferit față de cel exploatat în Evul Mediu, unde înălțimea totală a corpului o depășește de opt ori pe aceea a feței (de la rădăcina părului la bărbie), divizată în trei părți egale (ca în Evul Mediu) și de măsură identică cu aceea a mâinii „de la articulația pumnului până la vârful degetului mijlociu". Acest corp are ca centru ombilicul și se poate cuprinde în figurile geometrice simple pe care gândirea matematică antică le consideră admirabile: cercul și pătratul. Într-adevăr, afirmă Vitruviu, dacă omul luat în discuție întinde brațele și picioarele, plecând de la ombilicul său se poate trasa un cerc „care va atinge degetele de la picioare și de la mâini" și tot așa „se va vedea că lățimea corespunde înălțimii ca într-un pătrat".

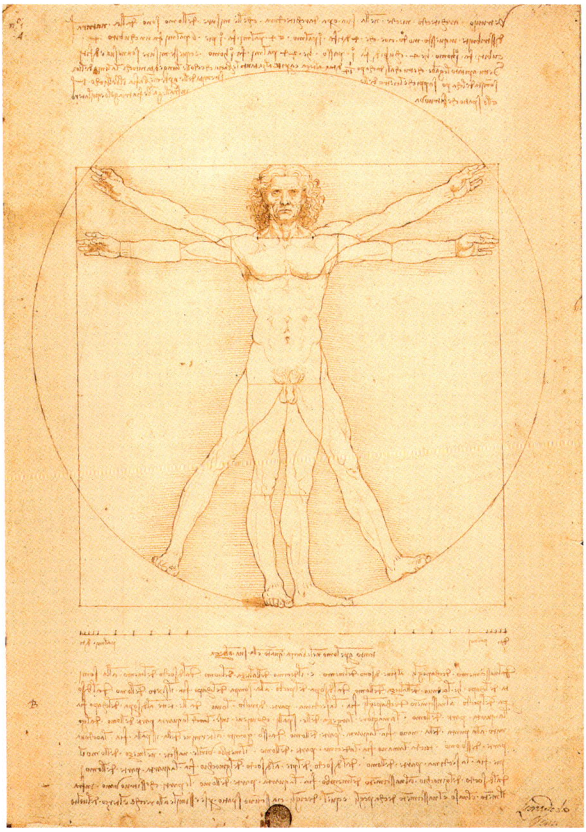
LEONARDO DA VINCI, *Omul lui Vitruviu,* 1490, desen în peniță pe hârtie, 34,4 x 24,5 cm, Veneția, Galleria dell'Accademia.

Sistemul de proporții definit de arhitectul roman este ilustrat de un desen foarte faimos de LEONARDO DA VINCI, alături de un text (scris de la dreapta la stânga, după cum obișnuia maestrul) care reflectă învățămintele lui. Se văd suprapuse, pentru o singură figură masculină, două poziții: una cu brațele în cruce pe orizontală, care se înscrie într-un pătrat; o alta în care brațele și picioarele sunt depărtate simetric astfel încât extremitățile lor descriu un cerc.

Frumusețea la masculin: grație sau forță

Bărbatul vitruvian, cel reprezentat de Leonardo da Vinci, este în plină tinerețe. I se poate da vârsta de treizeci de ani sau puțin mai mult: vârsta lui Hristos la vremea Patimilor, cea a corpurilor înviate la Judecata de Apoi. Totuși, în picturi, vârsta acelui *homo bene figuratus* variază destul de considerabil.

La sfârșitul secolului al XV-lea și la începutul secolului al XVI-lea, în epoca lui Botticelli, Perugino, Giovanni Bellini, a lui Dürer în Germania, a lui Rafael sau a lui Michelangelo lucrând pe bolta Capelei Sixtine, triumfă un corp extrem de tânăr, adesea zvelt, o morfologie de efeb mai degrabă decât a unui bărbat în putere. După numai câțiva zeci de

PROPORȚIILE FEMEII: O ARMONIE ÎN EVOLUȚIE

Canonul frumuseții vitruviene ca și cele popularizate în Evul Mediu iau bărbatul adult ca motiv de reflecție: numai pictorul german Albrecht Dürer introduce femeia și copilul în textul său *Patru cărți ale proporțiilor (Vier Bücher von Menschlicher Proportionen)*, publicată în 1528. Dar scopul său nu este acela de a propune un model perfect de frumusețe, ci, mai degrabă, examinarea felului în care sunt proporționate corpurile reale.

De fapt, canoanele corpului femeii au evoluat în cursul secolelor într-un mod probabil mai important decât cel pentru bărbați. Transformările au urmat evoluția senzualității, deci a plăcerii pe care spectatorii masculini au găsit-o privind o siluetă de femeie.

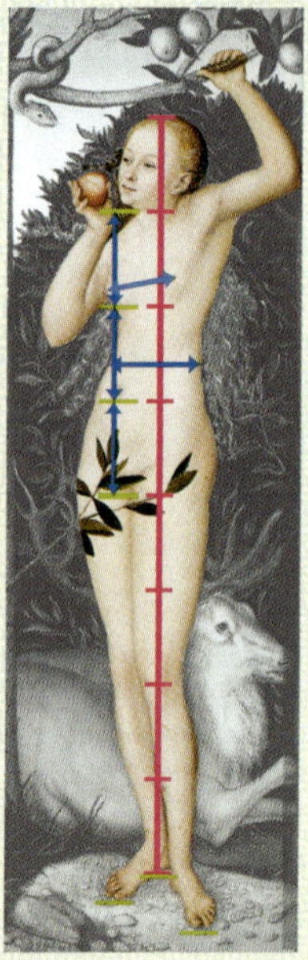

LUCAS CRANACH CEL BĂTRÂN, *Eva ispitită de șarpe*, 1530, ulei pe lemn, Chicago, The Art Institute.

Eva lui Cranach are o poziție imposibilă. Picioarele sale strânse unul într-altul sunt deopotrivă de întinse deși nu stau pe aceeași porțiune de sol. Un picior este văzut din față, dar torsul este din trei sferturi ca și chipul. Ombilicul este deplasat în raport cu axa corpului – verticala care pleacă de la bărbie la călcâiul drept.

Silueta este extrem de alungită: dacă este măsurată din creștet la călcâiul stâng, echivalează cu opt înălțimi ale capului. Lungimea chipului este considerabilă: moda reclamă frunți bombate și înalte, iar femeile, câteodată și bărbații, își epilează părul de jur împrejurul feței.

Impresia de alungire este accentuată de poziția picioarelor ca și de subțirimea bustului. Acesta este construit după proporții precise: el se întinde pe trei lungimi de cap, de la bărbie la sânul drept, de la sânul drept la ombilic, de la ombilic la extremitatea pubisului. Distanța care separă sfârcurile sânilor este egală cu un cap, iar talia, foarte fină, este și ea egală cu un cap.

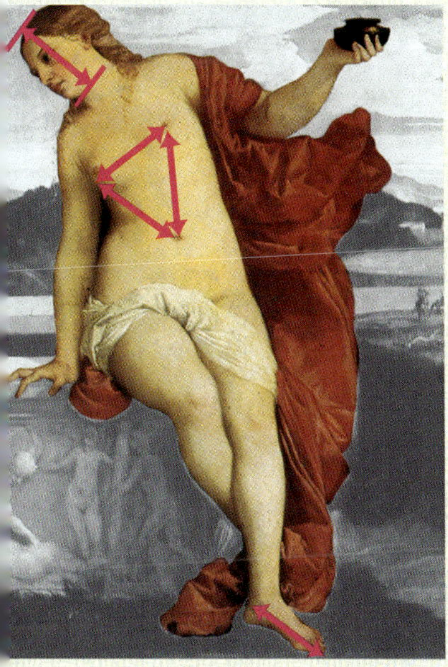

ZIAN, *Amorul sacru,* detaliu din
norul sacru și Amorul profan (vezi p. XIV).

PARMIGIANINO, *Fecioara și Pruncul Iisus,* desen pregătitor la *Viziunea Sfântului Ieronim* (vezi p. 99).

eși reprezintă Amorul cast făgăduit lui Dumnezeu dispreţuind podoabele profane, femeia așezată în eapta tabloului nu are un corp mai puţin voluptuos. obabil, modelul ei se inspiră dintr-o statuie antică, tăzi uitată: s-a remarcat că drapajul purpuriu care pe linia braţului ce ţine opaiţul este pus pe locul ıde o astfel de statuie ar fi putut fi spartă din cauza npului. Retragerea piciorului drept, care dă corpului ușoară legănare a șoldurilor, își are de asemenea rsa în statuara antică.

raport cu nudul lui Cranach, silueta este nsiderabil mai generoasă și mult mai îndesată esenul pulpelor în racursi interzice o estimare ecisă a proporţiilor longitudinale).

ălţimea bustului este mai mică decât trei capete, ceea determină această impresie de dimensiuni mai urte. Totuși, regula armoniei proporţiilor este introdusă în părţile corpului cele mai încărcate de ı erotism licit (atunci era imposibil să se arate sexul meii). Astfel, se poate desena un triunghi echilateral e cărui laturi, egale cu înălţimea capului, au ca rfuri ombilicul și sfârcurile sânilor. Măsura capului regăsește în aceea a labei piciorului. Ea comandă și mensiunile părţii descoperite a braţului stâng, între t și articulaţia pumnului.

stfel, chiar atunci când matematica este ultimul lucru e care dorim să-l invocăm în prezenţa acestei figuri cute din carne, ea este foarte prezentă în gândul lui zian în momentul în care își concepe opera.

Înălţată prin coc, dar de lăţime extrem de redusă, cu un chip micuţ și mai micșorat încă de mișcarea care îl închină către sol, capul Fecioarei este cuprins de șapte ori în înălţimea corpului, iar faţa de paisprezece ori. Dimensiunea rămâne subţire, dar șoldurile și pulpele se evazează în formă de amforă, partea de sus a fiecărei gambe egalând în lăţime înălţimea capului. Corpul în acest fel proporţionat degajă o puternică impresie de fertilitate. Maria este literalmente un vas, receptaculul Întrupării, Mama prin excelenţă.

Departe de a fi neobișnuit, acest mod de a interpreta corpurile în ciuda modelelor propuse de statuile clasice și exagerând formele întâlnite în fiziologiile reale este, cum am văzut, una dintre caracteristicile artei manieriste.

ani, frumosul corp viril este acela al unui individ mai vârstnic, un om matur cu osatura puternică, cu mușchi bine dezvoltați. Această evoluție se explică în parte prin extinderea săpăturilor arheologice care dezvăluie artiștilor statui masculine cu o morfologie diferită de aceea cunoscută din sculpturile clasice.

Rafael, *Apolo*, detaliu din *Școala din Atena* (vezi p. 83).

Nudurile de tineri bărbați pictate de artiști la începutul Renașterii se supun influenței tipului de sculptură numită *Kouros* (*Kouroi*, la plural) din arta greacă, după care romanii antici au produs replici. Umerii sunt largi, șoldurile înguste, torsul în formă de triunghi este plat, modelat discret de mușchii abdomenului care formează un grătar – „centura estetică" sau, vulgar, „tableta de ciocolată". Pozele șoldite dau grație figurii, chiar o moliciune puțin androgină. Nudul sculptat pe care Rafael îl introduce într-o nișă din Școala din Atena, Sfântul Sebastian (chiar dacă este ușor acoperit) din *Retablul de la San Giobbe* de Bellini (vezi p. 17), *ignudi* mult mai atletici din Capela Sixtină (vezi p. 61) și mai ales Adam care se trezește la viață, cu membrele încă lâncede din *Crearea lui Adam* din același ciclu, sunt un exemplu al acestui tip de figură.

Către mijlocul secolului al XVI-lea, nudurile mai vârstnice care colonizează picturile se inspiră din alt tip de statuie: *Torsul din Belvedere, Hercule Farnese,* Laocoon, modele de bărbați în plină înflorire a forței, cu torsul extraordinar de puternic, aproape pătrat ca să fie larg, membrele groase sculptate concav și convex ca mușchii culturiștilor.

Din 1511, Michelangelo, care termină atunci bolta Sixtinei, experimentează o variație picturală plecând de la ultima statuie la descoperirea căreia asistase în 14 ianuarie 1506: deși este tratat în perspectivă inversă, corpul torturat al lui Aman, cu brațele și picioarele bătute pe cruce, amintește atitudinea preotului din Troia sugrumat de șerpi și care încearcă în zadar să se elibereze. La fel de puternic muscularizată ca statuia din secolul I î.Hr., anatomia lui Aman este în schimb cea a unui bărbat mai tânăr, cu obrazul glabru în loc de a fi bărbos, ceea ce este un indiciu al tinereții. Un sfert de secol mai târziu, personajele *Judecății de Apoi* (vezi p. 67) fac aceeași asociere între puterea fizică

Laocoon (Laocoon și fiii săi sugrumați de șerpi), sec. I î.Hr., grup sculptat în marmură, Roma, Muzeul Vatican.

și vârsta vizibil mai matură: Hristos ridicând brațul pentru a-i judeca pe damnați, în centrul frescei, este figura masculină cea mai tânără; celelalte corpuri virile pot avea până la șaizeci de ani – vârsta lui Michelangelo când a executat această pictură, coincidență care poate deschide calea către alte interpretări.

Alternativa între un tip viril grațios și un altul caracterizat prin forță este interpretată în secolul al XVI-lea de teoreticienii artei și, îndeosebi, de criticul venețian Lodovico Dolci ca o consecință a unui conflict între persoane. Artei lui Rafael îi este asociată figura „moderată" sau „temperată" (Dolci) care corespunde efebilor grațioși, celei a lui Michelangelo maniera „teribilă" *(terribilità)* a „staturilor monstruoase" (tot Dolci) tratate adesea în racursi. O linie de fractură destinată să dureze mult timp se desenează astfel între sensibilitățile care apreciază măsura în orice lucru, îndeosebi în corpuri, și ceilalți care vor să biciuiască imaginația cu nuduri clocotind de energie. Cu începere din epoca manieristă, anumiți artiști preferă ultima soluție, pictând cu înverșunare corpuri goale (Giulio Romano în *Căderea titanilor* de la Palatul Te din Mantova). Artiștii flamanzi, din secolul al XVII-lea, fac la fel, precum Rubens, al cărui *Hercule Farnese* constituie idealul modelului viril, descris de mai multe ori în *Teoria figurii omenești* și desenat cu obstinență. Pictorii clasiciști francezi din același veac preferă, la rândul lor, anatomii cu musculaturi discrete, cu o eleganță anume și puțin insipidă. Așa este Apolo, cu piept larg și umeri goi, din *Inspirația poetului* de Poussin (vezi p. 74) sau fudulii cu picioare scurte și fese drăguțe care luptă în *Sabinele* lui David (vezi p. 26).

MICHELANGELO, *Supliciul lui Aman* (detaliu), cca 1511, frescă, Roma, Vatican, bolta Capelei Sixtine.

Revanșa realității: senzualitatea femeii

Figurilor zvelte de tineri din arta clasică le corespunde un tip feminin cu trup ferm, a cărei atitudine dezvăluie un caracter oțelit și o totală libertate de acțiune.

În pânzele lui Nicolas Poussin, de exemplu, femeile, imobile, seamănă unor coloane – cum este marea figură a Muzei din *Inspirația poetului* de la Luvru (vezi p. 74) și a ciobăniței din versiunea pariziană a tabloului *Et in Arcadia ego* (vezi p. 71) – sau, dacă sunt mai juvenile, dansează cu gesturi moderate și bine echilibrate, nelăsând să se zărească decât o nuditate limitată la un sân sau un picior (ca în IMPERIUL FLOREI).

Nici la David, corpurile feminine nu sunt niciodată pletorice, nici languroase, nici măcar în întregime dezbrăcate. În *Sabinele* (vezi p. 26), dacă eroii masculini sunt goi, cele care au devenit soțiile romanilor sunt complet îmbrăcate. Corpurile lor tinere și ferme execută mișcări a căror energie alungă senzualitatea. Pieptul nu le este plin decât în măsura în care sunt mame care alăptează. O singură femeie își expune sânii: cum ea este îngenunchiată deasupra copiilor, lângă scutul cu efigia lupoaicei romane, seminuditatea ei capătă un sens alegoric, făcând din personaj o nouă doică a romanilor.

Contribuția anatomiei la reprezentarea corpului viril

Ceea ce îi reproșează, la mijlocul secolului al XVI-lea, Lodovico Dolci lui Michelangelo este „asemănarea" dintre figurile sale, păcat al uniformității foarte grav în ochii unei estetici care, începând cu Alberti, nu afirmă decât varietatea în pictură. După opinia criticului, această asemănare se datorează obiceiului pe care îl are artistul de a exhiba mușchii, indiferent de vârstă, sex și circumstanțele în care sunt reprezentate personajele.

Ceea ce s-ar putea numi „mania mitologică" a lui Michelangelo se explică în parte prin succesul considerabil al unei științe noi: anatomia.

Într-adevăr, din secolul al XIII-lea, autoritățile au început să autorizeze, mai întâi în sudul Italiei și în mod excepțional, apoi în toată peninsula și din ce în ce mai regulat, practica disecțiilor umane. Revelația bogăției de mușchi sub piele și a grăsimii care îi disimulează are o repercusiune imediată asupra operelor.

Cimabue, *Crucifixul de la Santa Croce*, cca 1280?, tempera și foiță de aur pe lemn, 433 x 390 cm, Florența, Muzeul Opera della Santa Croce (fotografie anterioară inundației din 1966).

Cimabue: o primă abordare anatomică

Din 1270, definirea anatomiei în *Crucifixul* lui Cimabue este remarcabilă. Pe tors, extrema slăbiciune a cadavrului lasă la vedere claviculele, sternul și coastele; mâinile mari sunt tratate în volume ca și inserțiile musculare de la extremitățile coastelor și de-a lungul arcului abdominal. Tratarea membrelor inferioare, în mod particular a genunchilor, este la fel de impresionantă.

Pollaiolo: triumful ecorșeului

În secolul al XV-lea, pictorii sunt incitați de teoreticianul Alberti și de sculptorul Lorenzo Ghiberti să se familiarizeze din punct de vedere formal cu scheletele și ecorșeele. În *Lupta nudurilor,* Antonio Pollaiolo detaliază atât de minuțios jocul mușchilor, încât se bănuiește că reproduce nodozități despre care știe că există mai degrabă decât pe acelea pe care le vede.

Michelangelo: pictorul și disecția

În secolul al XVI-lea, artiștii luau ei înșiși bisturiul: așa face Leonardo da Vinci și, după el, Michelangelo.

Despre acesta din urmă, cel mai vechi biograf al său scrie că a devenit foarte „savant și experimentat în acest studiu" la care a renunțat doar pentru că o lungă serie de disecții sfârșiseră prin a-i „întoarce stomacul pe dos"... În a doua jumătate a secolului al XVI-lea, o carte de anatomie ilustrată cu magnifice gravuri, *Fabrica corpului omenesc (De humani corporis fabrica)* de Vesale, apărută în 1543, și ale cărei gravuri au fost desenate și executate în atelierul lui Tizian, devine biblia majorității artiștilor europeni: nudurile de bărbați excesiv de musculoși ale unor pictori și gravori manieriști nu ar fi fost posibil să fie concepute fără consultarea unei asemenea cărți, precursoare a „anatomiei artistice" a cărei folosință va deveni obligatorie în academii și școli de arte frumoase până în secolul XX.

MICHELANGELO, desen anatomic.

ANTONIO POLLAIOLO, *Lupta nudurilor,* cca 1470,
gravură pe placă de aramă, 41,8 x 61,1 cm, Cleveland, The Cleveland Museum of Art.

Nicolas Poussin, *Imperiul Florei*, 1631,
ulei pe pânză, 131 x 181 cm, Dresda, Staatliche Kunstsammlungen, Gemäldegalerie.

Erotizarea statuii feminine

Dacă Michelangelo, îndrăgostit mai cu seamă de bărbați decât de femei, nu a inventat tipul convingător de frumusețe feminină (*Sibilele* de pe Sixtină au fost studiate plecând de la corpuri bărbătești), în secolul următor flamanzii, Rubens mai întâi și compatriotul său din Anvers, Jacob Jordaens, paralel cu construirea unor puternice corpuri masculine, au pictat femei cărnoase încă neconcepute de vreun alt artist.

A presupune că temperamentul acestor pictori îi împingea către anatomii pe care gustul nostru nu mai știe să le aprecieze este o explicație expediată la fel ca aceea care avansează premisa că senzualitatea vremii este legată de un statut social, unde bogăția și albeața cărnii erau apreciate ca semne ale indolenței asociate ideii de securitate a nevestelor obligate să trăiască numai în casă.

În realitate, rațiunea de a picta femei grase este în mod esențial formală. După ce timp de un secol și jumătate au triumfat tipurile feminine a căror idealitate sufocă senzualitatea, Rubens introduce în tablouri realitatea corpului, pictând siluete în care revărsarea cărnurilor (în întregime la vedere căci el se îngrijește prea puțin să picteze drapaje) face să dispară amintirea marmurilor și imposibilă referința la un canon al proporțiilor. Pe scurt, femeile lui Rubens nu sunt grase pentru că așa îi plăcea flamandului să le facă. Ele sunt astfel pentru că, în secolul al XVII-lea, obezitatea lor, înspăimântătoare în ochii normelor academice, este singurul mijloc prin care pictorul poate să-și reînsușească domeniul realității și al voluptății.

Modalitățile corpului erotic: a suscita senzațiile tactile

Gesturile pe care le îndeplinesc femeile lui Rubens sunt de altfel foarte diferite de cele pe care le pictează artiștii de tradiție clasică. Acolo unde Poussin apropie corpurile în așa fel încât ele să nu se atingă deloc sau aproape deloc, chiar atunci când înfățișează îndrăgostiți, Rubens reprezintă femei care își frământă sau își mângâie propriul trup, lăsându-l să fie atins de alții sau, constrânse, neputând împiedica să fie atins. Astfel este evident contrastul între *Imperiul Florei* și *Răpirea fiicelor lui Leucip*. În tabloul lui Poussin,

PIETER PAUL RUBENS, *Răpirea fiicelor lui Leucip*,
cca 1616, ulei pe pânză, 222 x 209 cm, München, Alte Pinakothek.

o alegorie inspirată din Ovidiu despre originea florilor, chiar cuplurile nu sunt legate decât prin contacte rezervate: Narcis se privește în apă fără a-și tulbura imaginea și fără să atingă nimfa așezată în fața lui; Clithye (floarea-soarelui sau heliotrop), în spatele lui Narcis, se întoarce către Apolo, îndepărtat de ea în carul său celest; la dreapta, în primul plan, Crocus și Smilax (personificări ale volburei) sunt teoretic înlănțuiți, dar mâna amantei nu o atinge pe cea a prietenului său când îi întinde floarea, iar dreapta lui Crocus stă pe propriul genunchi, evitând umărul celei pe care o iubește.

În pânza lui Rubens, din contră, răpirea logodnicelor Phoebe și Thelera de către dioscurii Castor și Polux, îndrăgostiții respinși, ar putea fi interpretată, literalmente, ca o mână de ajutor. Apucată, una, de axilă și cambrată cu forța pe un genunchi, cealaltă susținută de sub genunchi, frumoasele mai găsesc mijloacele de a mângâia cu degetele brațele care le înlănțuie sau de a cuprinde umărul agresorului. Masa compactă pe care o formează grupul – prințesele, gemenii răpitori, caii – suprapune vizual contactele tactile, care ar putea fi numite, după cum propune istoricul Maurice Brock în legătură cu Tizian, „tușeuri plastice": părul blond al prințesei din primul plan se răsfiră peste șoldul bărbatului care o susține, găsindu-se, pentru privitor, în contact direct cu pielea brună a masculului; piciorul alb al celeilalte fiice a lui Leucip, săltată la înălțimea jabotului calului, se sprijină vizual pe acoperământul roșu al calului. Contactul astfel obținut între diferitele materii creează senzații cvasitactile de care pictorul este conștient și cu care se joacă: spectatorul („uitătorul", spunea Poussin) trebuie să resimtă, aproape fizic, moliciunea pletelor tinerelor, căldura trupurilor lucind de sudoare și mirosul pe care îl emană corpurile armăsarilor. Reintroducerea dorinței, a plăcerii în pictură se sprijină pe aceste efecte.

NICOLAS POUSSIN, *Imperiul Florei* (detaliu: *Crocus și Smilax*), vezi p. 158.
PIETER PAUL RUBENS, *Răpirea fiicelor lui Leucip* (detaliu), vezi p. 159.

Venustas și morbidezza: plăcerile cărnii

Emoția pe care o suscită vecinătatea prea puțin inocentă a materiei sub diferitele ei înfățișări este condiționată de modul în care sunt pictate acestea. Pentru Rubens - ca și, înainte de el, pentru Tizian și ulterior pentru mulți alți pictori - carnea, dintre toate texturile, este cea mai susceptibilă de a provoca emoția.

Grija de a o picta cum trebuie s-a născut la sfârșitul secolului al XV-lea cu Leonardo da Vinci. *Sfumato*-ul pe care-l utilizează pictorul în fundalul peisajelor, pentru a da sentimentul îndepărtării, servește la estomparea contururilor personajelor și pentru a evita ca linia exterioară a siluetei lor să se întrerupă prea abrupt, făcându-le să semene cu niște statui - în *Capodoperă necunoscută*, Balzac îl va face pe maestrul Frenhofer să spună că „trupul omenesc nu se termină prin linii".

Câțiva zeci de ani mai târziu, aprecierea pentru cel care știe să picteze dulceața cărnii duce la apariția unui cuvânt nou în vocabularul criticii: cel de *venustas* (de la frumusețea și grația lui Venus). Termenul reprezintă, după opinia venețianului Lodovico Dolce, „un nu știu ce" care provoacă o „plăcere nesfârșită". El cuprinde (după același critic) această „dulceață și însuflețire" pe care natura le produce în corp. Exemplul avansat de Dolce este cel al unei Venus goale pe care Tizian a pictat-o din spate în *Venus și Adonis*: spectatorul, care vede șalele și fesele zeiței, recunoaște „*la macatura* cărnii produsă de poziția așezată" - sau, în înțelesul nostru de astăzi: gropițele pe care le face celulita când carnea durdulie este comprimată de o greutate excesivă.

Pictorul manierist Giorgio Vasari, și el istoric și autor al unor esențiale *Vieți ale celor mai de seamă pictori, sculptori și arhitecți* (1550 și 1561), caracterizează printr-un alt cuvânt, *morbidezza*, capacitatea de a picta în așa fel carnea încât aceasta să fie „asemănătoare naturii" (*similissima al naturale*) și să producă emoție erotică. *Morbidezza* (frăgezimea, într-o traducere care nu îi acoperă sensul în întregime) este calitatea carnației care o face să apară moale și caldă, respectiv, vie și veridică. Vocabularul lui Vasari asociază *carnosità morbida* cu alegerea unui colorit unde predomină rozurile și alburile, cu o *unione* (unire) a tonurilor sau cu o *sfumata maniera* (un stil care folosește *sfumato*), făcând nuanțele să se cufunde delicat unele în altele în loc de a le juxtapune în efecte violente de clarobscur, în sfârșit cu o delicatețe și o dulceață generală (*dolce*) care se opune uscăciunii (*secco*) sau asprimii (*tagliente*) unui corp construit în mod preponderent prin desen.

Secolul al XVIII-lea: farmecele sidefii ale lui Boucher

În afară de Rubens și de alți flamanzi din secolul al XVII-lea, pictorii francezi din veacul al XVIII-lea au cântat supla carnație diafană și mai puțin nuduri ferme și de o albeață perfectă.

La începutul secolului al XVIII-lea, de exemplu, în lucrări de Noël Nicolas Coypel, atunci când pictura din Nord este la modă și moravurile se relaxează mulțumită Regenței, apoi mai târziu în timpul domniei lui Ludovic al XV-lea, picturile încep să fie populate de nimfe cu corpuri palide, dar durdulii și însuflețite de tușe roz și albastre.
François Boucher este reprezentantul acestei picturi a grației feminine care-și asumă libertinajul, dar care evită, în general, conotațiile de netăgăduit erotice (o excepție o constituie *Hercule și Omfala,* scenă a înlănțuirii foarte puțin echivocă, păstrată la Muzeul Pușkin din Moscova). Protejat de doamna de Pompadour, favorita regelui, el pictează într-o paletă luminoasă și spumoasă decoruri în care mitologia este un pretext pentru a dezbrăca trupurile: *Nașterea lui Venus,* de exemplu (o temă deja clasică care inspirase și tabloul lui Botticelli), îi permite să facă să vibreze carnea femeilor abandonate în atitudini lascive, pulpe lungi dezvelite și funduri întoarse, palori din abundență accentuate de rozuri care contrastează cu pielea arămie a zeilor marini.
Către 1745 în ODALISCA BRUNĂ , apoi din nou, în 1752, în *Odalisca blondă* (München, Alte Pinakothek), același pictor realizează, cu o senzualitate mai directă, și nu atât de subtil poetică, imaginea mai realistă, inspirată, desigur, de model, a unei foarte tinere femei, întinsă goală pe un pat, cu cămașa ridicată, „oferind [...] cel mai frumos dos, cele mai frumoase fese, chemând la plăceri și invitându-te acolo prin poziția cea mai naturală, cea mai avantajoasă" (Diderot).

Secolul al XIX-lea: transgresiunile cărnii

Chiar când adoptă poze cu încărcătură senzuală evidentă, femeile lui Boucher rămân, să spunem așa, ireale. Corpul lor pârguit, dar nu mai puțin juvenil, carnea care pare pudrată și machiată mai degrabă decât nudă, le transformă în nimfe, în creaturi de vis și nu în adevărate femei. Într-adevăr, aceste nuduri le prefigurează pe cele pe care artiștii tradiției neoclasice, devenită „academică" sau „pompieristică" în cursul secolului al XIX-lea, le agață pe pereții Salonului: goliciuni, în întregime albe, cu capul, mâinile și picioarele mici, evitând cu grijă opulența excesivă a cărnurilor, și unde reprezentarea părului este total interzisă. Paul Baudry în *Perla și valul,* din 1862 (Madrid, Muzeul Prado), Alexandre Cabanel, în 1863,

FRANÇOIS BOUCHER, *Odalisca brună,*
cca 1745, ulei pe pânză, 53,5 x 64,5, Paris, Muzeul Luvru.

PIERRE-AUGUSTE RENOIR, *Baigneuse*, numită și *Baigneuse cu grifon*, 1870, ulei pe pânză, 184 x 115 cm, São Paulo, Museu de arte.

în *Nașterea lui Venus* (Paris, Musée d'Orsay), Henri Gervex în *Rolla*, în 1878 (vezi p. 169) pictează astfel de nuduri.

Aceia dintre pictorii secolului al XIX-lea care reacționează împotriva acestor drăgălașe artificiale aleg ca model corpurile pline care-i plăcuseră lui Rubens, dar pictează atât de veridic carnația, încât perturbă și mai mult conveniențele. BAIGNEUSE de Renoir, numită și *Baigneuse cu grifon*, nu seamănă deloc, de exemplu, cu o naiadă imaginară: pielea, de unde rozurile și albăstriurile sunt absente, este de un naturalism care, prin opoziție cu alburile carminate ale picturilor precedente, i-a adus calificativul de „murdară"; expresia morocănoasă și încăpățânată a chipului, șoldurile largi, sânii depărtați, ombilicul înfundat în pântecele bombat și pliul cărnii sub bustul înclinat contrazic ceea ce poza are academic, respectiv șoldirea, cu mâna stângă ascunzând pubisul și cu dreapta ținând hainele.

În FEMEIE ÎN VAL de Courbet, impactul erotic, dacă nu chiar pornografic, este și mai mare. Poza (un bust în mărime naturală ieșind din valuri) nu mai este academică; brațele ridicate lasă să se vadă părul axilei, reprezentare excepțională în epocă și deci cu atât mai tulburătoare; tonurile de roșu și albastru nu sunt puse la întâmplare, ci subliniază bulbul sânului, indicând agitația sângelui stârnit de frig și care înroșește obrajii și face să țâșnească sfârcul – Cézanne, la sfârșitul vieții, comentând această pictură sau alte nuduri ale lui Coubert cu „carnea densă", scria: „Atâtea culori îți lasă gura apă." În sfârșit, spuma, pusă sau poate aruncată în jeturi groase pe pântecele pe jumătate în imersiune, este metafora evident scandaloasă a seminței bărbatului.

Jocul privirilor: de la *Venus* de Tizian la *Olympia* de Manet

Seducțiile cărnii nu sunt singurul mijloc de care uzează pictorii pentru a da tabloului o forță sugestivă. În afară de șalele *Odaliscei brune* sau de brațele ridicate ale *Femeii în val*, pozele adoptate sunt la fel de elocvente: cambrarea fiicei lui Leucip din pânza lui Rubens (vezi p. 159) și cea a sclavei din primul plan în *Moartea lui Sardanapal* de Eugène Delacroix (vezi p. 123). Conform cu aceste atitudini, privirile sunt încărcate de un mesaj erotic care, o vom vedea, nu trebuie să fie neglijat.

GUSTAVE COURBET, *Femeie în val*, 1868,
ulei pe pânză, 65 x 54 cm, New York, Metropolitan Museum of Art.

În istoria nudului, picturile lui Tizian ocupă un loc particular. În special VENUS DIN URBINO (vezi p. 166) este un tablou deschizător de drumuri. Întinsă pe un cearșaf alb încrețit, într-un separeu al unei camere unde două servitoare au de lucru, tânăra dezbrăcată și cu părul despletit, care rupe un buchet, este sora mai mare a „nudurilor culcate" pe care le vor picta ulterior Velázquez, Goya, Manet și atâția alții. Ea însăși are ca sursă o *Venus dormind* dintr-un peisaj de Giorgione (Dresda, Gemäldegalerie), pe care Tizian a terminat-o după moartea tânărului maestru. Diferența profundă între Venus a lui Giorgione și aceea a lui Tizian rezidă nu în cadrul care le înconjoară, ci în starea de somn sau de veghe a modelului. *Venus* a lui Giorgione doarme – ea nu știe că cineva o privește. Nuditatea sa este de o perfectă inocență: aceea a Evei care nu se știe goală până nu culege fructul. *Venus din Urbino*, dimpotrivă, are ochii deschiși și se uită la spectator. Este o doamnă caldă al cărei chip păstrează rezerva – dar este, fără îndoială, și o curtezană. Privirea pe care o trimite spectatorului este aceea a unei femei care se știe văzută, iar gestul mâinii puse între picioare, mult mai puțin inocent decât al unei pudice Venus, trebuie să fie înțeles ca o invitație sau o pregătire pentru plăcerile dragostei. MAJA DESNUDA, pictată de Goya două secole mai târziu, adică *Maja goală*, pare mai dezbrăcată, dacă este posibil așa ceva, decât *Venus din Urbino*. Și aceasta pentru că, departe de a-și disimula sexul cu pubisul incomplet epilat,

Poze sugestive și alte motive erotice în *Baia turcească* de Ingres

Dacă Ingres rămâne fidel unei facturi netede și tentelor sidefii pentru a trata carnația, nudurile sale suple și tari au o forță erotică superioară, pentru privirea modernă, nudităților academiștilor contemporani. *Baia turcească*, care i-a plăcut atât de mult voluptuosului Khalil bei încât a cumpărat-o, este cea mai conștient erotică dintre pânzele sale.

Voluptăți orientale. Tema femeii care se scaldă, *baigneuse*, atât de frecventă în sculptura antică și în pictura clasică, este curățată de orice referință mitologică și trecută în mediul oriental: locul scenei este un *hammam*, adică o baie (de unde titlul lucrării), așa cum este descris, de exemplu, în scrierile unei călătoare britanice, Lady Mary Montagu.

Homosexualitatea feminină. Legată de cea de harem, atât de proprie pentru a face să fantazeze imaginația occidentală, tema *hammamului* permite pictarea unui univers intim, al femeilor între ele. Homosexualitatea feminină este la modă în secolul al XIX-lea: printre alții, Courbet o ilustrează în *Somnul* sau *Cele două prietene*, în 1863 (vezi p. 235), Renoir o sugerează figurând o femeie cu părul despletit în fundalul din *Baigneuse cu grifon* (vezi p. 162). În *Baia turcească*, gestul tinerei care strânge sânul prietenei cuibărite peste ea nu lasă să se ignore nimic din legăturile lor amoroase.

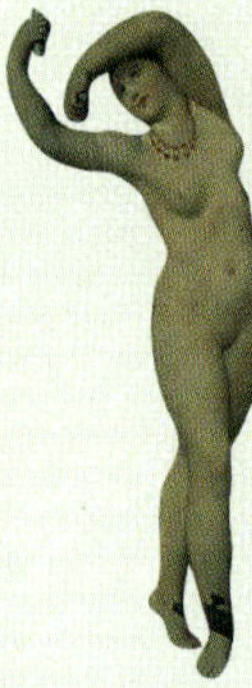

Brațele ridicate. Dansatoarea din fundal repetă gestul femeii lungite din dreapta, din primul plan, pentru care muzeul din Montauban păstrează un magnific studiu. Brațele ridicate pun sânii în valoare. Ele descoperă de asemenea subsuoara care, chiar dacă este rasă ca în acest tablou, constituie unul din locurile de adâncă senzualitate în secolul al XIX-lea – să ne amintim începutul din *Nana* de Zola, unde actrița înfierbânta sala expunându-și pieptul pe jumătate și scobiturile axilelor. De altfel aceeași atitudine, cu brațele ridicate, prezentă către 1800–1803 în *Maja desnuda* de Francisco de Goya (vezi p. 166), se regăsește și în alte pânze de Ingres ca și la Courbet (în *Femeie în val* [vezi p. 163]) sau chiar la Thédore Chassériau în *Toaleta Esterei* (vezi p. 231).

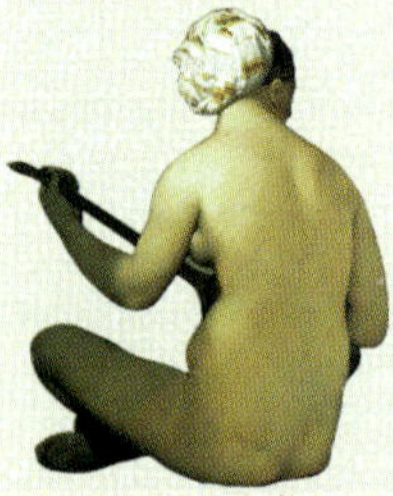

Dosul. Femeile din *Baia turcească* se prezintă, cumva, din ambele părți: privirea masculină se hrănește cu nuditatea lor sub toate aspectele. Cântăreața din lăută, din primul plan, evocă alte nuduri ale căror șale sunt oferite admirației spectatorului: *Venus la oglindă* de Velázquez, *Vahine note miti*, numită și *Femeia mării* de Paul Gauguin (Buenos Aires, Museo Nacional de Arte) și, la Ingres, *Baigneuse văzută pe jumătate* (Bayonne, Musée Bonnat) și *Baigneuse numită din Valpinçon* (Paris, Muzeul Luvru). Poziția ușor din trei sferturi permite să se zărească, în afară de frumoasa curbură a spatelui, rotunjimea sânului și bombarea pântecelui.

J.A.D. Ingres, *Baia turcească,* 1848–1863, ulei pe pânză lipită pe lemn, diametrul 109 cm, Paris, Muzeul Luvru.

Înfruptându-se cu delicatese. Chiar în fundalul tabloului, imaginea mai mică a unei femei care se îndoapă cu rahat contrastează cu reținerea mereu elegantă a celorlalte femei și are un caracter manifest sexual.

Forma de tondo. Decizia finală de a da tabloului un format circular *(tondo)* îi permite lui Ingres să centreze compoziția pe nuduri, suprimând cea mai mare parte din elementele de decor. Rotunjimea tabloului se acordă cu aceea a corpurilor feminine, cărora le este ecou. În fine, aspectul circular, pentru că dă pânzei forma unui ochi sau a unui lorgnon, transformă spectatorul într-un *voyeur* a cărui privire pătrunde prin efracție în această sală unde femeile sunt obligate să rămână doar între ele.

Încâlceala goliciunilor. Multiplicarea acestor *baigneuses* într-un spațiu pe care forma circulară îl strânge face mai pregnantă apropierea dintre corpurile lor. Atingându-se, îmbucându-se, sânii, pântecele și pulpele câștigă o putere de sugestie voluptuoasă maximă. Pictorul și scriitorul Jacques-Émile Blanche compara acest agregat cu „pisicile îndrăgostite ale căror membre se amestecă într-o mișunare de râme".

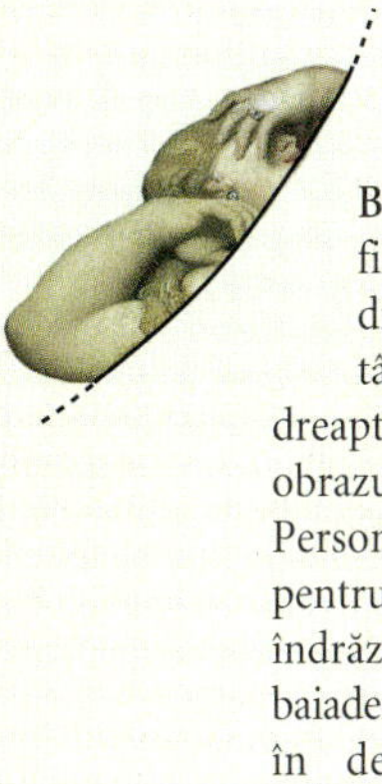

Baiadera răsturnată. Partea de jos fiind tăiată în 1862, când tabloul, din pătrat, a devenit circular, din tânăra care se găsește chiar în dreapta jos nu se mai văd acum decât obrazul și un fragment din brațe. Personajul a fost sacrificat, poate, pentru că în primul plan el era prea îndrăzneț: complet întinsă pe spate, baiadera lăsa la vedere interiorul pulpei în deschiderea dintre picioarele încrucișate și îndoite unul sub altul.

TIZIAN, *Venus din Urbino,* 1538,
ulei pe pânză, 149 x 165 cm, Florența, Uffizi.

FRANCISCO DE GOYA, *Maja desnuda,* numită și *Maja dezbrăcată,* 1800–1803, ulei pe pânză, 97 x 190 cm, Madrid, Muzeul Prado.

ea își răsucește ușor bazinul pentru a-l arăta din față și își ridică brațele pentru a-și pune în valoare sânii. Cu ochii mari deschiși, ea adresează spectatorului o privire care, la fel ca expunerea corpului, este menită să exalte dorința; și aceasta cu atât mai mult cu cât chipul, tratat ca un portret, face din această femeie o persoană reală, mult mai mult decât în pânza lui Tizian.

Cât despre *Olympia* lui Manet, realizată după o jumătate de secol, și ea este trează. Goală, și-a păstrat podoabele de femeie întreținută: panglica de catifea neagră din jurul gâtului, gurmeta de aur, ambele punând în valoare albeața pielii, și papucii cu toc înalt care subliniază curba piciorului. Privirea pe care o întoarce spre spectator aparține, ca și aceea a *Majei*, unei curtezane fără rușine: a provocat scandal pentru că prezența ei a fost înțeleasă, o dată cu expunerea tabloului, ca provocarea sexuală a unei femei „obscene", o „desfrânată". Cu buchetul pe care i-l aduce servitoarea neagră, scena face din spectator mai mult decât un *voyeur*, în mod explicit, un client care-și pregătește vizita printr-un dar.

Dacă nu a arătat precis, Manet a sugerat cel puțin că bărbatul care crede că privește un nud din plăcere estetică resimte în realitate o satisfacție senzuală. A eliminat de aceea din tablou orice posibilitate de interpretare alegorică: înfățișarea corpului este deliberat trivială, cu osatura solidă, colorată în tușe largi de un alb mat; decorul cu lumină rece, cu

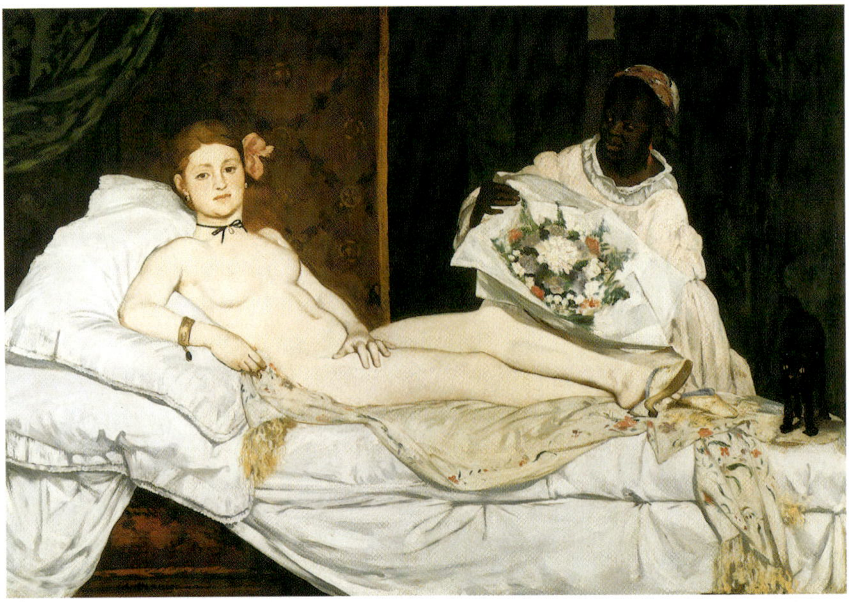

Manet, *Olympia*, 1863–1865,
ulei pe pânză, 130 x 190 cm, Paris, Musée d'Orsay.

Paul Cézanne,
O *Olympie modernă*,
cca 1873–1875, ulei pe pânză,
46 x 55 cm, Paris,
Musée d'Orsay
(donația Paul Gachet).

țesături grele, evocă o cameră închiriată; servitoarea neagră, cu un corp robust înecat într-o maldăr de pânzeturi roz, nu se expune fantasmelor; pisica neagră care se întinde, semn de satisfacție, este avatarul câinelui care doarme cuminte în *Venus din Urbino*; în fine, buchetul greu împachetat într-o hârtie prea mare a fost „cumpărat de la florăreasa din colț", cum scrie un critic al epocii.

Cel care a înțeles, poate, mai bine și mai devreme semnificația *Olympiei* lui Manet este pictorul Paul Cézanne, când era încă foarte tânăr. O Olympie modernă expusă la Salon, și mai rău primită decât modelul său, este o parodie plină de miez pentru că ea îl introduce pe privitor în interiorul compoziției sugerate de Manet: în frac, cu jobenul pierdut în urmă, un burghez pântecos, așezat pe o canapea, la extremitatea cea mai apropiată de pat, contemplă spectacolul oferit de trupul alb al unei femei dormind goală de pe care o negresă trage cuvertura. Tabloul este pictat astfel încât este imposibil să știi dacă scena astfel contemplată este reală sau este vorba, de fapt, de o pictură în pictură.

Erotismul și denunțarea socială: burghezul și prostituata

Contrar predecesorilor, pictorii de la sfârșitul secolului al XIX-lea vorbesc fără ocolișuri de stăpânirea pe care o are femeia asupra propriului corp sau de căderea ei în prostituție. Astfel Henri de Toulouse–Lautrec face din bordeluri subiectul său predilect, iar Degas reprezintă micile dansatoare în jurul cărora roiesc protectorii și, în afara lor, bețivane și cântărețe de café concert. Cu teme în aparență mai clasice, doi pictori cu stil extrem de diferit, în anii 1860 și 1870, provoacă un răsunător scandal: Manet cu *Dejunul pe iarbă* și Gervex cu *Rolla.*

ÉDOUARD MANET, *Dejunul pe iarbă*, 1863, ulei pe pânză, 208 x 270 cm, Paris, Musée d'Orsay.

Un nud printre bărbați îmbrăcați

Reprezentare a unui picnic, banală plăcere a citadinilor îngrămădiți în orașe de revoluția industrială, și pictură de *plein-air* legată de cercetările impresioniste, acest tablou face o referință la tradiție: femeia dezbrăcată în mijlocul naturii printre bărbați îmbrăcați are ca sursă principală o pictură a venețianului Giorgione, *Concertul câmpenesc* (Paris, Muzeul Luvru).

Dar situația pe care o pictează Manet este încărcată de un realism care șochează publicul epocii: tabloul este respins de juriul Salonului oficial din 1863 și huiduit la Salonul „refuzaților" unde a fost în cele din urmă expus. Nuditatea femeii este într-adins făcută scandaloasă prin caracterul contemporan al hainelor pe care le poartă tovarășii ei, tineri studenți eleganți sau, poate, învățăcei în vreun atelier de pictură. Corpul rotund al femeii, chipul tratat ca un portret, chiar atitudinea sunt ultragii deliberate la maniera alegorică de a reprezenta nudul.

Ochii ei pătrunzători îl fixează pe spectator. Ca și în *Olympia*, ea dejoacă așteptările bărbaților care ar vrea să o cuprindă cu o privire sexuală. Aici, scenariul erotic tradițional este profund tulburat. Femeia destul de îndrăzneață pentru a se dezbrăca în prezența unui grup de prieteni nu este în mod evident o nimfă; ea nu pare nici prototipul unei amante abandonate și îndrăgostită fără speranțe.

Face mai curând parte din acea lume a modelelor pe care au descris-o Zola și frații Goncourt, acele femei „care nu se tem să se unească între două ședințe de poză cu Rafaelii viitorului", cum scria la un moment dat dicționarul Larousse și care „au un nume propriu, Pamela sau Tereza" (aici de fapt Victorine Meurent) „și nuri foarte reali [care], la nevoie, se pot verifica" (Charles Blanc).

HENRI GERVEX, *Rolla*, 1878, ulei pe pânză, 175 x 220 cm, Bordeaux, Musée des Beaux-Arts.

Rolul accesoriilor

În acest tablou, Gervex ilustrează un poem de Musset, scris în 1838, unde un fiu de familie bună, Rolla, se ruinează pentru prostituata Marion și se sinucide în zori, după o ultimă noapte de voluptate. Subiectul este delicat: pentru a nu suscita mai mult decât un scandal moderat, pictorul, atunci în vârstă de douăzeci și șase de ani, alege să-l trateze într-un stil academist. Totuși opera este interzisă la Salon pentru imoralitate: ea cunoaște însă un mare success de public.

Imaginea corpului perfect al prostituatei, întinsă pe spate și căzută într-un somn adânc, nu mai șochează: pielea sa glabră și imaculat de albă, pusă în valoare de pletele revărsate, respectă normele nudului „acceptabil". Mai scabros, evocând explicit noaptea care tocmai a luat sfârșit, patul desfăcut devine tolerabil prin extrema curățenie a cearșafurilor și a pernelor.

Indecența picturii rezidă în accesoriile care formează natura moartă din primul plan. Amanții și-au scos hainele și le-au aruncat în grabă. Adevărată sinecdocă a relațiilor sociale din epocă, jobenul burghezului desfrânat stă peste corsetul roșu dublat cu alb și întors pe dos al prostituatei, despre care Musset ne informează că era o fată săracă, din popor. Bastonul bărbatului, metaforă sexuală probabil, își aruncă umbra pe juponul apretat al femeii, pe care a căzut o jartieră roz.

Imagine a părții lubrice a vieții moderne, aceste desuuri au provocat mânie – cum scria atunci criticul Paul Sébillot: „Suntem obișnuiți cu nuditatea eroilor și eroinelor Antichității: nudul modern ne șochează [...] și un tablou devine periculos pentru moravuri după cât de luxoase sunt accesoriile". Cu un an mai înainte, scriitorul Huysmans o rezumase cu alte cuvinte: „Aristocrația viciului se recunoaște în așternut".

DINCOLO DE FRUMUSEȚE: ALTE INTERPRETĂRI ALE CORPULUI

Constituirea unui canon de frumusețe, cu începere din secolul al XVI-lea, a avut drept corolar observarea de către pictori a antitezei. Uneori, în urâțenia sau în insignifianța corpului, pictorii au căutat o soluție pentru a reține privirea sau cel puțin pentru a ieși din strânsoarea idealului impus de estetica oficială. Această preocupare s-a dovedit mai sistematică când artiștii au devenit pasionați de reproducerea realistă a lumii și când obsesia de a face din operele lor un obiect exclusiv de frumusețe a încetat să prevaleze.

Urâțenia: semn moral sau curiozitate

În secolele al XVI-lea și al XVII-lea, frumusețea corpului este privită ca un indiciu al bunătății sufletului. Adam, înainte de greșeală, fusese creat după imaginea lui Dumnezeu, frumos; Iisus, Dumnezeu întrupat, era prin forța lucrurilor frumos; prințul bun trebuie, în mod logic, să fie frumos. Teoreticianul André Félibien scrie clar: „Un pictor nu trebuie să-i lipsească niciodată pe eroii săi de o mină bună [...] pentru că frumusețea are multă forță pentru a domina spiritele, și [...] de aceea, pictând un personaj important, dacă are unele defecte naturale, trebuie ascunse pe cât se poate".
Invers, pictorii care, în zorii epocii moderne, au vrut să arate personaje rele, le-au urâțit în mod deliberat. Dacă genul caricaturii își ia avânt cu adevărat în secolul al XIX-lea, cu Honoré Daumier, rădăcinile lui aparțin Renașterii și artiștilor care au contribuit la definirea canonului frumuseții: Leonardo da Vinci este, de exemplu, autorul unor nenumărate desene numite „grotești", iar Albrecht Dürer a desenat scheme în care proporțiile chipului omenesc sunt sistematic distorsionate. Scenele Patimilor lui Hristos, acelea care reprezintă martiriul sfinților arată, în epoca respectivă și chiar mai târziu, figuri de călăi, de dușmani ai creștinismului, ale căror fețe au trăsături grosolane, guri edentate, nasuri strâmbe sau încovoiate, ochi amenințători, iar corpurile sunt diforme. Adesea, aceste deformări primesc conotații rasiste sau discriminatorii: cei răi au profil semit sau sunt negri, siluetele lor sunt cocoșate, gușate sau pitice.
În secolul al XVII-lea, explorarea urâțeniei nu mai relevă numai o simbolică morală. În afară de Franța

DIEGO VELÁZQUEZ, *Piticul Don Diego de Acedo*, 1644, numit și *El Primo*, ulei pe pânză, 106 x 82 cm, Madrid, Muzeul Prado.

clasicistă atașată constant de pictarea frumuseții, fascinația pentru ceea ce scapă ordinii obișnuite a lumii – adică normelor, ele însele definite de canon – conduce la un inventar pictural care adună ciudățenii în galerii de tablouri aparținând gustului pentru colecționarea formelor ieșite din comun, respectiv a „cabinetelor de curiozități". În special în Spania, femeile cu barbă (la Juan Sánchez Cotán sau la Jusepe de Ribera) stau alături de figuri monstruos obeze ca *La Mostrua* de Juan Carreno de Miranda (Madrid, Muzeul Prado), de pitici și pitice cu corpul deformat și inteligența câteodată absentă, pe care le pictează Felipe de Llano, Rodrigo de Villandrado și, desigur, DIEGO VELÀZQUEZ .

Realismul la măsura urâțeniei

Iconografia corpurilor diforme nu este absentă în arta din restul Europei. Ea există, în secolul al XVII-lea, îndeosebi în Nord, la Antonis Mor și chiar la elegantul Antoon Van Dyck: este adevărat că primul dintre ei s-a stabilit în sudul Țărilor de Jos, de unde era originar cel de al doilea, și că această regiune făcea parte din orbita culturală spaniolă.
În Europa de Nord, totuși, este mai puțin întâlnită căutarea excepționalului; aici cultul deliberat al obișnuitului motivează înfățișarea corpurilor care, chiar dacă nu sunt hidoase, nu pot fi numite frumoase. Friedrich Hegel, în *Cursul de estetică* ținut către 1830, constată apropo de numeroasele reprezentări ale Fecioarei cu Pruncul această pasiune către real care, contrar artei italiene, îi împinge pe flamanzi să accepte fără strângere de inimă să picteze imperfecțiuni: „În tablourile lui Rafael reprezentându-l pe Hristos copil [...], Hristos are expresia copilărească a celei mai desăvârșite frumuseți [...]. În imaginile Madonei de van Eyck, copiii sunt [...] figurile cel mai puțin reușite: au adeseori chipurile grosolane și înfățișarea unor nou-născuți."
Totuși, la începutul secolului al XVII-lea, în Italia, un artist își ia obiceiul de a reprezenta corpuri obișnuite. CARAVAGGIO , alegând să picteze personaje de pe stradă mai curând decât figuri imaginare sau imitații ale marmurilor antice, a impus viziunea modelelor lipsite în întregime de grație și de acea perfecțiune cu care principiile idealizării obișnuiseră publicul de o sută de ani. Tenacitatea lui ostentativă de deconstrucție estetică l-a făcut pe biograful său Bellori să-l acuze de „alegerea urâtului" în dauna frumosului și pe Nicolas Poussin să spună că a „venit pe lume pentru a distruge pictura".

CARAVAGGIO, *Moartea Fecioarei* (detaliu). Vezi p. 121

Examinând-o pe mama lui Iisus din *Moartea Fecioarei*, fața ei obosită, părul nepieptănat aparțin de fapt unei femei din popor; pielea galbenă evocă un cadavru autentic, cu clavicula tumefiată, pântecele umflat de gaze, o înecată care a stat mai multe zile în apă – și toate atunci când este vorba de aceea pe care tradiția teologică nu a încetat să o venereze ca pe cea mai frumoasă femeie, o Evă fără păcat pe care nici bătrânețea și nici moartea nu ar reuși să o degradeze. Lucrul este valabil și pentru alte picturi ale lui Caravaggio: *Micul Bacchus bolnav* de la Galeria Borghese din Roma cu înfățișarea moale și pielea galbenă a unui băiat de rând, atins de o maladie rușinoasă; evanghelistul Matei din *Chemarea Sfântului Matei* de la San Luigi dei Francesi este un „adevărat" perceptor care și-a instalat biroul într-o tavernă unde numără bănuții cu hangiul și clienții care n-au nimic de făcut; în fine, Sfântul Petru, în *Țintuirea...* de la Santa Maria del Popolo (vezi p. 141), este un bătrân domn cu barba nearanjată și cu pielea atârnând pe burtă. În aceeași pictură, bărbații care ridică crucea lui Petru au haine ponosite, părul tuns scurt și figura grosolană. Gesturile lor sunt ale unor lucrători adevărați și traduc efortul, și nu noblețea muncii: funia cu care lucrătorul

SECOLUL AL XIX-LEA:
CORPURI DE MUNCITORI, CORPURI DE ȚĂRANI

Adevărații continuatori ai revoluției realiste a lui Caravaggio, în Franța, sunt, două secole mai târziu, artiștii preocupați să picteze „viața modernă", după expresia lui Baudelaire, indiferent dacă aparțin tendinței academiste, realiste sau impresioniste.
Preocupările acestor artiști sunt morale sau politice – cazul lui Courbet, prietenul lui Proudhon, căruia îi face portretul. Ele sunt și profund formale: pictorii vor să pună subiectele în acord cu existența generată de revoluția industrială. Din acest punct de vedere, introducerea lucrătorilor în tablouri, fie că muncesc sau că se distrează, are drept contrapondere lumea burgheză, cu apartamentele și străzile orașului hausmannian, cu cafenele, bordeluri, teatre și cu Opera.
Aceste noi subiecte presupun reînnoirea manierei de a picta: academismul idealizant al corpurilor nu se mai potrivește.

JULES BASTIEN-LEPAGE, *Secerișul*, 1877, ulei pe pânză, 180 x 195 cm, Paris, Musée d'Orsay.

Lumea țărănească

Franța secolului al XIX-lea este încă larg țărănească și mulți pictori își au rădăcinile în provinciile agricole. La fel, munca la câmp rămâne în tot decursul celei de a doua jumătăți a secolului amplu prezentată în tablouri.

La pictorii agreați la Saloane, lumea țărănească este prezentă. Pânza *Secerișul* a lorenului Jules Bastien-Lepage devine manifestul naturalismului oficial, în ciuda caracterului „descurajant" (după un critic din epocă) al tinerei țărănci, „așezată, cu brațele atârnând, fața roșie și transpirată" (cum o descrie însuși Bastien-Lepage).

Este prezentă mai ales la artiștii cu o viziune realistă mai directă și considerată scandaloasă: *Femei care strâng spice* (Paris, Musée d'Orsay), din 1857, de Jean-François Millet, sunt calificate drept „Parce ale sărăciei" și „sperietori în petice"; de aceeași apreciere se bucură mai ales Courbet, autorul, la începutul anilor 1850, al tablourilor *Spărgătorii de piatră* (lucrare dispărută) și *Vânturarea grâului* (Nantes, Musée des Beaux-Arts).

Proletariatul

Mai târziu decât țăranii, în anii 1870–1880, proletariatul intră la rândul său în pictură. Și acest lucru se întâmplă acolo unde nu se așteaptă nimeni, la pictorii impresioniști și neoimpresioniști și nu la artiștii realiști: explicația constă în faptul că primii caută răspunsuri formale la problemele puse de noua lume. Astfel, în tablourile lui Gustave Caillebotte, personajele din *Rașchetând parchetul* (vezi p. 242) sau din *Un bărbat pregătindu-se de frecție* (Chicago, Art Institute) sunt înainte de toate niște proletari ale căror corpuri uscate și musculoase arată destul de diferit de siluetele anvelopate ale burghezilor ca și de nudurile academice prea perfect dimensionate.

Clasele proletare intervin și în tablourile lui Seurat în care trândavii de pe malurile Senei, din *Baignade, Asnières,* sunt în mod vizibil tineri lucrători evadați din cartierele populare ale Parisului.

GEORGES SEURAT, *Baigneur așezat pe malul Senei,* detaliu din *Baignade. Asnières* (vezi p. 64).

Totuși trebuie să așteptăm începutul secolului XX și mai ales perioada interbelică pentru ca nu numai în Franța, ci și în alte țări ale Europei și în Statele Unite ale Americii să fie realizate picturi (și fotografii) reprezentând, într-o manieră realistă și într-o viziune socială militantă, lucrători în situații de mizerie (șomaj), de muncă (la uzină), la distracție (îndeosebi sport, box sau fotbal – la Delaunay sau la Seurat) sau de conflict (grevă sau manifestație). Atunci țăranii dispar din pictură, cu excepția tablourilor lui Grant Wood, în SUA și, din motive total diferite, a artei naziste, în care predilecția pentru scenele de gen țărănești se înscrie în contextul celebrării valorilor „adevărate" și ale cultului pământului *(Boden).*

în picioare încearcă să ridice crucea îi intră în carne și putem presupune că îi rănește spatele; pantalonii celui ghemuit sub cruce sunt atât de întinși încât țesătura pare să crape (vezi p. 141).

Pictorii care, în secolul al XVIII-lea, continuă tradiția lui Caravaggio, adoptă obiceiul lui de a picta corpuri „adevărate", adică marcate de vârstă, boală, muncile îndeplinite, realizând scene de gen care reprezintă bărbați și femei din popor sau din mitologii. Velázquez, de exemplu, în tinerețea lui, pictează o bătrână cu profil ingrat și un băiat roșu la față în *Bătrână prăjind ouă* (vezi p. 75), dar introduce același tip de figuri în temele împrumutate din fabula antică: oamenii simpli excitați de vin în *Băutorii* (*Los Borrachos*), o alegorie pe tema lui Bacchus (Madrid, Muzeul Prado) și bărbați cu torsuri de muncitori în *Fierăria lui Vulcan*, inspirată din *Metamorfozele* lui Ovidiu (același locație).

MATHIAS GRÜNEWALD, *Răstignirea*, cca 1510–1516,
panoul central al Polipticului Bisericii Antoninilor din Issenheim, în poziție închisă,
tempera și ulei pe lemn, 269 x 307 cm, Colmar, Unterlinden Museum.

A picta inacceptabilul

Alegând să înfățișeze corpuri urâte sau imperfecte conform normelor de frumusețe, pictorii câștigă rămășagul de „a picta frumos" chiar dacă subiectul nu este atrăgător. Îndrăzneala dusă la capăt se împletește uneori cu virtuozitatea și, în orice caz, cu încrederea în ei înșiși. Un asemenea pariu este și indicele unei atitudini care renunță să vadă în pictură, după formula convenită în secolul al XVII-lea, un „obiect de delectare". Pentru majoritatea cumpărătorilor, cu începere din momentul în care sistemul pieței se substituie celui al comenzii, ceea ce se întâmplă în regiunile Europei în perioada dintre secolele al XVII-lea și al XIX-lea, o pânză este un obiect decorativ, un ornament care se agață pe pereții locuinței. În cel mai bun dintre cazuri, tabloul este un instrument al plăcerii – privirea colecționarului se odihnește pe el, convingându-se că există o lume mai bună. În cel mai rău caz, el ajunge să indice îndestularea celui care locuiește casa și capacitatea lui de a resimți o emoție estetică. În aceste condiții, statutul tabloului nu este superior celui al unei hârtii pictate sau, în zilele noastre, unui poster decât prin valoarea sa de piață: el este o „imagine" care poate fi ignorată sau poate seduce, dar care nu trebuie să deranjeze.

La începutul secolului XX, filozoful german Conrad Fiedler a elaborat critica unui asemenea sistem care reduce arta la insignifianță: după el, eroarea originală a esteticii a fost aceea de a învesti arta doar cu misiunea de a traduce frumosul. Or, un tablou, o sculptură nu vizează doar și nu trebuie să vizeze satisfacerea aspirației noastre spre frumusețe. Ele pot fi și un mesaj: o punere în gardă sau un strigăt de mânie în care se exprimă revolta în fața urâțeniei lumii.

În secolul al XV-lea, absolutul urâțeniei, inacceptabilul, este moartea unui Dumnezeu – răstignirea. Între 1493 și 1516, pictorul din Colmar MATHIAS GRÜNEWALD înalță în centrul Polipticului din Biserica Antoninilor, la Issenheim, un Hristos pe cruce „gigant, disproporționat, dacă este comparat cu statura personajelor care-l înconjoară, și bătut în cuie pe un trunchi de copac neglijent cojit", cum scrie Huysmans. Corpul său este „livid și lustruit, punctat de picături de sânge, țepos ca o castană din cauza nuielelor rămase înfipte în găurile rănilor; la capătul brațelor, nemăsurat de lungi, mâinile se agită convulsiv și zgârie aerul; rotulele genunchilor apropiați sunt întoarse în interior și picioarele, țintuite unul peste altul, nu mai sunt decât un morman de mușchi pe care carnea și unghiile devenite albastre, în proces de alterare, putrezesc; cât despre cap, încercuit de o coroană gigantică de spini, acesta se scufundă în piept, umflat și gata să se spargă, vărgat de grătarul coastelor [...]. Fălcile atârnă, dezlânate și buzele fac bale" (tot Huysmans).

Urâțenia acestui Hristos este una dintre cele mai frumoase imagini ale artei occidentale. Alchimia pensulei a transformat agonia abominabilă a unui corp într-o imagine care tulbură profund spectatorul. Desemnat de degetul imens al Sfântului Ioan Botezătorul (care îl înlocuiește aici pe Sfântul Ioan Evanghelistul, partenerul obișnuit al Mariei în scena Răstignirii), corpul martirizat al lui Iisus, la antipodul sublimării obișnuite, devine simbolul „ororii care este la ușa noastră" și semnul că „este ceva, ceva care se va mai întâmpla", pentru a da cuvântul altui scriitor, medaliat cu Premiul Nobel pentru Literatură, Elia Canetti.

Ca Grünewald în *Răstignirea*, tablouri de Rembrandt precum *Samson orbit de filistini* (vezi p. 123) sau de Goya – „picturile negre", *Interior de închisoare* sau *Casa nebunului*, *Canibalii* etc. – pun în scenă corpuri sângerânde, călăi cu fizionomii înspăimântătoare, viziuni de coșmar de la care îți întorci fața în realitate și pe care arta cu care sunt pictate ne forțează să le privim.

GOYA, *Saturn devorându-și unul dintre copii*, cca 1820–1823, pictură murală maruflată pe pânză, pe bază de ulei, 143,5 x 81,4 cm, Madrid, Muzeul Prado.

Îndeosebi SATURN DEVORÂNDU-ȘI UNUL DINTRE COPII , zeul care-și înghite progenitura, alegorie a haosului universal, devine sub penelul lui Goya un căpcăun care nu mai este decât o caricatură omenească. Victima sa nu este bebelușul din pictura lui Rubens cu același subiect (Madrid, Muzeul Prado), ci un adult mutilat al cărui contur ezită între bărbat și femeie. Absoluta incongruență a formelor, ca și violența culorilor răspund nebuniei unei lumi în care ordinea și rațiunea nu se mai pot face auzite. Ea creează o disarmonie, dă pânzei un caracter „convulsiv" – pentru a împrumuta formula lui André Breton – care o fac emblema majoră a unei epoci unde nu mai este posibil să crezi în umanism. Secolul XX, cu războaie, cu gaze asfixiante, cu genociduri, a dat acestor tablouri o dureroasă actualitate. În experiențele pictorilor contemporani, căutarea unei armonii despre care se știe că este mincinoasă se dizolvă în beneficiul unei imagini în fața căreia privirea se simte rănită: la începutul anilor 1920, acuarelele lui Otto Dix, având ca punct de plecare fotografii cu „gueules cassées" (veterani de război cu grave mutilări faciale), adoptă un stil clasic și culori potolite pentru a face și mai teribilă desfigurarea indivizilor cărora rănile le-au luat aspectul de umanitate; către 1930, tripticurile sale ca *Marele oraș* (Stuttgart, Galerie der Stadt), *Războiul* (Dresda, Stadtmuseum) utilizează forma retablului pentru a simboliza, prin contrast cu acest cadru nobil, degradarea corpurilor distruse de vicii și de război.

PABLO PICASSO, mamă cu copil mort, detaliu din *Guernica* (vezi p. 18).

În 1937, Picasso uzează și el de aceste deformări, despre care s-ar putea spune o dată cu Baudelaire că „înțeleptul nu râde decât cutremurându-se", pentru a face mai eficace reprezentarea din GUERNICA . Spre deosebire de stilul elegiac, el exprimă teroarea și dezolarea victimelor bombardamentului declanșat asupra orașului prin gesturile lor exagerate, profiluri cu guri care urlă, cu ochii ieșiți din orbite, racursiuri și simplificări care nu rețin din corpuri decât părțile cele mai emoționante și mai semnificative, eliminând orice detaliu în plus.

Pe întreaga durată a secolului XX, pictorii s-au preocupat astfel de reprezentarea figurii omenești în ciuda unei codificări convenite, pentru a exprima oroarea istoriei, sentimentul nemulțumirii existenței (Egon Schiele, Antonin Artaud sau Francis Bacon), sau chiar forța dorinței (Picasso). Țelul acestor pictori nu mai este acela de a crea frumosul așa cum îl înțelegea estetica clasică, ci de a suscita îndoiala. Ceea ce Picasso însuși, citat de André Malraux în *Capul de obsidian*, a exprimat cu o mare putere de sugestie: „oamenii trebuie deșteptați. Trebuie să se schimbe radical modul lor de identificare a lucrurilor. Trebuie create imagini inacceptabile. Ca oamenii să se sensibilizeze. Să-i forțăm să înțeleagă că trăiesc într-o lume aiurea. O realitate care nu-ți dă siguranță. O realitate altfel decât o cred ei". Deplasarea obiectivului nu ne împiedică să descoperim că operele acestor pictori sunt frumoase: dovadă că frumusețea trebuie analizată ca un fenomen istoric și că noțiunea are un conținut care se modifică total în funcție de epocă.

Paul Cézanne: corpul ca motiv

Pictorii pe care i-am citat consideră corpul ca un motiv al cărui impact emoțional este superior tuturor celorlalte subiecte și privesc tabloul ca pe un mijloc de exprimare a unui mesaj. Altfel spus, ei subscriu principiului *ut pictura poesis*, comparația dintre pictură

PAUL CÉZANNE, *Trois baigneuses,* 1879–1882, ulei pe pânză, 53 x 55 cm, Paris, Musée du Petit Palais.

și un text. Pentru alți artiști, dimpotrivă, pictura este o problemă de forme și numai atât. Sarcina artistului este să acopere o suprafață plană cu linii și culori și să dispună acolo motive în trei dimensiuni, în maniera cea mai satisfăcătoare posibil. În acest caz, corpul omenesc devine un subiect oarecare: pictorul se îngrijește să-l trateze asemeni celorlalte motive. El refuză să-l încarce cu sugestii psihologice, erotice sau dramatice speciale.
Paul Cézanne, care-i sugera într-o zi corespondentului său Émile Bernard să „trateze natura prin cilindru, sferă, con" (frază enunțată brusc și prea adesea repetată), a încercat toată viața să lipsească trupul de forța emoțională pentru a-l picta cu aceeași obiectivitate implacabilă asemeni celorlalte motive. Primele pânze care abordează nudul încarcă trupul feminin cu un impact erotic - *O Olympie modernă* (vezi p. 167), dar și *După-amiază la Napoli* (Canberra, Australian National Gallery) și *Eternul feminin* (Malibu, Getty Museum) - sau violent - acuarela *Medeea* după Delacroix (Zürich, Kunsthaus) - care dau măsura temperamentului său pasional. Cézanne, evocând operele din această perioadă, vorbește de etapa sa „hormonală".
Ca urmare, munca pictorului constă în aflarea mijloacelor care îi vor permite să rețină această vehementă pentru a transforma senzația în reprezentare obiectivă, declamarea în sugestie. Transferat în câmpul literaturii, modelul cézannian este astfel aproape de moderația stilistică a lui Gustave Flaubert a cărui povestire *Ispitirea Sfântului Anton* - istoria unei ispite erotice refulate - furnizează subiect mai multor tablouri. Subiectul cu *baigneuses*, repetat din anii 1874–1875, îl forțează să dea importanță nudității plasând-o în natură, având în vedere și problemele de morfologie, de dinamică, dispunerea în profunzime și jocurile de lumini modulând neregulat pielea. Poză după poză, figură după figură, Cézanne declină astfel în grupurile de femei goale sub frunziș atitudinile corpului văzut din față, din spate, din profil dreapta sau stânga, din trei sferturi către înapoi, în picioare, aplecat, așezat, culcat pe burtă etc. Arborii țin loc de scară, iar trunchiurile lor oblice restrâng cadrul, forțând ochiul să se concentreze pe acest glosar al corpurilor.

PAUL CÉZANNE, *Les Grandes Baigneuses,* 1906, ulei pe pânză, 208,3 x 251,5 cm, Philadelphia, Philadelphia Museum of Art.

Aceste exerciții metodice nu privează întotdeauna pânza de emisia sa erotică: ele îi dau o formă mai acută și mai surdă, dar cu atât mai tulburătoare. În TROIS BAIGNEUSES, disproporțiile morfologice – greutatea pântecelui, a pulpelor – poza bizară a unei femei așezate, cu un picior foarte depărtat, chipurile reduse la trăsături sumare ne duc cu gândul la niște ființe periculoase cu atât mai mult cu cât ele își exaltă plasticitatea. Trebuie așteptată una din ultimele compoziții cu nuduri a lui Cézanne, LES GRANDES BAIGNEUSES, pentru a descoperi pacea pe care pictorul a căutat-o atât: înscrise în ogiva arborilor, liniile corpului și cele ale trunchiurilor formează un ansamblu care nu tulbură armonia; pletele se confundă cu frunzele, iar nuanțele de ocru se răspândesc pe sol și pe corpuri. Absorbite, în fine, în peisaj, confundându-se cu el, corpurile feminine goale, caste, ating seninătatea.

Picasso: a deconstrui figura

În 1906, la un an de la terminarea tabloului *Les Grandes Baigneuses* și moartea lui Cézanne, Picasso înțelege și aplică lecția căutărilor predecesorului său: DOMNIȘOARELE DIN AVIGNON pune în scenă, ca și *Baigneuses*, un grup de femei goale, simboluri ale plăcerii pentru că sunt niște prostituate de bordel, ale unei plăceri nelipsite de pericol, unde moartea pândește (prima versiune a *Domnișoarelor* introducea în compoziție o natură moartă cu un craniu).
Renunțând cu totul la lumea erotică a picturii secolului al XIX-lea, Picasso reține din experiențele lui Cézanne că asemănarea operată de imitația vizuală poate fi eliminată fără ca puterea de emoționare să se diminueze. Pentru a forța privirea să dea atenție celor cinci nuduri care umplu pânza, le sparge corpul, redându-le, de-a lungul studiilor, din ce în ce mai colțuros și mai geometric. Simplifică chipurile, cum o făcuse și Cézanne, și transformă ochii în ovale negre. În momentul în care fovii lucrau culoarea pentru a da un aspect decorativ suprafeței figurilor, el tratează nasul ca un triunghi și accentuează impresia de volum care avansează adăugând striații de o parte și de alta a podului nazal și săpând orbitele. Pictează sâni duri, coate ascuțite, genunchi ieșiți în afară, mâini și picioare mari, pentru a conferi anatomiilor și mai multă forță.
Această tratare blasfemiatoare conferă *Domnișoarelor...* un impact vizual maxim: prieten și tovarăș de experiențe cu Picasso, Georges Braque îl înțelege imediat. Descoperind tabloul în atelierul din Bateau-Lavoir, el declară că „ pictând așa, ar avea senzația că bea benzină". După această operă, pictorilor care i-au succedat lui Picasso le-ar fi fost greu să se declare satisfăcuți de întoarcerea la reprezentarea convențională a corpului feminin, care li s-ar fi părut săracă în daruri și impresii.

PABLO PICASSO, *Domnișoarele din Avignon*, 1906–1907, ulei pe pânză, 243,9 x 233,7 cm, New York, Museum of Modern Art.

Două noi priviri asupra anatomiei: Corpet și Orlan

În vremea în care lucra la *Domnișoarele din Avignon,* Picasso a descoperit „statuile negre" de la Muzeul Trocadéro și sculpturile iberice de la Luvru. Aceste referințe „primitive" l-au încurajat să reînnoiască prin deformare codul reprezentării corpurilor și chipurilor.
Foarte diferit de Picasso, dar cu o grijă identică de a surprinde și de a agresa privirea, doi artiști, la începutul secolului XX, pictează nudul și chipul rupând total cu obișnuințele reprezentării occidentale.

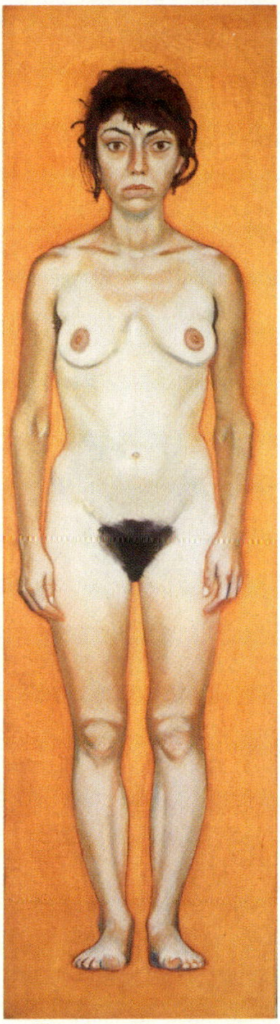

Vincent Corpet, *Nud,* 2467 M VIII 92 h/R, 1992, ulei pe pânză, 180 x 50 cm, colecție particulară.

Vincent Corpet: corpul ca un obiect

Vincent Corpet lucrează cu un medium și un suport tradițional, ulei pe pânză. El se abține să deformeze ceea ce vede. Dar are pretenția de la modelele sale să stea în picioare în fața lui, cu brațele în balans: o poziție de autopsiat, corijată de ochii larg deschiși și de plasarea verticală.

Formatul este conform mărimii subiectului, care se găsește închis în pânză ca într-un sicriu. Fundalul este monocrom și de o culoare vie care variază de la un tablou la altul.

Pictorul reproduce cu imparțialitate particularitățile anatomiei, diformitățile de talie sau de corpolență, cicatricele și defectele pielii, pilozitatea. Lucrează în așa fel încât fiecare zonă a corpului, când o pictează, să fie la înălțimea ochilor săi. Acest releveu de un naturalism minuțios, care nu avantajează nici o parte a anatomiei, impune prezența persoanei și, în același timp, oferă asupra ei o viziune straniu non-ierarhizată, în care genunchii sau picioarele nu au mai puțină importanță decât sexul sau chipul.

Orlan: corpul metamorfozat

Orlan a început să lucreze în jurul anului 1968, într-un context puternic marcat de feminism și s-a dezvoltat în vremea reflecțiilor asupra mondializării. Interoghează corpul feminin și, în mod special, codurile de frumusețe pe care avem obiceiul să le privim ca absolute.

Lucrând fie direct pe propriul corp, acceptând să suporte intervenții chirurgicale, fie în tehnici care asociază fotografia și tratarea virtuală a imaginii, ea construiește plecând de la anatomia proprie un nou corp posibil, o anatomie „hibridă" pe care o alege în loc de a-și asuma o formă pe care i-a dat-o hazardul, și integrează în ea elemente nu de urâțenie, ci de frumusețe alternativă, inspirate din principii străine de normele estetice obișnuite: asimetria înlocuiește, de exemplu, simetria privită ca un element forțat al frumuseții unui chip.
Într-o serie recentă, artista amestecă în propria ei figură, transformată virtual, modele de frumusețe străină Europei: gâtul lung al femeilor africane sau craniul suprafrământat al civilizațiilor precolumbiene.

Orlan, *Autoportret,* 1999, colecție particulară.

Stilurile

Noțiunea de stil e delicat de mânuit. Până în secolul XX, se întâmplă rareori ca artiștii sau criticii apropiați lor să proclame prin intermediul manifestelor principiile care le orientează munca. Gruparea artiștilor pe mișcări cu nume precis și inventarul caracteristicilor proprii acestora intervin deci a posteriori și uneori mult după ce creatorii și-au desăvârșit opera. Această diferențiere cronologică poate face analiza operelor prea categorică și le poate circumscrie în categorii prea simple sau prea ermetice. Pentru cine crede că știe să definească un curent artistic, analiza unui tablou se reduce la punerea în evidență a semnelor care vor revela apartenența lui la curentul respectiv. Or, unicitatea marilor pictori este sigur aceea de a se sustrage de la formulele codificate și limitative ale artei.
Totuși nu este posibil să se renunțe cu totul la asemenea grupări – atât atârnă de greu obiceiurile și vocabularul – și ar fi la fel de primejdios să se utilizeze, fără a încerca să le definim strict, noțiunile folosite în mod curent pentru a desemna tendințe stilistice. Atunci apare riscul de a înlocui o jalonare prea strictă a istoriei formelor cu acumulări de denumiri vagi care vor ajuta și mai puțin la înțelegerea operelor. Opoziția propusă, chiar în secolul al XX, de istoricul Eugenio d'Ors între cele două „sensibilități eterne", barocul și clasicismul, apare astfel foarte sumară și schematică pentru analiza picturilor sau operelor în general, nu numai din veacul al XVII-lea, ci din toată istoria artei occidentale. Primul curent ar corespunde unei estetici „de economie și de logică", caracterizată de dragostea pentru „formele stabile și care au greutate", al doilea unui stil „de muzică și de abundență", gustând „formele conturate care își iau zborul".
Mai mult decât a recurge la aceste categorii ideale, atât de vaste încât își pierd orice eficacitate teoretică, mai degrabă decât a căuta constantele care, în fiecare epocă, caracterizează un tip psihologic și contrariul său, este necesar să abordăm stilurile în mod istoric. De când omul a dezvoltat o activitate artistică, istoria formelor este făcută dintr-o succesiune de transformări, o manieră de a picta (sau de

Goticul

GOTICUL INTERNAȚIONAL

Renașterea

Manierismul

Caravagismul

Barocul

Clasicismul

Rococoul

a sculpta, de a construi) înlocuind o alta înainte de a fi la rândul ei măturată. Aceste schimbări s-au produs într-un ritm mult mai lent decât cel de astăzi, dar nu s-au oprit niciodată. Influența unor puternice personalități în căutarea unui mod de exprimare singular nu este suficientă pentru a explica transformările. Urmându-i în gândire pe istoricii numiți „formaliști", se poate avansa ca pretext o îmbătrânire inevitabilă a formelor, epuizarea plăcerii din cauza soluțiilor prea văzute, pe scurt, plictiseala artiștilor și a publicului. Evoluția stilurilor și înlocuirea lor s-ar mai explica atunci printr-o dezvoltare autonomă a efectelor picturale, proces intern al muncii artistice și indiferent la influențele externe. Dar se poate presupune și invers că transformările stilistice, departe de a fi independente de mutațiile societății în care s-au produs operele, reflectă în fiecare epocă, câteodată la fiecare generație, o viziune specifică asupra lumii, o schimbare de atitudine care influențează însăși formele. Pentru a aborda noțiunea de stil, trebuie deci prudență. Este necesar să se țină seama de condițiile specifice ale producției artistice, altfel spus de autonomia, cel puțin relativă, a gestației formelor – a ceea ce istoricul de artă francez Henri Foccillon numea, la începutul secolului XX, „viața formelor"; dar este necesar și să nu neglijăm că artiștii aparțin timpului lor, că emoțiile și senzațiile pe care le înscriu în opere sunt în aceeași măsură cele ale bărbaților și femeilor care le sunt contemporani, că mijloacele tehnice – dependente de progres – de care dispun le influențează modul în care lucrează și că, la rândul lor, adoptă sau inventează procedee, aleg sau imaginează subiecte în funcție tot de lumea în care trăiesc.

Neoclasicismul

Romantismul

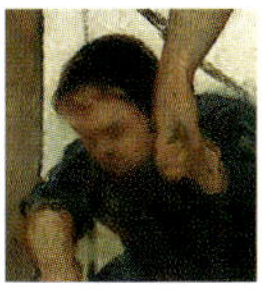

Realismul

Impresionismul

Post-impresionismul

Neoimpresionismul

Sintetismul

Nabiștii

Simbolismul

Fovismul

Expresionismul

Goticul

Termenul „gotic" apare în Renaștere pentru a desemna, cu o puternică nuanță peiorativă, formele de artă care au prevalat la sfârșitul Evului Mediu, îndeosebi în nordul Europei (unde trăia neamul got, prin opoziție cu Italia, pământul succesorilor romanilor). La mijlocul secolului al XVI-lea, istoricul Giorgio Vasari definește „maniera găsită de goți" ca „monstruoasă și barbară". Încă din secolul al XIX-lea, criticul britanic John Ruskin face din „sălbăticie sau stângăcie" prima caracteristică a acestui stil. Dar din același moment (1851), mișcarea romantică (Victor Hugo, Prosper Mérimée, Arcisse de Caumont) vede deja în stângăcie o calitate estetică, în timp ce adepții unei revigorări a pietății catolice (precum teoreticianul Augustus Pugin în Marea Britanie) apără arta gotică ca expresie prin excelență a credinței, determinând ca unele mișcări artistice (nazareenii, prerafaeliții) să o ia drept model.

Arta gotică apare în arhitectură (catedralele din Île-de-France) și în sculptură puțin înainte de mijlocul secolului al XII-lea. Apogeul este atins în veacul al XIII-lea, se răspândește și se dezvoltă până la sfârșitul secolului al XIV-lea și prima jumătate a celui de al XV-lea, adoptând, sub numele de „gotic internațional", caracteristici ușor diferite.

Centre și artiști

• În **Franța**, focarele cele mai active sunt Burgundia, cu pictori ca Melchior Broederlam (mort în 1409) și Jean Malouel (mort în 1415); Provence unde se află Avignonul, pământul pontifical către care converg, în secolul al XIV-lea, artiști italieni ca Simone Martini (cca 1284–1344) și Matteo Giovanetti (mort în 1367), și unde lucrează în secolul al XV-lea Enguerrand Quarton (către 1410–1466); și, mai târziu, în a doua jumătate a secolului al XV-lea, zona centrală (Maestrul din Moulins).
Parisul, centru important de anluminuri în veacul al XIV-lea, în vremea lui Jean Pucelle (mort în 1344), decade ulterior din cauza Războiului de 100 de ani (1337–1453). La sfârșitul secolului al XIV-lea și la începutul celui de al XV-lea, principalii miniaturiști (Jacquemart de Hesdin și mai ales frații Pol, Jean și Herman de Limbourg) lucrează pentru ducele Jean de Berry.
Marele pictor de la sfârșitul artei gotice în Franța este Jean Fouquet (cca 1425–1480), anluminor și pictor pe lemn.

• În **Anglia**, este de reținut numele miniaturistului Matthew Paris, activ la Saint Albans și la Londra la mijlocul secolului al XIII-lea.

• **Flandra**, între 1384–1477, se află sub dominație burgundă. Numeroși artiști flamanzi lucrează la Paris (ca anluminorul Jean Bondol către 1370) sau pentru prinții francezi (cum o fac frații de Limbourg).

• În **Germania și în lumea germană**, principalii artiști al căror nume s-a păstrat și a căror operă s-a convenit să fie strânsă sub o anume denumire lucrează în perioada goticului internațional: astfel în regiunea Praga, Maestrul Teodoric apoi, în a doua jumătate a secolului al XIV-lea, Maestrul din Trebon; în Germania, Maestrul Bertram și Conrad din Soest către 1400 și, puțin mai târziu, Stefan Lochner, Maestrul Sfintei Veronica și Maestrul Francke.

• **Italia** constituie în epoca gotică un caz particular. Tendințele artistice urmează aici direcții specifice. Centrele principale sunt Roma și Napoli, în afară de Toscana, cu Florența și Siena. Pictorii din Veneția nu creează încă un stil specific. În secolul al XIV-lea, ei rămân sub autoritatea artei numite „greacă" (altfel spus bizantină), fideli tehnicii mozaicului (șantierul San Marco din Veneția). În secolul al XV-lea, se deschid către influențele din Nord și cultivă un stil internațional foarte ornamental, în care aurul este folosit din abundență.

Giotto, *Sfântul Francisc din Assisi primind stigmatele,* cca 1300, tempera pe lemn, 314 x 162 cm, Paris, Muzeul Luvru.

• **Spania,** din secolul al XIV-lea, primește din plin influențele italiene. Stilul lui Ferrer Bassa, care lucrează la Barcelona între 1324 și 1348, reflectă astfel limbajul pictural elaborat în Toscana de Giotto. În veacul al XV-lea, Miguel Alcaniz, Pedro Nicolau, Gonzalo Pérez Luis Borrassá și Bernardo Martorell sunt, la Valencia și în continuare la Barcelona, principalii reprezentanți ai curentului gotic internațional.

Caracteristici

Suporturi

• În nordul Europei, vitraliul și anluminura ocupă primul loc. În secolele al XIV-lea și al XV-lea, pictura pe lemn capătă o importanță considerabilă. În Franța, cea mai veche operă

ARTA GOTICĂ DIN NORD

MELCHIOR BROEDERLAM, *Bunavestire și Vizitația*, 1395–1399, voleul unui retablu destinat mânăstirii din Champmol, tempera pe lemn, 167 x 125 cm, Dijon, Musée des Beaux-Arts.

Această pictură este tipică pentru arta gotică a Nordului. Forma neregulată a panoului indică apartenența la un retablu. Tema este religioasă, împrumutată din Noul Testament, mai exact din Evanghelia lui Luca (1, 26–45), precum și din Evangheliile apocrife, necunoscute de Biserică, dar extrem de citite.

Este o pictură a speranței, fiindcă povestirea Întrupării este promisiunea de salvare a umanității.

Culoarea

Folosirea din abundență a aurului și a unui albastru scump rezervat Fecioarei este revelatoare pentru o estetică în care culorile sunt apreciate pentru strălucire, iar valoarea lor intrinsecă în bani nu este uitată. Gustul pentru linie este manifest, așa cum o dovedesc înfășurarea filacterului purtând cuvintele îngerului Gabriel către Maria și ondulațiile marginilor mantiei căzând pe sol. Atracția pentru elementele decorative nu este mai puțin evidentă. Ea inspiră motivul delicat al frunzelor de crin și pe acela al ornamentelor sculptate așezate pe pragul camerei Mariei.

Spațiul

Tratarea profunzimii se face, la stânga, prin succesiunea de interioare imbricate unele în altele, cu tentative de geometrie perspectivală în arhitectura ferestrelor sau în motivele pavimentului. Interesul pentru natură se traduce, la dreapta, prin spectacolul munților (în perspectivă inversă: cei din fundal sunt mai înalți), tratați ca niște stânci parțial acoperite de vegetație, cu copaci mult mai mici decât personajele și cu o pasăre în zbor, pe fondul de aur.

Sensul lecturii

Figura Mariei revine de două ori: succesiunea cronologică se exprimă printr-o organizare care urmează sensul scrierii, povestirea începând la stânga, prin episodul cel mai vechi (Bunavestire) și continuând la dreapta prin cel mai recent (Vizitația sau întâlnirea dintre Maria însărcinată și verișoara sa Elisabeta în așteptare, ea însăși, de a da naștere Sfântului Ioan Botezătorul).

pe lemn care s-a păstrat este portretul lui *Ioan al II-lea cel Bun* (vezi p. 32). În general, panourile aparțin unor ansambluri mai mult sau mai puțin complexe, numite retabluri; doar rareori ele sunt de sine stătătoare.

• **În Italia**, vitraliul este mai puțin întâlnit, anluminura mai puțin predominantă. Pictura este esențialmente murală, constituind decorații ale bisericilor (ca Bazilica San Francesco din Assisi etc.).

Tehnici

• Pe pergament sau lemn: tempera (în înțelesul vechi).
• Pe zid: frescă, cu reluări adesea *a secco* (vezi p. 9).

Teme

• Noțiunea de „gen" nu există încă. Pictura este religioasă. În epoca gotică, ea tinde către umanizarea personajelor sfinte. Fecioara este deseori reprezentată într-o formă apropiată și umilă (Fecioara umilinței, așezată pe pământ), dar uneori și în chip de suverană (Fecioara pe tron). Tema copilăriei lui Iisus capătă frecvență, și durerea Sa morală și fizică este făcută manifestă în scenele Patimilor (*Christus patiens*). Tendințele narative se afirmă, noi sfinți sunt introduși în picturi, iar scenele din viața lor se multiplică.

• Cu începere din secolul al XIV-lea apar primele portrete, integrate sau nu în compoziții mai vaste, ca și elemente de peisaj și de natură moartă (vezi p. 32).

Compoziție

• Arta gotică nu ignoră adâncimea, dar dă despre ea sentimentul unui lucru care nu ascultă de nici o rigoare geometrică.

• Fundalurile picturilor continuă să fie tratate în mod abstract: dincolo de arhitecturi sau elemente de peisaj se folosește aurul (pe lemn), o culoare vie care poate fi roșu sau albastru sau chiar motive decorative de tipul carelajelor (pentru miniaturi). În Italia, ca fundal al frescelor, cel mai adesea este folosit albastrul: înainte de secolul al XV-lea (aproximativ anii 1420), nu se văd niciodată nori, în așa fel încât nu se știe dacă se poate vorbi de cer decât în câteva foarte rare picturi cu scene nocturne, unde lucesc stele și Luna (Pietro Lorenzetti, *Prinderea lui Iisus*, la Assisi).

Desen, culoare, tușă

• Linia păstrează o importanță predominantă.
• Culorile sunt vii și numai aproximativ imitative.
• Ele sunt alese după strălucirea lor și câteodată prin valoarea lor de piață. Aurul, albastrul, în special lapislazuli, sunt extrem de prețuite.
• În vitralii, căutarea luminozității se exprimă prin folosirea mai extinsă a galbenului și a albului.
• Tușa nu este vizibilă, împăstările inexistente (vezi p. 12).

Figuri

• Personajele au proporții alungite, caracteristici fizice puțin detaliate.
• Volumul lor nu este subliniat (cu excepția Italiei în secolul al XIV-lea), ele nu-și proiectează umbra pe pământ.
• Mișcările au o semnificație anume, pozițiile sunt puțin diversificate.
• Pictorul face în așa fel încât corpurile – cel puțin ale personajelor principale – să fie în întregime vizibile.
• În retabluri, în registrul central, se întâmplă adeseori ca un personaj să ocupe singur un panou. În compartimentele narative, îndeosebi în predelă, același personaj apare de mai multe ori, când mai multe episoade ale povestirii sunt reprezentate împreună (vezi p. 184).

GOTICUL ITALIAN: SIENA ȘI SIMONE MARTINI

În Italia, în secolul al XIV-lea (Trecento), revoluția picturală este legată de numele lui Giotto (cca 1267–1337), arhitect, sculptor, mai ales pictor din Florența, care lucrează la Roma, la Napoli, la Assisi și la Padova și acordă pentru prima dată o importanță considerabilă tratării spațiului (vezi p. 79) și volumului, îndeosebi cel al personajelor (vezi p. 131). Totuși în comparație cu Florența, Siena constituie în prima jumătate a secolului al XIV-lea (înainte ca flagelul ciumei negre să se abată, în 1348, asupra orașului și să-l ruineze) o alternativă remarcabilă.

La sfârșitul secolului al XIII-lea și la începutul celui de al XIV-lea, arta lui Duccio di Buoninsegna (cca 1255–1318/9), atunci cel mai mare pictor sienez, arată o atracție semnificativă față de valorile liniare și decorative. În *Fecioara și Pruncul* de la Uffizi, figura Mariei, cu proporții mult mai fine decât acelea ale siluetelor giotești, este ritmată de linia ondulată a festonului de aur care îi bordează mantia. De o parte și de alta a tronului, a cărui adâncime este încă extrem de redusă, îngerii se suprapun: ei plutesc grațios în fața fondului de aur, în loc de a fi distribuiți în profunzime ca la Giotto.

Începând cu anii 1310, Simone Martini (cca 1284–1344) ocupă un loc considerabil la Siena – lucrează și la Assisi, dar și la Avignon, unde se alătură, în 1340, Curții papei Benedict al XII-lea. *Maestà* de la primăria din Siena, BUNAVESTIREA de la Uffizi, duc mai departe tendințele liniare caracteristice artei lui Duccio împreună cu o densitate spațială și emotivă mult mai mare.

Începând din 1320, dar mai ales către 1330, frații Ambrogio și Pietro Lorenzetti sunt, la concurență cu Simone Martini, pictorii cei mai de seamă ai Sienei – dispar amândoi în timpul ciumei negre din 1348. Mai sensibili la sugestiile artei lui Giotto și a discipolilor lui (Ambrogio a lucrat la Florența înainte de 1332), ei orientează pictura sieneză către direcții noi. Cei doi frați accentuează soliditatea figurilor și eficacitatea construcțiilor spațiale, ca în *Bunavestire* de la Uffizi, în frescele *Bunei și Relei Guvernări* de la primăria din Siena, de Ambrogio, și în *Nașterea Fecioarei*, de Pietro, de la Muzeul Opera del Duomo, tot din Siena. Descendent al unei linii care își are rădăcinile în arta lui Taddeo Gaddi, principalul elev al lui Giotto, Pietro pictează mai cu seamă efecte de lumină, înfățișând ceruri înstelate, peisaje sub zăpadă sau săli luminate de focul unei vetre.

Bunavestire de Simone Martini

Bunavestirea lui Simone Martini, asistat de cumnatul său Lippo Memmi, este organizată ca un triptic cu sfinți de o parte și de alta (cel din stânga este Sfântul Ansano, un sienez de scurtă vreme canonizat; în dreapta se află probabil Margareta, patroana nașterilor, a cărei prezență este justificată de tema din compartimentul central).

Delicatețea tehnicii pe fondul de aur

Delimitate de contururi nete și sinuoase, personajele se detașează pe un fond aproape în întregime aurit. Pardoseala este constituită dintr-o fâșie de marmură cu vine delicat policrome: acestea sunt distribuite astfel încât converg

SIMONE MARTINI și LIPPO MEMMI, *Bunavestire*, 1333, tempera pe lemn, 184 ∞ 210 cm, Florența, Uffizi.

către centru, în direcția vasului de metal, tratat și el ca un volum, ceea ce produce un efect de perspectivă. Delicatețea extremă a motivelor se remarcă în desenul ramurii de măslin pe care o ține Gabriel, în acela al tijelor și corolelor de crin din vas și chiar în aripile îngerului imitând penele păunului sau în pătrățelele „kilt"-ului său, plutind în arabesc în aer.

Un stil cu efecte

Intensitatea psihologică a scenei este redată de mișcarea de retragere a Fecioarei, neliniștită de apariția subită a mesagerului lui Dumnezeu. Farmecul picturii ține de caracterul omenesc, nou, al acestei reacții. Contribuie la el și extrema luminozitate a picturii datorată nu numai abundenței aurului, ci și unei tratări speciale care dă o strălucire aparte metalului prin recurgerea la lacuri și prin procedee care produc un efect de grăunțe care se adâncesc în suprafață (la aureole și la aripi) sau, din contră, îi dau o ușoară ieșire în relief (în scrierea cuvintelor AVE MARIA GRATIA PLENA DOMINUS TECUM – „Te salut Maria, Domnul fie cu tine").

Stilurile

GOTICUL INTERNAȚIONAL

Aproximativ între 1380 și 1450, această mișcare se dezvoltă în toată Europa. Caracteristicile sale comune, suficiente pentru a impune, dincolo de diferențele regionale, ideea unui limbaj artistic distinct în sânul curentului gotic, i-au dat acest nume la sfârșitul secolului al XIX-lea, în paralel cu altele devenite astăzi mai puțin curente: „arta curteană", „arta cosmopolită", *weicher Still.*

Goticul internațional apare în momentul în care se formează, cu ajutorul schimburilor devenite extrem de numeroase, o societate europeană coerentă. Din punct de vedere artistic, aceste schimburi privesc operele, care sunt cumpărate și vândute departe de locul în care au fost produse, și pe pictori care călătoresc enorm. Goticul internațional este legat și de criza unei epoci pe care istoricul olandez Johan Huizinga o definea, la începutul secolului XX, ca „apusul Evului Mediu": în momentul în care societatea feudală își aruncă cele din urmă reverberații în raport cu expansiunea orașelor și progresul spiritului burghez, nobilii mecena finanțează, cu cheltuieli importante, opere care cinstesc pentru o ultimă oară idealurile cavalerești și aristocratice.

Centre

- Arta goticului internațional s-a desfășurat în principal la Curțile nobiliare. Avignon constituie, poate, primul focar chiar înainte de mijlocul secolului al XIV-lea.
- Marile centre ale mișcării sunt, apoi, Parisul lui Carol al IV-lea și, la modul general în Franța, Curțile ducilor Jean de Berry și Filip de Burgundia (Filip cel Îndrăzneț); Anglia regelui Richard al III-lea; regiunile renane și în special orașul Köln, dar și München, Hamburg și Lübeck; Praga și Boemia regelui Venceslas, în a doua jumătate a secolului al XIV-lea.
- În Italia, principalele centre sunt Lombardia unde Michelino da Besozzo lucrează pentru Gian Galeazzo Visconti, către 1380, apoi, în secolul al XV-lea, Verona unde pictează Pisanello, dar și Siena (cu Sassetta, Sano di Pietro, Giovanni di Paolo) și chiar Florența (Lorenzo Monaco, Gentile da Fabriano).
- În Spania, unde se stabilesc pictori străini ca florentinul Starnina și germanul Mazal din Saxa, Miguel Alcaniz, Pedro Nicolau și Gonzalo Pérez Luis Borrassá sunt, la Valencia și la Barcelona, principalii reprezentanți ai mișcării.

Caractere

- Operele create sunt voit costisitoare, iar caracterul lor este extrem de rafinat. Folosirea aurului este frecventă, culorile sunt vii. Personajele sunt lungi sau în orice caz delicate, îmbrăcate în haine frumoase, cu gesturi și expresii aristocratice. Dar pictorilor le place și să diferențieze clasele sociale și reprezintă cu plăcere zdrențele săracilor.
- Subiectele, esențialmente religioase, includ bucuros prinți (*Adorația magilor*, de exemplu, din *Pala Strozzi* de Gentile da Fabriano), o venerează pe Fecioara Maria, tratând-o ca pe o regină (Încoronarea Fecioarei) sau dându-i înfățișarea unei fragile și gingașe tinere neprihănite închisă în grădina sa (*Hortus conclusus*, „grădină închisă", simbol al virginității). Temele cavalerești sunt și ele frecvent abordate – ca în *Bătăliile* lui Paolo Uccello (vezi p. 139) sau în ciclul *Turnirurilor*, astăzi distruse, de Pisanello (Mantova, palatul ducal). Pictorii omagiază și viața în Curțile nobiliare (frescele din Torre Aquila, la Trentino).
- Adesea, aceste compoziții preferă să înfățișeze natura. Păsările cerului și animalele pământului, plantele din grădină sunt reproduse cu grijă ca și gesturile existenței cotidiene: de exemplu, îngrijirile date copilului în momentul venirii pe lume, în scenele nașterii.

• Se acordă o mare atenție redării spațiului. Orizontul ridicat al picturilor – ca în *Pala Strozzi* de Gentile da Fabriano sau în *Bătăliile* lui Uccello (vezi p. 139) – permite reprezentarea unor peisaje în adâncime, unde personajele și celelalte motive își micșorează dimensiunile, fără a se pierde nimic din claritatea formelor sau din însuflețirea culorilor.

Pol, Jean și Herman de Limbourg (frații de Limbourg), *August*, 1413–1416, anluminură din *Preabogatele ore ale ducelui de Berry*, fol. 8v, Chantilly, Musée Condé.

Renașterea

Termenul „renaștere" este folosit pe la 1550 de istoricul Giorgio Vasari în *Viețile celor mai de seamă pictori, sculptori și arhitecți*, pentru a lăuda ceea ce el privește ca redresarea artelor când, la începutul secolului al XIV-lea în Italia, o dată cu Giotto, pictorii renunță la modelele bizantine pentru a se interesa de realitate și a-și lua ca sursă arta vechilor romani.

În sensul pe care-l înțelegem astăzi, termenul – cu literă mare – este utilizat din secolul al XIX-lea, mai întâi de istoricul francez Jules Michelet, apoi de germanul Jakob Burckhardt în *Civilizația Renașterii în Italia* (1867): în această ultimă carte, Renașterea este definită ca rezultatul exaltării individualității de către un spirit burghez învingător, laic, îndrăgostit de realitate și caracterizat de voința de putere.

Istoriografia contemporană tinde să micșoreze limitele cronologice ale Renașterii și să lărgească orizonturile geografice inițiale.

Fără să nege direcțiile profund moderne ale revoluției picturale giotești, noua concepție apreciază că Renașterea începe într-adevăr în secolul al XV-lea și, mai precis, o dată cu generația lui van Eyck în Flandra și a lui Masaccio în Italia. Pe de altă parte, ea privește polul septentrional (arta flamandă) ca la fel de profund novator în abordarea realității ca și polul italian. Renunțând la orice ierarhie, istoricii definesc o „primă Renaștere" sau „Renașterea timpurie" corespunzând aproximativ anilor 1420–1500: în sânul acestei perioade, sunt examinate caracterele proprii „Renașterii nordice" și ale „Renașterii meridionale" – ultima fiind marcată în special de răsunetul în pictură al neoplatonismului revigorat – studiindu-se influențele reciproce desfășurate între cele două regiuni, ideea că noul stil s-a difuzat în sens unic, din Peninsulă către restul Europei fiind abandonată.

Specialiștii tind să fixeze de asemenea sfârșitul Renașterii foarte devreme în cursul anilor 1500, în loc să privească veacul al XVI-lea ca pe un „bloc" estetic coerent. Astfel, ei definesc o „Renaștere clasică", a cărei întindere corespunde apogeului influenței culturale a Romei, grație acțiunii papilor cu vocație de mecena Iuliu al II-lea (1503–1513) și Leon al X-lea (1513–1521). După această perioadă, ceea ce se numea odată „a doua Renaștere" se studiază acum sub numele de „manierism".

Totuși, chiar dacă cronologia este astfel fixată, ea corespunde din nou unei viziuni italiene (pentru că se sprijină pe predominanța Romei). În anumite regiuni ale Europei (ca Anglia), goticul se prelungește până la începutul secolului al XVI-lea.

În alte părți, în Spania sau în regiunea Dunării, în special, caracterele Renașterii clasice se perpetuează mult după anii 1520.

Centre și artiști

• În **Flandra**, revoluția picturală se afirmă la Tournai, în atelierul puțin cunoscutului Robert Campin (Maestrul din Flemalle, cca 1375–1444), la Gand și la Bruges unde lucrează Hubert van Eyck (mort în 1426) și fratele său JAN VAN EYCK (cca 1390–1441). Rogier van der Weyden (Rogier de la Pasture: cca 1400–1464), Petrus Christus (cca 1410–1472/3), Dirck Bouts (1415–1475), Hugo van der Goes (1435/40–1484), Gérard de Saint-Jean (Geertgen Tot Sint Jans: cca 1460–1490) și Hans Memling (1435/40–1494) sunt principalii artiști ai celei de a doua jumătăți a secolului al XV-lea. După anii 1500, Gérard David (cca 1460–1523), Quentin Metsys (1466–1530) și Joachim Patinir (cca 1485–1525) continuă tradiția flamandă îndreptând-o către o mai mare monumentalitate (David), o propensiune spre anecdota care anunță scena de gen (Metsys) și un interes în creștere pentru peisaj (Patinir). După 1510, la întoarcerea dintr-o călătorie la Roma, Jan Gossaert, zis Mabuse (cca 1478–1532), care se stabilește la Middelburg, în Zelandia, introduce influența italiană în Țările de Jos.

Devenită posesiune a Habsburgilor în 1477, regiunea îl numără, la începutul secolului al XVI-lea, pe primul pictor de seamă al viitoarelor Țări de Jos de Nord (sau Provinciile Unite): Hieronimus Bosch (cca 1450–1516) care se naște și lucrează la 's-Hertogenbosch (Pădurea Ducelui)

• În **Italia,** Florența este primul focar al Renașterii quattrocentescă, fie că este vorba despre arhitectură (Brunelleschi), de sculptură (Donatello) sau de pictură, cu Masaccio (1401–1428), Fra Angelico (cca 1395–1455), Paolo Uccello (1397–1475), Sandro Botticelli (1445–1510), Leonardo da Vinci (1452–1519) și mulți alți artiști. La sfârșitul secolului, regiunile septentrionale participă activ la definirea unui nou stil, cu Andrea

JAN VAN EYCK, *Madona cancelarului Rolin,* numită și *Fecioara din Autun,* 1434–1436, ansamblu și detaliu, ulei pe lemn, 81,9 x 59,9 cm, Paris, Muzeul Luvru.

Mantegna (1431–1506) la Padova și la Mantova, Carlo Crivelli (1430/5–1494/1500) și Cosmè Tura (cca 1430–1495) la Ferrara, și Piero della Francesca (1415/20–1492) la Rimini, Arezzo și Urbino. Arta venețiană începe să-și găsească drumul, cu dinastia Bellini - Jacopo, fondatorul (1396?–1470?), Gentile, fiul cel mare (1429–1507), Giovanni, mezinul (cca 1432–1516) - și cu Vittore Carpaccio (cca 1432–1516).
În anii 1500–1520, Roma este principalul centru artistic: Rafael (1483–1520) (vezi p. 194), în fruntea unui atelier important, și Michelangelo (1475–1564) care lucrează de unul singur, pictează paralel Palatul Vaticanului, cu începere din 1508, în *Stanze* („camere") (Rafael) și Sixtina (unde șantierul bolții este terminat în 1512) (Michelangelo). În aceeași epocă, școala venețiană ajunge să se afirme, cu Giorgione (1477/8–1510), Palma Vecchio (cca 1480–1528) și cu Tizian (cca 1488–1576), aflat la începuturile lui.

• În **lumea germană**, elvețianul Konrad Witz (cca 1400–înainte de 1446), care lucrează la Basel, suferă de timpuriu influențele flamande. Mai târziu, tot în Elveția, Hans Leu cel Tânăr (cca 1490–1531) pictează peisaje cu munți dantelați și vegetație sălbatică. Axa renană constituie un focar important cu gravorul Martin Schongauer (1453–1491), apoi cu pictorul Matthias Grünewald (1470/5–1528). În sudul Germaniei, marii artiști sunt Hans Holbein cel Bătrân la Augsburg (1460/5–1524) și Albrecht Dürer la Nürnberg (1471–1528). Mai la est, Michael Pacher (1430/5–1498) introduce stilul italian în Tirol, unde, puțin mai târziu, Lucas Cranach cel Bătrân (1472–1553), Wolf Huber, Jörg Breu și, mai ales, Albrecht Altdorfer desfășoară o artă originală bazată pe tratarea peisajului, cam în genul lui Hans Leu, constituind „Școala de la Dunăre".

• În **Spania**, influența flamandă se exercită în operele lui Jaime Huguet, ale lui Pablo de San Leocadio, Bartolomeo Bermejo, apoi ale lui Vicente Masip. Modelele Quattrocentoului îi inspiră pe cei doi Rodrigo de Osona, tată și fiu, și pe castilianul Pedro Berruguete (cca 1450–1504), care își realizează o parte din lucrări în nordul Italiei. Influențele nordului și sudului se amestecă la Jacomart, care a locuit la Napoli către 1443. După 1500, sugestiile stilului lui Leonardo da Vinci se recunosc la Fernando Yánez de la Almedina și Fernando de Llanos. Mult mai târziu, în secolul al XVI-lea, opera lui Rafael îl inspiră pe Juan de Juanes (înainte de 1523–1579) și pe Juan Correa de Vivar (cca 1510–1566).

Caracteristici

Suporturi

• Pictura murală rămâne în vogă în Italia. La Veneția, tradiția mozaicului tinde să-și piardă din importanță, iar picturile murale încep să fie executate pe pânză *(tele)* din rațiuni de conservare.

• În ciuda acestei insinuări a pânzei, lemnul constituie suportul cel mai frecvent. Pictorii din nordul Europei și cei din Spania rămân fideli tipului complex al polipticului. În Italia triumfă *pala*, retablu cu panou unic (vezi p. 11).

Tehnici

• Pictorii italieni continuă să practice fresca.

• Anluminura își pierde treptat din importanță în fața progresului cărții imprimate.

• De la sfârșitul secolului al XV-lea, gravura pe lemn și, o dată cu începutul veacului al XVI-lea, gravura pe placă de aramă se impun ca tehnici noi, autonome sau care permit reproducerea ori difuzarea operelor pictate. Schongauer, Dürer, Marcantonio Raimondi (din atelierul lui Rafael) se numără printre primii mari gravori. Acuarelele lui Dürer se înscriu printre cele dintâi opere care ne-au parvenit în această tehnică.

• Desenul începe să capete o importanță mai mare: el încetează de a mai fi privit ca o tehnică anexă legată de pregătirea viitoarelor picturi.

• Marea revoluție o constituie înlocuirea sistematică a tehnicii vechi a temperei cu aceea a uleiului. Perfecționat în Nord și, în special, în atelierul lui van Eyck, procedeul

INFLUENȚA PICTURII FLAMANDE ASUPRA ARTEI ITALIENE

DOMENICO GHIRLANDAIO,
Portretul unui bătrân cu fiul său,
numit și *Portretul unui bătrân cu nepotul său,* 1490,
ulei pe lemn, 62 x 46 cm,
Paris, Muzeul Luvru.

Acest dublu portret, deteriorat în centru, pe fruntea bătrânului, a fost executat de un pictor florentin care n-a călătorit niciodată în nordul Europei. El constituie totuși o importantă dovadă a influenței exercitate de pictura flamandă asupra artei italiene în secolul al XV-lea.

Elemente tipic flamande

Tehnic, el este executat în ulei pe lemn: respectiv cu un medium pe care tablourile lui van Eyck l-au făcut popular. Uleiul permite efecte ale redării extrem de precise: a se vedea, de exemplu, blana care bordează haina personajului.

În compoziție, este preferată maniera septentrională. Dacă băiatul este văzut din profil, bătrânul este prezentat din trei sferturi, în maniera flamandă, pentru ca volumul său să fie subliniat. Cele două personaje sunt reprezentate într-o cameră în fața unei ferestre deschise către un peisaj: acest tip de decor, care amestecă interiorul cu exteriorul, se întâlnește în operele nordice din a doua jumătate a secolului al XV-lea.

Naturalismul cu care este înfățișat chipul bărbatului este și el un procedeu flamand: părul sur este rar, tâmpla umflată de o aluniță și nasul plin de excrescențe este atât de exact imitat, încât un medic ar putea pune diagnosticul rhinophyma, boala de care suferă bărbatul.

Un portret funerar?

Nu se știe nimic despre identitatea modelului și nici despre circumstanțele în care a fost pictat tabloul. Păstrat la muzeul din Stockholm, un desen de Ghirlandaio arată chipul unui mort, un bătrân cu o morfologie asemănătoare celui de la Paris și cu același nas deformat: este însă imposibil de determinat dacă acest desen este un studiu pregătitor al portretului, executat, posibil, după moartea modelului, sau dacă este o operă independentă, amintire a unui om de care Ghirlandaio fusese multă vreme legat și căruia îi fixase imaginea pe patul de moarte.

O valoare alegorică

Tot astfel, în absența oricărui document, este la libertatea fiecăruia să-și imagineze semnificația tabloului. Felul în care sunt grupați bătrânul și copilul care i se ghemuiește la piept arată, poate, un raport afectiv, fără să putem determina dacă este vorba despre o imagine privată sau despre o comandă făcută pictorului. Sau poate contrastul furnizat de alăturarea bătrâneții și a tinereții are o intenție alegorică: el sugerează fuga timpului, întâlnirea dintre trecut și viitor. În fine, în contextul societății florentine structurate prin solidaritățile de familie, el poate să aibă o valoare genealogică, să simbolizeze – într-un cadru burghez – o continuitate dinastică de-a lungul unor generații. Aceste semnificații nu se exclud unele pe altele.

RAFAEL, *Frumoasa grădinăreasă*, 1507,
ulei pe pânză, 122 x 80 cm, Paris, Muzeul Luvru.

se răspândește treptat în restul Europei, în primul rând în Italia, unde lucrările flamande trimise la Napoli îl incită pe Antonello da Messina să-l copieze și să-l împărtășească venețienilor în timpul șederii sale în cetatea dogilor, între 1475–1476 (vezi p. 13).

Teme

• Pictura religioasă păstrează o importanță mare, aproape exclusivă în țările nordice și în Spania. Pentru a răspunde preocupărilor epocii, sunt introduși noi sfinți, dar și moduri noi de a-i reprezenta pe cei tradiționali: astfel, Iosif este înfățișat ca un umanist în camera sa de lucru, *studio (studiolo).*

• În Italia, subiectele mitologice, cele care sunt împrumutate din Antichitate (Vergiliu, Ovidiu) sau din contemporani (Dante, Petrarca, Boccaccio), devin mai frecvente. Istoria conflictelor între orașe dă loc la reprezentări de scene de război (*Bătălia de la Anghiari* și *Bătălia de la Cascina,* de Leonardo da Vinci și, respectiv, de Michelangelo la Palazzo Vecchio din Florența).

• Se dezvoltă arta portretului. Peisajul, încă nereprezentat pentru el însuși, ocupă un loc din ce în ce mai important în picturi, îndeosebi la Veneția, în Flandra și în regiunile dunărene (vezi p. 46).

Compoziție

• Spațiul este de atunci raționalizat prin tehnicile perspectivei liniare și ale perspectivei atmosferice.

• Organizarea tabloului favorizează îndeosebi centrul și nu marginile. Ea recurge mult la simetrie. Figuri simple (cerc, piramidă...) stau uneori la baza formelor.

• Decorul recurge la motive antice (bolți în plin cintru în *Școala din Atena* de Rafael [vezi p. 83]), sarcofagul din *Amorul sacru și Amorul profan* de Tizian [vezi p. XIV din Introducere]) sau la arhitecturi al căror tip este de inspirație romană (astăzi o vom numi „clasică"), de felul templului de plan central din *Căsătoria Fecioarei* de Rafael (vezi p. 85) care evocă un Tempietto construit atunci de Bramante la Roma.

Desen, culoare, tușă

• Treptat, aurul dispare cu totul din picturi. Obiceiul de a utiliza culori scumpe în zonele strategice ale tabloului este și el pe cale de dispariție. Paleta se diversifică. În general este luminoasă, iar câțiva pictori încearcă redarea unor efecte rare: lumina pe timp de furtună (*Furtuna* de Giorgione, vezi p. 6) sau nopți străpunse de o lumină cu direcție locală (Rafael, *Eliberarea Sfântului Petru* [vezi p. 58] și *Schimbarea la Față*, la Roma, pinacoteca Vaticanului).

• Folosirea uleiului permite obținerea unor nuanțe mai delicate decât în trecut, îndeosebi în redarea peisajului și a carnațiilor, a efectelor de strălucire, a transparenței și a luminozității remarcabile.

• Tehnica *sfumato*-ului, folosită, în special, de Leonardo da Vinci, dă posibilitatea ca personajul să fie cufundat în mediul său înconjurător în loc de a i se trasa liniar conturul (vezi p. 78).

Figuri

• Un nou realism marchează reprezentarea figurilor, îndeosebi în pictura flamandă. Pictorii își îndreaptă eforturile asupra diversificării personajelor: corpurile trebuie să convingă prin asemănarea cu niște adevărate figuri și prin mișcările lor.

• În același timp, și mai cu seamă în Italia, preocuparea pentru idealizare, care afectează în special reprezentarea nudului, repune în practică un canon de proporții și de atitudini considerate perfecte; normele propuse se inspiră din modelele antice, scrierile lui Vitruviu și sculpturile romane dezgropate atunci.

• Această normalizare a frumuseții are drept corolar apariția de tipuri care îi sunt antagonice. În această epocă se naște grotesca, prima formă a caricaturii (vezi p. 170).

Altdorfer și școala de la Dunăre: o altă Renaștere

Pictor la Ratisbonne, Albrecht Altdorfer (cca 1480–1538) este reprezentantul principal al așa-numitei „școli de la Dunăre“ *(Donauschule)*. Acest tablou de dimensiuni mari, executat în 1529 pentru ducele Bavariei, are ca subiect bătălia lui Alexandru cel Mare contra regelui Darius al III-lea lângă Issos, în 333 î.Hr. Dacă prin tema împrumutată din istoria antică și prin tehnica sa, uleiul, aparține Renașterii, tabloul arată cât este de diversificată producția picturală europeană grupată sub stindardul termenului „Renaștere“, și prezintă trăsături care-l diferențiază de creația altor pictori ai epocii.

Simbolismul peisajului

Peisajul înfățișat este fascinant. Privirea trece pe deasupra unui spațiu imens: pământ (jumătatea inferioară a tabloului în tonuri brun-roșiatice și brun-verzui), apă și cer (jumătatea superioară în tonuri de albastru). Cromatic, legătura între cele două părți este efectuată de un rapel de tonuri: reflexele albastre pe armurile soldaților în zona terestră, tentele brune și roșii ale soarelui și imensa pancartă ornamentală cu panglici din regiunea celestă. Spectatorul este cuprins de vertij în fața unei asemenea panorame s-ar putea spune incomensurabil. Vederea asupra câmpului de bătălie, plin cu nenumărate personaje minuscule, contribuie la această impresie, ca și mișcarea puțin plauzibilei pancarte, suspendată în vid și pe care un vânt violent o face să pivoteze – acest panou poartă o inscripție în latină care povestește circumstanțele bătăliei și victoria finală a lui Alexandru. Norii care se zdrențuiesc, prezența simultană a Lunii la stânga, gata să răsară, și a Soarelui la dreapta, pe punctul de a disparea, dau celui care privește sentimentul că lupta nu este numai a oamenilor și că acolo sunt angajate și forțele naturii.

Stop-cadru

Momentul pe care-l înfățișează pictorul este unul precis. În furnicarul luptei se stabilește o ordine: dacă în primul și în ultimul plan armatele grecești și persane continuă să se înfrunte, în centrul scenei intervine o situație nouă: lăncile soldaților, ridicate la verticală, indică faptul că aceștia nu se bat, ci merg. Infanteriștii și cavalerii greci încearcă să captureze garda lui Darius, care a rupt-o la fugă. Un cavaler somptuos îmbrăcat, pe un cal alb (Alexandru) este surprins în cursa de urmărire a atelajului regelui persan, în mod evident în inferioritate.

Primordialitatea culorilor

Pe pământ, întâlnirea are loc într-un nor de praf care, în câteva zone, încețoșează formele și arată violența luptei. În partea de sus a tabloului, splendoarea galben-portocalie a soarelui se reflectă în lungi urme pe apă. Nici un tablou, în Flandra, în Italia sau în Spania nu dă o asemenea prioritate culorilor și peisajului, cufundând omul și acțiunea lui într-o panoramă care îl strivește și îl face să-și amintească adevăratele sale dimensiuni raportate la imensitatea lui Dumnezeu.

ALBRECHT ALTDORER, *Bătălia lui Alexandru*, 1529, ulei pe lemn, München, Alte Pinakothek.

Manierismul

Adjectivul „manierist" apare pentru prima dată, în 1662, la francezul Fréart de Chambray, amic și colecționar al lui Poussin; substantivul „manierism" este utilizat, un secol mai târziu, în 1792, de istoricul italian Luigi Lanzi. Sensul acestor termeni, care derivă din cuvântul italian *maniera* („manieră", „stil"), folosiți, către 1400, de Cennino Cennini și, în secolul al XVI-lea, de Giorgio Vasari, este depreciativ: el vitupereazǎ o exagerare stilistică care se efectuează în detrimentul imitației naturii. Abia în secolul al XIX-lea și chiar în XX manierismul este reabilitat încetul cu încetul.

De la sfârșitul veacului al XVIII-lea, abatele Lanzi a stabilit limitele cronologice ale manierismului: el începe o dată cu jefuirea Romei de trupele imperiale, în 1527, deci cu declinul brusc al cetății pontificale și cu împrăștierea artiștilor care lucrau acolo, și se termină cu ascensiunea pictorilor Carracci (și a lui Caravaggio, adăugăm noi) în jurul anului 1600. Astăzi, cercetătorii tind să considere că estetica manieristă se manifestă deja în operele pictate la Roma începând cu 1520, data morții lui Rafael, când atelierul său rămâne fără șef, dacă nu cumva chiar mai înainte, la Florența în special, în picturile executate la începutul secolului de Michelangelo, de exemplu, în *Tondo Doni* (1504–1506, Florența, Uffizi). O evoluție progresivă a formelor, mai degrabă decât o ruptură brutală datorată unor fapte exterioare, caracterizează deci geneza manierismului. Pentru a exprima această continuitate cu epoca clasică a Renașterii, anumiți specialiști preferă să vorbească de „Renașterea manieristă" și nu de manierism.

Indiferent de termeni, mișcarea își are leagănul în Italia, dar se răspândește atât de larg în restul Europei, încât se poate vorbi, din 1530, de un „manierism internațional", așa cum fusese și „goticul internațional".

Centre și artiști

- **Italia.** Dacă în picturile executate la Roma cu începere din 1508 se pot găsi elemente care aparțin protoistoriei manierismului, slăbirea politică și economică provocată de jaful asupra orașului le interzice pontifilor să joace din nou un rol important înainte ca papa Paul al III-lea să-l însărcineze pe Michelangelo să picteze, succesiv, *Judecata de Apoi* (1536–1541) și frescele Capelei Pauline (1542–1550). În Toscana, Florența este, de la începutul anilor 1520, centrul principal al noului stil care se exprimă în lucrările lui Andrea del Sarto (1486–1530), Jacopo Carucci, zis Pontormo (1494–1556), Giovanni Battista de Rossi, zis Rosso (1494–1540) – acesta din urmă părăsește Florența pentru Roma din 1523 sau 1524 și trăiește în cursul evenimentului din 1527 traumatismul unei fugi penibile. În a doua jumătate a secolului al XVI-lea, noua generație de manieriști florentini îi numără pe Francesco Salviati (1510–1563), Giorgio Vasari (1511–1574) și, mai ales, pe Agnolo di Cosimo, zis Bronzino (1503–1572), pictorul oficial al Curții marelui duce Cosimo I de Medici. Celălalt centru al manierismului toscan se află la Siena, unde lucrează Domenico Beccafumi (cca 1486–1551).
  Mai la nord, Parma și regiunea Emilia constituie un focar important al manierismului, cu Correggio (cca 1489–1534) și Parmigianino (1503–1540). La Mantova lucrează, cu începere din 1523, Giulio Romano (Jules Romain, 1499–1546), principalul colaborator al lui Rafael. Evoluția stilistică venețiană este atât de autonomă în raport cu restul Peninsulei, încât specialiștii ezită să vorbească despre un manierism local, excepții fiind Lorenzo Lotto (1480–1556), care își desfășoară partea cea mai importantă a carierei în provincia venetă mai degrabă decât în orașul dogilor și, poate, Tintoretto (1518–1594).
- **În Spania,** manierismul îi are ca reprezentanți pe Alonso Berruguete (1489–1561), care a lucrat în Italia până către 1518, influențând debutul lui Pontormo și Rosso, pe Pedro Machuca (cca 1495–1550) și pe flamandul Peter De Kempener, zis Pedro de Campagna (1503–1580). La sfârșitul secolului, personalitatea cea mai puternică este aceea

EL GRECO (Domenikos Theotokopoulos, numit), *Înmormântarea contelui de Orgaz,* 1586, ulei pe pânză, 480 x 360 cm, Toledo, Santo Tomé.

a lui EL GRECO (1541–1614), grec din Creta, trecut prin Veneția și Roma înainte de a se stabili la Toledo, în 1577.

• În **nordul Europei**, unde un conflict religios și politic se termină cu separarea treptată a Țărilor de Jos din sud catolice (Flandra) și a celor din nord protestante (Provinciile Unite), pictura nu se reduce doar la influența italiană: personalitatea lui Jan van Hemessen (cca 1500–cca 1565), autor de scene de gen care anunță temele și cadrajele caravagești și, îndeosebi, aceea a lui Pieter Bruegel cel Bătrân (cca 1525/1530–1569) scapă oricărei definiții manieriste. Totuși, călătoriile din ce în ce mai frecvente ale pictorilor flamanzi în Italia, unde artiști ca Pieter de Witte (Pietro Candido) rămân mult timp și unde alții, ca Lambert Sustris, se instalează definitiv, determină, la sfârșitul secolului, un curent, numit „romanist", care-și merită numele.

În Țările de Jos de Sud, Anvers este principalul focar al romanismului, mai întâi cu Jan de Beer și Jan Wellens de Cock (Jan van Leyden), apoi cu Pieter Coecke van Aelst (1502–1550), Frans Floris (cca 1519–1570) și, la sfârșitul secolului, Martin de Vos (1532–1603); în legătură cu acești pictori se vorbește de „manierismul de Anvers".

În Nord, manierismul se manifestă mai întâi la Leyda, unde opera lui Cornelis Engebrechtsz (cca 1465–1527), cu totul de tranziție, este calificată ca „manierism gotic". Mai târziu, manierismul olandez are unul dintre centre la Utrecht, cu Jan van Scorel (1495–1562), remarcabil portretist, Dirck Barendsz și Joos de Beer, la sfârșitul secolului, Joachim Wtewael (1560–1638), în fine Abraham Blomaert (1564-1651), a cărui carieră prelungește viața acestui stil până la mijlocul secolului al XVII-lea. Ultimul focar manierist din Europa septentrională se află la Haarlem, unde influența italiană introdusă de Maerten van Heemskerck (1498–1574) se face simțită în arta lui Karel van Mander (1548–1606), autor al unei *Cărți de pictură* (*Het schilder boeck*), echivalent pentru Nord al *Vieților* lui Vasari, în aceea a lui Hendrick Goltzius (1558–1617) și, în sfârșit, în opera lui Cornelis van Haarlem (1562-1638).

• **În lumea germană,** este greu de considerat că Dürer și pictorii din Școala de la Dunăre aparțin manierismului. Totuși nudurile lui Cranach nu se sustrag acestei estetici, prin proporțiile lor lungi, prin puterea erotică a carnației albe ascunse de văluri transparente. La fel se întâmplă în tablourile elvețianului Manuel Deutsch (1484–1530). Un focar manierist strălucit se manifestă târziu, la Praga, la Curtea lui Rudolf al II-lea, care invită artiști italieni ca Giuseppe Arcimboldo (1527-1593) și flamanzi ca Bartholomeus Spranger (1546–1611) din Anvers, Heintz cel Bătrân, Hans von Aachen sau miniaturistul Georg Hoefnagel.

• **În Franța,** la FONTAINEBLEAU, se dezvoltă unul dintre centrele cele mai remarcabile ale manierismului, grație mecenatului lui Francisc I care îi atrage pe artiștii italieni (excepție face Leonardo da Vinci) Andrea del Sarto pentru scurt timp (în 1518), Rosso în 1532 și Francesco Primaticcio (1504–1570), ca și pe Luca Penni și Nicolo dell'Abate. Sub Henric al IV-lea, ceea ce se numește „a doua școală de la Fontainebleau" continuă să fie constituită din străini, de obicei veniți din Flandra și nu din Italia, precum Ambroise Dubois (alias Ambrosius Bosschaert?), dar se afirmă și personalități franceze ca Toussaint Dubreuil (cca 1561–1602) și Martin Fréminet (1567–1619).

• **În Anglia,** regele Henric al VIII-lea face și el apel la străini, italieni ca Toto (Antonio di Nunziato d'Antonio), Bartolomeo Penni, Nicolas Bellin din Modena sau flamanzi ca Hans Eworth (Ewoutsz). Sub domnia reginei Elisabeta, printre pictorii care se consacră portretului se numără miniaturistul Nicholas Hilliard (1547–1619) și Isaac Oliver (cca 1556/65–1617), acesta din urmă fiind de origine franceză.

Caracteristici

Tehnici și suporturi

• Sunt aceleași ca în Renaștere: fresca rămâne frecventă în Italia, uleiul se răspândește de acum înainte peste tot, indiferent dacă are ca suport pânza sau lemnul (mai des folosit, cel puțin în nordul Europei).

• Operele sunt de dimensiuni mari atunci când este vorba de decorarea unei biserici sau a unui palat, dar cultura de Curte favorizează de asemenea un raport mai intim cu lucrările care pot fi în acest caz de format mic: desene, stampe (a căror producere devine intensă către 1540 și contribuie la difuzarea noului stil), miniaturi până la acuarele, ca *Albumul insectelor*, pictat la Praga de Hoefnagel (Bruxelles, Bibliothèque royale), sau chiar picturi (mici portrete ca acela executate de Hilliard în Anglia, dar și alte subiecte). Pentru a anima culorile, artiști ca Spranger aleg câteodată arama ca suport pentru aceste mici formate.

Teme

• Legate de comenzile destinate bisericilor, temele religioase rămân predominante. La un artist mistic ca El Greco, ele ocupă un loc aproape exclusiv, chiar dacă pictorul a tratat și subiecte clasice (povestea lui Laocoon), scene de gen – *Băiat aprinzând o lumânare* (Napoli, Capodimonte), de fapt o reflecție asupra luminii – și chiar peisaje, îndeosebi *Vederi* din Toledo.

• Subiectele mitologice și alegoriile sunt din ce în ce mai reprezentate. Artiștilor nu le displac nici erudiția și nici ezoterismul: plăcerea intelectuală pe care opera este menită să o procure rezultă, cel puțin în parte, din descifrarea mesajului care poate fi ascuns sau dificil. Astfel, în Galeria Francisc I de la Fontainebleau și în alte mari cicluri se întrepătrund simbolici cosmologice (astrele, anotimpurile, ale anului sau ale vârstelor), morale (virtuțile), istorice (familia, statul). Cărți cu embleme *(imprese)* îi ajută pe artiști să-și conceapă alegoriile. Cea mai utilizată dintre aceste cărți de embleme rămâne totuși o apariție târzie: este vorba de *Iconologia lui* Cesare Ripa (1593).

• Portretul capătă un loc din ce în ce mai mare. Două motive explică această evoluție: cultura de Curte favorizează înflorirea individualității cu condiția păstrării ierarhiei și a unor norme fixate; neîncrederea pe care o au față de imagini teologii protestanți și îndeosebi cei calviniști, cenzura lor asupra întregii picturi religioase și condamnarea nudităților le lasă pictorilor cel puțin libertatea de a realiza portrete (vezi p. 41).

Compoziție, desen, culoare, tușă

Școala de la Fontainebleau, pictor anonim, *Femeie la masa de toaletă*, cca 1560, ulei pe lemn, 105 x 76 cm, Dijon, Musée des Beaux-Arts.

• Tot atât cât subiectul, execuția formală a imaginii trebuie să deconcerteze privirea. Mijloace foarte diferite sunt utilizate de pictori în scopul comun de a surprinde obișnuințele vizuale: o siluetă mare din primul plan care se opune unei figuri cu mult mai mici, în spate, ca în *Madona cu gâtul lung* de Parmigianino (vezi p. 144), procedeu care se regăsește la Pontormo și, sistematic, la Spranger; corpuri care se amestecă într-atât încât este greu să le distingi unele de altele (la Rosso); descentrarea compoziției; deschiderea tabloului atunci când formele nu se termină în interiorul cadrului; contraste violente de lumină sau de culori (Cranach și, cu totul altfel, Beccafumi) sau utilizarea unei palete cu nuanțe neobișnuite (tonurile acidulate ale lui Pontormo) etc.

• Sunt prea multe aceste procedee pentru ca să încercăm aici enumerarea lor: s-ar putea susține că manierismul este arta unei epoci în care imaginile, pentru prima oară, devin numeroase. Repetarea lor provoacă o reacție de intoleranță (criza iconoclastă legată de Reformă), dar și o obișnuință care îi constrânge pe pictori să caute de fiecare dată soluții noi, să meargă mereu mai departe în cadrul experiențelor. În acest sens, manierismul este poate prima dintre „mișcările" moderne: el se bazează pe o atitudine de spirit care nu este atât de îndepărtată de avangardele secolului XX.

Figuri

• Și figurile trebuie să fie capabile să uimească. Deformările, proporțiile, tratarea corpului după linia șerpuitoare sau, din contră, (la Rosso) după linii drepte constant frânte, atitudinile complicate (șoldire exagerată, dinamism exacerbat) se combină cu preocuparea de punere în evidență a grației și a senzualității figurilor (*venustas*) sau, dimpotrivă, a puterii lor (*terribilità*).

• După regiuni, criza religioasă a Reformei determină primele tentative de ruptură în temele care au ca motiv corpul. Subiectele erotice triumfă în țări rămase catolice: de la gravurile lui Marcantonio Raimondi după Giulio Romano care ilustrează *Modi* (pozițiile dragostei), cartea poetului Aretino, până la imagini cu femei la oglindă sau femei la baie din a doua școală de la Fontainebleau, trecând prin interpretările poetice (mitologii cu zeițe foarte dezbrăcate) comandate de Filip al II-lea al Spaniei lui Tizian, arta secolului al XVI-lea în Europa catolică face un loc important erotismului. În țările protestante, din contră, nuditatea este mai rar reprezentată, iar pictura erotică nu prinde (vezi p. 40).

Caravagismul

Se numește caravagism curentul din pictură generat, în secolul al XVII-lea, de arta lui Michelangelo Merisi, zis CARAVAGGIO (1570/71-1610).

În sens strict, caravagismul corespunde uneia dintre etapele activității lui Caravaggio: ultimii opt sau zece ani ai secolului al XVI-lea și primii zece din al XVII-lea. Tineri pictori născuți în preajma perioadei 1580–1590, care descoperă operele lui Caravaggio către 1605-1606, îl imită cu entuziasm. Mișcarea înflorește la Roma până prin 1620 apoi, o dată cu întoarcerea artiștilor în orașele lor de origine, se difuzează în restul Italiei și în Europa, cunoscând triumful și decadența înainte de mijlocul secolului.

Centre

• **Italia.** Născut la Roma, unde Michelangelo Merisi sosește în 1591 sau 1592, caravagismul se dezvoltă acolo în sânul unei comunități artistice cosmopolite: toscanul Orazio Gentileschi (1583–1639), venețianul Carlo Saraceni (cca 1580–1620), romanul Orazio Borgianni (cca 1578–1616), mantovanul Bartolomeo Manfredi (1582–1622), germanul Adam Elsheimer (1578–1610), francezii Valentin de Boulogne (1591–1632) (vezi p. 205) și, până la întoarcerea sa în Franța, Simon Vouet (1590–1649), olandezii Gerrit van Honthorst și Hendrick Jansz Ter Brugghen.
Prezența lui Caravaggio la Napoli, în 1607, favorizează în acest oraș dezvoltarea timpurie a stilului. Giovanni Battista Caracciolo (1578–1635), Andrea Vaccaro, Bernardo Cavallino și Massimo Stanzione, după 1630 Mattia Preti (1613–1699) și, mai târziu, Salvator Rosa (1615–1673) și Luca Giordano (1634–1705), la începuturile lor, sunt principalii reprezentanți ai caravagismului napolitan. În alte părți, influența lui Caravaggio a fost episodică. Ea se exercită la Florența, între 1612 și 1621, grație prezenței Artemisei Gentileschi (1593-1652/3), fiica lui Orazio, care se instalează la Napoli după 1626.
• **Spania** este legată, de secole, de lumea italiană și îndeosebi de Napoli: ea este prima țară în afara Italiei care cunoaște caravagismul, grație pătrunderii timpurii a operelor maestrului și ale discipolilor săi, ca și călătoriilor artiștilor: Borgianni lucrează de mai multe ori în Spania în jurul anului 1600, în timp ce Jusepe de Ribera (1591–1652), numit Il Spagnoletto, se instalează definitiv la Napoli în 1616. Printre primii pictori convertiți la caravagism se numără Francesco de Ribalta (1565–1628) și fiul său Juan (1596/7–1628) la Valencia și, într-o anume manieră, călugărul Alonso Sánchez Cotán (1560–1627), autor de naturi moarte. Diego Velázquez, în epoca în care locuiește la Sevilla, Francisco de Zurbarán în jurul anului 1630 nu scapă acestei estetici, care constituie curentul dominant al picturii spaniole până către 1635.
• **Lorena** este în secolul al XVII-lea un ducat independent. Jean Le Clerc (1585–1633), care stă la Roma cam în perioada 1600–1610, este principalul divulgator al manierei lui Caravagio al cărei realism inspiră scenele pitorești ale gravorului Jacques Callot (1592–1635). Dar caravagismul culminează în ducat la Lunéville, cu opera lui Georges de La Tour (1593-1652),
• **În Franța**, influența lui Caravaggio se exercită în provincie: la Toulouse unde lucrează Nicolas Tournier (1590–după 1657), în Burgundia unde creează Richard Tassel (cca 1580–cca 1666), la Aix-en-Provence unde se stabilește, în 1613, flamandul Louis Finson (Finsonius), la Puy unde pictează călugărul Guy François. Caravagismul se face simțit și în naturile moarte ale lui Lubin Baugin, Jacques Linard, Louise Moillon sau Sébastien Stoskopff. Arta fraților Le Nain, Antoine (cca 1588–1648), Louis (cca 1593–1677) și Mathieu (1607–1677), originari din Laon, își are parțial rădăcinile în această estetică.
• **Țările de Jos**, adică Provinciile Unite constituie în 1579, sunt protestante. Arta barocă, expresia Reformei catolice, nu poate fi acceptată, dar caravagismul prinde rădăcini. Primul interpret al acestuia în regiune este Ter Brugghen (1588–1629), ajuns la Roma în 1614.

CARAVAGGIO (Michelangelo Merisi, numit), *Convertirea Sfântului Pavel,* 1601, ansamblu și detaliu, ulei pe pânză, 230 x 175 cm, Roma, Biserica Santa Maria del Popolo, Capela Cerasi, peretele lateral dreapta.

Împreună cu Dirck van Baburen (cca 1594–1624) și van Honthorst, supranumit Gherardo delle Notti (1590–1656), care au stat la Roma în deceniul 1610, el este creatorul Școlii din Utrecht. Mai târziu în cursul secolului, arta lui Frans Hals (1581/5–1666), la Haarlem, cea a lui Rembrandt (1606–1669), la Amsterdam și chiar, prin atenția dată luminii, cea a lui Johannes Vermeer, zis Vermeer din Delft (1632–1675), reprezintă tot atâtea direcții care au avut ca punct de plecare sugestiile caravagismului.

Caracteristici

Tehnici și suporturi

• Tablourile sunt executate în ulei pe pânză, în formate care permit pictarea personajelor la scara reală.

Subiecte

• Arta lui Caravaggio și a discipolilor săi este în mare parte o artă religioasă. Vechiul și Noul Testament, viețile sfinților furnizează subiecte pentru numeroase pânze. Temele sunt cu ușurință recognoscibile: pictorilor caravagiști nu le plac rafinamentele erudiției.
• Scenele de gen sunt frecvente. Caravaggio a avut o viață dezordonată, emulii săi l-au copiat. Iconografia lor reflectă aceste moravuri: numeroase scene de tavernă, partide de cărți, chefuri, scandaluri, concerte (muzicienii au deseori o reputație proastă), întâlniri ghinioniste cu țigănci. Gustul pentru anecdotă și viața simplă dă loc în ultima perioadă a caravagismului unor pitorești tablouri de gen: „bambociadele" (*bamboccianti* sunt autorii unei astfel de *bambocciata*, operă „infantilă").
• Subiectele mitologice sunt mult mai rare. Bacchus, zeul vinului, deci al chefurilor și al dragostei carnale, este de mai multe ori reprezentat de Caravaggio. A fost înfățișat, într-un stil deliberat rustic, și de Velázquez.
• Le plac subiectele cu o puternică forță dramatică: omorârea lui Holofern de către Iudita, sacrificarea lui Isaac de Abraham; scenele de martiraj sunt foarte frecvente.
• Natura moartă nu este absentă din repertoriul caravagesc îndeosebi în Spania și în Franța, unde desfășoară în fața unor fundaluri întunecate și într-un spațiu puțin adânc lucruri umile. Termenul *bodegones* este utilizat în Spania pentru a desemna asemenea subiecte (vezi p. 55).

Compoziție

• Pictorii caravagiști nu agreează panoramele vaste. Ei apropie scena de spectator, arătând în mărime naturală personajele reprezentate în întregime sau pe jumătate.
• Spațiul nu are profunzime. Imediat în spatele personajelor, un fundal întunecat, zid, draperie (mai rar) sau noaptea care ne împiedică să vedem ceva, oprește privirea, forțată astfel să se concentreze pe acțiunea reprezentată în primul plan.
• Tot ce poate aminti decorul antic sau pompa clasică este îndepărtat. Motivele de tip sarcofag (cu o excepție: *Concertul cu basorelief* de Valentin de Boulogne [Paris, Muzeul Luvru]), coloane, fronton etc. dispar în beneficiul accesoriilor extrem de umile: coșuri de răchită, vase de pământ, ligheane de aramă, scăunele cu trei picioare.

Desen, culoare, tușă

• Nu se cunosc desenele lui Caravaggio și prea puține dintre cele ale discipolilor lui.
• Adoptarea unei palete întunecate rupte de violente străfulgerări de lumină și de culoare constituie o revoluție radicală în raport cu paleta luminoasă care predominase până atunci. Clarobscurul și contrastele luminoase cu putere dramatică evidentă sunt purtate pe culme de *tenebrosi*, pictori îndeobște napolitani și spanioli, adepți ai tenebrismului.
Pentru a termina cu dominanta brună a fundalurilor, pictorii caravagiști utilizează culori vii, cu o largă folosire a primarelor, în special roșu și galben. Întâlnirile complexe ale culorilor apreciate de manieriști (vezi p. 117) sunt evitate.

VALENTIN DE BOULOGNE, *Întâlnire într-un cabaret*, ulei în pânză, 96 x 133 cm, Paris, Muzeul Luvru.

Figuri

• „Cele mai de seamă statui ale lui Fidias și Glicon, fiindu-i într-o zi propuse [lui Caravaggio] ca obiect de studiu, el s-a mulțumit în loc de orice răspuns de a arăta mulțimea cu un gest al mâinii [...]. Și pentru a da greutate cuvintelor sale, a chemat o țigancă [...] și i-a făcut portretul", pretinde Bellori, biograful lui Caravaggio. Anecdota este probabil falsă. Ea are însă meritul de a pune accentul pe ceea ce constituie una dintre caracteristicile esențiale ale caravagismului: realismul personajelor, deci fără îndoială recursul la modelul viu, punerea în scenă a unor protagoniști care nu sunt câtuși de puțin idealizați, dar care reprezintă tipuri din popor – băieții răi de pe străzile Romei, lucrători și femei simple, îmbrăcați în lucruri uzate. Această particularitate a făcut ca artei lui Caravaggio să i se reproșeze lipsa de noblețe. În secolele al XIX-lea și XX, ea a contribuit la popularizarea expresiei „pictori ai realității" pentru a-i desemna, printre altele, pe artiștii influențați de Caravaggio, expresie utilizată de romancierul realist Champfleury în cartea sa *Pictorii realității sub Ludovic al XIII-lea. Frații Le Nain.*

• Atitudinile pe care Caravaggio și emulii săi le dau personajelor sunt mereu dinamice. Corpurile, care sunt cele ale unor muncitori, ignoră odihna: ele sunt (cu excepția celor ale decedaților) totdeauna în mișcare sau, în orice caz, pe punctul de a se deplasa. Totuși nimic care să semene cu zborurile barocului pe cale de a se naște: personajele pe care le pictează Caravaggio nu se ridică – puținii îngeri înfățișați în operele sale dau impresia că sunt suspendați de sfori mai degrabă decât că plutesc (ca în *Sfântul Matei și îngerul* de la San Luigi dei Francesi); din contră, ei sunt trași de gravitație în jos, fie când cad *(Convertirea Sfântului Pavel)*, fie când se apleacă să ridice un obiect (*Țintuirea Sfântului Petru* [vezi p. 141]).

Barocul

Cuvântul „baroc" n-a fost niciodată folosit în secolul al XVII-lea. Originea sa este controversată. Provine, fără îndoială, din spaniolul *barrueco*, care desemnează o piatră cu forme neregulate. În franceză, adjectivul „baroc" apare pentru prima dată, în 1694, în *Dicționarul Academiei* pentru a defini un tip de perlă imperfect rotunjită, apoi, în 1771, în *Dicționarul din Trévoux* cu calificativele depreciative de „neregulat", „bizar", „inegal". În secolul al XIX-lea, cuvântul își păstrează înțelesul peiorativ până când istoricul elvețian H. Wölfflin, într-un prim volum intitulat, *Renaștere și baroc* (1888), face aprecieri pozitive asupra transformărilor arhitecturii italiene din a doua jumătate a secolului al XVI-lea. În *Principii fundamentale de istorie a artei* (1914), el încearcă o definire a caracterelor proprii picturii baroce opunându-le pe cele ale picturii clasiciste, fără a stabili o ierarhie între cele două stiluri. Dintre alți istorici care au reabilitat arta barocului, trebuie menționați în primul rând germanul Alois Riegl (*Nașterea artei baroce la Roma*, 1908) și italianul Eugenio d'Ors (*Despre baroc*, 1935).

Barocul este legat de reacția religioasă a Reformei catolice: dacă își duce rădăcinile până la arta influențată de Caravaggio de la începutul anilor 1600, fundamentul său spiritual îl reprezintă voința conciliului din Trento (1545-1563) de a reabilita imaginea prin trezirea unei arte realiste adresate mai curând sensibilității decât rațiunii. Asociat astfel catolicismului militant și, în special, acțiunii iezuiților, barocul se dezvoltă în țări rămase fidele credinței romane: cu începere de la 1600, curentul baroc se afirmă în Italia și, în principal, la Roma, în lumea hispanică, în Țările de Jos de Sud încă sub dependența spaniolă, apoi, mai târziu, după Războiul de 30 de ani (1618-1648), în Austria și în Bavaria.

Trebuie să fim precauți în asimilarea completă a barocului cu regiunile catolice: chiar la Roma există un curent clasicist reprezentat de francezul Poussin, dar și de Domeniquino, Guido Reni și Guercino; Franța catolică rezista viguros barocului, în timp ce țările protestante – Olanda lui Rembrandt – nu rămân total nepăsătoare la sugestiile lui. Se poate susține că barocul, legat indisociabil de Reforma catolică, pune în scenă o retorică a acțiunii care corespunde marilor monarhii expansioniste: Sfântul Imperiu Romano-Germanic, monarhia spaniolă și coloniile sale din Lumea Nouă, Italia papilor și a ducatelor. Din punct de vedere sociologic, cum a arătat istoricul Victor Louis Tapié în *Baroc și clasicism* (1957), stilul baroc s-a impus în regiunile Europei agricole, marcate de o structură pe domenii și extrem de ierarhizată, în timp ce difuzarea sa a fost mai slabă în țările urbanizate, cu o puternică clasă burgheză.

Oricum ar fi, barocul marchează tot secolul al XVII-lea și se transformă, evoluând în timpul primei jumătăți a secolului al XVIII-lea către rococo.

Centre și artiști

• **Italia** este leagănul barocului. El se manifestă la Roma în decorarea cupolelor care par să deschidă edificiile către cer. Giovanni Lanfranco (1582–1647) și mai ales PIETRO DA CORTONA (1596–1669) la Palatul Barberini, apoi Gaulli, zis Baciccio sau Baciccia (1639–1709), în decorația Bisericii Il Gesù, în fine, părintele Pozzo (1642–1709) la San Ignazio sunt principalii reprezentanți ai acestei maniere. În afară de Roma, barocul cunoaște un mare succes la Genova, cu Giovanni Benedetto Castiglione (care lucrează și la Roma și la Mantova și a cărui operă nu urmează continuu sugestiile baroce), Bernardo Strozzi (1581–1644), Gregorio da Ferrari (1647–1726) și Alessandro Magnasco (1667–1749). La Napoli, el îi molipsește pe discipolii lui Caravaggio, ca spaniolul José de Ribera (vezi p. 208) și pe unii pictori mai tineri ca Mattia Preti (1613–1699). La Milano, barocul se impune de timpuriu, cu Pier Francesco Morazzone și Giovanni Battista Cerano.

PIETRO DA CORTONA, *Glorificarea pontificatului lui Urban al VIII-lea*, 1633–1639, frescă, Roma, Palatul Barberini.

• În **Țările de Jos spaniole**, la Anvers, Peter Paul Rubens (1577–1640) este primul și principalul reprezentant al barocului. Jacob Jordaens (1593–1678) (vezi p. 210), tot la Anvers, adoptă același stil, în tablouri cu vână mai truculentă și uneori mai mistică.

• În **Anglia**, Antoon van Dyck (1599–1641) din Anvers, care trecuse prin atelierul lui Rubens înainte de a călători în Italia, mai precis la Genova, și de a se stabili în Anglia în 1632, manifestă în portretele sale de aristocrați o atracție pentru materii și utilizează o tușă vizibilă care îl plasează în zona esteticii baroce. Pe linia artiștilor italieni care introduc în Anglia moda decorurilor iluzioniste, James Thornhill (1675–1734) decorează în acest stil cupola Catedralei Saint Paul proiectată de Wren.

• În **Spania**, Francisco de Zurbarán (1598–1664), Bartolomeo Estebán Murillo (1618–1682) și mai ales Diego Velázquez (1599–1660) – pictorul oficial al lui Filip al IV-lea, care îl întâlnește pe Rubens în 1628 și face două călătorii în Italia - întruchipează o estetică cu un puternic specific național, tinzând să echilibreze aspectele cele mai violente ale barocului prin preferința pentru compoziția clasicistă. Mai târziu, sub domnia lui Carol al II-lea, Francisco Herrera cel Tânăr (1627–1685), Juan Careño da Miranda (1614–1685), Juan de Valdès Leal (1622–1690) și Claudi Coelo (1642–1693) aderă mai evident la regulile baroce pe care le respectă acolo artiștii veniți din Italia, în special napolitanul Luca Giordano (1634–1705) zis „Luca fa presto" datorită rapidității execuției.

José de Ribera, *Martiriul Sfântului Filip*, 1639, ulei pe pânză, 234 x 234 cm, Madrid, Muzeul Prado.

• În **Europa Centrală**, barocul se răspândește la Viena grație părintelui Pozzo, care lucrează acolo din 1703 până la moarte. Moștenitorul său artistic, principalul executant al decorurilor plafonante, este Johann Michael Rottmayr (1654–1730), care decorează construcțiile arhitectului Fischer von Erlach. În Bavaria, la München, frații Cosmas Damian Asam și Egid Quirin Asam creează mari decorații care asociază sculpturi, stucuri și fresce, în special în corul Bisericii Sfântul Jan Nepomuk (1733).

• În **Franța**, Simon Vouet, la început de formație caravagescă, este unul dintre singurii artiști, la Paris, care încearcă să combine elanul baroc cu rigoarea clasicistă. Execuția ciclului vieții Mariei de Medici de către Rubens la Palatul Luxemburg, în anii 1620, nu suscită decât un mic interes. În schimb, la sfârșitul secolului, partizanii culorii redescoperă arta flamandului care influențează compozițiile cu accente discret barocizante ale lui Charles de La Fosse (1636–1716), Jean Jouvenet (1644–1717) și Antoine Coypel (1661–1722).

Caracteristici

Tehnici și suporturi

• Pictura murală și în mod special pictura de plafon executată în frescă domină stilul baroc. Dimensiunile sunt mari, pe măsura bolților și a cupolelor, a căror compartimentare încetează. Opera pictată este în general înscrisă într-un ancadrament de o mare bogăție plastică, unde se combină stucurile (pudră de marmură și de cretă aglomerată) și sculptura.

• Pânza predomină în sud, dar lemnul este încă în vogă în nordul Europei, unde artiștii rămân fideli structurii tripticului sau utilizează forma tabloului de altar cu compartiment unic, închis într-o construcție greoaie, ornamentată cu sculpturi aurite. Se lucrează în ulei. Dimensiunile sunt aproape totdeauna considerabile: pictura este o decorație, în principal a bisericii, care trebuie văzută de departe de numeroșii fideli.

Teme

• Pictura barocă este esențialmente religioasă. La mijlocul secolului XX, istoricul Émile Mâle i-a definit subiectele în *Arta religioasă a secolului al XVII-lea. Studiu asupra iconografiei după conciliul de la Trento.* Sunt venerați: Fecioara (îndeosebi în Spania în temele Înălțării și ale Imaculatei Concepții), îngerii, viețile sfinților, inclusiv cele ale eroilor Bisericii recent canonizați (Sfântul Ignațiu de Loyola, fondatorul Ordinului iezuiților). Imaginile se doresc triumfante: picturile reprezintă apoteoze, ridicarea personajelor sfinte în nori de către îngeri sau extazuri, răpiri ale sfinților care întrezăresc Cerul. Tendința către teatralitate, dorința de a surprinde, de a emoționa, se regăsesc de asemenea în scene cu martiri și viziuni ale morții: în Spania, ea culminează cu cultul macabrului; marile pânze ale lui Vallés Leal sunt consacrate Triumfului morții (*Finis gloriae mundi* și *In ictu oculi*, Sevilla, Spitalul Carității).

• Nu toată pictura barocă este religioasă: scenele mitologice, alegoriile care autorizează reprezentarea nudului fac parte din iconografia sa, cum se vede la Rubens și la Jordaens.

• Rare, scenele de gen nu exclud nimic din ceea ce este obișnuit. Ele sunt prezente cel puțin în pictura din Nord unde dau dovada continuității unei tradiții venite de la Bruegel. În mod excepțional, se întâlnesc la Rubens (*Chermeza*, Paris, Muzeul Luvru) și mai des la Jordaens reprezentări cu vreun concert familial sau epifanii (*Regele bea*, Viena, Kunstmuseum, vezi p. 210).

Compoziție, desen, culoare, tușă

În *Principii fundamentale de istorie a artei*, Heinrich Wölfflin a definit, prin antinomie cu clasicismul, unele caracteristici pe care le-a considerat proprii stilului baroc și care țin de compoziție, desen, factură și culoare. Distincțiile propuse de el trebuie utilizate cu prudență, căci niciodată nu le găsim pe toate și la aceeași valoare în operele baroce, iar anumite trăsături considerate proprii barocului le descoperim în picturi judecate de obicei drept „clasiciste". Totuși, este imposibil să încercăm să ignorăm definițiile lui Wölfflin. Acestea sunt în număr de cinci:

• Pictorul baroc consideră lipsit de valoare ceea ce este liniar în beneficiul a ceea ce este „pictural". Altfel spus, nu face din desen elementul esențial al compozițiilor sale. În acest context, personajele și obiectele nu au contururi clare ca în pictura clasicistă: formele se înlănțuie, privirea nu mai este condusă de drumul rațional al perspectivei liniare, ea este reținută de elementele tactile și cromatice, având un rol structural în pictură: tușa, efectele de lumină schimbătoare și dramatice, redarea materiilor, a carnațiilor sau a draperiilor.

• Totuși, artistul baroc nu refuză adâncimea. Din contră, „conduce privirea înainte și înapoi" chiar dacă nu prin folosirea aproape exclusivă a liniilor de fugă. Pentru a ne convinge, este suficient să analizăm evidenta evadare a plafoanelor pictate în acest stil. Ele creează diagonale în care privirea se înfundă până la vertij.

JACOB JORDAENS,
Regele bea, 1638–1640,
ansamblu și detaliu,
ulei pe pânză,
152 x 204 cm,
Paris, Muzeul Luvru.

• Deschiderea compoziției („forma deschisă") este o altă caracteristică barocă. Aceasta nu înseamnă că pictorul își secționează compozițiile la întâmplare, nici că își alege unghiuri de vedere evident la fel de subiective cum o vor face succesorii lui din secolul al XIX-lea (Degas, de exemplu). Prin distribuția formelor în interiorul tabloului, el renunță însă să sublinieze proximitatea marginilor sau a colțurilor. Această viziune are consecințe esențiale: pentru că o compoziție nu este gândită de la început în funcție de limite, ea poate fi eventual descentrată sau imprecis construită după simetria sus-jos și dreapta-stânga. O altă consecință este aceea că pictorul poate sublinia unele direcții antagoniste cu acelea, orizontale și verticale, ale cadrului sau poate dispune formele după diagonalele care impun o idee de mișcare mai curând decât una de stabilitate.

• Opera barocă este concepută ca un tot unitar: „Partea este subordonată întregului, fără ca să renunțe prin aceasta să existe ea însăși" (Wölfflin). De fapt, este dificil adesea, într-un tablou baroc, să izolezi un motiv, într-atât se întrepătrund formele: nu pot fi decupate (după contur) cum se poate face deseori în cazul compozițiilor clasice.

• Cu forme astfel cufundate unele în altele, cu contururile pe care pictorul le-a șters mai mult sau mai puțin deliberat, pictura barocă este adesea mai greu lizibilă decât pictura clasicistă: „Nu este necesar să se deruleze în fața ochilor forma în întregime, este suficient să i se dea punctele de sprijin esențiale", scrie Wölfflin (vezi p. 73).

PETER PAUL RUBENS. *Debarcarea Mariei de Medici la Marsilia*, 1622–1623, ulei pe pânză, Paris, Muzeul Luvru.

Figuri

• Conform principiului decenței cerut în 1563, la ultima sesiune a conciliului de la Trento consacrată picturii („Sfântul conciliu vrea ca orice impuritate să fie evitată, iar imagini cu înfățișări provocatoare să nu fie redate"), personajele baroce sunt rareori integral goale, cu excepția, în Flandra, a lui Rubens și Jordaens. Grija de a nu le situa într-o strâmtă temporalitate face, în afară de portret, ca ele să nu poarte prea frecvent hainele secolului al XVII-lea. Pictorii asociază în general nudului un drapaj, ceea ce le permite să înfățișeze în același timp carnația și țesăturile. La Rubens, nudul feminin este scos în evidență printr-un fragment de voal (*Cele trei Grații*, Madrid, Muzeul Prado), de o blană care mângâie pielea și pare să-i transmită căldura (*Blănița*, Viena, Kunthistorisches Museum); nudurile masculine sunt puse în valoare de elemente de armură a căror strălucire metalică creează un contrast special cu pielea bogat vascularizată (*Răpirea fiicelor lui Leucip*, vezi p. 159). Rubens nu ezită nici să amestece în aceeași pictură personaje istorice în întregime sau parțial îmbrăcate după moda contemporană cu figuri alegorice dezbrăcate (DEBARCAREA MARIEI DE MEDICI ÎN PORTUL MARSILIA).

• Voința de dramatizare moștenită de la caravagism și, mai de departe, de la Tintoretto și Michelangelo, îi conduce pe pictorii baroci la preferința pentru dinamism în dauna pozei. În acțiunile lor, personajele îndeplinesc mișcări violente pe care pensula le întrerupe brusc: metafora instantaneului, împrumutată din fotografie și aceea a stop-cadrului pe imagine, care vine din limbajul cinematografic, s-ar fi pretat – dacă picturile n-ar fi anacronice – descrierii unor astfel de gesturi pentru care nici un model nu ar reuși să pozeze mai mult timp. Artificiul atitudinilor astfel înfățișate poate agasa câteodată: repetat, efectul cade în grandilocvență. El suscită însă emoția spectatorului, ceea ce urmărește pictura barocă.

Clasicismul

În latină, *classicus* înseamnă ceea ce este de prim rang, de clasa întâi. Semnificația cuvântului este deci pozitivă. Adjectivul „clasic" începe să fie utilizat în Renaștere: în *Viețile...* lui Vasari, el desemnează maturitatea unei arte, apogeul ei, fiind asociat cu ceea ce constituie, în ochii teoreticienilor Renașterii și dincolo de ea, vârful de netrecut al istoriei creației artistice: modelul antic roman, singurul cunoscut în secolul al XVI-lea, la care se adaugă cel grecesc, constituind, în secolul al XVIII-lea, o imagine mai conturată a istoriei.

Cuvântul „clasic" și derivatele lui pot fi deci folosite de fiecare dată când se vrea caracterizarea unei opere care are ca referință arta grecească din secolul al V-lea î.Hr. și imitațiile sale succesive: sunt la fel de corect folosite referitor la arta romană sau la arta Renașterii. Utilizarea lor se impune în comentariul picturilor școlii franceze din secolul al XVII-lea, dar servește și la caracterizarea operelor „neoclasice", executate începând cu a doua jumătate a secolului al XVIII-lea. Pot califica tablourile de tendință „academistă" sau „pompieristă" din secolul al XIX-lea (aprecierile din urmă având, în acest context, o valoare peiorativă care nu a afectat niciodată cuvântul „clasicism") și chiar opere ale secolului XX, din momentul „întoarcerii la ordine" dintre cele două războaie mondiale, sau aparținând mișcărilor artistice legate de dictaturi (fascism, nazism, realism socialist).

În sensul istoric în care îl înțelegem aici, clasicismul este o mișcare picturală care se dezvoltă în secolul al XVII-lea și se prezintă ca o alternativă la arta barocă. Leagănul său este mai întâi în Italia, în prima treime a secolului al XVII-lea, iar rădăcinile sale se regăsesc în arta pictorului Annibale Carracci care, dincolo de paranteza manieristă și în opoziție cu caravagismul, tinde să facă legătura cu stilul lui Rafael. Clasicismul înflorește în pictura francezului Nicolas Poussin, a cărui carieră se construiește la Roma cu excepția unei scurte șederi la Paris (sfârșitul lui 1640–sfârșitul lui 1642), la chemarea lui Ludovic al XIII-lea. În a doua jumătate a secolului, în timpul lui Ludovic al XIV-lea, al ministrului său Colbert și al pictorului CHARLES LE BRUN, clasicismul se identifică cu „gustul perfect" ale cărui modalități iconografice și stilistice sunt definite de Academia Regală de Pictură și Sculptură, fondată în 1648.

Centre și artiști

• În **Italia**, arta lui Annibale Carracci (1560-1609), în special în perioada sa romană, atunci când decorează, după 1596, bolta Palatului Farnese, readuce în atenție inspirația antică și studiul lui Rafael. Elevii lui Carracci, bolognezul Guido Reni (1575–1642), Francesco Albani, zis Alban (1578–1660), și Domenico Zampieri, zis Domeniquino (1581–1641), ca și, în operele sale tardive, Giovanni Barbieri, zis Guercino (1591–1666), sunt principalii reprezentanți ai curentului clasicist la Roma, la Bologna și la Napoli, după moartea lui Carracci. Andrea Sacchi (1599–1661), Carlo Maratta (1625–1713) în primele sale opere și Giovanni Romanelli (1610–1662) prelungesc mult după mijlocul secolului al XVII-lea sugestiile clasice, combătând puternic estetica barocă.

• Printre **francezi**, clasicismul este mai întâi ilustrat de Nicolas Poussin (1594-1665), ale cărui opere executate la Roma sunt colecționate de amatori francezi, îndeosebi de cardinalul Richelieu, primul ministru al lui Ludovic al XIII-lea, de moștenitorul său politic Mazarin, sau de ducele de Richelieu, nepotul primului, pentru care au fost pictate *Cele patru anotimpuri* (Paris, Muzeul Luvru). Gaspard Dughet (1615–1675), cumnatul și discipolul lui Poussin, ca și Claude Gellée, zis Lorrain (cca 1602–1682), își împlinesc și ei cariera la Roma unde primul este născut, dar arta lor este cunoscută și în Franța, unde au numeroși colecționari.

La Paris, Laurent de la Hyre (1606–1656), cu stilul încă impregnat de manierism, Philippe de Champaigne (1602–1674), originar din Brabant, și lionezul Jacques Stella (1596–1657), la întoarcerea, în 1635, dintr-o lungă ședere italiană, sunt reprezentanții primei generații clasiciste.

Către 1650, curentul aticist, numit astfel după o categorie retorică definită de oratorul antic Quintilian, este marcat de rafinamente prețioase. Îi are ca interpreți pe Eustache Le Sueur (1616–1655) (vezi p. 217), supranumit Rafaelul francez, pe Sébastien Bourdon (1616–1671), pe Le Brun în operele de tinerețe, în sfârșit, pe Nicolas Chaperon (1612–1651) și Nicolas Loir (1624–1679).

• În a doua jumătate a secolului al XVII-lea, Charles Le Brun (1619–1690), prim-pictor al lui Ludovic al XIV-lea și directorul Academiei, apoi Pierre Mignard (1612–1695), succesorul său, reprezintă clasicismul care, în special în decorația castelului de la Versailles, ia o formă din ce în ce mai fastuoasă. Câțiva ani mai târziu, Nicolas de Largillière (1656–1746) face să strălucească în portretele de aristocrați și în naturile sale moarte ultimele raze ale unui clasicism, puternic influențat de arta flamandă și sensibil la culoare, înrâurire evidentă și la contemporanul său, severul Jean Jouvenet (1644–1717).

• În **Țările de Jos din sud**, pictorii din Liège dezvoltă în secolul al XVII-lea o artă care, spre deosebire de școala din Anvers, înclină către clasicism. Gérard de Lairesse (1640–1711) este principalul interpret al acestei tendințe care se exprimă în mod egal la Bertholet Flémalle (1614–1675), cu o activitate în parte franceză, și la elevii săi Jean-Guillaume Carlier, Englebert Fisen și Lambert Blendeff.

Caracteristici

Tehnici și suporturi

• Fresca rămâne în vogă în Italia (bolta Palatului Farnese) și în Franța pentru cupole (ca aceea de la Val-de-Grâce pictată de Mignard în 1663), dar sistemul de compartimentare sau fragmentare în bucăți a plafoanelor, contrar bolților baroce tratate ca spații unitare, permite utilizarea unor pânze pictate în ulei, separate sau mărginite de ancadramente și de arhivolte în relief, abundent aurite.

• În afară de decorația reședințelor, palatelor și bisericilor, picturile sunt de dimensiuni mult mai modeste decât operele baroce. Sunt „tablouri de șevalet", uleiuri pe pânză pe care amatorii le agață în rânduri strânse, în „galeriile" lor proprii, mai precis în încăperea unde își expun colecția. Tablourile de format mic sunt rare: grija pentru

CHARLES LE BRUN, *Cancelarul Séguier cu suita sa*, 1655, ulei pe pânză, 295 x 351 cm, Paris, Muzeul Luvru.

Bolta Galeriei Farnese: între Renaștere și baroc

Annibale Carracci, Bolta Galeriei Farnese și *Triumful lui Bacchus*, 1596–1600, frescă, Roma, Palatul Farnese.

Format în nordul Italiei (la Bologna, dar și la Parma și la Veneția unde a locuit), Annibale Carracci, mai întâi sensibil la reprezentarea directă a realității, face legătura cu modelele Renașterii și se întoarce, în contact cu operele romane, la o idealizare a formelor naturii.

O boltă compartimentată

La Galeria Farnese, organizarea bolții se desprinde de tipologia Renașterii, dar nu exprimă încă viziunea marilor decorații baroce.

La fel ca la bolta Capelei Sixtine de Michelangelo (vezi p. 60), arhitectura este compartimentată după principiul cunoscutei *quadratura* și nu tratată ca un ansamblu, cum o vor face artiștii barocului. Compartimentele pictate, încadrate, ascultă de o logică spațială proprie, adică prezintă figurile după o perspectivă frontală și nu în racursi. Acest procedeu se numește *quadro riportato:* „tablou fals". În colțurile galeriei, în spatele acestor *quadri,* o arhitectură falsă (pictată) se deschide către un cer și el iluzoriu. Spațiul începe deci să se deschidă chiar dacă încă timid.

Mitologie și pictură luminoasă

Poveștile de dragoste ale zeilor, după poetul latin Ovidiu, sunt subiectul ales pentru galerie. Această opțiune mitologică, asociată celei de a picta luminos, contrastează puternic cu temele și viziunea întâlnite în aceeași epocă la Caravaggio. Ea relevă o preferință estetică de care vor ține seama pictorii clasiciști, dar se acordă și cu circumstanța pentru care a fost comandată tema: căsătoria lui Ranuccio Farnese cu Margherita Aldobrino.

Triumful lui Bacchus

În centrul bolții, cel mai mare dintre tablourile pictate reprezintă triumful zeului vinului. Compoziția foarte simplu organizată contrastează cu complexitatea imaginilor manieriste. Figurile clar separate unele de altele sunt dispuse în friză, picioare și capete la același nivel sau puțin altfel. Colțurile picturii sunt subliniate de corpuri așezate, variațiuni pe motivul antic al zeilor-fluviu; marginea dreaptă este închisă printr-un nud în picioare și un copac.

Nudul predomină: nudul atletic, fără proporțiile alungite sau colțuroase, scumpe pictorilor din a doua jumătate a secolului al XVI-lea. Culorile sunt vii și curate, cu galbenuri și albastruri pe care trecerea de la lumină la umbră nu le transformă în altă culoare.

noblețe pe care o manifestă pictorii clasiciști nu se acordă cu dimensiunile neînsemnate (vezi p. 214).

Teme

• Temele religioase rămân frecvente fie că răspund unei comenzi pentru biserici sau mânăstiri, fie că sunt cumpărate de particulari: astfel cele două serii de *Jurăminte* sunt pictate de Poussin pentru un amator italian, Cassiano dal Pozzo, și pentru un amator francez, Paul Fréart de Chantelou. Subiectele sunt extrase nu numai din Noul și Vechiul Testament, ci și din Viețile sfinților. Jansenistul Philippe de Champaigne și Jean Jouvenet tratează de preferință teme legate de Răstignire (*Coborârea de pe Cruce*, *Pietà*...).

• Tablourile istorice și alegorice constituie o parte importantă a comenzilor. În prima jumătate a secolului, Antichitatea este înfățișată cu predilecție (de exemplu, la Poussin, *Răpirea Sabinelor*). Sub Ludovic al XIV-lea, în Franța, când echipe de pictori primesc misiunea de a decora Luvru, Tuileries și apoi Versailles, temele trecutului național și glorificarea Regelui-Soare se adaugă celorlalte.

• Literatura alimentează numeroase compoziții, de asemenea: subiectele sunt extrase din scrierile italiene recente (*Orlando furioso* de Ariosto, *Ierusalimul eliberat* de Tasso) și din tradiționalii autori antici.

• Din ce în ce mai centralizată și mai absolutistă, monarhia franceză exaltă imaginea regelui, a cărui efigie trebuie să fie prezentată în întregul regat. După exemplul suveranului, aristocrații vor să fie portretizați și, asemeni lor, deși mai modest, burghezii. Portretul de aparat este, în general, în picioare, cu accesorii pentru accentuarea fastului (draperii în culori vii, adesea roșii; coloane sau porticuri); Champaigne, care preferă compozițiile sobre și culorile brune pentru tablourile sale janseniste (*Ex-voto*, 1662, Paris, Muzeul Luvru), constituie o excepție. La sfârșitul secolului, Mignard înfățișează personaje în poze animate, cu o eleganță mai grațioasă și încearcă o investigare a adevărului psihologic, iar Nicolas Largillière impune compoziții foarte construite, exprimând în același timp personalitatea modelelor, senzualitatea unei palete calde, atentă la texturi, și făcând loc peisajului (*Frumoasa strasbourgheză*, Strasbourg, Musée des Beaux-Arts).

• Ultimul în ierarhia genurilor, peisajul este și el foarte prețuit: în Franța secolului al XVII-lea, acesta reprezintă aproape o treime din producția picturală. Totuși, natura nu a fost niciodată redată în absența omului, semnalat fie prin arhitecturi peisagere (grote), fie prin mici siluete. Peisajul este imaginar sau, mai rar, topografic (în cazul în care prezintă locul unei bătălii sau, în unele tablouri de Le Nain, cu țărani într-un decor exterior). Marele model este peisajul *à l'italienne*, vederi în adâncime scandate de construcții în perspectivă și unde lumina joacă un rol esențial (la Claude Lorrain), eșalonarea planurilor – peisaje „compuse" – făcând adesea să se succeadă vegetația, clădirile și munții sub un cer frecvent senin (la Poussin).

Pe scurt, sunt practicate toate genurile sau aproape toate, excepție făcând cele pe care ierarhia fixată de Academie le consideră neînsemnate: pictura de gen și natura moartă (vezi p. 53).

Compoziție, desen, culoare, tușă

Opozițiile definite de Wölfflin în cazul barocului (vezi p. 206) trebuie reamintite aici:

• Clasicismul este liniar: el preferă desenul, deci netezimea contururilor în dauna înlănțuirii formelor, proprie viziunii „picturale", și în dauna tratării privilegiate a materiilor sau a efectelor de culoare și de lumină, inclusiv a tușei pe care o șterge printr-o factură netedă.

• Pictura clasică acordă o mare importanță construirii spațiului prin planuri succesive: ea dispune arhitecturile după regulile perspectivei liniare (de pildă, Claude Lorrain în *Port la asfințit* [vezi p. 218]) sau scandează spațiul prin planuri care alternează, paralele cu suprafața tabloului și unde motivele sunt de fiecare dată mai mici (așa face Poussin

EUSTACHE LE SUEUR, *Clio, Euterpe și Thalia,*
1647–1649, ulei pe pânză, 130 x 130 cm, Paris, Muzeul Luvru.

în *Peisaj cu cenușa lui Phocion...*, vezi p. 48). Ea evită astfel diagonalele aspre ale operelor baroce care „conduc privirea dinainte înapoi".

• Opera clasică este o formă închisă și nondeschisă, invers decât tabloul baroc. Spațiul, centrat, plasează motivele în centrul compoziției și lasă un vid aproape de margini (*Cancelarul Séguier cu suita sa* de Le Brun [vezi p. 213]) sau le dispune către periferie în așa fel încât să le sublinieze prezența. Aceste motive pot fi personaje, ca în *Triumful lui Bacchus* de Carracci (vezi p. 215), sau forme împrumutate din arhitectura și plastica Antichității, de exemplu coloane sau alte accesorii, făcând parte dintr-un *decorum* care înnobilează, se crede, tabloul clasicist.

• Formele nu se întretaie deloc sau prea puțin dacă o fac: fiecare poate fi imediat individualizată, fiecare „revendică un soi de independență" în loc de a fi „subordonată întregului" ca în opera barocă.

• Artă a unei epoci care se vrea aceea a rațiunii (Descartes) și a unui control asupra indivizilor și minților (monarhia franceză absolutistă și intransigent catolică), pictura clasicistă vizează un „ideal de claritate". Laolaltă cu compoziția, cu lumina vie, cu culoarea strict definită pentru fiecare motiv sau figură, absența contrastelor violente pune în evidență formele. O frază a lui Poussin rezumă această vocație: „Felul meu mă constrânge să caut și să iubesc lucrurile bine ordonate, fugind de confuzia care îmi este contrară și dușmană cum este lumina pentru tenebrele obscure" (vezi p. 103).

CLAUDE LORRAIN, *Port la asfințit*, 1639,
ulei pe pânză, 103 x 136 cm, Paris, Muzeul Luvru.

Figuri

• Arta clasicistă ține să facă din nou legătura cu Antichitatea. Ea se vrea în același timp o artă pentru eternitate. Astfel figurile, dacă nu sunt îmbrăcate *à l'antique*, sunt cel puțin drapate în falduri care nu aparțin nici unui timp. Acolo unde se termină țesătura apar picioare, brațe, umeri, nașterea unui sân: dar pictorul clasicist dezbracă mult mai puțin figurile decât pictorul baroc. Numai în portrete este prezentat costumul contemporan deși nici aici întotdeauna, căci „gătelilor" (cum li se spunea atunci) proprii unei epoci, care au avantajul de a situa modelul în secolul și în clasa sa socială (marcându-i „distincția", scrie Roger de Piles), pictorii le preferă câteodată „veșmintele unei virtuți, ale unui simbol sau ale unei divinități păgâne" (Piles) sau chiar un drapaj, care scapă oricărei temporalități și permite să se evite „ridicolul" unei haine ieșite din modă de mult (tot Piles).

• Personajele sunt idealizate, nici banale ca tipurile caravagești, nici carnale precum figurile pictate de Rubens. Cu contururile precis desenate, cu paloarea carnației (în cazul femeilor), cu modelajul ferm, personajele par asemenea unor statui antice, ale căror proporții și câteodată atitudini le furnizează artiștilor dacă nu modele, cel puțin un ideal.

• Pictorul clasicist evită atitudinile exagerate și pe cele similare care evocă mișcarea. Grandoarea personajelor este redată prin postùri stabile sau prin mișcări vizibil lente. Pe scurt, clasiciștilor le repugnă figurile „mari, teribile și în stare să producă frica" (*spaventose*, după expresia lui Pietro Aretino, scriitor din secolul al XVI-lea) care caracterizează tradiția picturală mergând de la Michelangelo la baroc: ei preferă o diversitate a gesturilor întotdeauna sobre, adică discrete *(discrezione)*, pentru a traduce emoții *(affetti)* (vezi p. 217).

Rococoul

În Franța, termenul *rocaille* desemnează cu începere din secolul al XVII-lea un tip de decorație cu cochilii și pietricele utilizată pentru grote și pavilioane de grădină. El este folosit după 1730, tot în Franța, pentru a defini o mișcare odinioară numită „stil nou", „gust modern" sau „manieră nouă", născută în ultimii ani ai veacului al XVIII-lea. Cuvântul „rococo", care derivă probabil din *rocaille*, este folosit în mediile artistice pariziene la sfârșitul secolului al XVIII-lea cu o nuanță peiorativă care rezumă o apreciere a rococoului ca o degenerescență tardivă și agravantă a barocului.

În prezent debarasat de orice valoare negativă, istoricii de artă desemnează prin termenul „rococo" curentul corespunzător stilului *rocaille* francez în interpretarea sa internațională și mai ales germanică. Se spune *rocaille* în Franța și „rococo" sau, câteodată, „baroc târziu" *(Spätbarock)*, în Europa Centrală.

Stilul rococo este mai întâi o artă a decorației. Studiul picturilor realizate în acest stil nu se poate lipsi de precizarea privind destinația operelor, adesea decorații pentru reședințele particulare. Pentru camerele de dimensiuni mai modeste decât sălile de palat, formele maiestuoase ale clasicismului cedează locul unor ornamente grațioase și delicate. Această trecere se produce în Franța în ultimii ani ai domniei lui Ludovic al XIV-lea (mort în 1715) și se desăvârșește sub regența lui Filip d'Orléans (1715-1723), apoi sub domnia lui Ludovic al XV-lea (mort în 1774); faza ultimă a rococoului francez este numită și „stilul Pompadour", de la numele influentei favorite a regelui. Stilul se răspândește apoi în restul Europei; în Italia mai întâi, apoi, prin intermediul italienilor, la Curțile din Europa Centrală, puternicele și dinamicele volume ale barocului sunt la rândul lor abandonate în beneficiul unor lejere decorații de suprafață. Difuzarea este favorizată de circulația artiștilor: Giambattista Tiepolo, asistat de fiul său Giandomenico, lucrează la Würzburg (în general, italienii au contribuit la introducerea rococoului în regiunile centrale ale Europei); Boucher lucrează în Suedia, în Danemarca și în Polonia.

Din punct de vedere social, rococoul este arta unei epoci unde principalii mecena nu mai sunt nici monarhiile și nici Biserica: particulari bogați – la Paris, bancherul Pierre Crozat și contele de Tessin, ambasadorul Suediei – devin protectorii și comanditarii artiștilor. Intelectual, această artă este legată de Epoca Luminilor, de inteligența vie, dar superficială care caracterizează Saloanele, prin opoziție cu rigoarea raționalistă și morală a clasicismului și cu dramatizările apăsătoare ale barocului. Mai întâi în Franța, de pe la mijlocul secolului, neoclasicismul începe să se opună cu un succes din ce în ce mai mare rococoului, a cărui domnie ia sfârșit în funcție de fiecare țară, între 1760 și 1770.

Centre și artiști

- În Franța, Antoine Watteau (1684–1721), născut la Valenciennes, oraș francez, dar de cultură flamandă, este primul mare artist al noului gust, la definirea căruia au contribuit arta poetică și maniera sa. François Boucher (1703–1770), cu o operă foarte vastă, Jean-Marc Nattier (1685-1766), mai cu seamă portretist, François Hubert Drouais, discipolul său în acest gen, dar și, mai târziu, Jean-Honoré Fragonard (1732–1806) (vezi pp. 220 și 221) sunt interpreții ulteriori ai rococoului.
- În Europa Centrală, unde lucrează din 1710 în 1735, italianul Carlo Innocenzo Carloni (1686–1775), format la Veneția și la Roma, este, evident, împreună cu Tiepolo, propagandistul formelor decorative ușoare de tendință *rocaille*. Germanul Johann Evangelist Holzer (1709–1740), austriecii Paul Troger (1698–1762) – care trăiește multă vreme în Italia – și, până în anii 1760, Franz Anton Maulbertsch (1724–1796) sunt principalii reprezentanți locali ai mișcării.

Jean-Honoré Fragonard, *Roi de amorași*,
cca 1767, ulei pe pânză, 65 x 56 cm,
Paris, Muzeul Luvru.

• **În Italia**, Genova este un centru timpuriu al rococoului cu Gregorio de Ferrari (1647–1726). Mișcarea este reprezentată la Curtea de Savoia de Giovanni Battista Crosato (1686–1758) de origine venețiană, și la Napoli de Giacomo del Po (1652–1725). Dar Veneția este mai cu seamă focarul cel mai fecund al noului stil și acela în care triumfă cel mai mult timp, grație geniului decorativ al lui Giambattista Tiepolo (1696–1770). Tot la Veneția, rococoul îi influențează pe Marco Ricci, Bernardo Bellotto (care își împlinește a doua jumătate a carierei sale în Europa Centrală) și, mai ales, pe Antonio Canaletto (1697–1768) și Francesco Guardi (1712–1792): „vederile" lor venețiene sau din locuri imaginare îi înrâuresc la Roma pe Giovanni Paolo Pannini și pe Piranesi în perioada începuturilor.

• **În Anglia**, francezul Philippe Mercier (1689–1760) și Bartholomew Dandridge (1691–după 1754), foarte marcați de Watteau, și mai cu seamă William Hogarth (1697–1764) sunt cei care introduc principiile decorative ale rococoului. Chiar dacă în ciclurile sale satirice Hogarth reflectă o inspirație profund originală și ireductibilă la rococo, el rămâne legat de această estetică pe de o parte prin stil și, pe de altă parte, prin apologia pe care o face „liniei șerpuitoare", sau arabescului, în tratatul său teoretic *Analiza frumuseții* (*The Analysis of Beauty*), în 1743. Thomas Gainsborough (1727–1788), prin farmecul portretelor sale plasate de cele mai multe ori în peisaj, aparține din plin mișcării rococo.

Tehnici și suporturi

• Rococoul este o artă decorativă. Comenzile constau în ornamentarea unor stâlpi, plafoane, panouri murale, seminee, spații situate deasupra ușilor... Artiștii răspund executând în ulei pânze al căror format variază după destinație, dar în general nu atât de mari ca picturile decorative ale secolului al XVII-lea și a căror formă se adaptează spațiului, adesea încadrat, pe care-l au de acoperit.

• Fresca este folosită în continuare la marile plafoane decorate.

• Rococoul este o artă a culorii. Este puternic influențat de școala flamandă, apărată în Franța de Roger de Piles și de „coloriști"; pastelul, desen în culoare pe hârtie, este unul din mijloacele sale de expresie (vezi p. 100).

Teme

• Alegoriile grave ale epocii precedente (baroc sau clasicism) sunt înlocuite de teme malițioase și frivole: scene mitologice galante unde domnesc Venus și Pan; subiecte pastorale cu ciobani și ciobănițe convenționali. Anumiți pictori își fac o specialitate din acest gen sau pictează scene încă mai libere: de exemplu *Odalisca blondă* și *Odalisca brună* de Boucher (vezi p. 161) sau chiar *Zăvorul* de Jean-Honoré Fragonard.

• Atracția pentru chinezării, care se manifestă în cazul unor obiecte diferite prin moda lacurilor chinezești și a porțelanurilor, îl inspiră îndeosebi pe Boucher (vezi p. 222).

• Peisajul capătă o interpretare nouă prin introducerea unor panorame urbane sau câmpenești – în acest caz însoțite de ruine: pictate mai întâi în Italia, aceste peisaje sunt numite *vedute* („vederi") sau „capricii" după cum sunt reale sau imaginare (autorii se numesc „vedutiști"). Este greu de spus dacă vederile de parc cu mici figuri admirabil animate de Watteau, acele „serbări galante" pe care Academia, nesilită de nimeni, renunță să le încadreze într-un gen anume, pot fi considerate peisaje.

• Portretul este mereu în vogă. În Franța este reprezentat îndeosebi de Nattier, care face din personajele sale zei și zeițe antice, de Fragonard, dar și de Roslin, Drouais și,

Jean-Honoré Fragonard, *Zăvorul*, cca 1774, ulei pe pânză, 98 x 122 cm, Paris, Muzeul Luvru.

FRANÇOIS BOUCHER, *Târgul chinezesc*, cca 1742,
ulei pe pânză, 41,5 x 64,5 cm, Besançon, Musée des Beaux-Arts.

bineînțeles, de Chardin, ale cărui modele, nu întotdeauna identificate, primesc o orientare intimistă („portretul sensibil"). În Anglia, cu Mercier, Dandridge și mai ales Hogarth (*Adunare la Wanstead House*, muzeul din Philadelphia) și Gainsborough, reprezentarea unor personaje recognoscibile, discutând între ele în interiorul castelului sau în grădină, creează un tip nou de portret, *conservation piece*.

Compoziție, desen, culoare, tușă

• Ornamentul este fundamental: arabescul, cochilia cu contur ondulat și asimetric sunt motivele de bază ale decorației în care se inserează picturile și care le influențează compoziția. Artiștii pot găsi în culegeri anume repertorii de ornamente de folosit (*Carte de ornamente* desenată de J.A. Meissonnier și gravată de G. Huquier, în 1734; *Carte de cartușe* de Lajoue, 1734). Pictorii caută lejeritatea, efectul de suprafață mai mult decât profunzimea. Voința de a face tablouri grațioase contribuie la dispariția arhitecturilor greoaie care alcătuiau decorul operelor din secolul precedent în beneficiul naturii, ceea ce corespunde gustului epocii, ilustrat de moda grădinii de tip englezesc și de elogiul literar al naturii (J.J. Rousseau). În Marea Britanie, tablourile lui Gainsborough ilustrează gustul pentru peisaj.

• Pictorii sunt, în general, adepții unei facturi puțin vizibile (deși tușa lui Watteau sau a lui Fragonard sunt sesizabile). Desenul este clar, iar materia picturală relativ bogată. În temele galante, ca la Boucher, unde domină rozurile și albastrurile-pale, culorile sunt luminoase, ca un pastel.

Figuri

Figurile sunt idealizate, totdeauna tinere și de o grație care ține mai mult de drăgălășenie decât de frumusețe. Retorica gesturilor are mai puțină importanță decât în arta clasicistă pentru că nu există problema emiterii unui mesaj. Pozele încetează de a fi dramatice: rococoul nu caută să tulbure sufletele așa cum o făcea barocul.
Hainele sunt convenționale, în afară de portret, unde artiștii dau o mare atenție formelor care trebuie să urmeze moda, stofelor și ornamentelor (pene, panglici, flori etc.).

Neoclasicismul

Neoclasicismul se dezvoltă în Europa între 1760 și începutul secolului al XIX-lea. Combătut de romantism, el rămâne influent până în jur de 1830. Se caracterizează printr-o mare voință de „întoarcere la Antichitate", prin gustul subiectelor serioase, al unui stil simplu și sobru și prin visul de a găsi „frumosul ideal".

Istoric, neoclasicismul este legat de descoperirile arheologice efectuate la Herculanum, cu începere de la 1738, și la Pompei, după 1748. Este stimulat de lucrările ilustrate care apar despre arta vechii Grecii (*Ruinele celor mai frumoase monumente ale Greciei* de francezul Le Roy, 1758; *Antichitățile Atenei* de britanicii Stuart și Revett, 1762) și prin seria gravată a *Vederilor din Roma* executate de italianul Giovanni Battista Piranesi (1720–1778) între 1748 și 1775.

Din punct de vedere social, neoclasicismul caracterizează gustul unei noi clase de colecționari, burghezi îmbogățiți de revoluția industrială în Marea Britanie sau care profită de revoluția politică în Franța. Din punct de vedere filozofic, el întreține raporturi cu sistemele de gândire utopică și, prin aceasta, se înscrie în tradiția Luminilor: teoreticienii neoclasici cultivă nostalgia unei mărețe epoci trecute pe care o consideră ideală: Grecia din secolul al V-lea pentru istoricul de artă german Johann Joachim Winckelmann, Roma republicană și Roma imperială, succesiv, pentru cei din Franța revoluționară apoi napoleoniană – primul imperiu corespunzând apogeului mișcării neoclasice în Franța. Ei văd în aceste epoci niște modele nu numai formale, ci și etice și speră să regenereze societatea timpului lor resuscitându-i pretinsele virtuți: prin grija pedagogică, arta neoclasică se situează în contextul misiunii pe care Diderot o atribuie artei, către 1760: a educa și a reda virtutea „atrăgătoare".

JACQUES LOUIS DAVID, *Jurământul Horaților,* 1794, ulei pe pânză, 330 x 425 cm, Paris, Muzeul Luvru.

Centre și artiști

• În **Franța**, Joseph Marie Vien (1716–1809), care a trăit mai mulți ani la Roma, este unul dintre fondatorii mișcării neoclasice al cărui mare reprezentant este Jacques Louis David (1748–1825) (vezi p. 223), pictor oficial al revoluției și imperiului. Pierre Paul Prud'hon (1758–1823), Jean-François Pierre Peyron (1744–1814), Jean-Baptiste Regnault (1754–1829), Germain Jean Drounais (1763–1788), Pierre Narcisse Guérin (1744–1833) și Anne Louis Girodet-Trioson (1767–1829), în primele lor opere, aparțin și ei curentului neoclasic. Conjugând răceala cu senzualitatea, opera lui Jean Auguste Dominique Ingres (1780–1860), născut la Montauban, prelungește până după mijlocul secolului al XIX-lea această estetică pe care un amestec cu tendințe neorococo (nuduri erotice și culori albastre și roz) avea s-o ducă până la arta „academistă" sau pompieristică la un Amaury-Duval (1808–1885), Jean Léon Gérôme (1803–1860), William Bouguereau (1825–1905) sau Paul Baudry (1828–1886).

• În **Italia**, milanezul Andrea Appiani (1754–1817) și romanul Vincenzo Camuccini (1771–1844) lucrează în stilul lui David.

• În **Germania**, Anton Raphael Mengs (1728–1779), care activează la Dresda, la Roma și în Spania, după primele opere în stilul baroc, suferă influența lui Winkelmann pe punctul de a face și el operă de teoretician și devine unul din cei mai timpurii reprezentanți ai neoclasicismului. Gottlieb Schick (1776–1812), care lucrează un timp la Paris alături de David, apoi de Ingres, și locuiește ulterior la Roma, este principalul interpret la Stuttgart al esteticii neoclasice.

• În **Spania**, în ciuda prezenței lui Mengs la Madrid, chemat de regele Carol al II-lea, neoclasicismul nu primește nici o adeziune importantă, după cum o arată opera lui Goya, ireductibilă la această mișcare. Pictorii Francisco Bayeu (1734–1795), apoi Vincenzo López (1772–1850), José Aparicio Anglada (1793–1838) și José de Madrazo (1781–1859) pictează totuși în stilul neoclasic susținut de noua Academie Regală San Fernando.

• **Anglia** este inițiată devreme în neoclasicism prin opera scoțianului Gavin Hamilton (1723–1798), care-și petrece viața la Roma și în Marea Britanie. Londonezul Nathaniel Dance (1735–1811), care trăiește și el la Roma, urmează principiile neoclasicismului ca și americanul Benjamin West (1738–1820), primul mare pictor venit de peste Atlantic și stabilit definitiv la Londra, în 1763, după o ședere de trei ani la Roma.

• În **Danemarca**, Christoffer Wilhelm Eckesberg (1783–1853), elevul lui David și care a trăit la Roma, este principalul pictor neoclasic.

• În **Rusia**, Vassili Kuzmici Șebuiev (1777–1855) este reprezentantul aceleiași estetici apărate de Academia de Arte Frumoase din Sankt Petersburg.

• **Elvețianca** Angelica Kauffmann (1741–1807), care îi vizitează pe Winkelmann și West la Roma, își împarte activitatea între Londra și Italia, pictând într-un stil deliberat patetic și sentimental.

Caracteristici

Tehnici și suporturi

• Picturile neoclasice sunt fresce sau, mai adesea, uleiuri pe pânză.

Compoziție, desen, culoare și tușă

• Chiar numele mișcării pune în evidență acceptarea de către pictori a principiilor care inspiraseră arta franceză a secolului al XVII-lea. Desenul predomină asupra culorii. Spațiul este puțin adânc, fundalul este adesea paralel cu suprafața și puțin îndepărtat. În scenele de interior, acesta poate fi tratat în culori închise, ceea ce pune în valoare primul plan. Formele sunt un ecou al cadrului, în general dreptunghiular: compoziția este închisă. Lumina este clară, adesea rece – un ecleraj aurit este judecat ca prea senzual. Motivele sunt mai degrabă colorate decât pictate în culoare: coloritul are o funcție informativă și non-estetică; se urmărește definirea obiectului circumscris de desen, el precizează modeleul.

INGRES: UN REALIST CLASIC?

J.A.D. INGRES,
Portretul domnului Bertin, 1832,
ulei pe pânză, 116 x 95 cm,
Paris, Muzeul Luvru.

Neoclasic prin factura netedă și prin gustul său pentru linie, Jean Auguste Dominique Ingres este totuși unul dintre acei artiști a căror operă este imposibil de redus la o mișcare, ceea ce este fără îndoială caracteristica unui mare pictor.

Diversitatea unui stil

Apropiat de romantism în *Visul lui Osian* (Montauban, Muzeul Ingres) și în pânzele în stil trubadur *(Don Pedro de Toledo sărutând sabia lui Henric al IV-lea, Paolo și Francesca)* sau orientaliste (*Marea Odaliscă*, Paris, Muzeul Luvru; *Baia turcească*, vezi p. 164) – unde exotismul pune în valoare senzualitatea – pictorul arată în *Portretul domnului Bertin* o viziune realistă, la vremea când Courbet nu începuse să picteze, și anticipează portretele fotografice care vor deveni o modă printre burghezi în anii 1840; fotografia, invenție a fizicianului Nicéphore Niepce, a apărut prin 1826, iar popularizarea ei de către Daguerre, sub forma daghereotipului, datează din 1838.

Un subiect „modern"

Precedat de studii mai puțin pregnante care îl reprezintă în picioare, modelul, Louis François Bertin, primul născut în familie, este înfățișat așezat. Acest fondator al *Ziarului de dezbateri*, unul dintre primii patroni de presă pe care i-a cunoscut Franța și unul dintre susținătorii monarhiei din Iulie, adică al regelui Ludovic-Filip, este îmbrăcat ca un burghez. Poziția sa, cu picioarele îndepărtate, cu mâinile sprijinite pe genunchi, este mai puțin cea de odihnă, cât de nerăbdare, dovedind intenția personajului de a se ridica, fie pentru a întrerupe ședința de pozat, o adevărată pierdere de timp, fie pentru a se repezi la pictor sau la spectator.

Insuportabil de „vulgară"

Paleta uniform de întunecată (gamă de negruri și de brunuri) face să iasă în relief, pe un fond aproape abstract, luminat artificial de o sursă care vine de jos spre dreapta, umbra lui Bertin, capul încastrat într-o cravată albă și aureolat de părul gri, și mâinile ca niște gheare puternice cu unghiile retractile. Masivitatea siluetei, brutalitatea pozei, rezerva sau, mai bine spus, siguranța acestui chip prezentat din față în timp ce corpul este văzut din trei sferturi i-au surprins pe contemporani. Imaginea a fost considerată insuportabil de vulgară, în timp ce pentru noi ea a devenit icoana unei epoci sau, cum scria gravorul Mane, care a reprodus tabloul, „Buddha burgheziei ghiftuite învingătoare".

ANNE LOUIS GIRODET-TRIOSON, *Hipocrat refuzând darurile lui Artaxerxes*, 1792, ulei pe pânză, 99 x 135 cm, Paris, Musée d'Histoire de la Medicine.

• Meseria de pictor este impersonală: factura netedă interzice observarea vreunei emoții în maniera în care artistul tratează subiectul.

• Legat de interesul pentru săpăturile arheologice, neoclasicismul preferă motivele antice. Cercetările le-au permis pictorilor să introducă motive copiate după formele înfățișate pe reliefuri și pe picturi sau după sculpturile dezgropate în săpăturile arheologice.

• Grija pentru măreție și rațiune face ca natura să nu fie băgată în seamă în timp ce arhitectura joacă un rol esențial: acțiunile se desfășoară în mijlocul unor decoruri unde construcțiile, din piatră, sunt ritmate de pilaștri, cornișe etc. (vezi p. 59)

Teme

Definind noua estetică ca un ideal de „nobilă simplitate" și de „senină grandoare", Winckelmann stabilește fundamentele muncii pictorilor.

• Noblețea se exprimă în subiecte alegorice educative sau moralizatoare precum moartea eroului, dăruirea de sine. Pictorii tratează mitologii instructive și nu libertine, abordează istoria antică, fie că este vorba de epopeea lui Homer sau de texte din istoria romană relatate în special de Titus Livius.

• Exigența pentru sobrietate face posibil ca într-o narațiune să se evite multiplicarea episoadelor și motivelor secundare (anecdote sau „vignete"), susceptibile să deturneze atenția de la „lecția" esențială a tabloului.

Figuri

• Retorica gesturilor permite redarea personajelor elocvente fără sacrificiul frumuseții: marile dureri se exprimă prin mișcări reținute, nu prin gesturi dizgrațioase sau prin chipuri desfigurate de strigăte – lecție pe care artiștii o extrag din disputa dintre Winckelmann și filozoful german Lessing, plecând de la statuia elenistică *Laocoon* (vezi p. 154).

• Figurile sunt în general reduse ca număr. În raport cu formatul tabloului, sunt mari, spațiate și dispuse în general în primul plan, totul în scopul clarității.

• Personajele sunt idealizate. Pictorul intenționează să imite „frumoasa natură", modelul perfect de bărbat și de femeie presupus a fi existat în primele timpuri ale umanității, înainte de a se fi lăsat corupt. Urmându-l pe Winckelmann, se răspândește ideea că statuile antice păstrează în piatra lor amintirea acestei incontestabile perfecțiuni, ceea ce constituie un argument pentru a le copia în loc de a alege modele din realitate.

• Cu excepția portretului, unde costumul contemporan se caracterizează printr-o sobrietate contrară fanteziilor epocii precedente, hainele sunt înlocuite cu drapaje – considerate maiestuoase și apreciate pentru alura lor antică. Nuditatea, încă mai atemporală, dacă este posibil așa ceva, își are rostul în scenele eroice. Sunt dezbrăcați însă numai bărbații, nu și femeile, căci nudul nu urmărește conotații senzuale. Regiunile genitale sunt acoperite cu accesorii despre care pictorul vrea să dea impresia că au ajuns acolo din întâmplare: de exemplu, teaca sabiei lui Tatius în *Sabinele* de David (vezi p. 26).

Romantismul

Cuvintele *romantic* sau *romantick* apar în Anglia secolului al XVII-lea pentru a desemna literatura romanescă. La începutul secolului al XIX-lea, ele primesc un sens estetic definind, în literatură, dar și în artele plastice, operele care se opun tradiției clasice și îndeosebi neoclasicismului. Comentând Salonul din 1846, Charles Baudelaire enunță această judecată: „Romantismul rezidă [...] în maniera de a simți. Pentru mine, el reprezintă expresia cea mai recentă, cea mai actuală a frumosului. Cine spune romantism spune artă modernă, adică intimitate, spiritualitate, culoare, aspirație către infinit, exprimate prin toate mijloacele pe care le conțin artele".

Romantismul este o mișcare de origine franceză, germană și britanică răspândită în toată Europa la sfârșitul secolului al XVIII-lea și care atinge apogeul la începutul veacului al XIX-lea. El este specific nu numai domeniului picturii și al sculpturii (Barye, Frémiet, Rude), dar se dezvoltă și în literatură (în Marea Britanie, James Macpherson cu *Poemele lui Ossian* din anii 1760-1770; în Germania, frații Schlegel, F. von Schelling, Kleist, Novalis și alții; în Franța, Madame de Staël, Chateaubriand, Hugo, Nerval și alții) și în muzică (Beethoven, Chopin, Mendelssohn, Berlioz și alții). Romantismul corespunde unei forme a sensibilității care venerează individualitatea sau, mai precis, „libera manifestare a impresiilor personale" (Delacroix) și acordă un loc considerabil iraționalului. Niște limite cronologice largi se pot fixa între anii 1770–1840. Prima perioadă (1770-1800) corespunde fazei preromantice unde temele reflectă deja sensibilitatea romantică, dar stilul rămâne impregnat de modele neoclasice. Din punct de vedere pictural, maturitatea mișcării este esențialmente franceză și se situează între 1800 și 1824, data morții lui Géricault. După această dată, romantismul este reprezentat în principal de creațiile târzii ale lui Turner și Delacroix.

GOYA, *Colosul (El Coloso)*, 1812,
ulei pe pânză, 116 x 105 cm, Madrid, Muzeul Prado.

Centre și artiști

• În Marea Britanie, printre artiștii generației preromantice se numără Johann Heinrich Füssli (1741–1825), de origine elvețiană, și William Blake (1757–1827), care a fost în primul rând poet. Interpreții romantismului aflat la apogeu sunt John Constable (1776–1837) și Joseph Mallord William Turner (1775–1851), dar și John Martin (1789–1854) care a avut în timpul vieții un succes considerabil, și David Roberts (1796–1864) care a excelat ca peisagist și a călătorit în Orient.

THÉODORE GÉRICAULT, *Cavalerist din garda imperială șarjând,* 1812, ulei pe pânză, 349 x 266 cm, Paris, Muzeul Luvru.

• În **Germania,** Philipp Otto Runge (1777–1810), autorul unei lucrări teoretice asupra luminii și culorii, este precursorul mișcării nazareene, a cărei naștere coincide, în 1809, cu fondarea confreriei Sfântului Luca și care caută să reabiliteze arta creștină în formele sale medievale. Friedrich Overbeck, Franz Pforr, Josef Anton Koch, Peter von Cornelius, Julius Schnorr von Carolsfeld și Johann Anton Ramboux sunt principalii pictori ai acestei tendințe. Caspar David Friedrich (1774–1840) este un interpret deosebit de autentic și extrem de singular al romantismului.

• **În Franța,** Anne Louis Girodet-Trioson, Pierre Narcisse Guérin și Pierre Paul Prud'hon, în tinerețea lor partizani ai orientărilor neoclasice (vezi p. 223), sunt la maturitate, împreună cu François Gérard (1770–1837), primii reprezentanți ai mișcării. Antoine Jean Gros (1771–1835), THÉODORE GÉRICAULT (1791–1824) și EUGÈNE DELACROIX (1798–1863), care a fost prin *Jurnalul* său un remarcabil scriitor, sau mai convenționalul Eugène Devéria

(1805–1865) marchează maturitatea romantismului. Sensibilitatea romantică își găsește expresia academică în opera lui Paul Delaroche (1797–1856) sau la Horace Vernet (1789–1863), reprezentanți ai curentului numit „eclectic" sau „pompier". Ea se prelungește în opera lui Théodore Chassériau (1819–1856) (vezi p. 230) și chiar în aceea a lui Gustave Doré (1832–1883), a lui Gustave Moreau (1826–1898) și, dintr-un anume punct de vedere, la Odillon Redon (1840–1916), ca și la orientaliști ca Eugène Fromentin (1820–1860), Alexandre Gabriel Decamps (1803–1860) și, mai târziu, Félix Ziem (1821–1911).

- În **Spania,** încă din anii 1790 și mai ales în epoca sângerosului război al Spaniei, Francisco Goya y Lucientes (1746–1828) (vezi p. 227) abandonează pictura luminoasă și temele lejere din tinerețe în beneficiul subiectelor dramatice, unde fantasticul se amestecă cu realul, și al unei palete întunecate străbătute ici-colo de violente străfulgerări de lumină.
- În **Polonia,** Aleksandr Orlowski (1777–1832) este principalul pictor romantic.
- În **Rusia,** se poate reține numele lui Alexandr Andreievici Ivanov (1806–1858) care îi frecventează pe pictorii nazareeni la Roma, către 1830.

EUGÈNE DELACROIX, *Scene din masacrele din Chios: familii grecești așteptându-și moartea*, 1822, ulei pe pânză, 419 x 354 cm, Paris, Muzeul Luvru.

Stilurile

Caracteristici

Tehnici și suporturi

• Principalul medium este uleiul, pe pânze de format variabil, uneori chiar considerabil.
• Foarte folosită încă din secolul al XVIII-lea în Marea Britanie, acuarela este la modă. Tehnica se dovedește utilă în special pictorilor călători și mai cu seamă orientaliștilor: ea inspiră, de exemplu, admirabile ilustrații în carnetele de voiaj ale lui Delacroix. Servește de asemenea unor peisagiști de genul lui Constable sau Roberts.
• Acvaforte, practicată într-un mod strălucit de Goya, îl influențează pe Delacroix.
• Desenul, propice eliberării imediate din cercul său restrâns, cunoaște o vogă considerabilă: de reținut operele grafice ale lui Victor Hugo în fusain și în tuș.
• Câțiva pictori, precum nazareenii în Germania, frații Flandrin în Franța (reprezentanții școlii lyoneze sau „quattrocentescă", cu un stil mai apropiat de neoclasicism decât de romantism), tind să readucă la mare cinste fresca și în general procedeele picturale ale artiștilor „primitivi", adică anteriori secolului al XVI-lea. Astfel, Friedrich utilizează câteodată forma retablului și face uz de aur.

Teme

• Literatura furnizează numeroase subiecte artiștilor: unii autorii sunt „redescoperiți" (Froissart, Tasso, Dante, Shakespeare), alții, moderni, romantici, îi inspiră pe pictori (Byron, Goethe, Walter Scott). Adesea mitologia nordică se substituie legendelor cu zei și zeițe greco-romane.
• În imaginația artiștilor, Evul Mediu deține locul esențial pe care-l ocupase Antichitatea la neoclasici. Pictorii apreciază această epocă pentru exotismul ei, schimbarea de decor și de accesorii în raport cu tablourile clasice (tendința „neogotică" sau „trubadur" este decelabilă în anii 1770, legată, în Franța, de arta lui Jean-Louis Ducis, a lui Pierre Révoil, a lui Fleury-Richard, a lui Pierre Nolasque Bergeret ca și de unele tablouri de Ingres); după apariția *Geniului creștinismului* de Chateaubriand, alți pictori văd în Evul Mediu o epocă de intensă pietate la care speră să se întoarcă (precum nazareenii în Germania și prerafaeliții în Anglia).
• Dacă până atunci artiștii călătoreau aproape exclusiv în Italia, acum descoperă alte orizonturi: în special Turcia, Maroc, Algeria, dar și Spania. Orientul, la a cărui cunoaștere au contribuit campaniile lui Napoleon Bonaparte, dă pe drept exemplul unei Mediterane neștiute: el fascinează prin peisajele sale inedite, prin contrastele de lumină, femeile cu văluri, misterul civilizațiilor arabă și evreiască. Teme de puternică inspirație pentru Delacroix, care călătorește în Maroc, în Algeria și Spania, în 1832, ele suscită interesul artiștilor „orientaliști" precum Eugène Fromentin, care a fost și scriitor, sau Alexandre Decomps, îi influențează pe CHASSÉRIAU și chiar pe neoclasicul Ingres (*Baia turcească*, vezi p. 164).
• Imaginarul, misterul, fantasticul ocupă un loc important, iar o tratare patetică favorizează reprezentarea dramei, a nebuniei, a melancoliei patologice sau a coșmarului, și împletește moartea cu erotismul (*Moartea lui Sardanapal*, vezi p. 123).
• Realitatea nu este absentă din preocupările pictorilor romantici. Picturile lor reflectă evenimentele politice contemporane, fie că este vorba despre război (epopeea napoleoniană, luptele de eliberare națională îndeosebi în Spania și în Grecia) sau despre revoluții. Imaginea oferită despre realitate este constant dramatică: scene cu răniți și persoane în agonie ca în *Bătălia de la Eylau* de Gros, în *Pluta „Meduzei"* de Géricault (vezi p. 72) sau în *Scene din masacrele din Chios* de Delacroix (vezi p. 229), reprezentări de execuții la Goya (vezi p. 28).
• Destul de puțin reprezentat pe continent, convențiile peisajului sunt regândite dincolo de Canalul Mânecii. Cu Constable (vezi p. 232), sugestiile peisajului olandez dau naștere unor vederi ale câmpiei din Suffolk și unor admirabile studii de nori; la Turner, acuarelist de formație, ele suscită apariția unor opere monumentale, adevăratul lor subiect

THÉODORE CHASSÉRIAU, *Toaleta Esterei*, 1841,
ulei pe pânză, 45,5 x 35,5 cm, Paris, Muzeul Luvru.

fiind eliberarea forțelor naturii, armoniile cerului, ale mării, lumina unui răsărit, vibrația atmosferică, furtuna de zăpadă, focul... În același timp, în Germania, Friedrich imaginează peisaje angoasante și sublime, câmpuri înghețate, cimitire, nopți în care se întrezăresc tulpinile înalte ale arborilor noduroși etc.
Pictura animalieră cunoaște un succes remarcabil. Animalele, sălbatice sau domesticite, dar păstrându-și cerbicia, cele care evocă ținuturi îndepărtate și pasiuni nobile precum vânătoarea, invadează picturile: exemple sunt leul, adesea studiat în menajerie, sau calul, devenit la Géricault un animal fetiș în care artistul se proiectează (vezi p. 228).

Compoziție, desen, culoare, tușă

În timp ce neoclasicismul își extrage modelele din opera pictorilor italieni ai Renașterii (Rafael) și din Franța secolului al XVII-lea (Poussin), referințele artiștilor romantici sunt mai diverse. Dacă nazareenii și prerafaeliții, legați de sensibilitatea romantică, dar marginali în raport cu mișcarea, tind să revină la pictura de dinainte de secolul al XVI-lea și văd în opera călugărului Fra Angelico un model de nedepășit, romanticii propriu-ziși apreciază o pictură mai întunecoasă cu efecte de contrast. Prud'hon privește către opera

JOHN CONSTABLE, *Studiu de nori*, 1822,
ulei pe hârtie lipită pe carton, 47,6 x 57,5 cm, Londra, Tate Gallery.

lui Correggio, Gérard către Leonardo, Géricault este îndrăgostit de Caravaggio, iar Rubens îi influențează în același timp pe Gros și pe Delacroix. Din aceste predilecții rezultă o manieră de a picta total distinctă de aceea a neoclasicilor: cel puțin cu începere din 1800, factura largă și puternică, cu o pastă groasă și cu trăsături de pensulă vizibile, face uneori ca operele să aibă caracterul unei schițe: culoarea strălucitoare, animată de contraste violente de umbră și de lumină, trece desenul într-o poziție subordonată.
Riguroasa ordonanță arhitecturală nu se potrivește cu preocuparea pictorilor romantici de a exalta mai mult subiectivitatea decât rațiunea. În picturile istorice, vegetația deliberat puțin ordonată, norii, într-o atmosferă rar luminoasă, înlocuiesc marile perspective cu arhitecturi. Peisajele înfățișează adesea construcții cu caracter istoric (catedrale gotice) sau ruine.

Figuri

Pictorul romantic este interesat de istorie și nu de idealitate: nu este preocupat să picteze personaje atemporale, ci îmbrăcate cu haine care au darul de a reflecta moda epocii și a locului, fie că este vorba de Evul Mediu sau de Orientul contemporan. Efectul de culoare locală sau de exotism reține privirea, dar diversitatea „detaliilor interesante" riscă să deturneze atenția de la subiectul principal.
Grija pentru veridic și voința de a atinge emoția îi determină pe pictori să caute mai puțin frumusețea figurilor și mai mult efectul realității. Corpurile rănite, bolnavii, morții, mutilații sau desfigurații de durere, trupurile cadaverice nu le displac, cum nu le displace nici scandalul, împrumutându-și câteodată modelele de la morgă, cum face Géricault pentru *Pluta „Meduzei"* (vezi p. 72).

Realismul

Termenii „realism", „realist", „realitate" caracterizează o manieră de a picta care constă în reproducerea exactă a naturii fără a căuta înfrumusețarea ei: în secolul al XV-lea, van Eyck poate fi într-o anume măsură calificat drept „realist". Mai precis, aceste aprecieri se aplică pictorilor din veacul al XVII-lea care, de la Caravaggio la frații Le Nain, se arată preocupați să picteze teme umile și își aleg modelele din rândul poporului: nu este întâmplător faptul că termenul „pictor al realității" a fost întrebuințat prima dată la apogeul mișcării, în 1857, de romancierul și criticul francez Jules Champfleury, mare apărător al acestei concepții. Cât privește numele „realism", el este utilizat în 1836 în *Cronica Parisului* de un alt critic, Gustave Planche, pentru a desemna reacția artistică contemporană contrară neoclasicismului agonizant și romantismului triumfător, care preconizează întoarcerea la studiul naturii și al subiectelor modeste. Pictorul Gustave Courbet, personalitate majoră a mișcării, reia în 1855 termenul în catalogul pe care și-l scrie pentru „Expoziția cu patruzeci de tablouri", deschisă pe Bulevardul Montaigne, chiar lângă Expoziția Universală.

Salutat la început de criticii dezgustați de „grimasele imitând anticul" (cum scrie ziaristul Théophile Sylvestre) și de grandilocvența tablourilor romantice, realismul este ridiculizat în anii 1840 ca triumful „urâtului", în timp ce, sub al doilea imperiu, neliniștește prin ideologia revendicativă al cărei suport pare: arta și personalitatea lui Courbet, apropiat de socialistul Proudhon și închis, în 1873, pentru rolul jucat, cu doi ani mai înainte, în Comuna din Paris, accentuează spaima suscitată în mediile oficiale față de formele cele mai deliberat provocatoare ale acestei picturi.

Istoric, „realismul" este o mișcare literară și artistică esențialmente franceză care se naște în anii 1820-1830 și se prelungește în forma sa oficială până la sfârșitul secolului al XIX-lea. Ceea ce îi caracterizează pe artiștii care aderă la această viziune este nu numai grija de a imita fără concesii natura, ci și preocupările sociale și politice, interesul față de membrii cei mai umili ai societății. Mișcare de contestare, mai întâi ideologică și estetică, realismul se vede recuperat de arta academistă la începutul celei de a III-a Republici, când unii pictori expun la Salon subiecte sociale în tradiția lui Courbet, fără vreo intenție politică, ci doar pentru „a exprima popularul prin intermediul sublimului" (după formula lui Millet). Când anumiți artiști (Couture, Cormon) adoptă un stil realist pentru a trata subiecte arheologice sau preistorice, ei ajung să se debaraseze de orice intenție politică ascunsă.

Honoré Daumier, *Spălătoreasa*, 1861, ulei pe pânză, 49 x 33,5 cm, Paris, Musée d'Orsay.

Centre și artiști

În ceea ce are esențial, realismul este francez, dar influența lui se face simțită și în câteva alte țări din Europa.

• În **Franța,** primii artiști realiști sunt mai mult ilustratori decât pictori: cel mai reprezentativ este Honoré Daumier (1808–1878) (vezi p. 233), faimos caricaturist al politicienilor pe care i-a desenat ori le-a sculptat bustul și atent observator al oamenilor din popor. Totuși, GUSTAVE COURBET (1819–1877) este adevăratul fondator al mișcării realiste. Jean-François Millet (1814–1875), Jules Bastien-Lepage (1848–1884) și Rosa Bonheur (1822–1899) reprezintă versiunea academistă sau „naturalismul oficial". Jean-Louis Ernest Meissonier (1815–1891) și Thomas Couture (1815-1879), cu subiecte mai aproape de romantism (primul) și de neoclasicism (cel de al doilea), și Fernand Cormon (1845–1924), specialist în teme preistorice, sunt în mod egal influențați de realism, asemeni cu (într-un alt fel însă) Édouard Manet (1832–1883), fost elev al lui Couture. Între 1830 și 1860, pictorii care se reunesc în cătunul Barbizon, la liziera pădurii Fontainebleau, reprezintă tendința peisagistă a școlii realiste: Narcisse Virgile Diaz de La Pena (1807–1876), Théodore Rousseau (1812–1867) (vezi p. 236), Charles Daubigny (1817–1878), Constant Troyon (1810–1865) și deja citatul Jean-François Millet. Jules Dupré (1811–1889), deși vine pentru scurt timp la Barbizon, pictează peisaje bucolice în aceeași viziune.

• În **Spania,** *costumbrismo* desemnează pictura și literatura de expresie tipic regională. Mișcarea, care împrumută din trăsăturile stilului romantic și apoi, din ce în ce mai mult, ale realismului, se dezvoltă în special în Sevilla, între 1830 și sfârșitul secolului și are ca principali interpreți pe José Dominguez Bequer (1810–1841), pe fiul său Valeriano Bequer (1834-1870), Manuel Rodriguez de Guzmán (1818–1867) și José Roldan.

• În **Țările de Jos,** școala din Haga, cu Jozef Israëls (1824–1911) și cu peisagistul Jacob Maris (1837–1899), este versiunea locală cea mai apropiată de realismul francez.

• În **Italia,** la Florența, la mijlocul anilor 1850, *macchiaioli* sunt interesați de o pictură antiacademică care poate să dea „impresia de adevăr". Numele grupului vine de la cuvântul *macchia* care înseamnă „pată" și caracterizează o pictură mai atentă la tușă și la raporturile de culoare decât la desen. Giovanni Fattori (1825-1908), Silvestro Lega (1826-1895), Telemaco Signorini (1835-1901) sunt principalii reprezentanți ai acestei mișcări.

• În **Germania,** Wilhelm Leibl (1844-1900), care l-a întâlnit la Paris pe Gustave Courbet, și Adolf Menzel (1815-1905), care lucrează la Berlin, sunt reprezentanții cei mai celebri ai acestei estetici.

• În **Rusia,** către 1870, grupul *peredvijniki* („ambulanții") numit astfel după expozițiile lor itinerante, adoptă temele și stilul realiștilor francezi. Ilia Efimovici Repin (1844-1930) este principalul reprezentant al curentului.

Caracteristici

Tehnici și suporturi

• Pictorii realiști rămân credincioși tehnicilor tradiționale: pictează în ulei pe pânză, iar tablourile pot atinge dimensiuni mari.

Teme

• Realiștii vor să creeze opere accesibile tuturor, înțelese direct și susceptibile de a impresiona un public puțin avertizat. Astfel, temele alese nu sunt niciodată savante, nici extrase din literatură, istorie sau mitologie, ci contemporane și adesea împrumutate din universul cotidian și, în particular, din cel al muncii.

Această opțiune preconcepută tulbură ierarhia genurilor: extrăgându-și referințele din operele vechilor maeștri ca frații Le Nain ori Chardin, sau chiar din arta spaniolă (Ribera), pictorii realiști recurg la evocarea vieții, nu de puține ori a celei de mizerie, demnitate recunoscută până atunci doar subiectelor istorice.

GUSTAVE COURBET, *Somnul*, numit și *Cele două prietene*, 1866, ulei pe pânză, 135 x 200 cm, Paris, Musée du Petit Palais.

• Dacă natura moartă și portretul ocupă în iconografia realistă un loc marginal, nu înseamnă că sunt privite ca niște genuri subordonate. În mod special peisajul este bine reprezentat prin pictorii școlii de la Barbizon și prin olandezul Jacob Maris.

Compoziție, desen, culoare, tușă

• Pictorii realiști nu au cultul desenului în sine, dar refuză și o factură prea liberă care bruiază lizibilitatea formelor în beneficiul exprimării subiectivității. Compozițiile lor se caracterizează de multe ori prin căutarea clarității: figurile dispuse în friză sau pe diagonale, în grup sau individuale, sunt distinse limpede, fiecare constituind un motiv separat etc.

• Tablourile realiste preferă tonurile de pământ, respingând căutările cromatice strălucitoare cultivate de romantici. Scenele de exterior utilizează lumina de zi, uneori apelând la efecte de zori sau de asfințit, și reproduc cu plăcere atmosfera umedă de sub coroanele copacilor din pădure. Scenele de interior utilizează efecte de lumină mai contrastante.

• Decorurile arhitecturale antice proprii artiștilor neoclasici și fundalurile cu accesorii ale romanticilor le sunt tot atât de străine realiștilor. Preferă decorurile în același timp precise și banale: vederi ale câmpiei franceze (din Franche-Comté pentru Courbet), câmpul cu căpițe de fân în fundal (Millet), un colț de drum într-un loc neidentificat și dezbrăcat de unicitate (*Spărgătorii de piatră* de Courbet, operă pierdută) etc. La pictorii de tendință realistă oficială, care tratează subiecte arheologice, atenția pentru detalii redevine importantă: astfel Cormon pictează cu exactitate toate efectele personale, instrumente și unelte ale primilor oameni, așa cum știința preistoriei din timpul său i le-a făcut cunoscute.

Figuri

• Grija pentru fidelitatea naturii determină alegerea modelelor populare pe care pictorul le reprezintă fără a le idealiza, îmbrăcându-le în hainele potrivite clasei și profesiei lor.

THÉODORE ROUSSEAU, *Vedere a Câmpiei Montmartre (efect de furtună)*, cca 1850, ulei pe pânză, 23 x 35 cm, Paris, Muzeul Luvru.

Ca urmare, adesea datele fizice nu sunt numai private de frumusețe; în căutarea veridicității, însoțită câteodată de un discurs angajat, pictorii figurează tipuri cu valoare de exemplu pentru decăderea omenească: faciesuri de brute urâțite și abrutizate de muncă, de alcool, de boli ereditare. Din acest punct de vedere, artiști ca Degas sau Toulouse-Lautrec, prin atenția pe care o dau corpurilor și chipurilor din popor, aparțin cu adevărat tendinței realiste.

• Retorica gesturilor se schimbă total. Pictorii realiști găsesc artificiale și grosolan patetice mișcările și mimicile care îi interesau pe clasiciști și de care se serviseră și romanticii. Gesturile reprezentate aparțin vieții obișnuite: ridicarea pălăriei pentru salut în *Întâlnire* numită și *„Bonjour, Monsieur Courbert"*, de Courbet (Montpellier, Muzeul Fabre), rugăciunea, în *Angelus* de Millet (Paris, Muzeul Luvru). Ele reproduc adesea munca fizică: spartul pietrelor (Courbet), semănatul, adunatul spicelor (Millet) etc.

• Nudul, erotismul nu sunt câtuși de puțin absente din tablourile realiste, sau cel puțin din opera lui Courbet. Maniera în care sunt tratate corpurile, cu formele lor acuzate pictate într-o pastă ea însăși groasă, le dă o materialitate apreciată la vremea respectivă ca scandaloasă. Cu atât mai mult cu cât corpurile se ating și se pretează la jocuri pe care societatea le consideră de nemărturisit *(Somnul)*, sau când părțile sexuale (*Originile lumii*, Paris, Musée d'Orsay) sunt cadrate în maniera fotografiilor pornografice ale vremii.

Impresionismul

Cuvântul „impresionism" ia naștere în *Charivari* sub pana criticului Louis Leroy care comentează tabloul lui Monet *Impresie, răsărit de soare* (vezi p. 106), expus, din 15 aprilie la 15 mai 1874, la inițiativa pictorului Degas în expoziția colectivă din studioul fotografului Nadar, pe Bulevardul Capucinilor 35 din Paris.

Refuzați la Salon și tratați drept „mâzgălitori" în ziarele care apără arta oficială, impresioniștii sunt susținuți de scriitorii Émile Zola, Joris Karl Huysmans și Louis Edmond Duranty, de criticul Théodore Duret și de negustorul Paul Durand-Ruel, mult timp singurul lor sprijin financiar. Primii amatori se manifestă cu începere de la 1870 (finanțiștii Ernest Hoschedé și Gustave Arosa, contele Armand Doria, baritonul Jean-Baptiste Faure, pictorul Caillebotte, doctorul Paul Gachet, viitorul prieten al lui Vincent van Gogh): ei devin mult mai numeroși de la sfârșitul secolului al XIX-lea.

Se desemnează prin cuvântul „impresionism" curentul pictural care, treptat, s-a dezvoltat în Franța de pe la 1860 până către sfârșitul secolului al XIX-lea – și chiar mult mai târziu dacă se ia în considerare opera lui Monet, rămas fidel stilului impresionist până la moartea sa, în 1926. Oficial, nașterea mișcării se situează abia în 1874, data expoziției din studioul lui Nadar, care reunea opere de Cézanne, Degas, Monet, Morisot, Pissarro, Renoir, Sisley și care a fost urmată, anual, de alte șase expoziții, apoi de o a opta în 1886. De fapt, grupul începe să existe, prin întâlniri amicale la Paris în jurul lui Claude Monet, de prin 1862. Anii 1870 corespund apogeului mișcării; ea se dizolvă treptat de la mijlocul anilor 1880 după primele abandonări în epocă (Degas, Cézanne). Deceniul 1890 este acela al expansiunii mișcării în afara Franței.

Mișcarea impresionistă este legată de invenții tehnice: fotografia (procedeul Niepce, 1826), pe care impresioniștii o consideră un mijloc extraordinar de investigare a lumii; apoi apariția la scară industrială a tubului de culoare de ulei, ceea ce îi permite artistului „să picteze pe motiv" în aer liber și să renunțe la tipul de lucru în două etape: eboșa în natură și terminarea tabloului în atelier. Impresionismul răspunde astfel curiozității științifice din secolul al XIX-lea și gustului pentru progres: cititori ai chimistului Chevreul, al cărui tratat *Despre legea contrastului simultan al culorilor*, publicat în 1839, propune un cod al culorii, pictorii impresioniști și mai cu seamă neoimpresioniștii Seurat și Signac practică pe pânză o riguroasă diviziune a culorilor, al căror amestec îi revine ochiului spectatorului („amestec optic"). În sfârșit, impresionismul, ca moștenitor în această privință al picturii realiste care i-a influențat gestația, este copilul moravurilor timpului său. Prizonieri ai lumii urbane din ce în ce mai tentaculară, pictează fie orașul care îi înconjoară, fie locurile de recreere la care au acces cu noul mijloc de transport, calea ferată: maluri de râu din împrejurimile pariziene sau chiar coasta normandă, prima pe care trenul o leagă de capitală.

Dacă impresionismul este realizarea pictorilor francezi în ce are el mai important, geneza lui nu poate fi înțeleasă în afara călătoriilor pe care artiștii le-au efectuat în străinătate și fără influențele care s-au exercitat cu această ocazie asupra lor. În 1870, în timpul războiului franco-prusac, Monet și Pissarro găsesc în Marea Britanie un refugiu și-i redescoperă pe Constable cu studiile sale de cer și pe Turner în peisajele sale de lumină; anul următor, Monet vizitează Țările de Jos, a căror lumină este pentru el o revelație și sursa unei prime serii a *Morilor*. Deja pasionați de experiențele francezului Eugène Boudin (1824–1898) și ale olandezului Johan Barthold Jongkind (1819-1891) asupra peisajului, cei doi artiști se întorc hotărât către pictura de *plein air*.

Centre și artiști

• **Franța** este leagănul și patria expansiunii speciale a impresionismului. Dacă pictorii impresioniști admiră tablourile realiste, ei apreciază chiar mai mult opera lui Édouard Manet (1832–1883) ale cărui *Dejun pe iarbă* și *Muzică la Tuileries*, expuse la Salonul din 1863, declanșează un scandal. Un timp, Manet se apropie de grup, pictând la fel ca Monet compoziții în *plein air* (*Monet în barca sa pe Sena*, 1874, München, Neue Pinakothek). Dar grupul se constituie cu adevărat în jurul lui CLAUDE MONET (1840–1926) și al lui Camille Pissarro (1830–1903). Între 1867 și 1869, cei doi pictează în *plein air*, ca și Pierre-Auguste Renoir (1841–1919), încercând să reproducă efectele de lumină pe apă în Normandia sau pe malurile Senei și ale râului Oise. Alfred Sisley (1839–1899), de origine britanică, Frédéric Bazille (1841–1870), Berthe Morisot (1841–1895), Mary Cassatt (1844-1926), de naționalitate americană, Armand Guillemin (1841–1927) aparțin acestei prime generații a impresionismului și vor rămâne fideli principiilor sale de-a lungul întregii cariere. Edgar Degas (1834–1917) întâlnește mai sporadic impresionismul, ca și Paul Cézanne (1839–1906) care îl abandonează în scurt timp pentru a construi o operă subliniind soliditatea formelor. Olandezul Vincent van Gogh (1853–1890) construiește plecând de la impresionism o viziune cu totul unică.

• În **Germania**, Max Liebermann (1847–1935) și Lovis Corinth (1858–1925) sunt reprezentanții unei maniere numai în parte influențată de impresionismul francez.

CLAUDE MONET, *Dejunul pe iarbă*, 1865–1866,
ulei pe pânză, 248 x 217 cm (fragment dintr-un tablou deteriorat), colecție particulară.

• În **Marea Britanie**, Philip Wilson Steer (1860–1942), în primele sale opere, pictează peisaje în tradiția lui Monet.
• **America** aderă la impresionism prin intermediul grupării Ten American Painters, fondată în 1898 și ai cărei principali reprezentanți sunt John Twachtman (1853-1902) și Childe Hassam (1859-1938), care au locuit în Franța și au expus peisajele lor din Normandia la Durand-Ruel și la New York.
• În **Polonia**, mișcarea numită „kapism" sau „colorismul polonez", în special cu lucrările pictorului Jan Cybis (1897-1972), instaurează un impresionism tardiv, în anii 1920.

Caracteristici

Tehnici și suporturi

• Tablourile impresioniste sunt uleiuri pe pânză, în general de format mic fiindcă pânzele sunt cumpărate gata montate de la negustorul de culori și alese după acele dimensiuni care permit transportarea pânzei în fața motivului.
• Dornici să deseneze în culoare, impresioniștii practică bucuros pastelul: exemple sunt Renoir și Degas.

Teme

• Pictura impresionistă se bazează pe dorința de a reda impresia fugitivă pe care o produce motivul expus unei lumini variabile. Nu subiectul este cel care importă: impresioniștii pictează peisaje nu pentru caracterul pitoresc al locului, în general unul oarecare, ci pentru efectele de atmosferă. Pentru a exprima aspectul extrem de diferit pe care îl poate lua un motiv în funcție de condițiile de lumină, și deci de orele zilei, impresioniștii recurg uneori la serii: așa face Monet cu *Catedralele* și *Morile*. Ei doresc să picteze condiții atmosferice neobișnuite, netemându-se că motivul va fi bruiat de schimbările de ecleraj: de unde numeroasele peisaje cu zăpadă, inundații și, în general, cu apă, foarte importantă atât ea, cât mai ales reflexele de lumină pe suprafața ei mișcătoare.
• Foarte influențați la începuturile lor de pictura realistă și îndeosebi de Courbet și de Manet, impresioniștii se arată sensibili la subiectele vieții cotidiene contemporane. Orașul și în special Parisul, atunci în plină transformare, îi preocupă în mod deosebit: marile bulevarde, cartierul nou al Gării Saint-Lazare cu podul Europa, imobilele și interioarele hausmanniene fac parte din iconografia lui Manet, Monet, Renoir, Caillebotte, tot atât sau mai mult ca peisajele de țară sau marinele. Interesul pentru distracțiile orășenilor, plimbările prin parcurile orașului (*Muzică la Tuileries* de Manet, Londra, National Gallery), conversațiile pe terasele cafenelelor, scăldatul, partidele de canotaj și balurile populare din împrejurimile capitalei (la Argenteuil, la Bougival, la Chatou) formează subiectul a numeroase tablouri. Toulouse-Lautrec arată fără fard aspectele cele mai degradate ale petrecerilor populare (bordeluri, cabarete, alcool), în timp ce plăcerile mai convenționale (teatrul, opera, cursele) îl rețin pe Degas. Pasionați de lumină, pictorii impresioniști se interesează de noile forme de ecleraj: lumina artificială produsă de lămpile cu gaz este studiul principal din *Bar la Folies-Bergère* de Manet (Londra, Courtauld Institute).
• Dacă Manet este un mare portretist (*Portretul lui Émile Zola*, vezi p. 124) și un remarcabil pictor de naturi moarte, la fel ca van Gogh mai târziu și, mai ales, Cézanne, la apogeul mișcării între 1874 și 1880, aceste două genuri nu rețin deloc atenția celorlalți impresioniști care practică încă și mai puțin pictura istorică.

Compoziție, desen, culoare, tușă

• Tușa, liberă și vizibilă la Monet, Pissarro, Sisley, Morisot, în anii 1870, în perioada de maximă evoluție a mișcării, le-a adus impresioniștilor acuzația de a nu-și finisa lucrările, rămase în stadiul de eboșă. Un artist ca Manet, chiar în momentul în care este apropiat de mișcare, preferă să procedeze prin așternerea fără relief a culorii. La Degas și Toulouse-

MONET ȘI CÉZANNE : DOUĂ ȚĂRMURI DE MARE, DOUĂ STILURI

CLAUDE MONET, *Stânci la Belle-Île, coasta Sauvage,* 1886, ulei pe pânză, 65 x 81 cm, Paris, Musée d'Orsay.

Comparația acestor tablouri, uleiuri pe pânză de dimensiuni aproape similare, executate amândouă pe motiv în același an, pune în evidență diferențele dintre pictura lui Monet – între pictura impresionistă în general – și arta lui Cézanne care s-a îndepărtat de vechii săi prieteni încă din 1876 – dată la care a refuzat să participe la cea de a doua expoziție colectivă impresionistă și s-a instalat la Estaque, aproape de Marsilia.

Două regiuni

Cele două lucrări au ca subiect marea, sau mai exact întâlnirea dintre țărm și apă. În cazul lui Monet, este vorba de Belle-Île, în largul Bretaniei, în Atlantic, la sud de Normandia, locul de ședere obișnuit a pictorilor impresioniști, rezidenți în principal la Paris. Cât privește pânza lui Cézanne, ea reprezintă Mediterana la Estaque, noua localitate de reședință a pictorului după părăsirea unui Paris pe care-l detestă și întoarcerea în Provence de unde este originar.

Două lumini

Diferențele de lumină în cele două tablouri se explică prin deosebirile dintre locurile reprezentate. Pentru a pune în evidență luminozitatea sudului, Cézanne alege o gamă clară și situează orizontul destul de jos, făcând astfel loc cerului,

Paul Cézanne, *Golful Marsiliei văzut de la Estaque,* cca 1886, ulei pe pânză, 76 x 97 cm, Chicago, The Art Institute, Mr.-and Mrs. Martin A. Reyerson Collection.

pictat în diverse nuanțe de albastru-pal (suntem în iarnă), și munților pe care distanța îi albăstrește de asemeni. Monet utilizează tonuri mai închise, brunuri, pentru a reda stânca, albastru-intens pentru ocean și ridică orizontul, nelăsând să se vadă decât un foarte mic dreptunghi din cerul încărcat de nori.

Două tușe

Totuși contrastul dintre cele două tablouri se situează în altă parte. Pentru a face sesizabilă agitația mării, Monet folosește albul și îl așterne în mici tușe care înfățișează valuri mici, înspumate. Cézanne redă calmul intens al unui golf văzut de departe printr-un albastru așternut fără relief, abia modelat, pe care se detașează doar fumul care iese din coșul unei case.

Pentru stâncile din primul plan, Monet adoptă de asemenea o tehnică prin tușe vizibile, care construiesc piatra încetul cu încetul și dau impresia – aproape senzația – umidității acestor blocuri biciuite de izbiturile valurilor. Cât despre Cézanne, el dispune în primul plan case, înalță hornuri și chiar un coș de uzină. Omul, sau mai exact mediul pe care-l creează, viața modernă sunt din plin asociate viziunii sale despre natură: dar mai ales aceste construcții impun, în pragul imaginii, o geometrie puternică a formelor, a volumelor, a unghiurilor, a obiectelor solide pe care viziunea lui Monet, preocupată de lumina schimbătoare a apei, o ignoră cu totul.

Lautrec are de asemenea o importanță medie, devenind aproape invizibilă. Dimpotrivă, ea evoluează către o expresivitate extremă la van Gogh: se vorbește de „virgulă" pentru a descrie urma vizibilă a pensulei sale.

- Cu excepția lui Degas, desenul este secundar în raport cu culoarea și cu materia, în general groasă.
- Trăsătura comună cea mai evidentă a pictorilor impresioniști este utilizarea tentelor clare, ca reacție la tablourile întunecate executate adesea de artiștii realiști. Separarea culorilor spectrului, juxtapuse pe pânză în loc de a fi amestecate pe paletă, este mult mai puțin sistematică la pictorii primei generații impresioniste decât va fi la divizioniști (vezi p. 106).

Figuri

- Pictorii nu caută să povestească lucruri serioase și nu sunt preocupați să imagineze gesturi care să redea pasiuni. Ei nu au nici ambiții sociale și nu cultivă pentru ea însăși descrierea faptelor de muncă, cum o fac realiștii. Totuși, impresioniștilor le place să picteze subiecte cotidiene: de la Manet la Caillebotte, gestica este aceea a vieții de zi cu zi, acțiunile simple, adesea cele ale distracției – plimbare, dans, vâslit (*În barcă* de Édouard Manet, New York, Metropolitan Museum) etc. – și întâmplător, câteodată, cele de muncă (RAȘCHETÂND PARCHETUL de Gustave Caillebotte).
- Impresioniștii pictează lumea de lângă ei: burghezi și burgheze în frac și rochii elegante, muncitori în ținută de lucru sau de distracție. Totuși veșmintele îi interesează mai puțin decât efectul produs de lumină pe țesături, mai ales când corpurile – situație frecventă – sunt expuse în aer liber.
- Din aceleași motive, nudul reține atenția impresioniștilor îndeosebi când este în exterior. Ceea ce îi interesează mai mult este jocul soarelui și al umbrei pe pielea dezgolită. Excepția o constituie Degas, care face din nud – și în special al femeii spălându-se – un subiect predilect și Renoir, în principal în opera sa tardivă, când nudul feminin își pierde senzualitatea, devenind un simplu motiv (vezi p. 162).

GUSTAVE CAILLEBOTTE, *Rașchetând parchetul*, 1875, ulei pe pânză, 102 x 1 465 cm, Paris, Musée d'Orsay.

Postimpresionismul

Termenul „postimpresionism" desemnează un ansamblu de tendințe artistice exprimate de artiștii care au stat la marginea impresionismului și i-au utilizat achizițiile în beneficiul unor sisteme estetice distincte și uneori contrare. Este necesar deci să se facă o demarcație între mai multe curente.

NEOIMPRESIONISMUL

Termenul este utilizat pentru prima oară, în 1886, de criticul Arsène Alexandre cu privire la operele lui Seurat. Cuvintele „divizionism" și „pointillism" sunt preferate uneori pentru că ele numesc mai bine procedeul micilor tușe preconizat de Seurat pentru a descompune culoarea în pete de culoare pură. În această direcție, el urmează într-o manieră mult mai strictă decât impresioniștii teoriile optice ale lui Chevreul (vezi p. 109) și ale altor fizicieni precum Hermann von Helmholtz (1878) și Ogden N. Rood (1881). Veritabil manifest pictural, opera care marchează nașterea mișcării este *O după-amiază de duminică la Grande-Jatte* de Seurat (1884-1886, vezi p. 107). Dintre scriitori și critici, Félix Fénéon, Charles Henry, Émile Verhaeren au susținut neoimpresionismul.

Centre și artiști

HENRI CROSS, *Insulele de aur*, 1892, ulei pe pânză, 59 x 54 cm, Paris, Musée d'Orsay.

• În **Franța**, Georges Pierre Seurat (1859–1891) este liderul noii estetici, urmat de Paul Signac (1863–1935), Camille Pissarro și fiul său Lucien Pissarro (1863–1944), între 1885 și 1890, apoi de Albert Dubois-Pillet (1846–1890), Henri Edmond CROSS (1856–1910), Maximilien Luce (1858–1941), care își extrage subiectele din viața lucrătorilor și de Charles Angrand (1854–1926). Van Gogh și Toulouse-Lautrec experimentează episodic sistemul diviziunii tușelor la care vor recurge și Matisse, Derain, Braque și Delaunay către 1905, în perioada formării fovismului.

• În **Belgia**, divizionismul se difuzează grație cercului Vingt (sau XX), constituit în 1883, ai cărui reprezentanți majori sunt Théo van Rysselberghe (1862–1926), care aplică tehnica în portret, Georges Lemmen (1865–1916), care privește spre Renoir tot atât cât spre Seurat, Willy Finch (1854–1930), de origine britanică, și Henry van de Velde (1863–1957), mai cunoscut ca arhitect.

• În **Italia**, Giuseppe Pelizza da Volpedo (1868–1907) este principalul interpret al curentului care numără și pictori ca Angelo Morbelli (1853–1919) sau Gino Severini (1883–1966) în operele lui timpurii.

• În **Germania**, Christian Rohlfs (1843–1938) este cel mai important reprezentant al mișcării.

Caracteristici

Tehnici și suporturi

• Picturile sunt în ulei pe pânză, câteodată de dimensiuni destul de mari. Rama face parte integrantă din lucrare: ea este acoperită de mici puncte executate într-o culoare complementară gamei dominante.

• Artiștii neoimpresioniști au fost mari desenatori: Seurat și-a precedat pânzele cu nenumărate studii și schițe desenate. Signac, Dubois-Pillet și Camille Pissarro au desenat și ei mult, aplicând tehnica pontillistă la desen.

Temele

• Temele rămân aceleași ca ale impresioniștilor: peisaje, îndeosebi din regiunea Manche și de pe țărmul Mării Nordului, distracții în împrejurimile orașului, pe malurile râurilor (*Grande-Jatte*, dar și *Baignade, Asnières* de același Seurat, vezi p. 64), nuduri – în soare, dar și pozând în interior - subiecte care permit un studiu al luminii artificiale (rampa cu lumina de gaz din *Parada circului* tot de Seurat, New York, Metropolitan Museum of Art).

Compoziție, desen, culoare, tușă

• Linia își regăsește rolul important, ajutând la precizarea contururilor. Ea este deseori definită prin foarte mici tușe încercuite.

• Dacă termenul „divizionism" este exact, desemnând separarea tușelor (întotdeauna făcute din culoare pură), cel de „pointillism" este mult mai înșelător. Tușa evoluează după epoci, artiști și în interiorul aceluiași tablou. Între 1882 și *O după-amiază de duminică la Grande-Jatte*, de exemplu, Seurat pictează mai întâi cu tușe întretăiate, apoi le reduce dimensiunea până la o adevărată pistruială a suprafeței (vezi p. 107).

Figuri

• Figurile sunt plate, iar diviziunea tușei le face aproape transparente.

SINTETISMUL

Răspuns al artiștilor din sfera impresionismului, care au refuzat să se plieze noii tendințe divizioniste, sintetismul este o teorie plastică definită în august 1888 de Émile Bernard și Paul Gauguin.

Mișcarea este firesc asociată de satul breton Pont-Aven (Școala de la Pont-Aven) unde au pictat Bernard și Gauguin în momentul afirmării acestei estetici. De asemenea, sintetismul poate fi identificat cu cloisonnismul, termen inventat de criticul Édouard Dujardin pentru tablourile realizate în luna mai a aceluiași an de Louis Anquetin și de același Bernard, prin „compartimente, analoage *cloisonné*-ului [...], desenul întărind culoarea și culoarea întărind desenul".

Artiștii sintetici refuză să reducă pictura la un sistem științific și în acest caz să o supună doar legilor opticii. În momentul în care Puvis de Chavannes execută primele sale opere simboliste, Bernard, Gauguin și emulii lor visează la o pictură bogată în sensuri poetice și sacre mai degrabă decât la una realistă și intenționează să revină la o construcție simplă și solidă a formelor. Mișcarea este pregătită de descoperirea stampelor japoneze, de imaginile din Epinal și de artele primitive occidentale: acestea relevă viziunea epurată a compozițiilor debarasate de detalii inutile, o altfel de construcție și exemplul folosirii culorilor non-imitative, de o violență expresivă nouă. Esențial prin influența sa asupra mișcărilor picturale ulterioare, sintetismul nu supraviețuiește primei plecări a lui Gauguin în Tahiti, în 1891, chiar dacă, trei ani mai târziu, la întoarcerea artistului, grupul de simpatizanți se readună la Pont-Aven să picteze.

VIZIUNEA DUPĂ PREDICĂ: A REGĂSI SENSUL SACRUL

PAUL GAUGUIN, *Viziunea după predică,* numită și *Lupta lui Iacob cu îngerul,* 1888, ulei pe pânză, 73 x 92 cm, Edinburgh, National Gallery of Scotland.

Subiectul luptei lui Iacob cu îngerul nu este nou: Delacroix l-a înfățișat în Biserica Saint-Sulpice în 1861. Reînnoirea tematică constă în abordarea sa ca o „viziune".

Forța imaginației

La ieșirea de la liturghie, cu imaginația înflăcărată de predica pe care tocmai a rostit-o preotul (identificabil în personajul din dreapta), pioasele bretone „văd" lupta povestită în Biblie. Ceea ce însuși Gauguin explică într-o scrisoare către van Gogh la sfârșitul lui septembrie 1888, când tocmai terminase pânza: „Pentru mine, în acest tablou peisajul și lupta nu există decât în imaginația oamenilor care se roagă după predică".

O construcție inedită

Împărțită de trunchiul oblic al unui arbore – dispoziție inspirată de stampele japoneze – pânza opune friza bretonelor din primul plan, altfel spus spațiul real, spațiului imaginar format de fundalul unde luptă cele două figuri de dimensiuni mult mai mici – ca și cum s-ar afla foarte departe.

Triumful culorilor pure

Violența culorilor, refuzul asemănării și al tonului local sunt caracteristicile principale ale acestei opere. Costumelor realiste, în alb și negru, ale bretonelor și conducătorului lor spiritual li se opune plaja de roșu-vermillon care definește planul oniric și încarcă în același timp imaginea cu o violență adecvată durității luptei. Galbenul aripilor îngerului, albastrul hainelor sale, verdele frunzișului accentuează contrastul între lumea colorată, stridentă a viziunii și alb-negrul realității. În scrisoarea sa către van Gogh – cu punctuație fantezistă – Gauguin insistă pe această alegere a culorilor: „Bretonele grupate poartă costume negre foarte intense. Bonete galbene foarte luminoase [...]. Un măr traversează pânza violet-închis și frunze desenate ca niște nori verde-smarald cu interstiții verzi-galben-solar. Solul vermillon-pur [...]. Îngerul este îmbrăcat în albastru-ultramarin și Iacob în verde-de-sticlă. Aripile îngerului galben-crom 1 pur. Părul îngerului crom 2 și picioarele oranj-viu [...]".

Centre și artiști

• Franța este locul de răspândire a mișcării sintetice. Paul Gauguin (1848–1903) și Émile Bernard (1868–1941), care va evolua în anii 1890 către o figurație mistică, sunt conducătorii mișcării din care fac parte și alți artiști ce lucrează la Paris și expun la Cafeneaua Volpini sau, în expoziții colective, în Finistère: la Pont-Aven apoi la Pouldu: Paul Sérusier (1863–1927), Armand Seguin (1869–1903), Charles Laval (1862–1894), Henry Monet (1856–1913), Claude Émile Schuffenecker (1831–1934). Louis Anquetin (1861–1932) este inventator cloisonnismului.

• Artiștii europeni participă la mișcare, pictând cu Gauguin la Pont-Aven și la Pouldu: în principal olandezul Jacob Meyer de Haam (1852–1895), alsacianul Charles Filiger (1863–1928) – Alsacia era atunci germană – irlandezul Roderick O'Conor (1860–1940), polonezul Wladyslaw Slewinski (cca 1854–1918), danezul Jens Ferdinand Willumsen (1863–1958), elvețianul Cuno Amiet (1868–1961) în timpul șederii la Pont-Aven în 1892.

Caracteristici

Tehnică și suport

• Se pictează în ulei pe pânză.

Teme

• Portrete, scene de gen cu țărani și teme religioase sunt pictate în egală măsură.

Compoziție, desen, culoare, tușă

• Inovațiile aduse de stampele japoneze, împărțirea imaginii printr-o diagonală, divizarea printr-un element vertical, ca și împrumutul unor motive (podul, ploaia) le influențează compoziția limitată la esențial, eliminând detaliile de prisos.

• Desenul construiește solid formele: o linie ca un cearcăn înconjoară frecvent personajele; alteori, acestea se detașează pe un fond de culoare contrastantă care le pune în valoare.

• Picturile sintetice opun diviziunii tușei suprafețele largi de culoare pusă fără relief.

• Culorile sunt intense: galbenuri, albastruri, roșuri (culori primare) pe care, voit, clarobscurul nu le modulează.

Figuri

• Figurile sunt de tip popular, reduse la forma lor esențială – simplificate și solid construite.

• Sintetismul apreciază costumele tradiționale (în Bretania, rochiile negre ale femeilor și acoperământul alb pentru cap), mai puțin pentru aspectul folcloric cât pentru contrastul culorilor, pentru simplitatea formelor care permite construirea eficace a figurilor.

NABIȘTII

Cuvântul „nabi" este împrumutat din evreiescul *nabim,* care înseamnă „profeți". Grupul nabiștilor reunește pictori francezi născuți între 1860 și 1870, formați cu precădere la Academia Julian din Paris și care, în 1888, urmându-l pe Gauguin, intenționează să reacționeze împotriva impresionismului și să redea artei sensul sacrului. În același an, sub îndrumarea lui Gauguin, Paul Sérusier, conducătorul mișcării, pictează o cutie de țigări utilizând culoarea pură pusă fără relief: opera astfel realizată primește titlul *Talismanul* (Paris, Musée d'Orsay). Cu Maurice Denis, autorul celebrei fraze „O pictură, înainte de a fi un cal de luptă, o femeie goală sau orice alt subiect, este în principal o suprafață plană acoperită de culori, asamblate într-o anume ordine", mișcarea, botezată și „neotradiționalism" (termen inventat de Denis), evoluează către tendințe religioase mai pronunțate. Susținut în

special de criticul Albert Aurier, expunând, cu începere din 1896, la negustorul Ambroise Vollard, adunat în jurul periodicului *Revue blanche* și format din personalități disparate, grupul s-a menținut timp de zece ani înainte de a se dizolva în 1903, dată la care apare ultimul număr al revistei.

Centre și artiști

• Mișcarea nabistă este esențialmente franceză. PAUL SÉRUSIER (1863–1927), Maurice Denis (1870–1943), Henri Gabriel Ibels (1867–1936), Paul Ranson (1864–1909), Pierre Bonnard (1867–1947), cu toții elevi ai Academiei Julian, sunt inițiatorii mișcării care îi reunește ulterior pe Édouard Vuillard (1868–1940), Ker Xavier Roussel (1867–1944), Aristide Maillol (1861–1944), mai cunoscut ca sculptor, și Georges Lacombe (1868–1916) și el predominant sculptor.

• **Trăind în Franța, și alți europeni** se apropie de mișcare în 1891, olandezul Jan Verkade (1868–1946) și danezul Mogens Ballin (1871–1914), în 1892, ungurul József Rippl-Rónai (1861–1927) și în 1897, elvețianul Félix Vallotton (1865–1925).

Caracteristici

Tehnici și suporturi

• Pictorii nabiști continuă să picteze în ulei, dar nu se mai mulțumesc cu pânza ca suport: pictat pe lemn, *Talismanul* este un exemplu.

• După modelul altor grupări europene din epocă, nabiștii au o viziune globală asupra artei: ei creează timbre, cărți de joc, marionete, evantaie, afișe, paravane, *papiers peints*.

• Sunt și mari ilustratori, practicând litografia sau gravura în lemn.

Teme

De la apariția mișcării se disting două tipuri de subiecte.

• Nabiștii „religioși" pictează compoziții alegorice unde domină misterul și o atmosferă sacră. Aluziile istorice sau mitologice sunt frecvente, în special la Denis și Ranson.

• Nabiștii „moderni" preferă scene de interior sau de viață pariziană, cu atmosfera deliberat umilă dacă nu intimistă (Bonnard și Vuillard).

Compoziție, desen, culoare, tușă

• Inspirându-se din faza spirituală a mișcării simboliste (Puvis de Chavannes) și din încercările de întoarcere la pictura de dinainte de secolul al XVI-lea

PAUL SÉRUSIER, *Peisaj din Pădurea Dragostei*, numit *Talismanul*, 1888, ulei pe lemn, 28 x 22 cm, Paris, Musée d'Orsay (prerafaeliții din Marea Britanie), nabiștii nu doresc să picteze perspective savante, acuzate de a strica „savoarea senzației originare", și insistă pe suprafața tabloului mai mult decât pe adâncime.

- Linia este reabilitată, fiind considerată a deține o putere emoțională deosebită. Arabescul este apreciat în mod deosebit. Stilul nabiștilor pregătește nașterea Art Nouveau.
- Inspirați (îndeosebi Bonnard) de stampele japoneze, nabiștii utilizează culorile vii - adesea pure și non-imitative.

Figuri

- Figurile sunt plate: modelajul și perspectiva sunt privite de nabiști ca o știință primejdioasă care împing pictura către dimensiunea materialității.
- Personajele sunt idealizate.

SIMBOLISMUL

Termenul „simbolism" apare după 1886, când poetul francez Jean Moréas, în manifestul publicat în suplimentul cotidianului *Le Figaro,* descoperă „simbolismul poetic" sau arta „de a îmbrăca ideea într-o formă sensibilă". Cu referire la pictură, epitetul este folosit de Albert Aurier în revista *Le Mercure de France,* în 1890 (cu privire la van Gogh), apoi în 1891 (apropo de Gauguin). Dar arta simbolică, marcând în principal ultimii douăzeci de ani ai secolului al XIX-lea, este cu mult anterioară numelui care i s-a dat. Mai mult decât un stil definit, simbolismul desemnează un larg curent internațional care, contrar realismului și acelei forme de *mimesis* care este impresionismul (vezi p. 237), propune o artă idealistă (sau „ideatică", termen preferat de Aurier), unde subiectul contează mai mult decât definirea formei.

Fenomen predominant nordic, din ce în ce mai influent în cursul celei de a doua jumătăți a secolului și îndeosebi începând cu anii 1870, mișcarea, legată de literatură (Oscar Wilde, Poe, Baudelaire, Huysmans, Maeterlinck) și de muzică (wagnerismul), se înscrie în linia romantismului.

Centre și artiști

- În **Marea Britanie**, crearea confreriei prerafaeliților (Preraphaelite Brotherhood), în 1848, de către Dante Gabriel Rosetti (1828–1882), de origine italiană, și John Everett Millais (1829–1896), poate fi considerată ca prima manifestare adevărată a simbolismului. Sub impulsul teoreticianului John Ruskin, prerafaeliții caută referințe, ca și nazareeni înaintea lor, în arta gotică și în pictura Quattrocento-ului pentru a încerca să restaureze o artă idealistă și sacrală. În afară de Rossetti și Millais, William Holman Hunt (1827–1910) apoi, mai devreme sau mai târziu, Ford Madox Brown (1821–1893) și Edward Burne-Jones (1833–1898) participă la mișcarea prerafaelită. La sfârșitul secolului, Aubrey Breadsley (1872–1898), în principal grafician, precum și arhitectul și designerul scoțian Charles Rennie Mackintosh (1868-1928), care a lucrat și pe hârtie, reprezintă simbolismul.
- În **Germania**, precursorii simbolismului (C.D. Friedrich, Ludwig Richter, Moritz von Schwind) fac încă parte din curentul romantic. Hans von Marées (1837–1887) este principalul reprezentant al mișcării de la sfârșitul secolului.
- În **Austria**, simbolismul este reprezentat de Koloman, numit Kolo, Moser (1868–1918) și de operele de tinerețe ale lui Alfred Rubin (1877–1959). Arta lui Gustav Klimt (1862–1918), în ciuda singularității sale, se inspiră și ea din simbolism.
- În **Europa de Est**, simbolismul îi are ca principali interpreți pe ungurul József Rippl-Rónai (1861–1927), pe polonezii Jacek Malczewski (1854–1929) și Jozef Mehoffer (1869–1946), care a fost și gravor, pe cehul Jan Preisler (1872–1918) și pe Frantisek Kupka (1871–1957) în primele lui opere.

• În **Elveția,** Arnold Böcklin (1827–1901), apoi Ferdinand Hodler (1853–1918) reprezintă simbolismul. Albert Servaes (1883–1966), de origine belgiană, aparține și el acestui curent.

• În **Franța,** revelația picturii prerafaelite la Expoziția Universală din 1875 determină nașterea unui curent similar, Școala din Lyon sau nazareismul francez, reprezentat de Victor Orsel (1795–1850) și de precursorii săi: Paul Chenavard (1807–1895), Louis Janmot (1814–1892) și Hippolyte Flandrin (1809–1864). A doua generație simbolistă este constituită de Pierre Puvis de Chavannes (1824–1898), autor de mari compoziții alegorice pictate în culori luminoase, GUSTAVE MOREAU (1826–1898), cu o artă mai vizionară, și Odilon Redon (1840–1916), grafician tot atât cât pictor, ale cărui opere pun în scenă o lume fantastică și angoasantă. În anii 1890, simbolismul este reînnoit de artiștii sintetismului (vezi p. 93), care găsesc un șef real în Paul Gauguin în epoca Pont-Aven apoi din Tahiti. În aceeași epocă, sâr Péladan, scriitor și teoretician rose-crucian, își exercită influența asupra unor pictori ca Edmond Aman-Jean, Louis Anquetin, Filiger, Louis Weiden Hawkins, de origine britanică și alții. Lucien Lévy-Dhurmer (1865–1953) și Henri Le Sidaner (1862–1939) sunt de asemenea legați de mișcarea simbolistă.

GUSTAVE MOREAU, *Floare mistică*, cca 1890,
ulei pe pânză, 253 x 137 cm, Paris, Muzeul Gustave Moreau.

• În **Belgia,** expus după 1893 în saloanele „Pentru artă" și „Arta idealistă", fondate de pictorul și scriitorul Jean Delville (1867–1953), simbolismul devine tendința dominantă, îndeosebi cu Félicien Rops (1833–1898), influențat de sâr Péladan, Fernand Khnopff (1858–1921), James Ensor (1860–1949), ale cărui opere prefigurează suprarealismul, și, la debuturile sale, cu Léon Spilliaert (1881–1946). William Degouve de Nuncques, de origine franceză, și Léon Frédéric pictează de asemenea în stilul simbolist între 1890 și 1900.

• În **Țările de Jos,** simbolismul triumfă cu Richard Nicolaus Roland-Holst (1868–1938), Jan Toorop (1858–1928). Către 1890, Johann Thorn-Prikker (1868–1932) se asociază mișcării.

• În **țările scandinave,** simbolismul inspiră opera danezilor Jens Ferdinand Willumsen (1863–1958) și Vilhelm Hammershoi (1864–1916), a finlandezului Axel, numit Akseli, Gallén-Kallela (1865–1931), a suedezului Richard Bergh și mai ales a norvegianului Edvard Munch (1863–1944), a cărui operă marchează evoluția hotărâtă a simbolismului către expresionism.

• **Sudul Europei** nu ignoră simbolismul. În Italia, Giovanni Segantini (1858–1899) și pictorii Pelliza da Volpedo și Gaetano Previati, care pictează după tehnica pointillistă (vezi p. 243), aparțin din plin mișcării în ce privește alegerea subiectelor. În Spania, reprezentanții simbolismului sunt catalanul Juan Brull y Vinolas și Adriá Gual-Queralt (1872–1944).

Caracteristici

Tehnici și suporturi

• Precum înaintea lor nazareenii, prerafaeliții și pictorii Școlii din Lyon, simboliștii încearcă să repună la mare cinste vechile practici, fresca și pictura în ceară, folosirea lemnului ca suport mai mult decât pânza și înlocuirea tabloului de șevalet cu retablul, fondul de aur...
• Totuși, cu aceste excepții, majoritatea picturilor simboliste sunt realizate în ulei pe pânză.
• Artiștii simboliști sunt frecvent mari desenatori și gravori.

Teme

• Subiectul joacă un rol esențial în pictura simbolistă. Pictorul își alege temele din miturile universale – legendele antice greco-romane, germanice, celtice, scandinave, din Biblie, din povestiri cu zâne... El dă întâietate visului, angoasei, misterului, se arată sensibil la valorile spirituale creștine. Își propune să exploreze sensul vieții, să sublinieze destinul omului, să sondeze adâncimile sufletului. Titlul tabloului lui Paul Gauguin, pictat în 1897, *De unde venim? Cine suntem? Încotro mergem?* (Boston, Museum of Fine Arts) este revelator pentru aceste ambiții.

Compoziție, desen, culoare, tușă

• Pictura simbolistă nu se caracterizează niciodată printr-un stil unic. După epoci, pictori și regiunile Europei, ea utilizează tehnicile romantismului, impresionismului, pointillismului, nabismului, chiar ale expresionismului.
• Motivele la care recurg simboliștii sunt în schimb recurente: maci, crini și alte flori (simboluri ale binelui și răului), lebede, de origine wagneriană, și alte animale, capabile de o metamorfoză imediată; femei fatale și îngeri căzuți în dizgrație populează pictura sfârșitului de secol.

Figuri

• Femeia ocupă în pictura simbolistă un loc esențial. Fecioară idealizată, înzestrată cu toate virtuțile, sau din contră frumusețe fatală, ea îl duce pe bărbat către salvare sau către decădere.

FOVISMUL

Născut între 1894 și 1897, din asocierea câtorva tineri artiști, elevi în atelierul simbolistului Gustave Moreau la Școala de Arte Frumoase din Paris, grupul este calificat de criticul Louis Vauxcelles în manieră peiorativă drept „sălbatic" *(fauves)* la Salonul de toamnă din 1905 și se desparte către 1907. Susținute de negustorul Ambroise Vollard și de Berthe Weill, operele fove sunt negate de critică și batjocorite de public. Influențați de Gauguin, de operele pointilliste însuflețit colorate ale lui Signac și Cross și de picturile lui van Gogh, descoperite cu ocazia retrospectivei de la Bernheim Jeune în 1901, fovii se inspiră și din pictura foarte vie a lui Louis Valtat (1869-1952), și el un fost discipol al lui Moreau, precursor al curentului și în același timp un tovarăș de drum.

Centre și artiști

• Fovismul este exclusiv francez. Henri Matisse (1869–1954) și André Derain (1880–1954) sunt conducătorii mișcării căreia îi aparțin în mod egal Maurice de VLAMINCK (1876–1958), Albert Marquet (1875–1947), Achille Otton Friesz (1879–1949) și, într-o manieră relativă, Jean Puy (1876–1960) și Henri Charles Manguin (1874–1958). Georges Braque, care va fi câțiva ani mai târziu inventatorul cubismului împreună cu Picasso, pictează în 1906 în maniera fovă. Raoul Dufy (1877–1953) execută și opere fove după 1900. Kees van Dongen (1877–1970), viitorul portretist monden, este și el apropiat mișcării în perioada 1905–1910.

Caracteristici

Tehnici și suporturi

• Picturile fove sunt uleiuri pe pânză de format modest.

Teme

• „Fovii" pictează îndeosebi peisaje, în sudul Franței, în Normandia (la Havre), la Londra (unde pânzele lui Derain din 1905 apar ca un răspuns la tablourile londoneze ale lui Monet în 1870) și în împrejurimile Parisului, mai cu seamă la Chatou.

• Portretul face parte din iconografia fovă: este adesea redus la chip sau în orice caz la bust și executat cu culori non-imitative.

Compoziție, desen, culoare, tușă

• Fovii resping perspectiva clasică. În locul unei picturi cu adâncime, preferă compoziții care lasă să se zărească suprafața pânzei și – cel puțin unii dintre ei, ca Matisse – favorizează linia și chiar arabescul.

• Culoarea este utilizată pură, ea nu este deloc sau prea puțin mimetică; contrastele de tonuri permit diferențierea planurilor; abandonul clarobscurului determină crearea unor opere uniform strălucitoare, cu o puternică forță emoțională.

MAURICE DE VLAMINCK, *Podul de la Chatou*, 1906,
ulei pe pânză, 54 x 73 cm, Saint Tropez, Musée de l'Annonciade.

• Tușa este mereu vizibilă, adesea largă și pătrată, execuția este manifest rapidă.

Figuri

• Ele ocupă un loc modest în pictura fovă, cu excepția portretelor.

EXPRESIONISMUL

Simbolismul și fovismul sunt tot atât de importante prin influența pe care au exercitat-o asupra mișcărilor ulterioare cât și prin operele proprii. Expresionismul, un stil care durează de la sfârșitul secolului al XIX-lea până la mijlocul anilor 1920, este rezultatul înrâuririi lor combinate. Artă lirică, mistică și violentă, el se identifică la originile sale cu reacția împotriva impresionismului și a picturii realiste.

Centre și artiști

Expresionismul este esențialmente german.

• La **Dresda, grupul Die Brücke** („Podul") este format în 1905 de Erich Heckel (1883-1970), Karl Schmidt-Rottluff (1884-1970) și Ernst Ludwig KIRCHNER (1880-1938), cărora li se adaugă curând Emil Nolde (1867-1956), Max Pechstein (1881-1955) și Otto Müller (1874-1930). Mișcarea își difuzează ideile în revista *Der Sturm* creată în 1910.

• La **München, mișcarea Blaue Reiter** („Cavalerul albastru") este creată în 1911 de Wassily Kandinsky care evoluează aproape imediat către compoziții în întregime abstracte (vezi p. 259), Gabriele Münter (1877-1962), Franz Marc (1880-1916), August Macke (1887-1914) și Alexey von Jawlensky (1864-1941).

După primul război mondial, mișcarea se internaționalizează, întinzându-se în Austria, prin arta lui Egon Schiele (1890-1918) și Oskar Kokoschka (1886-1980), în Belgia unde doctrina sa este difuzată prin revista *Sélection* și unde Constant Permeke (1886-1952) este principalul său interpret, în Țările de Jos cu Jan Wiegers (1893-1959) și în Franța cu Chaim Soutine (1893-1943), de origine lituaniană.

Caracteristici

Tehnici și suporturi

• Expresioniștii continuă să picteze în ulei pe pânză, adesea lăsând-o pe aceasta la vedere.

• Practică cu mare plăcere gravura și îndeosebi cea în lemn, forma „primitivă" a acestei tehnici, în care trăsăturile forțat grosolane produc o simplificare a formelor și efecte de contrast negru-alb accentuate.

Teme

• Expresioniștii denunță lumea modernă și îndeosebi duritatea vieții urbane. Prin contrast, ei pun deliberat în evidență peisajul, sau mai curând natura care ia locul unei adevărate mitologii.

• În contextul interbelic tensionat, temele sunt violente: alegoriilor naturii le urmează denunțarea lumii contemporane unde triumfă violența și oroarea.

Compoziție, desen, culoare, tușă

• Compoziția, care evită detaliile inutile la începuturile mișcării, se simplifică și mai mult, îndeosebi în gravurile (adesea în culori) care se inspiră din xilografiile populare vechi. Totuși ele pot fi complicate voit, de exemplu la Kokoschka, unde această confuzie participă la denunțarea lumii moderne.

• Apropiați de fovism la începutul secolului, pictorii expresioniști utilizează culori vii, încă mai exacerbate după primul război mondial, în acorduri voit stridente sau murdare, cu dominante negre și roșii.

• În gravuri îndeosebi, dar și în picturi, linia este extrem de importantă. Câteodată acționează printr-un contur.
• Vizibilă încă înainte de 1914, factura devine mai brutală după război, pensula lăsând urme puternice în materia păstoasă și aspră.

Figuri

• Figurile sunt schematizate, reduse la siluete. Fericitele nuduri din mijlocul naturii, prezente în operele de dinainte de război, capătă în anii următori contururi grosolane și meschine. Chipurile nu mai sunt clare sau sunt urâte ori urâțite de grimase, de un machiaj exagerat: personajele ilustrează o umanitate de nivel inferior, a cărei mizerie fizică și morală se explică prin omniprezența sexului, a suferinței și a morții.

Ernst Ludwig Kirchner, *Pictorul și modelul său,* 1910–1926, ulei pe pânză, 150 x 100 cm, Hamburg, Kunsthalle.

Epilog

Dispute asupra figurării în secolul XX

În secolul XX, noțiunea de stil, de mișcare sau de curent trebuie utilizată cu și mai multă precauție, dacă este posibil, decât în perioadele anterioare. Pe de o parte, formele artistice evoluează către o globalizare, în esență reductivă: în momentul în care lumea artistică capătă o altă dimensiune, în timp ce Statele Unite ale Americii și, într-o măsură mai mică, Brazilia, Argentina, Japonia și China devin țări care își afirmă creația proprie, și în vreme ce rapiditatea comunicațiilor, fizice și mediatice, crește mai mult ca niciodată, existența, în ceea ce are ea durabil, a particularităților naționale, a stilului regional sau a specificității locale se dovedește dificilă: identificându-se cu planeta, spațiul artei se recunoaște într-un Occident industrial, prosper, imperialist.

Pe de altă parte, viteza de difuzare a informațiilor devine considerabilă: presa scrisă, de care se folosesc artiștii pentru a-și face cunoscut „manifestul" până prin anii 1930, fotografia, care chiar în aceste ziare le aduce cititorilor la cunoștință felul în care se prezintă operele, radioul, cinematograful, în sfârșit televiziunea permit ca tendințele artistice „noutăți" să devină accesibile, deci susceptibile de a fi imitate instantaneu, în „timp real". Această difuzare rapidă antrenează o supralicitare în căutarea inovațiilor: obișnuitul, epuizatul, sentimentul lui „prea văzut, prea cunoscut" distrug, cu începere din secolul XX, actualitatea artistică ca și pe toate celelalte și determină ca speranța de viață a unui stil să fie considerabil micșorată. Trebuie să reflectăm astfel la succesiunea din ce în ce mai precipitată a mișcărilor de la sfârșitul secolului al XIX-lea. Durata de viață a impresionismului se măsoară în decenii: de la prima expoziție a grupului, în 1874, la succesul public al lui Monet și Renoir în jur de 1900, s-a scurs un sfert de secol. Existența suprarealismului este mai scurtă: André Breton scrie primul *Manifest* în 1924 și, în 1938, Expoziția internațională a suprarealismului apare dacă nu ca un bilanț, măcar ca apoteoza unei istorii deja în mare parte împlinită și căreia cel de al doilea război mondial, întrerupând creații și schimburi, îi precipită sfârșitul. Dar mai cu seamă după război ritmul apariției și dispariției diferitelor tendințe devine la propriu înspăimântător. Apărut în 1947–1948, expresionismul abstract (*Abstract Expressionism)* newyorkez este contestat încă de la debutul din anii 1950 prin evoluția a doi dintre protagoniștii săi principali, Jackson Pollock, pentru că reintroduce figura umană în *drippings*-urile până atunci non-figurative, și Willem de Kooning, pentru că în perioada respectivă realizează seria sa de *Femei*, alegorii caricaturale ale femeii. Contemporana lor, mișcarea Cobra nu durează decât de la constituirea sa la Paris, în noiembrie 1948, până la disoluția autoproclamată în noiembrie 1951 și, concomitent, până la sfârșitul expozițiilor colective și al publicațiilor sale.

Ar fi ușor de multiplicat exemplele unor asemenea fenomene: la New York, gruparea abstractă numită *hard-edge* la începutul anilor 1960 sau mișcarea conceptuală de la sfârșitul aceluiași deceniu; în Franța, mișcarea Supports-Surfaces (1971–1973) sau cea a figurației libere de la mijlocul anilor 1980. În Italia, o altă mișcare, transavangarda, inventată de criticul Achille Bonito-Oliva în jurul pictorilor Sandro Chia,

Francesco Clemente și Enzo Cucchi, se supune și ea legii generale și dispare în mai puțin de un deceniu.

În aceste condiții, a afirma în secolul XX existența unor stiluri, a încerca să le enumeri, să le definești caracterele ar fi o aventură, în mod deosebit când acestui efort, în cadrul unui volum ca cel de față, i-ar fi consacrat un număr mic de pagini. Am putea totuși sugera, cu riscul unor extreme simplificări a terminologiilor și genealogiilor, că două stiluri, sau mai exact un stil și un antistil domină secolul XX. Unul se vrea, se afirmă ca stil modern: ca principii majore are abstracția și ordinea geometriei. Altul se situează la polul opus, de partea libertății și a dezordinii. Fiind un antistil, exclude prin definiție enunțul oricărei dogme, a oricări constrângeri.

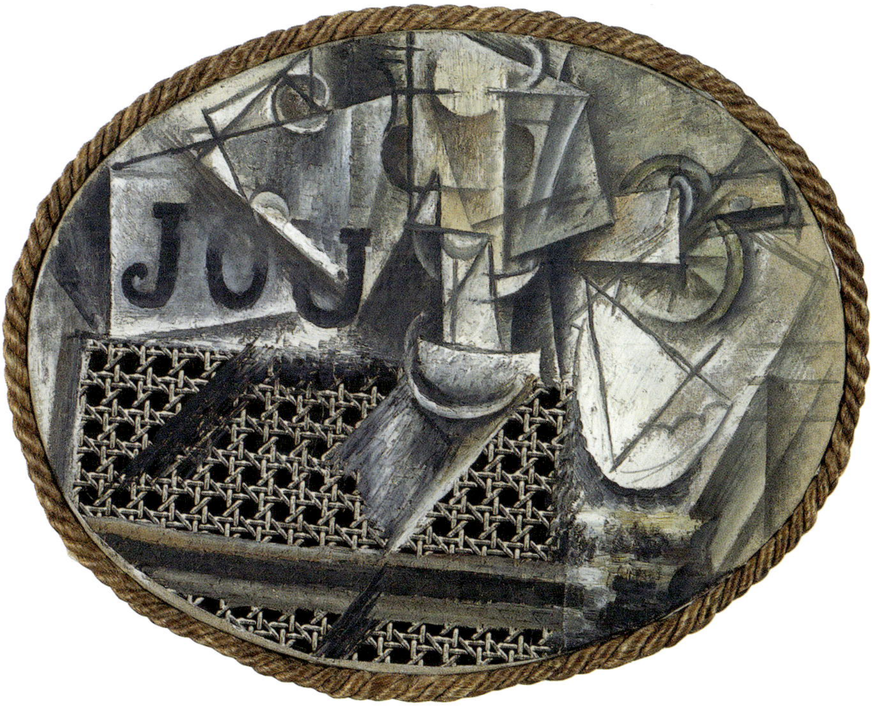

PABLO PICASSO, *Natură moartă cu scaun împletit*, 1912,
ulei și pânză cerată pe pânză încadrată cu sfoară, 27 x 35 cm, Paris, Muzeul Picasso.

Epilog

ÎNCEPUTURILE ABSTRACȚIUNII

Că stilul abstract este *modernul*, aceasta se explică în primul rând cronologic. La începutul anilor 1910, în mai multe țări, apar opere lipsite de orice interes pentru imitația naturii, indiferent dacă ea era, *stricto sensu*, de tip realist de exemplu, sau mai aluzivă.

O revoluție, ruptura cu imitația

1909-1916: limitele identificării în pictura figurativă

La acest fenomen s-a ajuns prin strădaniile artiștilor care, în jurul lui 1910, concep arta până la pragul neidentificării subiectului.

Cubismul

Inventat de Pablo Picasso (1881–1973) (vezi p. 255), un spaniol stabilit la Paris, și de francezul Georges Braque (1882–1963), între 1907 (data realizării *Domnișoarelor din Avignon*, vezi p. 178) și 1912 (epoca cubismului „analitic"), cubismul fragmentează liniile și suprafețele, suprimă detaliile și culorile sugestive, adoptă o perspectivă demultiplicată care vede motivul din mai multe unghiuri. Chiar dacă o dată cu apariția cubismului „sintetic", începând din 1912, figurativul este reintrodus prin colajul unor elemente eterogene, prin inserția unor cuvinte, prin întoarcerea la culoarea imitativă și chiar, ironic, la *trompe l'oeil*, experimentele deschid drumul către o pictură non-figurativă.

Futurismul italian

Mișcarea se naște oficial în 1909, când pictorul și poetul Filippo Tommaso Marinetti (1876-1944) publică un manifest în *Le Figaro*. Antitradiționalist („o mașină de curse este mai frumoasă decât *Victoria din Samotrace"*), curentul, la care participă pictorii GIACOMO BALLA , Carlo Carrà, Luigi Russolo și Luigi Severini, ca și francezul Marcel Duchamp, în curând unul dintre viitorii fondatori ai dadaismului (vezi p. 8 și 261), a durat până în 1916. În urma trasată de cubismul analitic, el sugerează mișcarea printr-o descompunere ritmică a formelor, ceea ce face motivele mai dificil de identificat.

1912-1915: sfârșitul reprezentării

Delaunay și orfismul

Primele tentative de creare a operelor abstracte se observă în Franța, unde Robert Delaunay (1885-1941), părintele orfismului – nume pe care îl dă esteticii sale după un neologism propus de Apollinaire – pictează la Paris, cu începere din 1912, compoziții exclusiv bazate pe discuri și inele întregi sau fragmentate și pe juxtapunerea culorilor primare sau complementare.

Kupka

În același moment, tot la Paris, cehul Frantisek Kupka (1871-1957) se consacră unor experiențe comparabile, realizând opere care ascultă de ritmuri circulare sau drepte.

Kandinsky și abstracția lirică

La München, către 1912, rusul Wassily Kandinsky (1866-1944) – care va primi ulterior cetățenia franceză – folosește pete și linii colorate, în *Compoziții* și în *Variațiuni*, după criterii muzicale, căci el consideră formele și culorile analoage notelor.

Malevici și suprematismul

Trei ani mai târziu, la Moscova, experiența abstractizărilor atinge ceea ce pare să fie punctul final: un alt rus, Kazimir Malevici (1878-1935), pictează un patrulater uniform alb pe un fond uniform alb (vezi p. 129).

GIACOMO BALLA, *Fetiță alergând pe un balcon*, 1912,
ulei pe pânză, 125 x 125 cm, Milano, Civica Galleria d'Arte moderna.

Mondrian și neoplasticismul

Încă din 1915, în Țările de Jos, olandezul Piet Mondrian (1872–1944) nu mai lucrează decât prin patrulatere de culori pure și semne ortogonale negre, punând bazele a ceea ce este, în perioada interbelică, vocabularul neoplasticismului său: grile de verticale și de orizontale negre se întretaie în unghiuri drepte și împart pânza în dreptunghiuri și pătrate, unele lăsate albe, altele acoperite de una din cele trei culori primare (albastru, galben sau roșu).

TRIUMFUL GEOMETRIEI

Inventatorii abstracțiunii au gândit acest stil ca formula picturală potrivită cu epoca lor: modernitatea sa radicală se făcea ecoul apariției unei societăți industriale și tehnologice tot atât de esențial diferită de cea care o precedase. În mod deliberat, au orientat arta abstractă către căutarea nu a unor mijloace de expresie subiective, ci din contră universale.

Astfel, nu orice fel de abstracție, ci doar curentul numit – cu începere de prin 1945 numai printr-o sintagmă cu valoare retrospectivă - „abstracțiune geometrică", bazat pe forme simple, linii drepte, pătrate, cercuri... și pe recursul la culori pure, în principal, a constituit în ochii unor artiști stilul reprezentativ pentru ordinea instaurată sau pe punctul de a fi instaurată într-o lume în plină transformare. Chiar termenul „neoplasticism" inventat de Mondrian, care utilizează ca mijloace picturale linia dreaptă verticală sau orizontală și culorile primare, afirmă această convingere: pictura, în secolul XX, trebuie să folosească un limbaj în întregime nou.

PIET MONDRIAN, *Compoziție (alb, roșu, galben, albastru, negru)*, 1927,
ulei pe pânză, 37,8 x 34,9 cm, Houston, Menil Collection.

1919–1937/1938: exemplul Bauhausului

Abstracții geometrici nu-și consideră pictura ca izolată de celelalte arte. Așa cum a fost cazul, în a doua jumătate a secolului al XIX-lea, cu mișcarea *Arts and Crafts* și, între 1895 și 1905, cu *Art nouveau*, estetica lor relevă o gândire globală, care vizează remodelarea societății. Mondrian și Malevici sunt exemple clare, dar în special Bauhausul exprimă pregnant, prin abstracția geometrică, vocația sa care tinde să cuprindă toate disciplinele.

Această instituție de învățământ de un gen nou, fondată în 1919 la Weimar, reunește majoritatea artiștilor avangardelor abstracte. Misiunea ei este de a forma pictori, dar și designeri, arhitecți, specialiști în artele aplicate, cu toții urmând să generalizeze și să difuzeze lecțiile extrase din experiențele picturale inițiale. Dacă Mondrian nu predă aici, influența sa se exercită totuși prin intermediul revistei *De Stijl*. KANDINSKY, pictorul elvețian Paul Klee (1879–1940) și Johannes Itten (1888-1967) sunt profesori.

Arhitectul Walter Gropius, care predă la rândul lui, proiectează clădirea într-o geometrie evident perfectă – aceea pe care el însuși și Ludwig Mies van der Rohe au cultivat-o în creațiile lor ulterioare, punând bazele unei arhitecturi internaționale cu unghiuri drepte, oțel, plăci de beton, pereți de sticlă, prezentă peste tot în lume, în metropolele moderne, la New York ca și în Hong Kong, în cartierul Défense de la periferia Parisului și la Chicago. În multe privințe, aici se află realizările majore ale acestui stil modern care, născut din pictură, a triumfat în arhitectură.

WASSILY KANDINSKY, *Într-un oval luminos*, 1925,
ulei pe carton, 73 x 59 cm, Madrid, Fundația Thyssen-Bornemisa.

1945–1971: gloria Americii, reacții europene

Emigrarea lui Mondrian la New York, în timpul celui de al doilea război mondial, aceea mult anterioară a elevilor de la Bauhaus fugiți din Germania nazistă, întoarcerea lui Malevici la figurativ sub presiunea regimului sovietic și mai ales conivența care leagă abstracțiunea de societatea americană îndrăgostită de tehnică fac din Statele Unite a doua patrie a acestui curent după 1945. Dacă unii artiști influențați de suprarealism contribuie inițial la triumful expresionismului abstract, care se situează mai degrabă în descendența abstracției lirice a lui Kandinsky decât în ordinea geometrică a lui Mondrian, Malevici și a Bauhausului, anii 1960 văd o întoarcere în forță a principiilor apărate de aceștia.

Minimalismul

Sub acest termen sau sub cel englez de *minimal art* – folosit pentru prima oară de criticul american Richard Wallheim - sunt grupate diferite curente ale abstracției geometrice americane de după 1960. Apărând liniile ortogonale și recursul la culorile pure, minimalismul este reprezentat de Sol LeWitt (n. în 1928), Robert Ryman (n. 1930), Donald Judd (1928–1994), de canadiana Agnès Martin (n. 1912), și de alți artiști al căror stil a determinat denumiri specifice: *Hard-edge painting* sau „pictura cu margini tari" pen-

Barnett Newman, *Jericho*, 1968–1969,
acrilic pe pânză, 268,5 x 286 cm, Paris, Musée d`Art Moderne.

tru Ellsworth Kelly (n. 1923); *colorfield* sau „câmp culoare" pentru Barnett Newman (1905–1970) îndeosebi; *shaped canvas* sau „pânza în formă" pentru Frank Stella (n. 1936).

Op art și arta cinetică

În America, *op art* – abreviație de la *optical art*, al cărei inițiator este Josef Albers –, iar în Europa curentul numit „arta cinetică" (de la grecescul *kinesis*, „mișcare"), reprezentat în special de francezul Victor Vasarely (1908-1997), de venezueleanul Jesús-Raphael Soto sau de argentinianul Julio Le Parc, se interesează de mișcare realizând opere care, spre deosebire de pictura tradițională, se mișcă cu adevărat (arta cinetică) sau înfățișează rețele, grile, alternează contraste de culori încât să dea iluzia optică a mișcării *(optical art)*.

Grupul *Supports-Surfaces*

Botezată astfel de pictorul Vincent Bioulès (n. 1938) în 1970, această mișcare franceză îi reunește, din 1966, pe Louis Cane (n. 1943), Marc Devade (1943–1983), Daniel Dezeuze (n. 1942), Patrick Saytour (născut în 1935), André Valensi (n. 1947) și Claude Viallat (n. 1936), Jean-Pierre Pincemin (n. 1944), François Rouan (n. 1943) și Pierre Buraglio (n. 1939). Legat inițial de mișcarea contestatară maoistă, grupul utilizează pânze eliberate de șasiu, arată înfruntarea dintre ce este pictat și ce nu este, se preocupă de renunțarea la construcția tabloului, revendică opere unde „spatele are aceeași valoare ca fața". Din 1971, membrii săi adoptă fiecare un drum propriu.

Monocromia europeană

Și artiștii care, independent de orice mișcare, reactivează monocromia în Europa, la mijlocul anilor 1950 – precum Yves Klein (1928–1962) în Franța sau Piero Manzoni (1933–1963) în Italia – pot fi considerați ca emuli ai esteticii abstracte geometrice.

ANTISTILURILE: REZISTENȚA LA FIGURATIV

Dacă pe punctul de a apărea ca „stilul" secolului XX, abstracția geometrică se impune ca singura viziune demnă de acest epitet – atât de departe și-a întins influența în Occident și în câteva țări asiatice (îndeosebi în Japonia și Coreea) – celelalte mișcări artistice se definesc în raport cu ea. Astfel se caracterizează prin opoziția la idealurile ei de ordine, de echilibru, de puritate, de stăpânire rațională cele care nu participă la elaborarea, la dezvoltarea sau, după 1960, la apărarea ei împotriva uzurii timpului. Aceste tendințe reamintesc că lumea înseamnă dezordine, nebunie, impuritate, câteodată absurd.

Extrem de diverse, mișcările respective nu refuză abstracțiunea în sine – unii susținători fiind abstracționiști – dar se opun dogmelor și programelor pe care Mondrian, Malevici și pictorii de la Bauhaus le-au apărat. Locul comun al acestor curente estetice diferite este însăși negarea ideii de sistem și recunoașterea faptului că a li se căuta principii formale unificatoare este inutil. În acest sens propunem noțiunea de „antistil", singura capabilă, ni se pare, de a defini ansamblul acestor manifestări ale spiritului de revoltă și de singularitate.

Printre manifestările cele mai remarcabile, le vom aminti pe unele situate înainte și după cel de al doilea război mondial.

Perioada interbelică

Dada

Născută la 8 februarie 1916 la Zürich, mișcarea Dada – cuvânt ales la întâmplare din paginile dicționarului – se implantează în Elveția, în Germania, în Franța și la New York și rezistă până în 1924. La fel de puternică precum a fost renunțarea viziunii abstracte cu reprezentarea figurativă, Dada rupe cu formele tradiționale ale artei și îndeosebi cu pictura, utilizând hazardul, adoptând tehnici inventive – de exemplu *Merz*, asamblaj de deșeuri sau, cu Marcel Duchamp (1887–1968) făcând reclamă obiectului „gata fabricat", *readymade*, de origine industrială. În afară de Duchamp (de origine franceză, care va opta pentru cetățenia americană), aparțin mișcării Francis Picabia (1879-1953), de origine cubaneză, americanul Man Ray (1890-1976), fotograf și pictor, Jean Arp (1887–1966) care a fost și poet, MAX ERNST, în epoca în care lucra la Köln, germanii George Grosz (1893-1959), care va alege cetățenia americană, și Otto Dix (1891-1969) către 1920.

MAX ERNST, *Figură. Femeia mitologică*, 1939, ulei pe carton, 44 x 33 cm, Houston Menil Collection.

Suprarealismul

Succesorul lui Dada după 1924, suprarealismul integrează un număr de artiști și poeți din fosta mișcare – precum Arp, Man Ray și Max Ernst (1891–1976), german naturalizat francez – cărora i se adaugă francezul André Masson (1896–1987), belgianul René Magritte (1898–1967), americanul de origine franceză Yves Tanguy (1900–1955), românul Victor Brauner (1903–1966), spaniolul Juan Miró (1893–1983), catalanul Salvador Dali (1904–1989), Hans Bellmer (1902–1975) de origine germană și, mai târziu, chilianul Roberto Matto (n. 1911). Strâns legat de literatură (de poetul și eseistul André Breton), dezvoltându-se în artele plastice și în cinema (Luis Buñuel), suprarealismul caută în profunzimile inconștientului materia unei alte realități unde imaginarul și visul coexistă alături de insolit, trăsnit, tragic, metamorfoză. Expresia fantasmei, metaforele sexuale, erotismul mai mult sau mai puțin voalat însoțesc experimente care traversează imediatețea gestului și desenul „automatic".

După al doilea război mondial

Abstract expressionism și *action painting*

În SUA, *abstract expressionism* sau expresionismul abstract – numit astfel de criticul american Robert Coats, dar cunoscut și ca „Școala din New York" – este o tendință care, în sânul abstracțiunii, grupează artiști ostili primatului absolut al geometriei și al unei ordini științifice și tehnice. Între 1940–1950, pictorii care aparțin acestei tendințe, lucrând pe formate mari, uneori reintegrează, alteori lasă să persiste semne figurative. Principalii reprezentanți sunt Arshile Gorky (1904–1948), Willem de Kooning (1904–1997), Mark Rothko (1903-1970) și Robert Motherwell (1915-1991). După 1965, Joan Mitchell (1926-1992) continuă expresionismul abstract.

Action painting, „pictura gestuală", denumită așa de criticul Harold Rosenberg, în 1952, caracterizează arta lui Jackson Pollock (1912–1956). Pe pânze mari puse direct pe podea, pictorul lasă culoarea să curgă în stropi neregulați dintr-o cutie găurită, procedeu numit *dripping*, transformând total gestul de a picta, angajând tot corpul, nu numai mâna, a cărei gesticulație vehementă este tradusă pe suprafața pictată.

Jackson Pollock la lucru, fotografie de Hans Namuth, 1950, Paris, Musée Național d`Art moderne.

Arta informală

În sfera de influență a expresionismului abstract, arta informală, uneori numită tașism, este susținută între 1950–1960 de criticul Michel Tapié și reprezentată în special de germanul Wols (1913–1951) și de francezul Jean Fautrier (1898–1954), ca și de Hans Hartung (1904-1989), Georges Mathieu (n. 1921), Pierre Soulages (n. 1919), Olivier Debré (1920–1999), de poetul și pictorul Henri Michaux (1899-1984) și Jean Degottex (1918-1988), de canadianul Jean-Paul Riopelle (n. 1923), americanul Sam Francisc (1923–1994) și spaniolii Antoni Tàpies (n. 1923) și Antonio Saura (1930–1998).

Cobra

Sub acest termen constituit din inițialele capitalelor de unde sunt originari membrii grupului, Copenhaga, Bruxelles și Amsterdam, se reunesc, între 1948–1951, danezul Asger Jorn (1914-1973), olandezul Karel Appel (n. 1921), Constant (n. 1920) și Corneille (n. 1922) cu poeți belgieni precum Christian Dotremont (1922–1979). Pierre Alechinsky (n. 1927) și Jean-Michel Atlan (1913–1960) aparțin și ei mișcării. Apropiați suprarealismului, artiștii din Cobra refuză să facă o distincție între figurativ și abstract, pictând în culori proaspete, adesea depășind conturul, mari figuri primitive cu semnificație mistică.

Pop art

Folosit de criticul britanic Lawrence Alloway în 1955, epitetul, abreviere de la *popular art*, desemnează o producție artistică având ca punct de plecare cultura maselor, între 1955 și 1970: este o artă figurativă care se inspiră din publicitate, din ziare, de la televiziune și din benzile desenate pentru a reda chipul lumii moderne. Mișcarea este mai întâi britanică, numărându-i pe Richard Hamilton (n. 1922), Peter Blake (n. 1931) – înainte de a deveni american – Roy Lichtenstein (1923–1997), Andy Warhol (1928–1987), Tom Wesselmann (n. 1931), James Albert Rosenquist (n. 1933). Dar în sânul mișcării franceze numite „neorealism", în anii 1960, Martial Raysse (n. 1936) realizează opere apropiate de pop art.

Acestor grupuri li s-ar putea adăuga altele: cu siguranță neorealismul în care se încadrează creatori de asamblaje precum Arman sau afișiști ca Jacques de La Villeglé și Raymond Hains; *Fluxus* în anii 1960, cu Joseph Beuys, Ben, Robert Filliou; în Italia *arte povera*, către 1970, cu Mario Merz, Jannis Kounellis, Luciano Fabro, Giuseppe Penone și Giulio Paolini, înainte de transavangarda de pe la 1980 etc. Și alături de tendințele colective trebuie adăugat Picasso, care este o mișcare el însuși, traversând fără să se oprească simbolismul, cubismul, suprarealismul, expresionismul, dar și pictorii care nu aparțin nici unei școli sau mișcări – Max Beckmann (1884–1950) în Germania, Francis Bacon (1909–1992) în Marea Britanie, Jean Dubuffet (1901–1985) în Franța – chiar dacă numele lui este asociat cu „arta brută" și cu „arta informală".

În sfârșit, este adevărat că pictura, în ciuda unei întoarceri în forță, este considerată ca o moștenire a trecutului. Ea se află deci concurată de alte forme ale exprimării plastice, instalații, *performances*, arta video etc. care, asemeni abstracției, dinainte, pretind să monopolizeze capacitatea de inovație.

PIERRE SOULAGES, *Pictură 63 cm x 102 cm*, 1990, ulei pe pânză, colecție particulară.

Indice

Caracterele aldine trimit la date suplimentare despre un pictor sau tablou.

Indice

Indice

Indice

Bibliografie

Lucrări cu caracter general

Dictionnaire de la peinture, Paris, Larousse, „Les Grands Dictionnaires culturel", 1999.
Dictionnaire de l'art du xxe siècle, Paris, Larousse, 1991 (dir. Ph. Breuille).
Dictionnaire des courants picturaux. Tendances, mouvements, écoles, genres du Moyen Age à nos jours, preface d'A. Chastel, Paris, Larousse, „Essentiels", 1990.
Encyclopédie de l'art, Paris, La Pochothèque, Garzanti, 1991.
P. Fride, R. Carrassat, I. Marcadé, *les Mouvements dans la peinture*, Paris, Larousse, „Comprendre et reconnaître", 1999 (reed).
Le Grand Atlas l'Art, Paris, Encyclopaedia Universalis, 1993.
Les Grands Courants picturaux, Paris, Larousse, „Références", 1997.

Iconografie, iconologie

G. Duchet-Suchaux, M. Pastoureau, *la Bible et les saints, Guide iconographique*, Paris, Flammarion „Tout l'Art, Encyclopédie", 1994. F. Garnier, *le Langage de l'image au Moyen Age*, 2 vol., Paris, 1982–1989.
Grabar, *les Voies de la creation en iconographie chrétienne*, Paris, Flammarion, „Champs", 1994 (reed).
G. Kaftal, *Saints in Italian Art*, Florence, 4 vol. Parus, Sansoni, „Le Lettere", 1978–1986.
E. Mâle, *l'Art religieux au XIIe siècle en France*, Paris, Armand Colin, 1966 (reed).
E. Mâle, *l'Art religieux au XIIe siècle en France*, Paris, Armand Colin, 1966 (reed).
E. Mâle, *l'Art religieux au XIIe siècle en France*, Paris, Armand Colin, 1958 (reed).
E. Mâle, *l'Art religieux au XIIe siècle en France*, Paris, Armand Colin, 1984 (reed).
E. Panofsky, *Essais d'iconologie (themes humanists dans l'art de la Renaissance)*, trad. B. Teyssèdre et Cl. Herbette, Paris, Gallimard, 1967 (reed).
L. Réau, *Iconographie de l'art chrétien*, 6 vol., Paris, PUF, 1955-1959.
J-C. Schmitt, *la raison des gestes dans l'Occident medieval*, Paris, Gallimard, „Bibliothèque des histoires", 1990.
R. Seznec, *la Survivance des dieux antiques*, Paris, Flammarion. „Champs", 1980.
G. de Tervarent, *Attributs et symbols dans l'art profane*, 1450–1600, 2 vol., Geneva, Droz, 1958–1959.

Artistul și atelierul

L'Atelier du peintre et l'art de la peinture. Directionnaire des termes techniques, preface d'A. Chastel, Paris, Larousse „Essentiels" 1990.
B. Fraenkel, la Signature. *Genèse d'un signe*, Paris, Gallimard, 1992.
D. Hockney, *Savoir secrets. Les techniques perdues des maîtres anciens*, Paris, Seuil. 2001.
N. Laneyrie-Dagen (dir.), *le Métier d'artiste. Peintres et sculpteurs depuis le Moyen Age*, Paris, Larousse, 1999.
M. Pastoureau, *Figures et couleurs. Études sur la symbolique et la sensibilité médiévales*, Paris, le Léopard d'or. 1986.
J. Rudel (dir) E. Brit, S. Costa, Ph. Piguet, *les Techniques de l'art*, Paris, Flammarion, „Tout l'art, Encyclopédies", 1999.
J. Rudel, *Techinique du dessin*, Paris, PUF, „Que sais-je", 1979.
J. Rudel, *Les Tehniques de l'art*, Peinture dessin, gravure, sculpture, Paris. Flammarion, 1999.
M. Warnke, *l'Artiste et la Cour. Aux origins de l'artiste moderne*, Paris. Maison des sciences de l'homme, 1989 (reed).
R. și M. Wittkower, *les Enfants de Saturne, psychologie et comportements des artistes de l'Antiquité à la revolution française*, Paris, Macula, 1985.

Genuri

Campbell, *Portraits de la Renaissance*, prefaces d'Y. Bonnefoy, Paris, Hazan, 1990.
K. Ckark, Arta peisajului, trad. în română, Ed. Meridiane, București, 1969 .
K. Clark, *le Nu* 2 vol., Paris, Hachette, „Pluriel Référence", 1998 (reed).
S. Ébert-Schifferer, *Natures mortes*, Paris, Citadelles et Mazenod, 1999.
P. Mauriès (dir) *le Trompe-l'oeil, de l'Antiquité au xxe siècle*, Paris, Gallimard, 1996.
G. et P. Francastel, *la Portrait, cinquante siècles d'humanisme en peinture*, Paris, Hachette, 1969.
O. Pächt, *le Paysage dans l'art italien. Les premières etudes d'après nature dans l'art italien et les premiers paysages de calendrier*, Brionne, Gérard Monfort Éditeur, 1991.
E. Pommier, *Théories du portrait. De la Renaissance aux Lumières*, Paris, Gallimard, „Bibliothèque illustrée des histoires", 1998.
N. Schneider, *l'Art du portrait. Les plus grandes oeuvres européennes, 1420-1670*, Köln, Taschen, 1994.

Estetica și teoria artei

Aristote, *la Poétique*, trad. Hardy, Paris. Les Belles Lettres, 1952.
M. Baxandall, *les Humanistes à la découverte de la composition en peinture*, 1340-1450, trad. din engleză de M. Brock, Paris, Seuil, „Des Travaux", 1989.
W. Benjamin, *l'Oeuvre d'art à l'époque de sa reproductibilité technique*, in Oeuvres, vol. III, Paris, Folio, „Essais", 2000.
A. Blunt, *la Théorie des arts en Italie de 1450 à 1600*, trad. J. Debouzi, brionne, Gérard Monfort Éditeur, 19888.
J-L. Chalumeau, *les Théories de l'art. Philosophie critique et histoire de l'art de Platon à nos jours*, Paris, Vuibert, „Idées et Références", 1997.
Cicero, *l'Orateur*, trad. A.Yon, Paris, Les Belles Lettres, 1964.
E. De Bruyne, *Études d'esthétique médiévale*, postfață de M. Lemoine, 2 vol. Paris, Albin Michel, 1998 (reed).
R. Démorris, Fl. Ferran, *la Peinture en procéss. L'inventation de la critique d'art au siècle des Lumières*, Paris, Presses de la Sorbonne nouvelle, 2001.
M. Ficin, *Commentaire sur le Banquet de Platon*, trad. R. Marcel, Paris, Les Bellers Lettres, 1956.
Fontaine, *les Doctrines d'art en France, de Poussin à Diderot*, Paris, Laurens, 1909.
E. Gombrich, *Artă și iluzie*, trad. în română, București, Ed. Meridiane, 1973.
Harrison și P. Wood, *Art en théorie*, 1900-1990, Paris, Hazan, 1997.
F. Hegel, *Estetica*, traducere în română, Ed. Academiei, București, 1966
E. Kant, *le Jugement Esthétique*, texte selectate de F. Khodoss, Paris, PUF. „Grands textes", 1991.
L. Marin, *Détruire la peinture*, Paris, Flammarion, „Champs", 1977.
E. Panofsky, *Idea*, trad. în română, Ed. Meridiane, București, 1975
E. Panofsky, *l'Oeuvre d'art et ses significations. Essais sur les „arts visuels"*, prefață de B. și M. Teyssèdre, Paris, Gallimard, „Bibliothèque des sciences humaines", 1969.
H. Wölfflin, *Principii fundamentale ale istoriei artei, problema evoluției stilului în arta modernă*, trad. în română, București, Ed. Meridiane, 1972.

Surse

L.B. Alberti, *De Pictura [1435]*, trad. în franceză J.-L Schefer, introd. S. Deswarte-Rosa, Paris, Macula-Dédale, 1992.
G. Apollinaire, *Mèditations esthètiques. Les peintres cubists, texte présenté et annoté*, L.-C. Breunig, J.-C. Chevalier, Paris, Hermann, 1986 (reed).
P. Barocchi, *Trattati d'arte del cinquecento*, 2 vol., Bari, 1960.
G. Battock, *Minimal Art. A Critical Anthology*, New York, E. P. Dutton, 1968.
Ch. Baudelaire, *Oeuvres completes*, ed. rev. C. Pichois, Paris, Gallimard. „Bibliothèque de la Pléiade", 1961.
G.P. Bellori, *L'Idée du peintre, du sculpteur et de l'architecte*, în E. Panofsky, *Idea*, trad. în română, Editura Meridiane, București,1975. A. Breton, *le Surréalisme et la peinture*, Paris, Gallimard, „Folio Essais", 2002 (reed).
C. Cennini, *Tratat de pictură*, trad. în română, Ed. Meridiane, București, 1977
P. Cézanne, *Scrisori*, trad. în română, Ed. Meridiane, București,1974.
Conférences de l'Académie royale de peinture et de sculpture, ed. A. Mérot, Paris, ENSBA, „Beaux-Arts-Histoire", 1997.
Ch. Blanc, *Grammaire des arts du dessin*, introd. C. Barbillon, reed. Paris, ENSBA, „Beaux-Arts-Histoire", 2000.
E. Delacroix, *Journal*, prefață de H. Damisch, ed. A. Joubin, revizie R. Labourdette, Paris, Plon, 1980.
C. Diderot, *Salons*, 4 vol. ed. J. Seznec, J. Adhemar, Oxford, Clarendon Press, 1957-1967.
L. Dolce, *Dialogue de la peinture intitulé l'Arétin*, prezentare și note L. Fallay d'Este, Paris, 1996.
M. Duchamp, *Duchamp du Signe, écrits réunis et présentés par R. Sanouillet*, Paris, Flammarion, 1994.
J.-B. Du Bos, *Réflexions critiques sur la poésie et sur la peinture*, reed. Paris, ENSBA, „Beaux-Arts-Histoire", 1993.
A. Dürer, *Lettres et écrits théoriques, traité des proportions* (arheologie) ed. P. Vaisse, Paris, Hermann „Miroirs de l'art", 1964.
A. Félibien, *Viețile și operele celor mai însemnați pictori vechi și moderni*, trad. în română, Ed. Meridiane, București, 1982
C. Ginz (texte selectate de), *Regards sur l'art américan des années 60*, Paris.
W. Goethe, *le Traité des couleurs*, trad. H. Bideau, Paris, Triades, 2000.
W. Hogarth, *Analyse de la beauté*, prezentare B. Cottret, H. Jansen, S. Chauvin, Paris ENSBA, „Beaux-Arts-Histoire", 1991 (reed).
W. Kandinsky, *Spiritualul în artă*, trad. în română, Ed. Meridiane, București, 2000.
E. de la Font de Saint-Yenne, *Oeuvre critique*, colecție de E. Jollet, Paris, ENSBA, „Beaux-Arts-Histoire", 2001.
Ch. Le Brun, *L'Expression des passions et autres conferences*, corespondență,

prezentare J. Philippe, Paris, Dédale, Maisonneuve et Larose, 1994.
Leonardo da Vinci, *Traité de la peinture*, texte traduse și prezentate A. Chastel, Paris, Berger-Levrault, 1987.
Les Écrivains devant l'impressionisme, Paris, Macula, 1991.
J. Lichtenstein (dir.), *la Peinture*, Paris, Larousse, „Textes essentiels", 1995.
K. Malevici, *Écrits complets*, ed. V. și J.-C. Marcadé, Lausanne, L'Age d'or, 1992.
H. Matisse, *Écrits et propos sur l'art*, ed. D. Fourcade, Paris, Hermann, 1972.
F. Pacheco, *Traité de peinture*, Séville, 1638, trad. în franceză L. Fallay d'Este, Paris, Klinchsieck, „L'Esprit et les formes", 1986.
P. Picasso, *Propos sur l'Art*, ed. M. Barrada, A. Michael, Paris, Gallimard, 1988.
R. de Piles, *Cours de peinture par principes*, reed. J. Thuillier, Paris, Gallimard, „Tel", 1989.
Pliniu cel Bătrân, *Histoire naturelle*, Paris, Les Belles Lettres, 1985.
N. Poussin, *Lettres et propos sur l'art*, ed. J. Thuillier, Paris, Hermann, 1989.
P. Picasso, *Propos sur l'art*, Paris, Gallimard, 1988.
Recueil Milliet, adaptare și trad. A. Reinach, îngrijită de A. Rouveret, Paris, 1985 (pictura antică).
C. Saint Giropns, *Esthétiques XVIIIe siècle. Le modèle français*, Paris, Philippe Sers ed., 1990.
C. Van Mander, *Cartea pictorilor*, trad. în română, Editura Meridiane, București, 1972.
G. Vasari, *Viețile pictorilor, sculptorilor și arhitecților*, trad. în română, Ed. Meridiane, București,1969.
Vitruviu, *les Dix Livres d'architecture*, Paris, ed. Cl. Perrault, 1673, reed. A. Dalmas, Paris, Éditions Errance et Balland, 1986.
J. von Schlosser Magnino, *la Littérature artistique*, prefață A. Chastel și O. Kurz, Paris, Flammarion „Idées et Recherches", 1994.
J.J. Winckelmann, *Réflexions sur l'imitation des oeuvres grecques en peinture et en sculpture*, trad. în franceză M. Charrière, Paris, Jacqueline Chambon, 1991.

Evul Mediu, arta bizantină, arta carolingiană, arta romanică, arta gotică

F. Avril, *l'Enluminure à l'époque gothique*, 1200-1420, Paris, Biblioтyhèque de l'image, 1995.
M. Barrucand, J.-P. Caillet, C. Jolivet-Lévy et F. Joubert, *l'Art du Moyen Age*, Paris, RMN-Gallimard, 1995.
M. Camille, *Le Monde gothique*, Paris, Flammarion „Tout l'art, contexte", 1996.
A. Cutler și J.-M. Speiser, *Byzance médiévale (700-1204)*, Paris, PUF-Gallimard, „L'Univers des formes", 1996.
M. Durliat, *l'Art roman*, Paris, Mazenod, „L'Art et les grandes civilisations", 1982.
Erlande-Brandeburg, *l'Art gothique*, prefață J. Bony, Paris, Mazenod, „L'Art et les grandes civilisations", 1983.
H. Focillon, *Arta Occidentului*, trad. în română, Ed. Meridiane, București, 1974
Ch. Heck (dir.), *Moyen Age. La Chrétienté et l'Islam*, Paris, Flammarion, 1994.
J. Hubert, J. Porcher, W.F. Wolbach, *l'Empire carolingien*, Paris, Gallimard, „L'Univers des formes", 1968.
Ch. Sterling, *la Peinture médiévale à Paris, 1300-1500*, 2 vol. Paris, Bibliothèque des art, 1987-1990.
E. Vergnole, *l'Art roman en France*, Paris, Flammarion, 1994.
K. Weitzmann, A. Volskaya, G. Alibegsvilli, *les Icons*, Paris, La Martinière, 2001.
M. Zibawi, *l'Icône, sens et histoire*, prefață O. Cément, Paris, Desciée de Broouwer, 1993.

Trecento și Quattrocento

F. Antal, *Florence et ses peintres. La peinture Florentine et son environnement social (1300-1450)*, trad. din engleză A. Girod, Brionne, Gérard Monfort Éditeur, 1991.
J. Burckhardt, *Cultura Renașterii în Italia*, trad. în română, Ed. pentru Literatură, București , 1969.
P. Burke, *la Renaissance en Italie. Art, culture, société*, Paris, Hazan, 1991.
L. Castelfranchi, *le Quattrocento*, Paris, Desclée De Brouwer, 1997.
L. Castelfranchi Vegas, *Italia e Fiandra nella pittura del Quattrocento*, Milan, Jaca Book, 1998 (reed).
A.Chastel, *l'Art italien*, Paris, Flammarion, 1995.
A. Chastel, *Chronique de la peinture à la Renaissance, 1280-1580*, Paris, Vilo, 1983.
H. Damisch, *l'Origine de la perspective*, Paris, Flammarion, „Idées et recherches", 1987.
P. Francastel, *Figura și locul*, trad. în română, Ed. Univers, 1971.
J. Gagliardi, *la Conquête de la peinture*, Paris, Flammarion, 1993.
G. Chelazzi Dini, A. Angelini și B. Sassi, *les Peintres de Sienne*, Paris, Imprimerie nationale, 1997.
J.R. Hale (dir.), *Dictionnaire de la Renaissance italienne*, Paris, Thames and Hudson, 1997.
L. Marin, *Opacité de la peinture. Essai sur la representation au Quattrocento*, Paris, USHER, 1989.
M. Meiss, *la Peinture à Florence et à Sienne après la peste noire*, trad. din engleză D. Le Bourg, prefaață de G. Didi-Huberman, Paris, Hazan, „35/37", 1994.
Ph. Morel, D. Arasse, M. d'Onofrio, *l'Art italien du IVe siècle à la Renaissance*, Paris, Citadelles și Mazenod, 1999.
S. Roettgen, *Fresques italiennes de la Renaissance*, 2 vol., Paris, Citadelles și Mazenod, 1996-1997.
L. Steinberg, *la Sexualité du Christ dans l'art de la Renaissance et son refoulement moderne*, Paris, Macula, trad. din engleză J.-L Houdebine, Paris, Gallimard, „Infini", 1987.
J. White, *Naissance et Renaissance de l'espace pictural*, trad. din engleză C. Fraixe, Paris, Adam Biro, 1992.

MONOGRAFII

F. d'Acais, *Giotto*, Paris, Citadelles/Mazenod, „Les Phares", 1996.
C. Acidini Luchinat, *Botticelli*. Les allegories mythologiques, Milan/ Paris, Electa/ Gallimard, 2001.
D. Arasse, *Léonard de Vinci. Le rythme du monde*, Paris, Hazan, 1997.
G. Barbera, *Antonello da Messine*, Paris, Gallimard, 1998.
L. Bellosi, *Cimabue*, aparat critic de G. Ragionieri, Actes Sud / Motta, 1998.
M. Calvesi, *Piero della Francesca*, Milano, Liana Levi, 1998.
V. Sgarbi, *Carpaccio*, Paris, Liana Levi, 1999.
J. Spike, *Masaccio*, Paris, Liana Levi, 1995.
J. Spike, *Fra Angelico*, Paris, Liana Levi, 1996.

Arta flamandă timpurie

J. Bialostocki, *l'Art XVe siècle des Parler à Dürer*, Paris, LGE-La Pochothèque, 1993.
A. Châtelet et R. Recht, *Automne et renouveau, 1380-1500*, Paris, Gallimard, 1988.
J. Huizinga, *Amurgul Evului Mediu*, trad. în română, Ed. Meridiane, București. 1976.
Les primitives flamands et leur temps (coll.), Tournai, La Renassance du Livre, 1998.
J. Longon,R. Cazallas, M. Meiss, *Les Très Riches Heures*, New York, George Braziller, 1969 (numeroase alte ediții).
M. Meise, *French Painting in the Time of Jean de Berry*, 5 vol., Londra și New York, Phaidon Press-Thames and Hudson, 1968-1974.
O. Pächt, *Early Netherlandish Painting. From Rogier van der Weyden to Gerard David*, Londra, Harvey Miller, 1997.
E. Panofsky, *les Primitifs flamand*, Paris, Hazan, 1992.
P. Philippat, *la Peinture dans les anciens pays-Bas, XVe-XVIe siècles*, Paris, Flammarion, „Idées et recherches", 1994.
M. Smeyer, *l'Art de la miniature flamande*, Tournai, La Renaissance du Livre, 1998.
T. Todorov, *Éloge de l'individu,. Essai sur la peinture flamande de la Renaissance*, Paris, Adam Biro, 2000.

MONOGRAFII

A. Châtelet, *Robert Campin, le maître de Flémalle*, Anvers, Fonds Mercator, 1996.
Châtelet, *Rogier van der Weyden*, Paris, Gallimard, 1999.
D. De Vos, *Hans Memling*, Paris, Albin Michel, 1994.
E. Dhanes, *Hubert et Jan van Eyck*, Anvers, Fonds Mercator, 1980.
C. Harbison, *Jan van Eyck. The Play of Realism*, London, Reaktion Books Ltd. 1991.
O. Pächt, *Van Eyck and the Founders of Early Netherlandish Painting*, Londra, Harvey Miller, 1994.

Secolul al XVI-lea

C. Arasse, *le Détail. Pour une histoire rapprochée de la peinture*, Paris, Flammarion, 1992. D. Arasse și A. Tönnesmann, *la Renaissance maniériste*, Paris, Gallimard-Electra. „L'Univers des formes", 1997.
A. Châtelet, *la Peinture française, XVe et XVIe siècles*, Geneva, Skira, 1992 (reed).

C. Harbison, *la Renaissance dans les pays du Nord*, Paris, Flammarion, „Tout l'Art, contexte", 1995.
A. Chastel, *l'Art François*, Temps modernes, Paris, Flammarion, 1994.
P. Fortini Brown, *la Renaissance à Venise*, Paris, Flammarion, „Tout l'art, contexte", 1997.
Ph. Morel, *les Grotesques. Les figures de l'imaginaire dans la peinture italienne de la fin de la Renaissance*, Paris, Flammarion, „Idées et recherches", 1997.
E. Panofsky, *la Renaissance et ses avant-courriers dans l'art d'Occident*, introducere de L. Verron, Paris, Flammarion, „Idées et Recherches", 1976.
Pinelli, *la Belle Manière. Anticlassicisme et maniérisme dans l'art du XVIe siècle*, Paris, 1996.
J. Steer, *la Peinture vénitienne*, trad. din engleză Cl. Bensimon, Paris, Thames and Hudson, „L'Univers de l'art", 1990.
J. Wilde, *De Bellini à Titien. Texture, forme, couleur dans l'art vénitien*, trad. din engleză G. Morel, Paris, Macula, 1981.
H. Zerner, *l'Art de la Renaissance en France. L'invention du classicisme*, Paris, Flammarion, 1996.

MONOGRAFII

J.-P. Cuzin, *Raphaël*, Paris, la Bibliothèque des arts, 1984.
E. Panofsky, *le Titien*, Questions d'iconologie, Paris, Hazan, 1990.
E. Panofsky, *la Vie et l'oeuvre d'Albrecht Dürer*, Paris, Hazan, 1987.
T. Pignatti, F. Pedrocco, *Giorgione*, Milan, Liana Levi, 1999.
Ph. Et F. Robert-Jones, *Pierre Brueghel l'Ancien*, Paris, Flammarion, 1997.
P. Strieder, *Dürer*, Anvers et Paris, Fonds Mercator-Albin Michel, 1990.
A. Tempestini, *Giovanni Bellini*, Paris, Liana Levi, 1997.
Titien (catalogul expoziției), Paris, Liana Levi, 1990.

Secolul al XVII-lea

S. Alpers, *l'Art de dépeindre, la peinture hollandaise au XVIIe siècle*, Paris, Gallimard, „Bibliothèque des histoires", 1991.
Y. Bottineau, *l'Art baroque*, Paris, Mazenod, 1986.
A. Chastel, *l'Art français. Ancien Régime. 1620-1775*, Paris, Flammarion, 1995.
P. Choné, J.-Cl. Boyner, R. E. Spear, L. Laving, *l'Age d'or du nocturne*, Paris, Gallimard, „Art et artistes", 2001.
M. Fumaroli, *l'Age de l'eloquence*, Paris, Albin Michel 1994 (reed).
J. Lichtenstein, *la Couleur éloquente*, Paris, Flammarion, 1989.
A. Mérot, *la Peinture française au XVIIe siècle*, Paris, Gallimard-Electa, 1994.
Cl. Mignot, D. Rabreau, *Temps modernes*, Paris, Flammarion, 1994.
E. d'Ors, *Barocul*, trad. în română, Ed. Meridiane, București, 1971 .
T. Todorov, *Éloge du quotidian. Essai sur la peinture hollandaise du XVIIe siècle*, Paris, Adam Biro, 1993.
M. Westermann, *le Siècle d'or en Hollande*, Paris, Flammarion, „Tout l'art, contexte", 1996.
H. Wölfflin, Renaștere și baroc, trad. în română, Ed. Univers, București, 1980.
MONOGRAFII
S. Alpers, *l'Atelier de Rembrandt, la liberté, la peinture et l'argent*, Paris, Gallimard, „Essais", 1991.
S. Alpers, *Création de Rubens*, Paris, Gallimard, „Nrf Essais", 1996.
D. Arasse, *l'Ambition de Vermeer*, Paris, Adam Biro, 1993.
R. Avermaete, *Rubens et son temps*, Bruxelles, Arcade, 1977.
J. Baticle (dir.), *Zurbarán* (catalogul expoziției), Paris, RMN, 1988.
A. Berne-Joffroy, *le Dossier Caravage, Psychologie des attributions et psychologie de l'art*, Paris, Flammarion, „Idées et Recherches", 1999.
Y. Bottineau, *Velázquez*, Paris, Fayard, 1988.
M. Cinotti, *Caravage*, Paris, Adam Biro, 1991.
M. Le Bot, *Rembrandt*, Paris, Flammarion, 1990.
A. Mérot, *Poussin*, Paris, Hazan, 1990.
A. Pérez Sanchez, N. Spinosa, *Jusepe de Ribera* (catalogul expoziției), New York, The Metropolitan Museum of Art, 1992.
J. Thuillier, *Georges de La Tour*, Paris, Flammarion, 1992.
J. Thuillier (dir.), *Simon Vouet* (catalogul expoziției), Paris, RMN, 1990.
C. Wright, *Rembrandt*, Paris, Citadelles et Mazenod, „Les Phares", 1998.
Antoine Watteau (catalogul expoziției), Paris, RMN, 1984.

Secolul al XVIII-lea

A. Chastel, *l'Art français. Le temps de l'eloquence (1775-1825)*, Paris, Flammarion, 1996.
A. Châtelet J. Thuillier, *la Peinture française: de Le Nain à Fragonard, Peinture, couleur, histoire*, Genève, Skira, 1964.
E. Pommier, *l'Art de la Liberté. Doctrines et débats de la Révolution française*, Paris, Gallimard, „Bibliothèque des histoires", 1991.

MONOGRAFII

François Boucher (catalogul expoziției) Paris, RMN, 1986.
J.-P. Cuzin, *Fragonard, Vie et oeuvre.* Catalog complet al picturilor, Fribourg și Paris, Office du Livre-Éditions Vilo, 1987.
E. Jollet, *Watteau les fêtes galantes*, Paris, Herscher, „Musée miniature", 1994.
E. Joilet, *Figures de la pesanteur. Fragonard, Newton et les plaisirs de l'Escarpolete*, Paris, Jacqueline Chambon, 1998.
R. Démoris, *Chardin, la chair et l'objet*, Paris, Adam Biro, 1991.
Jacques-Louis David (catalogul expoziției), Paris, RMN, 1989.
M. Roland-Michel, *Chardin*, Paris, Hazan, 1994.

Secolul al XIX-lea

G. și M. Blunden, *Journal de l'impressionisme*, Genève, Skira, „Journal", 1973.
I. Cahn, D. Lobstein, P. Wat, *Chronologie de l'art du XIXe siècle*, Paris, Flammarion „Tout l'art Encyclopédies", 1998.
F. Cachin (dir.), *l'Art du XIXe siècle: 1850-1905*, Paris, Citadelles et Mazenod, 1990.
Ph. Dagen și F. Hamon, *Histoire de l'art. Époque contemporaine, XIXe – XXe siècles*, Paris, Flammarion, 1995.
R. Delavoye, *Journal du symbolisme*, Geneva, Skira, „Journal",1977.
J.-L. Ferrier, *l'Aventure de l'art au XIXe siècle*, Paris, Chêne/Hachette, 1991.
Foucart, *le Renouveau de la peinture religieuse en France, 1800-1860*, Paris, 1987.
J. Harding, *les Peintres pompiers. La peinture académique en France de 1830 à 1880*, Paris, Flammarion, „Academy", 1980.
J. Rewald, *Impresionismul*, trad. în română, Ed. Meridiane, București, 1974.
J. Rewald, *Postimpresionismul*, trad. în română, Ed. Meridiane. București, 1978.
Rozen și H. Zerner, *Romantisme et Réalisme, mythes de l'art du XIXe siècle*, Paris, Albin Michel, 1986.
L. Rosenthal, *Du Romantisme au Réalisme. La peinture en France de 1830 à 1898*, introd. M. Marinan, Paris, Macula, 1987.
W. Vaugham, *l'Art romantique*, Paris, Thames and Hudson, 1994.

MONOGRAFII

M. Alphant, *Monet*, Paris, Hazan, 1993.
F. Cachin, *Gauguin*, Paris, Flammarion 1988.
É. Darragon, *Monet*, Paris, Vitadelles et Mazenod, „Les Phares", 1991.
B. Foucart, *Courbet*, Paris, Flammarion , 1995.
F. Licht, *Goya*, Paris, Citadelles et Mazenod, „Les Phares", 2001.
B. Jobert, *Delacroix*, Paris, Gallimard, 1997.
H. Loyrette, *Degas*, Paris, Fayard, 1991.
P. Rautmann, *Delacroix*, Paris, Citadelles et Mazenod, „Les phares", 1999.
J. Rewald, *Cézanne*, Paris, Flammarion, 1995 (reed).
J. Rewald, *Seurat*, Paris, Flammarion, 1991.
G. Vigne, *Ingres*, Paris, Citadelles et Mazenod, „Les Phares", 1995.

Secolul XX

M. Bouisset, *Arte povera*, Paris, Éditions du regard, 1994.
É. de Chassey, *la Peinture efficace. Une histoire de l'abstraction aux États-Unis (1910-1960)*, Paris, Gallimard, 2001.
B. Ceysson (ed.), *l'Art en Europe; les années décisives, 1945-1953*, Geneva, Skira, 1987.
J.-P. Clébert, *Dictionnaire du Surréalisme*, Paris, Le Seuil, 1996.
M. Dachy, *Journal du mouvement Dada*, Genève, Skira, „Journal", 1989.
Ph. Dagen, *l'Art français, le XXe siècle*, Paris, Flammarion, 1998.
P. Daix, *Journal du cubisme*, Genève, Skira, „Journal", 1992.
J.-L. Ferrier, *l'Aventure de l'art au XXe siècle*, Paris, Chêne-Hachette, 1988.
C. Francoblin, *les Nouveaux Réalistes*, Paris, Éditions du regard, 1997.
H. Gauville, *l'Art depuis 1945, groupes et mouvements*, Paris, Hazan, 1999.
M.-H. Grinfeder, *les Années Supports/Surfaces*, Paris, Herscher, 1994.
P. Le Thoret-Daviot, *Petit Dictionnaire des artistes contemporains*, Paris, Larousse, „Comprendre et Reconnaître", 1996.
G. Lista, *le Futurisme*, Paris, Hazan, 1985.
M. Livingstone, *le Pop Art*, Paris, Hazan, 1978.
J.-Cl. Marcadè, *l'Avant-Garde russe*, Paris, Flammarion, 1985.
C. Millet, l'*Art contemporain en France*, Paris, Flammarion, 1994.

Bibliografie

J. Paulhan, *l'Art informel*, Paris, Gallimard, 1962.

G. Picon, *le Surréalisme*, 1919-1939, Genève, Skira 1991. P. Popper, *l'Art cinétique*, Paris, Gauthier-Villars, 1970.

J.-L. Pradel, *l'Art contemporain*, Paris, Larousse, „Comprendre et reconnaître", 1999.

M. Rowell, *la Peinture, le geste, l'action*, Paris, Klincksieck, 1972.

W. Rubin (dir.), *le Primitivisme dans l'art du Xxe siècle*, Flammarion, 1991 (reed).

W. Rubin, *Picasso et Braque, l'invention du cubisme*, Paris, Flammarion, 1996 (reed).

I. Sandler, *le triomphe de l'Art américain*, 3 vol. Trad. M. Levy-Bram, Paris Éditions Carré, 1990-1992.

M. Seuphor, *l'Art abstrait*, 5 vol. Paris Maeght, 1974-1985. Support/Surfaces (catalogul expoziției), Saint-Étienne, Musée d'Art moderne, 1981.

W. Spies (dir.), *la Révolution surréaliste* (catalogue d'expresition), Paris, Centre Georges-Pompidou, 2002.

D. Vallier, l'Art abstrait, Paris, Hachette, „Pluriel Référence", 1992 (reed).

MONOGRAFII

Braque, les papies collés (catalogul expoziției), Paris, Musée national d'Art moderne, 1995.

J. Clair, *Marcel Duchamp*, catalogue raisonné de l'oeuvre (catalogul expoziției), Paris, Centre Georges-Pompidou, 1977.

P. Daix, *Dictionnaire Picasso*, Paris, Laffont, „Bouquins", 1995.

S. Fauchereau, *Malevitch*, Paris, Cercle d'art, 1991.

Paul Klee (catalogul expoziției), Paris, RMN, 1969.

Les Demoiselles d'Avignon (catalogul expoziției), Paris, Musée Picasso, RMN, 1988.

J. Lee, *Derain*, Paris, Phaidon, 1992.

Matisse (catalogul expoziției), Paris Centre Georges-Pompidou, 1991.

P. Schneider, *Matisse*, Paris, Flammarion, 1993 (reed).

Andy Warhol (catalogul expoziției), Paris, Musée national d'Art moderne, 1989.

Credite fotografice

XII s The J. Paul Getty Museum XII AKG Paris XIII Archives Larbor XIV Ph. © Lauros / Giraudon/ T. 3 Photo col., cu autorizația artistului. 4 Ph. E. Tweedy © Archives Larbor 5 Bridgeman - Giraudon 6 Scala/ T. 8 Philadelphia Museum Of Art/ T. © ADAGP, Paris 2002. 9 Scala 14 s Ph. J.J. Hautefeuille © Archives Larbor © Adagp, Paris 2002. 14 j © Archives Larbor © Adagp, Paris 2002. 15 © Archives Nathan © Adagp, Paris 2002. 16 Bridgeman - Giraudon 17 Bridgeman - Giraudon 18 Ph. Oronoz © Archives Larbor © Succession Picasso 2002. 19 Bridgeman - Giraudon 20 Archives Nathan 21 Archives Nathan/ Brachetti și Zigrossi/ T. 22 Scala 23 Amsterdams Historisch Museum 24 Archives Larbor 25 Ph.H. Josse © Archives Larbor 26 și 27 Ph. H. Josse © Archives Larbor 28 s Ph.Gianni Dagli Orti © Archives Larbor 28 j Bridgeman - Giraudon 29 Ph. H. Josse © Archives Larbor 30 Ph. H. Josse © Archives Larbor 31 Ph. H Josse © Archives Larbor 32 s Ph. H. Josse © Archives Larbor 32 j SCALA 33 Staatliches Museen, Berlin, Preußischer Kulturbesitz./ T. 34 s Archives Nathan 34 j Ph. © Scala 35 s Archives Nathan 35 j Ph. Col. Archives Larbor 36 s Frick Collection, New York./ T. 36 j Bridgeman - Giraudon 37 st Ph. H. Josse © Archives Larbor 37 d Ph. H. Josse © Archives Larbor 38 Ph. © Giraudon /T. 39 d Bridgeman - Giraudon 39 d © Archives Larbor 40 și 41 Ph. © Rijksmuseum - Archives Larbor/ T. 42 Ph.Scala © Archives Larbor 43 © Archives Larbor 44 s © Archives Larbor 44 j Bridgeman - Giraudon 45 Ph. Oronoz © Archives Larbor 47 Ph © Archives Nathan 48 s © Archives Larbor 48 m © Archives Larbor 48 j © Archives Larbor 50 Ph. Lou © Archives Larbor 51 Archives Nathan 52 s Ph. H. Josse © Archives Larbor 52 j Ph. J.P. Vieil © Archives Larbor 54 s © Archives Larbor 54 j © Archives Larbor 55 © Archives Larbor 56 s © Archives Larbor 56 j © Archives Larbor 57 © Archives Larbor 58 Scala 60 și 61 Archives Nathan/ Bracchetti și Zigrossi./ T. 62 Ph. H. Josse © Archives Larbor 63 Ph. H. Josse © Archives Larbor 64 Ph. E. Tweedy © Archives Larbor 65 Ph. © Editions la Goélette / Archives Larbor 66 Ph. © Editions La Goélette / Archives Larbor 67 Archives Larbor 69 s Ph. H. Josse © Archives Larbor 69 j © Archives Larbor 70 Ph. © Giraudon/T. 71 s © Archives Larbor 71 j Ph. H. Josse © Archives Larbor 72 Ph. H. Josse © Archives Larbor 74 s © Archives Larbor 74 j © Archives Larbor 75 Edinburgh National Gallery of Scotland 76 s © Archives Larbor 76 j și 77 SCALA / T. 78 Archives Nathan 80 © Archives Larbor 81 Ph. H. Josse © Archives Larbor 82 s © Archives Larbor 82 j și 83 Ph. © Giraudon/ T. 84 s Ph. Eileen Tweedy © Archives Larbor 85 s Bridgeman - Giraudon 85 j Bridgeman - Giraudon 86 Ph. © Scala / T. 87 Bridgeman - Giraudon 88 Ph. Scala / Archives Larbor 90 Ph. Oronoz © Archives Larbor 91 © Archives Larbor 92 © Archives Larbor 93 s © Archives Larbor 93 j Ph. © Lauros / Giraudon / T. © Adagp, Paris 2002. 95 Archives Larbor 96 G. Blot/ RMN 97 RMN 98 s ENSBA 98 j © Archives Larbor 99 st British Museum/ Londra 99 d Bridgeman - Giraudon 100 © Archives Larbor 101 M. Bellot/ RMN 102 G. Blot/ RMN 103 © Archives Larbor 105 st Bridgeman - Giraudon 105 d Ph. Oronoz © Archives Larbor 106 © Archives Larbor 107 Ph. © Bridgeman - Giraudon / T. 107 d Ph. H. Josse © Archives Larbor 114 Bridgeman - Giraudon 115 Ph. © Giraudon/ T. 116 Bridgeman - Giraudon 117 Archives Larbor 118 Ph. Scala © Archives Larbor 119 Archives Larbor 120 Archives Nathan/ Bracchetti și Zigrossi./ T. 121 © Archives Nathan 122 Archives Larbor 123 s Artothek 123 j Ph. H. Josse © Archives Larbor 124 s © Archives Larbor 124 j © Sipa Icono./ T. 126 Ph. Chevallier © Archives Larbor © Adagp, Paris 2002. 127 Ph. H.Petersen © Statens Museum for Kunst, Copenhaga © Succession Matisse 128 s © Archives Larbor 128 j Ph. G. Routhier Lourmel © Archives Larbor 129 © The Museum Of Modern Art. New York. / T. 130 Dagli Orti G. 131 Ph. H. Josse © Archives Larbor 132 s Ph. Col. Archives Larbor 132 j Ph. Scala © Archives Larbor 133 Ph. Ralph Kleinhempel © Archives Larbor 134 Ph. E. Tweedy © Archives Larbor 135 Ph. © Giraudon/ T. 136 Bridgeman - Giraudon 138 © Archives Larbor 139 Ph. E. Tweedy.© Archives Larbor 140 Archives Larbor 141 Bridgeman - Giraudon 142 Ph. H. Josse © Archives Larbor 143 Ph. E. Tweedy © Archives Larbor 144 Ph. Scala © Archives Larbor 146 Archives Larbor 147 © Archives Larbor 148 Ph. Georges Kriloff © Archives Larbor 151 Ph. Giacomelli, Veneția © Archives Larbor 152 Ph. J. Martin © Archives Larbor 154 Ph. Mario Carrieri © Archives Larbor 155 Archives Larbor 156 Ph. Scala © Archives Larbor 157 s Archives Larbor 157 j Bridgeman - Giraudon / T. 158 © Archives Larbor 159 Bridgeman - Giraudon 161 © Archives Larbor 162 Bridgeman - Giraudon 163 Corbis 164 și 165 Ph. Josse © Archives Larbor 166 s Ph. © Alinari-Giraudon/ T. 166 j Bridgeman - Giraudon 167 s Ph. H. Josse © Archives Larbor 167 j © Archives Larbor 168 © Archives Larbor 169 © Archives Larbor 170 © Archives Larbor 172 © Archives Larbor 174 © Scala/ T. 175 Ph. Oroñoz © Archives Larbor 177 s © Archives Larbor 177 j © Archives Larbor 178 © Bridgeman-Giraudon © Succession Picasso Paris 2002./ T. 179 s Col. part. 179 j Courtesy : Espace D'art Yvonamar Palix./ T. 183 Ph. H. Josse © Archives Larbor 184 Bulloz/ RMN 186 și 187 Bridgeman - Giraudon 189 R. G. Ojeda/ RMN 191 Archives Nathan 193 Archives Nathan 194 © Archives Larbor 197 Bridgeman - Giraudon 199 Ph. Oronoz © Archives Larbor 201 RMN 203 Bridgeman - Giraudon 206 și 207 SCALA/ T. 208 Ph. Col. Archives Larbor 210 J. G. Berizzi/ RMN/ T. 211 Jean și Lewandowski/ RMN 213 Ph. Guiley-Lagache © Archives Larbor 214 SCALA/ T. 215 Bridgeman - Giraudon 217 RMN/ T. 218 Ph. H. Josse © Archives Larbor 220 RMN/ T. 221 Ph. H. Josse © Archives Larbor 222 © Archives Larbor 223 Ph. © Archives Nathan 225 Ph. H. Josse © Archives Larbor 226 Bridgeman - Giraudon/ T. 227 Ph. Oronoz © Archives Larbor 228 Ph. H. Josse © Archives Larbor 229 Ph. H. Josse © Archives Larbor 231 R. G. Ojeda/ RMN 232 Ph. E. Tweedy © Archives Larbor 233 Ph. H. Josse © Archives Larbor 235 AKG Paris/ T. 236 Ph. H. Josse © Archives Larbor 238 © Archives Larbor 240 © Archives Larbor 241 © Archives Larbor 242 © Archives Nathan 243 Ph. H. Josse © Archives Larbor 245 Edinburrg, National Gallery of Scotland 247 Ph. H. Josse © Archives Larbor 249 Ph. H. Josse © Archives Larbor 251 Ph. Jeanbor © Archives Larbor © Adagp, Paris 2002 253 Ph. Ralph Kleinhempel © Archives Larbor © by Dr. Wolfgang & Ingeborg Henze-Ketterer, Wichtrach / Berna 255 Ph. © Archives Nathan © Succession Picasso 257 CPF Publifoto © Archives Larbor © Adagp, Paris 2002 258 © Archives Larbor © Mondrian / Holzman Trust / Adagp, Paris 2002 259 Ph. Luc Joubert © Archives Larbor © Adagp, Paris 2002 260 CNAC-MNAM Dist./ RMN © Adagp, Paris 2002/ T. 261 © Archives Larbor © Adagp, Paris 2002. 262 ADAGP Paris 2002. © Hans Namuth. 263 Photo col., cu autorizația artistului.